OSKAR KOKOSCHKA

UN REBELDE DE VIENA

LA FABRICA   GUGGENHEIM BILBAO

Catálogo publicado
con motivo de la exposición
Oskar Kokoschka.
Un rebelde de Viena

Comisariada por
Dieter Buchhart y Anna Karina Hofbauer,
con el asesoramiento de Fabrice Hergott
y Fanny Schulmann, y con la ayuda de
Cedric A. Huss y Tatjana Andrea Borodin

Musée d'Art Moderne de Paris
23 de septiembre, 2022–
12 de febrero, 2023

Museo Guggenheim Bilbao
17 de marzo–3 de septiembre, 2023

Patrocina
Fundación

BBVΛ

Catálogo
Dieter Buchhart,
Anna Karina Hofbauer
y Fanny Schulmann

Edición
La Fábrica
Museo Guggenheim Bilbao

Textos
Dieter Buchhart
Jacques Le Rider
Bernadette Reinhold
Fanny Schulmann
Ines Rotermund-Reynard
Anna Karina Hofbauer
Régine Bonnefoit
Aglaja Kempf

Adaptación y maquetación
underbau

Corrección de textos
Isabel García Viejo
Museo Guggenheim Bilbao

Traducción
Español
Art in Translation
y Miguel Marqués
Euskera
Rosetta Testu Zerbitzuak

Gestión de derechos
Milagros Marguery

Producción
Adriana Rodríguez

Preimpresión
Fotimprim, París

Impresión
Brizzolis

© Paris Musées, Les musées
de la Ville de Paris, 2022
ISBN: 978-2-7596-0534-7
Basado en el diseño gráfico
original de Atelier Lisa Sturacci

De esta edición: © La Fábrica & FMGB
Guggenheim Bilbao Museoa, 2023

ISBN: 978-84-18934-39-1
DL: M-3232-2023

Cubierta: *Autorretrato* (*Fiesole*)
[*Selbstbildnis* (*Fiesole*)], 1948
Cat. 56 (detalle)

En la preparación de todos los
soportes que acompañan a esta
exposición, incluido su catálogo,
han participado todas las áreas del
Museo Guggenheim Bilbao

Exposición organizada por el Museo
Guggenheim Bilbao y el Musée d'Art
Moderne de Paris, Paris Musées

Paisaje de los Dolomitas, Tre Croci
(*Dolomitenlandschaft, Tre Croci*), 1913
Óleo sobre lienzo, 80 × 120,1 cm
Detalle (cat. 13)

Fundación del Museo Guggenheim Bilbao

Damos la bienvenida a un artista europeo por excelencia, Oskar Kokoschka, nacido en Austria, pero quien, por los avatares de su vida nómada, muy vinculada a las convulsiones políticas y sociales del siglo XX, adquiriría también las nacionalidades checa y británica. El Museo Guggenheim Bilbao acoge una retrospectiva sobre su obra en la que el público podrá conocer de primera mano sus distintas facetas como artista plástico, entre las que destaca fundamentalmente su pintura de retratos, género que aborda con su característico enfoque psicológico y expresivo, pero también sus paisajes y alegorías políticas.

La carrera de Kokoschka abarca buena parte del siglo pasado, lo que le permitió ser testigo de muchos de los movimientos y corrientes que transformaron radicalmente la historia del arte, como la tendencia a la abstracción. Sin embargo, el artista se esforzó en desarrollar y cultivar un lenguaje expresivo libre de ataduras fundamentado en la figuración: desde su compromiso con el humanismo, eligió y defendió la representación de la figura humana con la intención de profundizar en el espíritu que subyace bajo la apariencia de cada persona.

Como intelectual, trató de concienciar a la opinión pública sobre los desastres de la guerra, contra el fascismo y ciertas decisiones políticas, abogando por los derechos humanos y por una Europa unida, que queda inmortalizada a través de sus obras. En nuestro contexto, resulta particularmente emocionante contemplar entre sus creaciones el cartel que ideó y distribuyó por las calles de Praga en el que demandaba ayuda para la acogida en Bohemia de los niños que habían sido víctimas del ataque a Gernika.

Referencias literarias y musicales, además de las puramente artísticas y sus reflexiones sobre el ser humano, salpican sus memorias, e importantes personajes de distintos ámbitos de la cultura, la sociedad y la política forman parte de su extraordinaria galería de retratos. Sin duda, conocer otros aspectos de su polifacética creatividad —fue también profesor de arte, poeta y un reconocido y polémico dramaturgo— puede ayudar a comprender el trabajo plástico de Kokoschka, que en esta exposición organizada cronológicamente se recorre de una manera exhaustiva. Espero que disfruten de esta muestra tanto las personas que ya estaban familiarizadas con su obra, de la que podrán apreciar nuevos matices, como quienes tengan la suerte de contemplarla por primera vez.

Unai Rementeria Maiz
Diputado General de Bizkaia
Presidente del Comité Ejecutivo de la Fundación
del Museo Guggenheim Bilbao

El compromiso de la Fundación BBVA con el impulso a la creación cultural de vanguardia está muy bien representado en su colaboración recurrente con el Museo Guggenheim Bilbao. Una institución de la que es Patrono Estratégico desde el mismo momento en que nació, en 1997, como uno de los núcleos de la transformación de una ciudad que es hoy referente de cultura, modernidad y apertura, y en la que el Grupo BBVA hunde sus raíces desde hace más de un siglo y medio.

Es un placer para la Fundación BBVA hacer posible la difusión de la excelencia artística que representa la retrospectiva *Oskar Kokoschka. Un rebelde de Viena* que el público europeo ya ha podido disfrutar —con amplio impacto y reconocimiento— en el Musée d'Art Moderne de París, coorganizador de la muestra, y que llega ahora a Bilbao para ofrecer un repaso extenso y profundo de las principales épocas artísticas de una de las figuras centrales de las artes plásticas europeas del siglo XX.

El carácter transfronterizo, casi nómada, de la biografía de Kokoschka tiene una enorme importancia en su evolución pictórica. Los trazos radicalmente innovadores de sus inicios a finales de la década de 1900 causaron un enorme revuelo en la escena artística vienesa y le valieron la consideración de artista rebelde.

Tras su participación en la Gran Guerra (fue gravemente herido en el frente en 1915) y su larga estancia en Dresde, Kokoschka comenzó a viajar por Europa, el norte de África y Oriente Próximo, lo que le llevó a extender sus técnicas y expresiones de retratista a la pintura de paisaje, y también a realizar los que él mismo definió como "retratos de animales".

En la década de 1930, Kokoschka convirtió su arte en una herramienta para la resistencia, con una férrea defensa de la libertad moral, social y artística en combate contra el nazismo en auge. Sus pinturas se tornaron alegóricas, siendo una de las primeras la litografía *¡Ayuda a los niños vascos!*, contra la guerra civil española. Tuvo que huir de Austria tras ver cómo el régimen confiscaba más de 400 de sus obras y se estableció en Praga y Londres, desde donde su compromiso político y social se intensificó.

En esta etapa de exilio fue una de las primeras figuras públicas en apoyar un proyecto común para Europa, promoviendo la unidad de los pueblos y apelando a la conciencia humana. Además, anticipó algunos de los peligros de la segunda mitad del siglo XX, como las crisis económicas y la amenaza nuclear. Después de la Segunda Guerra Mundial, Kokoschka se trasladó a Suiza, donde continuó produciendo obras de gran madurez e influencia para los nuevos movimientos pictóricos, hasta su muerte en 1980.

La exposición que hoy presentamos ofrece una visión completa de la trayectoria del artista, convirtiéndose en una oportunidad única para ver de cerca obras centrales, pero poco conocidas en España, y que han sido prestadas por prestigiosas instituciones internacionales.

Es oportuno transmitir la enhorabuena y el agradecimiento a todo el equipo curatorial que ha diseñado, ejecutado y hecho posible esta ambiciosa muestra: a Dieter Buchhart y Anna Karina Hofbauer, como comisarios independientes, en coordinación con Fabrice Hergott y Fanny Schulmann, del Musée d'Art Moderne de París, y el enlace curatorial de Marta Blàvia en el Museo Guggenheim Bilbao. A esta institución trasladamos igualmente nuestra felicitación y agradecimiento, personalizados en la figura de su Director General, Juan Ignacio Vidarte, y ampliados a todo un equipo que lidera de manera ejemplar y cuyo trabajo y dedicación se percibe en cada detalle de esta singular exposición.

Carlos Torres Vila
Presidente de la Fundación BBVA

La dilatada existencia de Oskar Kokoschka (Pöchlarn, Imperio Austrohúngaro, 1886–Montreux, Suiza, 1980) y su incesante periplo por innumerables ciudades europeas, pero también por el norte de África, Oriente Próximo y EE. UU., lo convierten en testigo de excepción de los acontecimientos que tienen lugar a lo largo de casi un siglo, un largo periodo atravesado por turbulencias como las dos guerras mundiales. Sin embargo, es un momento en el que también nace la modernidad en las artes plásticas, la filosofía, la música y la literatura. Kokoschka comienza su carrera como pintor prácticamente al mismo tiempo que estrena sus primeras piezas como dramaturgo y en ambas disciplinas irrumpirá como un *enfant terrible*, desafiando las convenciones con su intensa subjetividad.

Una sucesión de polémicas inauguraciones, su atormentada relación con la compositora Alma Mahler, la proximidad de la muerte como consecuencia de las graves heridas en combate durante la Primera Guerra Mundial, su audaz réplica a los nazis con su *Autorretrato de un "artista degenerado"*, su compromiso con los derechos humanos o su posicionamiento como abanderado de una Europa unida y en paz contra el fascismo son algunas de las numerosas peripecias que atraviesan la vida y el trabajo de Oskar Kokoschka.

Entre las obras que constituyen esta retrospectiva, sobresalen los retratos, de los que Kokoschka es un maestro. Buscando reflejar en qué consiste ser humano, con enorme intuición y agudeza psicológica, el pintor capta el alma de sus modelos dotándolos de una insólita vivacidad: a veces pinta con los dedos y araña la superficie pictórica, o llega a aplicar la pintura directamente desde el tubo. Ese don para la aprehensión de la subjetividad lo aplica igualmente a "retratar animales", y tanto los cuadros protagonizados por estos como sus paisajes —que para él también están vivos— son géneros que brillan en esta exposición por su carácter expresivo y su riqueza cromática y gestual.

Me gustaría dar las gracias a Dieter Buchhart y Anna Karina Hofbauer, comisarios de la exposición, por su excepcional trabajo a la hora de configurar una de las retrospectivas más interesantes que se han dedicado a Kokoschka en el continente. También deseo expresar nuestro agradecimiento al Musée d'Art Moderne de Paris con su director, Fabrice Hergott, a la cabeza, por esta nueva colaboración, ya que la muestra ha sido expuesta en París antes de recalar en Bilbao. La selección de obras procedentes de prestadores tanto institucionales como privados ha hecho posible conformar un elocuente ejemplo del profundo y variado legado de Oskar Kokoschka. Finalmente, quiero mencionar el apoyo constante de la Fundación BBVA, que ha asumido también en esta ocasión el patrocinio de esta presentación, y cuya generosidad ha hecho posible que esta extraordinaria propuesta expositiva pueda verse en el Museo Guggenheim Bilbao.

Confío en que el público aprecie en estas obras cualidades como la libertad, la autenticidad y la autoafirmación, que impregnan la obra de Kokoschka, cuya relevancia es tan perdurable que en su día ejerció una gran influencia en otros artistas de su tiempo y que varias décadas después continúa siendo referente esencial para creadores contemporáneos.

Juan Ignacio Vidarte
Director General del Museo Guggenheim Bilbao

PRÓLOGO

Prefacio
Fabrice Hergott

Aunque solo se expusieron grabados y algunas acuarelas, la única retrospectiva de Oskar Kokoschka organizada en París se celebró en 1974, en el Musée d'Art Moderne. Entonces el artista seguía vivo, y Jacques Lassaigne, director de la institución, escribía en el prefacio del catálogo: "El hombre ha venido a nosotros. Ha pintado amplios retratos paisajísticos de nuestra ciudad, así como de Venecia, Praga y Londres, en los que pone todo el corazón. Su deslumbrante personalidad impresiona a quienes lo conocen. Su nombre es célebre en todo el mundo. Su poderosa estatura se impone desde lejos. Su pensamiento, que él expresa mediante llamativas fórmulas, ha suscitado polémicas; pero su obra sigue siendo hoy inexplicablemente desconocida"[1].

Casi cincuenta años después, aunque el nombre de Kokoschka continúa representando a uno de los mayores artistas de la Secesión vienesa, a la altura de Gustav Klimt y Egon Schiele, su fama —que en vida fue considerable— ya no es la misma, y su obra sigue siendo "inexplicablemente desconocida".

En 1983 se celebró una gran exposición dedicada a su figura en el Museo de Bellas Artes de Burdeos, la última y única verdadera retrospectiva organizada en Francia, que no cambió nada. Hacía tres años que Kokoschka había fallecido, y esta muestra llegó demasiado tarde, o quizá demasiado pronto. Bien es cierto que en 1986 su obra se exhibió en el Centre Pompidou, en la gran exposición *Vienne 1880–1938. L'Apocalypse joyeuse*, donde llamaron mucho la atención sus cuadros, que "no se limitan a la representación objetiva, [sino que] dan testimonio de la prodigiosa capacidad del artista para hacer aflorar el alma de sus modelos"[2]. Pero en Francia es difícil apreciar en su justa medida la enorme originalidad de su obra pictórica, que, pese a su innegable importancia, está prácticamente ausente de las colecciones públicas; suele olvidarse que la presencia de sus piezas en las paredes de un museo, aunque sea temporalmente, tiene la misma eficacia que una exposición en la comprensión o redescubrimiento de los artistas y su trabajo. Un misterio que puede tener su origen en la mera ausencia, y esta ausencia en ocasiones se debe a circunstancias que no están relacionadas con la obra.

¿Fue el hecho de que Kokoschka se presentara como artista alemán en la Bienal de Venecia, tras la Primera Guerra Mundial, lo que lo alejó del público francés, en tanto que la prensa alemana lo consideraba un "extranjero"? ¿Fue porque tenía pocos vínculos en Francia? Aunque pasó mucho tiempo en el país galo

Autorretrato (*Selbstbildnis*), 1917
Óleo sobre lienzo, 79 × 63 cm
Detalle (cat. 19)

en los años veinte y principios de los treinta, y a pesar de su amistad con Jules Pascin y Brassaï, no consiguió integrarse en el mundo artístico. El crítico de arte británico John Berger observa con cierto pesar que el pintor "no creó un nuevo lenguaje"[3]. Pero ¿no es una cuestión de percepción? ¿Qué es un nuevo lenguaje en el arte? Desde su amplísima visión del arte —como muestran sus escritos y en particular los ensayos publicados en francés en 2021[4]—, Kokoschka no creía que el arte pudiera cambiar tan radicalmente como la sociedad. Así, consideraba que la pintura había evolucionado poco desde la Antigüedad clásica.

Además, el arte creado en Viena antes de 1914 fue muy poco conocido en Francia hasta la Segunda Guerra Mundial, y después se iría descubriendo paulatinamente. La exposición de 1986 en el Centre Pompidou supuso el punto culminante del reconocimiento francés, pero matizado por la ausencia de fondos correspondientes a este periodo en exposiciones y colecciones nacionales. Esta situación no puede compararse con la de otros países, como Austria, por supuesto, pero también Alemania o Países Bajos, EE. UU. o Gran Bretaña, que organizaron periódicamente exposiciones tras la muerte de Kokoschka, y cuyos museos, bien provistos de su obra, la exhiben con orgullo.

Huyendo del régimen de Hitler, Kokoschka fue aceptado en Inglaterra —mejor que en Austria antes de la guerra— e incluso se le concedió la nacionalidad británica. El historiador Ernst Gombrich lo conoció allí, entablaron amistad, y en varias ocasiones elogió tanto su arte como su personalidad, esa independencia tan especial y sin duda tan compatible con el carácter inglés[5]. La Tate Gallery de Londres conserva su obra política de los años cuarenta y su último e impresionante autorretrato, *Time, Gentlemen Please*.

La vida de Kokoschka fue intensa, tanto en el plano personal como desde el punto de vista social e histórico, y nómada como pocas. Le tocó experimentar a su pesar acontecimientos destructivos en primera línea, desde la guerra hasta la pasión amorosa, lo que satisfizo con creces su inclinación hacia la observación y la perspectiva. Su larga vida, que le permitió crear algunas de las obras más cautivadoras del siglo XX, contribuyó también a que el núcleo de su trabajo se viera durante mucho tiempo como una continuación de su producción juvenil, error de apreciación probablemente relacionado con su apego al realismo.

Sus retratos, sorprendentes por su parecido, revelan la agudeza de su mirada y se hallan entre los más fascinantes del arte moderno. La búsqueda de Kokoschka de la representación de la verdad está en consonancia con la fórmula de Karl Kraus que afirma que la gran mentira del arte logra decir la verdad[6].

Kokoschka fue un gran creador de naturalezas muertas, paisajes (urbanos o no) y hasta cuadros históricos, uno de los mejores pintores de la pasión amorosa —como lo demuestra su serie en torno a Alma Mahler— y un audaz artista político. Si bien convirtió a la sociedad en su tema central, no se abstuvo de hacer pintura alegórica de una libertad extrema. Su *Autorretrato de un "artista degenerado"* (*Selbstbildnis eines "entarteten Künstlers"*) de 1937, en respuesta a la exposición propagandística del régimen de Hitler contra el arte moderno, demuestra su firme determinación de no perder su independencia. Pintado en la mitad de su vida, en el momento de máximo riesgo, este cuadro es la pacífica afirmación de la autoconciencia de un artista: un himno al individuo que es a la vez sensible y sólido como una roca, al igual que el arte de pintar y de ver del artista.

Oskar Kokoschka, *Dos desnudos (Los amantes)* [*Doppelakt (Liebespaar)*], ca. 1913
Óleo sobre lienzo, 163,2 × 97,5 cm
Museum of Fine Arts, legado de Sarah Reed Platt, Boston
Inv. 1973.196

15

Su obra es ciertamente considerable, pero no debe hacernos olvidar el gigante intelectual que fue Kokoschka, muy presente en todo tipo de compromisos a la altura de su existencia, una suerte de torbellino sobre el abismo. Sin duda, su longevidad desafía la premisa que establecía que, partiendo de tan alto, su obra no podría llegar tan lejos. Antes que ser el artista de una vida, es un artista de *la* vida, decidido a mostrar la exuberancia de la existencia. A ello se añade que la pintura no era suficiente para él. Además de sus cuadros y su impresionante obra gráfica, Kokoschka fue un dramaturgo extraordinariamente creativo, escritor, destacado conferenciante y excelente profesor de arte. *Mi vida* y *Spur im Treibsand* (Huella en la arena) se hallan entre los libros más interesantes que haya escrito nunca un artista sobre sí mismo[7]; y la reciente traducción al francés de algunos de sus textos permite enriquecer aún más la perspectiva sobre el hombre y su obra.

El carácter de sus pinceladas —unas veces seguras y otras trémulas— y la riqueza de su tratamiento cromático hacen de él quizá el mayor artista barroco de su tiempo. Con toda justicia, John Berger lo compara con Pedro Pablo Rubens; con la misma visión del mundo, tenía la capacidad de generar simbolismo sin dejar de estar próximo a su tema. Al final de una convincente enumeración de similitudes entre ambos artistas, Berger señala que, al igual que Rubens, Kokoschka "pinta la carne humana como si fuera un jardín y cada pincelada, una floración"[8].

Hoy en día, los artistas y el público miran hacia el futuro buscando en el pasado del arte la forma de avanzar en la dirección correcta. Para ello, obras como las de Kokoschka resultan valiosas. Probablemente, porque vivió de cerca la destrucción, la sufrió y pudo conjurarla. Su trabajo es una invitación a la valentía y a la libertad de decir, pero también de ver, dos cualidades raramente asociadas que están muy en sintonía con la autoafirmación, una afirmación de la propia existencia física en el mundo contra la decadencia y el olvido.

Esta exposición, retrasada varias veces a causa de la pandemia a lo largo de 2020 y 2021, no podría haberse realizado sin la paciencia y el apoyo de nuestros numerosos socios y amigos. En primer lugar, la Fondation Oskar Kokoschka de Vevey, permanente referencia durante el montaje de la muestra. Por supuesto, la mayoría de los grandes museos de Europa y EE. UU., donde su obra está ampliamente representada y casi siempre expuesta, pero también importantes colecciones que han aceptado dar los pasos necesarios para que se exhiba finalmente en París y Bilbao la pintura de este inmenso artista.

La génesis de esta exposición no puede ser más sencilla: se han celebrado muy pocas muestras sobre este artista para tratarse de una capital como París, a pesar de la relevancia de Kokoschka. Pero el catalizador fue una conversación que mantuve hace ya casi diez años con Dieter Buchhart. Acababa de concebir de manera sucesiva dos exposiciones memorables para el Musée d'Art Moderne, sobre Jean-Michel Basquiat y Keith Haring, y sostuvimos una animada charla sobre qué autores sería interesante exhibir. Cuando mencioné el nombre de Kokoschka, uno de los artistas que siempre me han encantado, pero que es poco conocido en Francia, me contó que, siendo niño, la asistencia con sus padres a una muestra de Kokoschka en Viena supuso su descubrimiento del arte moderno y su vocación como comisario de exposiciones. No puedo más que agradecerle que haya dado continuidad a esta idea e intervenido en

hacerla realidad, junto con Anna Karina Hofbauer y con la ayuda de Cedric A. Huss. Una realidad que no habría sido posible sin el comisariado en París de Fanny Schulmann, conservadora jefe del Musée d'Art Moderne, cuyo interés por las vanguardias europeas quedó demostrado en su contribución a la excelente exposición de 2016 *Arnold Schönberg. Peindre l'âme*, que albergó el Musée d'Art et d'Histoire du Judaïsme. Mi agradecimiento se extiende también a Anne Bergeaud, que ha gestionado con ella este fascinante proyecto, cuya segunda etapa, pasados unos meses, acoge ahora el Museo Guggenheim Bilbao. Deseo particularmente dar las gracias también a todos los equipos del Musée d'Art Moderne de Paris, de Paris Musées y del Museo Guggenheim Bilbao, tanto por la organización de esta exposición como por la publicación de su catálogo, que, gracias a todos los colaboradores —autores, diseñadores gráficos, servicio editorial de Paris Musées—, ofrece una nueva mirada sobre una obra cada vez más viva.

Fabrice Hergott
Director del Musée d'Art Moderne de Paris

1. Jacques Lassaigne (ed.), *Oskar Kokoschk*a, Musée d'Art Moderne de la Ville de Paris, Les Presses artistiques, París, 1974, prefacio.
2. Serge Sabarsky, "Oskar Kokoschka", en Jean Clair (ed.), *Vienne 1880–1938. L'Apocalypse joyeuse,* Centre Georges Pompidou, París, 1986, pág. 479.
3. John Berger, "Oskar Kokoschka", en *Portraits. John Berger à vol d'oiseau*, L'écarquillé, París, 2020, págs. 406–07.
4. Oskar Kokoschka, *L'Œil immuable. Articles, conférences et essais sur l'art*, Régis Quatresous (trad.), L'Atelier contemporain, Estrasburgo, 2021.
5. Véase E. H. Gombrich, *Kokoschka in his Time*, Tate Publishing, "Tate Modern Masters", Londres, 1986, pág. 9. (Agradezco a Richard Calvocoressi, también autor de una importante monografía publicada por Albin Michel en 1992, el haberme recordado la existencia de esta publicación).
6. Karl Kraus, *Pro domo et mundo. Aphorismes et réflexions II*, Pierre Deshusses (trad. y prefacio), Payot & Rivages, "Bibliothèque Rivages", París, 2015, págs. 110–11.
7. Oskar Kokoschka, *Mein Leben* (1971), ed. esp.: *Mi vida*, Joan Parra Contreras (trad.), Tusquets Editores, Barcelona, 1988; *Spur im Treibsand*, Atlantis Verlag, Zúrich, 1956.
8. J. Berger, "Oskar Kokoschka", *op. cit.*, pág. 406.

Oskar Kokoschka: rebelde, humanista y europeo

Dieter Buchhart

"Kokoschka es un maestro antiguo nacido tardíamente, un prodigio aterrador"[1].

Else Lasker-Schüler, diciembre de 1911

Oskar Kokoschka era un radical. Tenía apenas veintitrés años cuando se lanzó a la conquista de Viena, la capital de la monarquía Habsburgo, adonde llegó con la cabeza rapada y presentándose como "el gran salvaje" (*Oberwildling*, fig. 2). Apadrinado por Gustav Klimt, conoció muy temprano el éxito en la escena artística vienesa, ejerció influencia sobre un joven Egon Schiele y alcanzó el reconocimiento internacional tras los dos terribles conflictos bélicos de carácter internacional. Desde el fin de la Segunda Guerra Mundial, abogó por una Europa unida, y su obra tardía inspiró a los nuevos fauvistas que surgieron en Austria y Alemania. Tras su muerte, acaecida el 22 de febrero de 1980, comenzaron a aplacarse las pasiones que levantaba el pintor, autor de un retrato del excanciller alemán Konrad Adenauer que estuvo colgado tras el escritorio de Angela Merkel durante los dieciséis años que ella estuvo en el poder. El nombre de Oskar Kokoschka pronto quedó asociado a los de Gustav Klimt, Egon Schiele y Koloman Moser en las investigaciones académicas sobre la vida artística vienesa en torno a 1900, especialmente fuera del mundo germanohablante, como demuestra la exposición de 2005 en las Galeries Nationales del parisino Grand Palais[2]. Pero ¿qué hace de este pintor uno de los grandes de la historia del arte, de él, que, tras sus inicios en la Viena imperial, pasó por Dresde, viajó durante varios años, emigró a Checoslovaquia y se vio obligado a exiliarse en Gran Bretaña por su condición de "artista degenerado", antes de fijar su residencia en Villeneuve (Suiza), a orillas del lago Lemán, en 1951? ¿Cuáles son sus logros más notables? ¿Y en qué medida contribuyó a configurar la historia del arte, influyendo asimismo en sus contemporáneos y en las siguientes generaciones de artistas? Intentaremos responder a estas preguntas examinando algunas de las principales obras creadas por Kokoschka a lo largo de siete décadas de carrera artística.

El administrador
(*Der Rentmeister*), 1910
Óleo sobre lienzo, 74 × 59 cm
Detalle (cat. 7)

En 1907, influido por el Art Nouveau, Kokoschka comenzó a diseñar tarjetas postales en la escuela de los Wiener Werkstätte (Talleres de Viena, cats. 71–80). No obstante, su libro de relatos *Los chicos soñadores* (*Die träumenden Knaben*), aunque dedicado a Gustav Klimt ("Con toda mi admiración"), dejaba ya entrever un distanciamiento que le llevaría posteriormente a romper con aquel estilo. Ese mismo año, Kokoschka dibuja desnudos cuyos trazos, en ocasiones angulosos, limitados a los contornos y sucintas líneas interiores, contrastan con las sinuosas y sensuales curvas que pintaba su mentor. Dibujados con una despiadada sobriedad, las niñas y niños, mujeres y hombres de todas las edades, se ubican en el polo opuesto de los desnudos sensuales y de fuerte carga erótica de Klimt. En efecto, las marcadas líneas de Kokoschka, los cuerpos y los miembros contorsionados, realzados por una aguada delicada, de *Muchacha desnuda bailando* (*La hija del saltimbanqui*) [*Tanzender Mädchenakt* (*Tochter des Gauklers*), cat. 82] y las manos crispadas de *Dos muchachas vistiéndose* (*Zwei junge Mädchen beim Ankleiden*, fig. 3) no tienden ni a la belleza ni a la armonía; antes bien, sus contornos afilados y su contundente gesto destacan ásperamente sobre el blanco del papel. La ruptura de Kokoschka con el Art Nouveau y con Klimt impulsaría a Schiele a dibujar a su vez mujeres, niños y casas "proletarias"[3]. Sin embargo, frente a los trazos gruesos de lápiz y los colores escuetos de su colega, Schiele optó por un modelado más realista del rostro y el cabello (fig. 4). Como en los primeros trabajos de Kokoschka, los perfiles de las figuras dibujadas por Schiele se convierten en "líneas de demarcación entre el blanco del papel y los cuerpos, reducidos a su mínima expresión"[4].

Los estudios de Carl E. Schorske sobre el *fin de siècle* vienés ratifican la influencia e importancia artística de Kokoschka. A partir de ejemplos tanto de este como de Klimt, figuras emblemáticas de la Secesión y del Expresionismo, el autor analiza la agitación y las crisis vividas en Viena en el cambio de siglo. En opinión de Schorske, el hecho de que Klimt, "comprometido con la vida pública", se atrincherara en sus propios cánones estéticos —tras ser rechazadas las "pinturas de las Facultades" que había realizado para la Universidad de Viena— demuestra su voluntad de compensar estéticamente la crisis de identidad de la alta burguesía[5]. Schorske consideraba que Kokoschka, en cuanto representante del Expresionismo, encarnaba el postulado de la verdad en el arte moderno y expresaba, con un lenguaje nuevo y sin concesiones, la vida pulsional y la autenticidad del alma[6]. Por su lado, el historiador del arte Werner Hofmann estimaba que el cambio de siglo en Viena "estuvo marcado por creadores que supieron manejar sus propias contradicciones de forma productiva. Desde el punto de vista espiritual y artístico, el espectro de su intuición no solo estaba abierto a una pluralidad de voces, sino que se dejaba llevar por ella"[7]. Las observaciones de Hofmann y Schorske difieren en dos aspectos: Hofmann incorpora a Schiele a su investigación y desarrolla asimismo la idea del "polimorfismo" como gran paradigma de la modernidad[8]. En opinión de Wolfgang Welsch, la pluralidad de voces que caracteriza el *fin de siècle* en Viena no es sino un "fenómeno posmoderno"[9]. Jean Clair y Kirk Varnedoe abogan por una reevaluación de la modernidad y, especialmente, de la escena vienesa hacia 1900[10]. Varnedoe rechaza en particular las ideas habitualmente asociadas de "decadencia" y de "genio", así como el concepto de "vanguardia defensiva", que tacha de clichés anticuados[11]. En 1990, Jacques Le Rider hablaba del carácter "antimoderno" del Modernismo vienés, que está en el origen, a su juicio, de la "crisis de identidad" del individuo y que anuncia la "posmodernidad de las décadas de 1970 y 1980"[12]. La revisión que de la modernidad vienesa hacen estos heterogéneos autores durante la década de 1980 se centra asimismo en el papel desempeñado por la obra temprana de Kokoschka, especialmente cuando se invocan términos como "antimodernismo", "crisis de identidad" o "pluralidad de voces". Schiele es, así pues, objeto de todas las miradas, "punto focal que se convierte en símbolo de los acontecimientos contemporáneos"[13].

Desde su primera exposición, celebrada en la Kunstschau de Viena, en 1908, Kokoschka fue proclamado *enfant terrible*[14] y "gran salvaje"[15], ganándose asimismo el apelativo de "Kokoschka el Loco"[16]. Sus primeros desnudos y dibujos a tinta, y, más adelante, sus "retratos psicológicos" lo ratificaron como innovador radical y encarnación de la modernidad, gracias a su trazo agresivo y su atípica técnica pictórica. Su apología de la violencia feminicida en *El loco furioso* (*Amokläufer*, cat. 81), cuadro pintado en 1908 y vinculado con su obra *Asesino, esperanza de las mujeres* (*Mörder, Hoffnung der Frauen*), retrata la fealdad, la agresividad desmedida y la sed de sangre del asesino (fig. 5). Aunque desde el punto de vista formal sigue existiendo cierta afinidad con *Los chicos soñadores*, podría decirse que la ruptura con el Art Nouveau estaba manifiestamente consumada. Influido por los tatuajes que adornan las estatuas maoríes tradicionales[17], el artista reduce sus dibujos a tinta a una serie de líneas limpiamente trazadas con pluma de acero, abordando la violencia de los temas mediante la interacción entre "tramas fragmentadas, ornamentos caligráficos y deformaciones corporales"[18]. Kokoschka trasladó esta estructura tramada a sus primeros retratos, a los que se dedica principalmente entre 1909 y 1912. Más de sesenta de ellos los realiza gracias a la mediación del influyente arquitecto Adolf Loos[19]. El respaldo de este y su conocimiento de la obra de artistas internacionales como Vincent van Gogh o Edvard Munch, a quienes descubrió como muy tarde en la Exposición Internacional de Arte de Viena de 1909, impulsaron el rápido ascenso de Kokoschka al escalafón de gran innovador de su época.

En el retrato doble de Hans y Erika Tietze, fechado en diciembre de 1909, la singular técnica pictórica de Kokoschka alcanza una primera cumbre. Erika Tietze-Conrat señaló al respecto: "Kokoschka comenzó a pintar con pincel, pero pronto lo abandonó para usar las yemas de los dedos. Rayaba con las uñas la imprimación para trazar líneas extraordinarias"[20]. Siguiendo el modelo de sus dibujos a tinta, Kokoschka añadirá a sus lienzos un denso patrón de rayas cruzadas, como una película extendida sobre un fondo cambiante de difusos colores (rojizo, amarillo verdoso y azul). Mediante este procedimiento, el pintor consigue hacer destacar las figuras, enmarcándolas a la vez en una suerte de paisaje. Las diferentes partes del rostro y de las manos se delinean alternando la pintura pastosa y el grano del lienzo, a la vista tras raspar y frotar la pintura. La palidez del rostro y las manos de Erika Tietze-Conrat contrasta con las manos de Hans Tietze, que, realzadas en rojo y forzando la diagonal, marcan el centro del cuadro.

19

Fig. 1

Fig. 2

Fig. 3

Fig. 4

Fig. 5

Fig. 6

Fig. 1   Oskar Kokoschka, *Familia de saltimbanquis "Barrio popular"* (*Gauklerfamilie "Armenviertel"*), 1946
Óleo sobre lienzo, 50,5 × 60,8 cm.
Staatliche Kunstsammlungen, Dresde

Fig. 2   Oskar Kokoschka en Viena (1909), fotografía de Wenzel Weis

Fig. 3   Oskar Kokoschka, *Dos muchachas vistiéndose* (*Zwei junge Mädchen beim Ankleiden*), 1908. Tinta china, acuarela, pintura opaca, témpera sin barniz y lápiz sobre papel envejecido, 44 × 30,8 cm.
Colección particular

Fig. 4   Egon Schiele, *Desnudo femenino sentado con las piernas abiertas* (*Sitzender weiblicher Akt, mit gegrätschten Beinen*), 1913. Lápiz sobre papel, 48,2 × 32,2 cm.
Wien Museum, Viena

Fig. 5   Oskar Kokoschka, *Asesino, esperanza de las mujeres I* (*Mörder, Hoffnung der Frauen I*), 1910. Tinta y lápiz sobre papel y cartón, 25,2 × 20 cm. Kunsthaus Zug, Stiftung Sammlung Kamm

Fig. 6   Oskar Kokoschka, *Padre Hirsch* (*Vater Hirsch*), 1909. Óleo sobre lienzo, 70,5 × 62,5 cm (cat. 3)

Así, Kokoschka da forma a la pintura con la punta del pincel, pero también con los dedos, con las uñas o incluso usando jirones de tela, buscando exponer físicamente lo que subyace, "líneas de nervios y haces de músculos y tendones"[21]. También el retrato del célebre científico Auguste Forel (cat. 6) muestra una sólida voluntad de experimentación pictórica. Como cuenta la hija del modelo, Marta, "Kokoschka pintó el retrato casi completamente con las manos y dibujó el pelo rascando con la uña las finas capas de pintura"[22]. Esta agilidad en la ejecución, en contacto directo con la materia, se convirtió en la seña de identidad de sus primeras obras, caracterizadas por la presencia de partes del cuerpo a veces simplemente bosquejadas, una aplicación austera de la pintura —con pinceladas que discurren en todas las direcciones— y el empleo en el proceso de los dedos, así como de arañazos, ya sean arbitrarios o metódicos. Kokoschka pretende de este modo captar al ser humano y lo que su psique esconde. Albert Ehrenstein lo describe acertadamente: "No es un carnicero, sino un desgarrador de almas. Al pintar las manos y las cabezas de sus sujetos, expone fantasmagóricamente su esqueleto mental. Esta suerte de siniestra 'psicotomía' hace pensar en una vivisección"[23]. De este modo, Kokoschka dota al cuerpo de Forel de cierta permeabilidad y transparencia: lo muestra atravesado por la luz y, a la vez, en vías de disolución. Se centra en la cabeza del modelo, símbolo del espíritu, siendo sus manos el medio de expresión. Otro caso diferente es *El administrador* (*Der Rentmeister*, cat. 7), retrato del periodista Julius Szeps, cuya compacta figura y carnoso rostro Kokoschka ejecuta mediante arañazos e inserciones de pintura que modela con las yemas de los dedos.

La obra *Padre Hirsch* (*Vater Hirsch*, cat. 3, fig. 6), expuesta por primera vez en 1910 en la galería berlinesa de Paul Cassirer con el título *Un egoísta brutal* (*Ein brutaler Egoist*), corrobora el interés de Kokoschka por el retrato en esos años. El artista también pintó al hijo de Hirsch, cuyo pseudónimo era Ernst Reinhold, dotándole de una mano carnosa particularmente expresiva y de unos ojos azul intenso; posteriormente, el pintor tituló este retrato *El actor* (*Der Trancespieler*). La heterogénea práctica pictórica de Kokoschka pasa por una variada experimentación. En el retrato de Herwarth Walden (cat. 8), por ejemplo, la aplicación de parte de la pintura directamente desde el tubo dinamiza la composición, como si hubiera recibido la influencia del Futurismo. En palabras de Paul Westheim, el artista ofrece en todo momento una "visión inmediata del complicado mecanismo que es el ser humano"[24]. Algunas obras de Kokoschka, cuya estética recuerda al cristal de roca[25], reflejan su personalísima reacción al Cubismo y al Futurismo. Es el caso del retrato del compositor Egon Wellesz (1911), cuyo proceso creativo describió el propio modelo de la siguiente manera: "Kokoschka se dispuso a pintar mientras yo tocaba el piano, trabajaba en mi escritorio o paseaba por la habitación [...]. El primer día le pregunté si podía moverme mientras pintaba. Me respondió: '¿Me supone tan mal pintor como para solo poder pintarle sentado? Puede usted hacer lo que quiera'. Habiendo colocado sobre un sillón el lienzo enmarcado, en el que ya había pintado un fondo, se dedicó a estudiar mi rostro y el movimiento de mis manos. Luego, empezó a pintar sin pincel, con el dedo índice de la mano derecha"[26].

Como señala Werner Hofmann, en esta época se manifiesta una renovación decisiva de la estética tanto en la música, la arquitectura y la literatura como en las artes plásticas. Las observaciones vertidas por Hofmann sobre el edificio que Adolf Loos había diseñado para la Michaelerplatz de Viena se aplican asimismo a las disonancias propias de la obra de Kokoschka: "Nos encontramos ante un conjunto cuyas partes individuales no solo se comportan de forma autónoma, sino que parecen rechazarse entre sí. Quizá existan vínculos entre ellas, pero estos parecen alterados"[27]. Esta reflexión lleva a Hofmann a adoptar el concepto de "emancipación de la disonancia"[28], que, acuñado por el compositor Arnold Schönberg, "parece erigirse en rasgo distintivo de la cultura en los albores de la década de 1910". En opinión de Hofmann, esta ampliación de la idea del arte, que se extiende de la consonancia a la disonancia, trae consigo "un proceso de emancipación y apertura"[29] iniciado simultáneamente en la pintura y la música hacia 1910. Así, mientras que Wellesz recurrirá a la dodecafonía en sus composiciones posteriores, Kokoschka buscará esta disonancia en el "complicado mecanismo que es el ser humano".

El pintor se autorretrató como un provocador de cabeza afeitada, aludiendo al *Varón de dolores* de la iconografía cristiana —en su proyecto de cartel para la revista *Der Sturm* (fig. 7, pág. 30)— o pintando su perfil sobre un retrato en relieve del pianista romántico Franz Liszt. A partir de 1911, como ilustra *La Anunciación* (*Verkündigung,* cat. 11), se fue volcando en composiciones pictóricas cada vez más complejas, dedicadas a su apasionada relación amorosa con Alma Mahler, a la que conoció el 12 de abril de 1912, y al fracaso de este idilio. Superados los tonos claros de la fase "cristalina" de su obra (cat. 12), a fines de 1913 el pintor vuelve a los tonos oscuros y la pincelada expresiva. Su retrato de Carl Moll (cat. 15) se caracteriza por el trazo enérgico y la textura pastosa. Por primera vez, Kokoschka dibuja un interior y refleja la orientación de la luz sobre el lugar que representa. En la escena de *El prisionero* (*Der Gefangene,* 1914, cat. 17) también la incidencia de la luz crea un pronunciado contraste entre la palidez del rostro y las manos y la oscuridad de la habitación. El cuadro no recibiría su título hasta un tiempo después, en 1917, en alusión a un poema de Albert Ehrenstein[30], lo que permite interpretarlo retrospectivamente como una referencia a la inminente Primera Guerra Mundial. Kokoschka se presentó como voluntario a principios de enero de 1915 y fue gravemente herido el 29 de agosto de aquel año en el noroeste de Ucrania. Una vez recuperado, ejerció como pintor de guerra[31] (cats. 88–92), pero posteriormente fue declarado no apto para el combate, debido a nuevas heridas sufridas. Kokoschka recibió el mes de septiembre de 1916 en Berlín, donde realizó los retratos de la condesa Mechtilde Lichnowsky (cat. 18) y de Nell Walden, caracterizados por un estilo nervioso y a veces desordenado que enfatiza el claroscuro, y por las disonancias entre vida y muerte, plenitud y decadencia.

El colorido expresionismo de los años de Dresde

En diciembre de 1916, Oskar Kokoschka llega a Dresde, donde residirá los siete años siguientes, a excepción de algunos meses pasados en Viena. Durante este tiempo se produjo un punto de inflexión en su obra. Según Hans Tietze, el "análisis psicológico" dio paso gradualmente a "una poderosa vitalidad"[32].

En su autorretrato de 1917 (cat. 19), un Kokoschka marcado por la guerra nos mira a los ojos. Con el índice derecho se señala la zona del corazón, en un gesto que evoca la figura cristiana del *Varón de dolores*. Este detalle transmite una impresión de disonancia comparable a la que emana del retrato de la condesa Mechtilde Lichnowsky. Kokoschka se nos presenta como un hombre destrozado física y anímicamente, cuyas "fuerzas y juventud han desaparecido, al igual que […] su salud", como escribió el propio pintor a Ehrenstein unos meses más tarde[33]. El *Varón de dolores* del cartel realizado para *Der Sturm* señalaba sus heridas; en este autorretrato, sin embargo, Kokoschka no alude a las heridas visibles (tampoco a las de guerra, al menos no a las físicas), sino a su psique. Sobre un mutante fondo entre negro y azulado, las toscas pinceladas sugieren un rostro, unas manos y un cuerpo que parecen disolverse, y una expresión que revela el abatimiento, la soledad y la desesperación del artista. Del mismo modo, en el retrato grupal *Los amigos* (*Die Freunde*), el artista convaleciente, en primer plano pero de espaldas, parece estar a punto de desaparecer ante la mirada de sus amigos de Dresde. Dominan la composición las figuras de Käthe Richter (sentada a la izquierda), actriz de la que Kokoschka se hizo "íntimo amigo"[34], y del poeta expresionista Walter Hasenclever (en el centro). Una vez más, Kokoschka configura su obra mediante disonancias entre colores, entre el claro y el oscuro, pero también entre la vida y la muerte, como observa en una carta a Hans Tietze: "Ahora construyo rostros humanos […] para crear con ellos composiciones: el ser se enfrenta al ser, oponiéndosele en estricta contradicción, como hacen el odio y el amor; ahora busco en cada cuadro el accidente dramático que lleva a los espíritus individuales a fundirse entre sí en un orden superior"[35].

Después de la Primera Guerra Mundial, Kokoschka empezó de nuevo a aclarar los colores oscuros y contrastados de sus obras. Muestra de ello es *Katja* (cat. 20), cuadro fechado en el invierno de 1918–19, en el que aparece el artista retratando a su amiga Käthe Richter —conocida también como Katja—, quien ocupa asimismo el centro del "cuadro dentro del cuadro". La joven, probablemente enferma, viste bata azul y gorro de dormir, tiene un vaso de agua junto a la mano y mira al artista mientras él la pinta, arrodillado ante ella. Las vívidas pinceladas y la composición diagonal hacen más dinámica una escena de por sí estática —la habitual en el motivo clásico del pintor y su modelo, a la que Kokoschka recurrió varias veces durante sus años en Dresde—. Otro ejemplo es *El pintor y su modelo II* (*Maler und Modell II*, 1923, cat. 28, fig. 7), obra que muestra la transición de la ejecución nerviosa a un expresionismo dominado por las superficies planas de color, y marca el final de este periodo. La escena en sí es perturbadora: el artista, profesor de la Academia de Bellas Artes, se representa a sí mismo pintando un autorretrato de juventud como *Varón de dolores* y "gran salvaje", en lugar de a la modelo que le observa. El lenguaje pictórico llama la atención por su carácter estático. En el centro, sobre fondo verde, aparece el pintor con un guardapolvo azul; su inexpresivo rostro recuerda a una máscara y sus manos son enormes. La figura robusta de su amiga Anna Kallin, ataviada con un vestido amarillo intenso, parece desplazada al margen de la escena. En esta relación entre artista y modelo, Kokoschka mantiene un soliloquio, relegando a la modelo femenina.

En estos años, una diversidad que va de las agitadas pinceladas de *Katja* al carácter como paralizado por los colores

expresionistas de esta última obra define su práctica artística, que está marcada por una "ralentización del ritmo de trabajo" ligada al "exceso de encargos"[36]. Esta gran discrepancia puede verse en una de las obras clave de Kokoschka, *El poder de la música* (*Die Macht der Musik,* cat. 22), pintada entre 1918 y 1920. Su título original, *Fuerza y debilidad* (*Kraft und Schwäche*)[37], recuerda en cuanto a estructura la polaridad entre luz y oscuridad, frío y calor, ruido y silencio, pero también entre enfermedad, convalecencia y salud. A la izquierda, una mujer vestida de verde toca una trompeta y parece despertar a otra figura de amarillo y rojo que, dormida en el suelo, abre los ojos y levanta los brazos en señal de protesta, en la parte derecha del cuadro. Entre ambos protagonistas aparecen un lirio de color violáceo y, en segundo plano, un caballo que galopa hacia el fondo, a la derecha. Si lo comparamos con los retratos *Los amigos* y *Katja*, parece haberse relajado la pincelada nerviosa, tan propia del periodo comprendido entre 1917 y principios de 1919. De hecho, el retrato doble de Carl Georg Heise y Hans Mardersteig (cat. 21), al que otorgan un marcado dinamismo las amplias pinceladas y manchas de color, se encuadraría ya en un estilo muy diferente. "Es realmente el poder de la música del color"[38], diría Kokoschka al volver a ver la obra tres décadas más tarde, asociando así dos modos distintos de percepción, a la manera sinestésica.

Fue también en Dresde donde Kokoschka encargó a la creadora de marionetas Hermine Moos una muñeca de tamaño natural a imagen y semejanza de Alma Mahler. El pintor proporcionó a la artesana un óleo para que recreara a la modelo de tal manera que "al mirarla y tocarla […] creyera que está viva"[39]. Al final, el *fetiche* no cumplió las expectativas de Kokoschka[40], que se lo hizo saber sin ambages a Moos: "Francamente, su muñeca me ha horrorizado"[41]. Más tarde, sin embargo, el artista puso en circulación ciertos rumores acerca de aquel objeto al que llamaba "la silenciosa", contando por ejemplo que había "alquilado un fiacre para sacarla al aire libre los domingos, y reservado un palco en la Ópera para que todos la vieran"[42] y haciendo de la muñeca un objeto de arte vanguardista, en contra de su idea inicial. De este modo, se sitúa en la línea del Dadaísmo en cuanto "antiarte", es decir, arte "antes del significado"[43], que "no tendría sentido" pero que tampoco "sería un sinsentido"[44]. El Dadaísmo se muestra muy crítico con la sociedad y se opone a la guerra, al tiempo que redefine radicalmente los contenidos y fines del arte, aboliendo por primera vez las fronteras entre los géneros artísticos tradicionales[45]. No obstante, el "gran salvaje" vienés se había enfrentado a ese radicalismo desde el principio de su carrera, y volverá a oponerse a él. Por lo demás, Kokoschka aborda el tema de la muñeca en varios trabajos, como *Naturaleza muerta con máscara* (*Maskenstillleben*), *Madre e hijo* (*Mutter und Kind*, cat. 23), *La esclava* (*Die Sklavin*), *Los paganos* (*Die Heiden*), *Niña con muñeca* (*Mädchen mit Puppe*), *Niña con muñeca de barro* (*Mädchen mit Tonpuppe*), *Pintor con muñeca* (*Maler mit Puppe*, cat. 26) y *Autorretrato ante el caballete* (*Selbstbildnis an der Staffelei*, cat. 27).

En *Pintor con muñeca*, Kokoschka adopta un estilo más fluido y realiza una escena de mayor dinamismo, mostrando al artista junto al cuerpo gordezuelo de la muñeca inerte. El pintor señala con un dedo los genitales de ella, coloreados de rojo, y aparta con la mano izquierda el muslo de la marioneta de la que ahora es propietario. Kokoschka remeda al fracasado Pigmalión

—el escultor mitológico que se enamoró de su propia creación— en su *Autorretrato ante el caballete*, donde pellizca el muslo de la muñeca de color rosáceo, que aparece en el margen izquierdo del cuadro. Este gesto, junto con la postura encorvada y las apretadas manos, contrasta con el escenario —su imponente estudio de la Academia de Bellas Artes, con vistas a la "ciudad nueva" (el barrio de Neustadt) de Dresde— y sugiere cierta mofa de sí mismo. Entre 1919 y 1923, el artista inmortalizó diez veces el mismo panorama de Dresde a vista de pájaro (cat. 25, fig. 8). En las antípodas de esta puesta en escena que hace de sí mismo, en *Autorretrato con los brazos cruzados* (*Selbstbildnis mit gekreuzten Armen*) Kokoschka alcanza el punto culminante y final del desarrollo estilístico iniciado en Dresde, retratándose con elegante traje azul y corbata roja, sobre amplias áreas de color. El rostro parece esculpido por la luz y la sombra, mientras que el gesto serio e inquisitivo podría anunciar la despedida de Dresde. Ya en otoño de 1922, Kokoschka se preguntaba: "¿Cómo se explica que algunos vivan en Biarritz y yo en Dresde?"[46].

Viajes a vista de pájaro y retratos de animales

Entre el verano de 1923 y 1931, tras dejar Dresde, Kokoschka viajó por Europa, el norte de África y Oriente Próximo. Entre 1924 y 1925 visitó Venecia, Burdeos, Biarritz, Aviñón, Marsella, Montecarlo, Niza, Madrid, Sevilla, Toledo, Lisboa, La Haya, París, Londres y Ámsterdam. El estilo delicado y fluido de sus amplios paisajes, vistas de ciudades y representaciones de animales se opone claramente al de los años de Dresde. De repente, a Kokoschka parece interesarle solo "mirar desde lo alto de las montañas o desde los edificios más altos, *on the top*, desde la cima", para ver "lo que ocurre en las ciudades, cómo llevan su vida las personas que las habitan"[47]. De hecho, vierte su mirada literalmente sobre la urbe, buscando siempre el panorama más elevado. Kokoschka pintó dos versiones de algunas vistas —como los Jardines de las Tullerías de París y el puerto de Marsella (cats. 29 y 30)—, que se diferencian entre sí por el grado de claridad de los tonos y por el encuadre. En ambos casos, el artista sitúa, en oposición a la vista de la ciudad y del cielo, un foco sobre la vida urbana. Con una pincelada más suelta, el pintor diluye la densidad de las superficies de color y crea composiciones espacialmente dinámicas, cuya ligereza roza lo impresionista.

Entre 1926 y 1927, Kokoschka hizo cinco importantes retratos de animales. Resulta revelador el uso del término "retrato" por parte del artista, quien afirmaba haber pintado "animales individuales, con una expresión específica"[48]. Además del mandril llamado George, entre sus pinturas de animales más impresionantes figura *Tigón* (*Tigerlöwe*, cat. 32), que retrata a un ejemplar llamado Ranji, resultado del raro cruce entre tigre y leona. Para realizar esta obra, Kokoschka obtuvo un permiso que le permitió instalar su caballete en el zoológico londinense de Regent's Park. El pintor vivía con gran sorpresa a diario cómo el enorme felino salía "de la oscuridad a la luz, al aire libre, como una flameante bomba amarilla […], y [se abalanzaba sobre él] alzando las patas, como si fuera a despedazar[le]"[49]. Tobias G. Natter coincide en que se trata de un retrato: "Lejos de limitarse a pintar una fiera salvaje, el renombrado 'pintor de almas'

ha hecho un retrato a la vez majestuoso y animal de un fenómeno de la naturaleza"[50]. Emergiendo de la oscuridad, se diría que el tigón va a romper el marco del cuadro por la yuxtaposición de su musculoso torso y sus patas. Con las delanteras parece haber desgarrado a un antílope; el resto del cuerpo, ejecutado con pinceladas traslúcidas, destaca sobre el fondo oscuro y sugiere que la fiera podría abalanzarse sobre el espectador en cualquier momento.

Artista degenerado, exiliado y humanista

Después de los años dedicados a viajar, Kokoschka regresó en el otoño de 1931 temporalmente a Viena, donde permaneció hasta la primavera del año siguiente. Durante este periodo pintó una serie de cuadros protagonizados por Trudl, una niña a la que conoció en la ciudad, entre los que destaca *Pan (Trudl con una cabra)* [*Pan (Trudl mit Ziege)*, cat. 40], que anuncia la complejidad de las obras más alegóricas que realizaría a continuación. Tras una estancia superior a un año en París, en la que sobresale el retrato que hizo de Constantin Brancusi (cat. 41), Kokoschka regresó durante el verano de 1933 a Viena, donde las convulsiones políticas que vivía el país le atemorizaban enormemente. Con posterioridad a la muerte de su madre, acaecida el 4 de julio de 1934, al no ver motivos para permanecer en una Viena desgarrada por la guerra civil en el seno del "Estado corporativo" del régimen fascista austriaco, emigró a Praga, lugar originario de su familia paterna. A lo largo de los cuatro años que pasó allí pintó numerosas vistas de la ciudad, que el artista definía como "organismos urbanos"[51], "vivos"[52], además de algunos retratos. En Praga también conoció a Olda Palkovskà, su futura esposa. Durante estos años, el artista alertó con convicción sobre el aumento de los extremismos en Europa.

En 1936, en calidad de miembro de la delegación checoslovaca en el Congreso Universal de la Paz celebrado en Bruselas, Kokoschka denunció la violencia política en una alocución dirigida explícitamente a los fascistas. El artista pronto pinta lienzos alegóricos alusivos a este "paraíso en peligro"[53] y, apenas un año más tarde, 417 de sus obras son confiscadas de las colecciones públicas alemanas[54]. Dio el pistoletazo de salida a su activismo político-artístico la litografía *¡Ayuda a los niños vascos!* (*Pomozte baskickým Dětem!*, cat. 95), contra la guerra civil española. Más tarde, ante la inclusión de nueve de sus obras en la exposición *Entartete Kunst* (Arte degenerado), organizada por los nazis en Múnich, Kokoschka replicó pintando *Autorretrato de un "artista degenerado"* (*Selbstbildnis eines "entarteten Künstlers"*, cat. 47), exhibido en 1938 en la muestra *Twentieth Century German Art* (Arte alemán del siglo XX), celebrada en Londres como protesta contra las políticas nacionalsocialistas. Kokoschka participó asimismo en la fundación de un "frente popular" antifascista, entrando así en confrontación directa con los nazis. El 19 de octubre de 1938, dos días antes de que Hitler ordenara en secreto la liquidación de "lo que quedaba de la República Checa", Kokoschka huyó *in extremis* con Olda a Londres, desde donde siguió combatiendo incansablemente el nacionalsocialismo mediante sus escritos y conferencias. Pintó cuadros alegóricos de carácter político y satírico, como *Loreley* (cat. 52), *El cangrejo* (*Die Krabbe*, cat. 51) o

23

Fig. 7

Fig. 9

Fig. 8

Fig. 12

Fig. 10

Fig. 11

Fig. 7 Oskar Kokoschka, *El pintor II (El pintor y su modelo)* [*Der Maler II (Maler und Modell II)*], 1923. Óleo sobre lienzo, 85,1 × 130,2 cm. (cat. 28)

Fig. 8 *Dresde, Neustadt VII*, 1922. Óleo sobre lienzo, 80 × 120 cm. Hamburger Kunsthalle

Fig. 9 Oskar Kokoschka, *Pablo Casals I*, 1954. Óleo sobre lienzo, 82 × 65,5 cm. Colección particular

Fig. 10 Edvard Munch, *Autorretrato entre el reloj y la cama* (*Selvportræt. Mellem uret og sengen*), 1940. Óleo sobre lienzo, 149,5 × 120,5 cm. Munch-museet, Oslo

Fig. 11 *Aviñón*, instalación de Georg Baselitz en la 56ª Bienal de Venecia, 2015

Fig. 12 Rembrandt, *Autorretrato a la edad de 63 años*, 1669. Óleo sobre lienzo, 86 × 70,5 cm. National Gallery, Londres

Anschluss – Alicia en el País de las Maravillas (*Anschluss – Alice im Wunderland*, cat. 53), con el objetivo de "abrir a otros los ojos a [su] visión de la guerra"[55]. No hay rastro de aquel paraíso del que hablaba Kokoschka en estas obras, que presentan la destrucción de la humanidad, la aniquilación del arte y la cultura y el fin de la libertad como consecuencias de la codicia y el ansia de poder de las clases políticas dominantes.

Europeo y precursor de los nuevos fauves

Para la Navidad de 1945, habiendo finalizado la Segunda Guerra Mundial, Oskar Kokoschka elaboró un cartel cuyo fin era concienciar sobre la grave situación económica. En él, Jesucristo se inclina desde la cruz para consolar a los niños que imploran a sus pies; el texto del *patibulum* reza: *IN MEMORY* of the *CHILDREN* of *EUROPE / WHO HAVE* to *DIE* of *COLD* and *HUNGER* this / Xmas ("en memoria de los niños de Europa / que tienen que morir de frío y hambre esta / Navidad"). Sobre este provocador cartel, que se exhibió en las estaciones de metro de Londres, y que también se imprimió en castellano y se distribuyó en América Latina, Kokoschka escribió: "Lo que me distinguía de los agitadores comunistas era que no me dirigía a las masas a través de una ideología, sino que pretendía única y exclusivamente apelar a la conciencia humana. Yo era una especie de *one man underground movement* (movimiento clandestino unipersonal)"[56]. En *Familia de saltimbanquis* (*Gauklerfamilie*, fig. 1), Kokoschka llama la atención sobre la desastrosa situación económica, mientras que su cuadro *Liberación de la energía atómica* (*Entfesselung der Atom-Energie*, 1947, cat. 55) prefigura ya los peligros de la nueva era que se inicia. Para alegorizar la amenaza nuclear, decidió pintar la instantánea de un mundo que parece deslizarse cuesta abajo sin control: un gran león (su tigón) está a punto de saltar desde la jaula sobre ruedas que acaba de abrir un saltimbanqui de bobalicona sonrisa. Su autorretrato de 1948 (cat. 56) nos presenta a un hombre lacerado por el exilio, la guerra, el hambre y la miseria, con expresión seria y una intensa mirada azul claro. El artista, bastón en mano y traumatizado por dos guerras mundiales, se aleja del espectador.

En esta época, Kokoschka asimismo promovió la idea de unos Estados Unidos de Europa[57], en tanto que una gran retrospectiva organizada por varios museos estadounidenses de primera línea —entre ellos, el Museum of Modern Art de Nueva York— confirmaba su estatura internacional[58].

El 31 de julio de 1951, Kokoschka parece volver a la provocación de su juventud cuando declara con toda convicción: "Yo soy el oxígeno. El que mantiene vivo el arte"[59]. Siempre se verá a sí mismo como un incendiario, que se sirve de ese oxígeno como arma, pero también como recurso vital, y asimismo como un mago, y precisamente en este último papel lo inmortalizó para la revista *Eltern* el fotógrafo Sven Simon, hijo del magnate de la prensa Axel Springer. El propio pintor se representó a sí mismo como tal en *La forma mágica del doctor Bassa* (*Dr. Bassa's magische Form*), cat. 57], donde aparece como trasunto de un tal doctor Bassa. Kokoschka se pinta como un mago haciendo sombras chinescas, con la piel muy pálida y los ojos como dos ranuras color rojo sangre. El trazo emborronado parece acompañar la descomposición de la escena. El título de la obra figura escrito al pie del lienzo en letras grandes, como ocurre en el retrato de Carl Leo Schmidt (cat. 9), pintado anteriormente, que presenta la inscripción "1911 OK Vormittag" ("por la mañana"). Esta práctica anticipa la integración de la escritura en la obra de artistas posteriores, como Jean-Michel Basquiat, Martin Kippenberger y algunos de los nuevos *fauves*.

Una radicalidad pictórica similar caracteriza los dos retratos que Kokoschka hizo al violonchelista, compositor y director de orquesta Pablo Casals (fig. 9, cat. 58), mostrándolo desde dos ángulos diferentes: inmerso en la música, por un lado, y fusionándose literalmente con ella, por otro. La música es también el tema de *Mañana y tarde* (*Morgen und Abend*, cat. 62), una nueva versión de *El poder de la música*, obra que a su vez había retrabajado en varias ocasiones. Esta evolución arroja luz sobre el método creativo de Kokoschka, que implica diversas fases de destrucción, revisión y reelaboración, de modo que la textura superficial de sus óleos se termina convirtiendo a veces en un colorido magma extremadamente espeso. El pintor fue superponiendo capa sobre capa de óleo a lo largo de una década, desde 1966, en el caso de *Mañana y tarde*, y durante casi veinte años en el caso de *Teseo y Antíope* (*Theseus und Antiope*, cat. 68), pues, a su juicio, "la pintura [debe] crecer en el lienzo"[60]. Los coloreados relieves resultantes conservan, a medida que envejecen, la huella del proceso creativo del artista. A diferencia del "pintar contra el tiempo"[61] de Picasso, quien en su última época producía un lienzo cada dos horas, Kokoschka inscribe su pintura en el tiempo y su duración, a la búsqueda de lo "absoluto", lo inaccesible, siguiendo el espíritu de Alberto Giacometti[62].

En 1967, Sven Simon definió a Kokoschka como "el pintor vivo más famoso del mundo"[63]. De hecho, el artista gozaba de fama internacional, había retratado a gente poderosa y había viajado de una ciudad a otra. Era un ciudadano del mundo con nacionalidad checa y británica, y no volvió a vivir ya en países germanohablantes. Su apego a la figuración —aun en su deslumbrante última época, en la que no dejaron de evolucionar su forma de pintar y la textura de sus cuadros— abrirá nuevas perspectivas a una joven generación de artistas —Basquiat, Georg Baselitz, Kiki Smith o Maria Lassnig—, que reivindicarán la pintura figurativa tras años de dominio del Arte Conceptual.

Time, Gentlemen Please (cat. 66), pintada entre 1971 y 1972, es una obra clave del periodo tardío de Kokoschka, de gran importancia para los nuevos *fauves* que se abrían paso en aquella época[64]. El exhortativo título, que recuerda al aviso de cierre de los *pubs* ingleses, puede leerse en la parte superior izquierda del lienzo. La figura desnuda y contorsionada del artista se encuentra en el umbral entre la vida y la muerte, entre la luz y la sombra. Su intensidad evoca los postreros autorretratos pintados por Munch en las décadas de 1930 y 1940 (fig. 10) o los óleos de la época actual de Baselitz (fig. 11). En referencia al autorretrato de Rembrandt a la edad de sesenta y tres años (fig. 12), Kokoschka se confiesa impresionado por que "un genio se enfrente con semejante valor a su propia finitud ante el espejo, y sepa describir la Nada, la nada del ser humano, con tal fuerza"[65]. Esto mismo consigue Kokoschka con *Time, Gentlemen Please*, obra que se enmarca en la interminable búsqueda de un eterno rebelde y humanista en pos de una respuesta a la pregunta: "¿Qué es el ser humano en el fondo?"[66].

1. Else Lasker-Schüler, *Werke und Briefe. Kritische Ausgabe*, Norbert Oellers, Heinz Rölleke e Itta Shedletzky (eds.), vol. III.1, Suhrkamp, Frankfurt, 1998, págs. 218–19.

2. Marie-Amélie zu Salm-Salm (ed.), *Vienne 1900. Klimt, Schiele, Moser, Kokoschka*, cat. expo., Galeries Nationales du Grand Palais, Réunion des Musées Nationaux, París, 2005.

3. Wieland Schmied, *Berührungen. Von Romako bis Kokoschka*, Residenz Verlag, Salzburgo y Viena, 1991, pág. 87.

4. Dieter Buchhart, "Egon Schiele et la ligne existentielle", en Dieter Buchhart (ed.), *Egon Schiele*, cat. expo., Fondation Louis Vuitton y Gallimard, París, 2018, págs. 18–19.

5. Carl E. Schorske, *Vienna Fin-de-Siècle. Politique et culture* (1980), Seuil, París, 1983, págs. 277–356. Ed. esp.: *La Viena de fin de siglo. Política y cultura*, Gustavo Gili, Barcelona, 1981.

6. Ibíd., págs. 413–69.

7. Werner Hofmann, "Ein Amerikaner zu Wiens Fin de siècle oder Kulturfinale als Dauerwerbung", *Die Presse. 25 Jahre freies Österreich*, 10–11 de mayo, 1980, s. pág.

8. Werner Hofmann, "Zur Postmoderne", conferencia pronunciada en la Akademie der Künste, Berlín, 1984, citada en Wolfgang Welsch, *Unsere postmoderne Moderne*, Akademie Verlag, Berlín, 1993, págs. 193–94.

9. Ibíd., pág. 177.

10. Jean Clair, "Une modernité sceptique", en Jean Clair (ed.), *Vienne 1880–1938. L'apocalypse joyeuse*, cat. expo., Centre Pompidou, París, 1986, págs. 46 y ss. Kirk Varnedoe, *Vienne 1900. L'Art, l'architecture, les arts décoratifs*, Taschen, Colonia, 1989, pág. 17.

11. Ibíd.

12. Jacques Le Rider, *Modernité viennoise et crises de l'identité*, PUF, París, 1990, págs. 39–40.

13. Werner Hofmann, "Oskar Kokoschka", en W. Hofmann (ed.), *Experiment Weltuntergang. Wien um 1900*, cat. expo., Hamburger Kunsthalle, Hamburgo; Prestel, Múnich, 1981, pág. 150.

14. Richard Mutter, "Die Kunstschau", *Die Zeit*, n.º 2049, 6 de junio, 1908 (edición matutina), pág. 1.

15. Ludwig Hevesi, "Kunstschau 1908, 31. May 1908", en L. Hevesi, *Altkunst-Neukunst. Wien 1894–1908*, Konegen, Viena, 1909, pág. 313.

16. Karin Michaelis, "Der tolle Kokoschka", *Das Kunstblatt*, año II, vol. 12, 1918, pág. 361.

17. Véase Alice Strobl, "Kokoschka, der Klimttöter", en Gerbert Frodl y Tobias G. Natter (eds.), *Oskar Kokoschka und der frühe Expressionismus*, actas de congreso, Österreichische Galerie Belvedere, Viena, 1997, pág. 20.

18. Alfred Weidinger, "Oskar Kokoschka. Träumender Knabe-Enfant terrible", en Agnes Husslein-Arco y A. Weidinger (eds.), *Oskar Kokoschka. Träumender Knabe-Enfant terrible*, cat. expo., Österreichische Galerie Belvedere, Viena; Bibliothek der Provinz, Weitra, 2008, pág. 196.

19. Sobre este asunto, véase Werner J. Schweiger, *Der junge Kokoschka. Leben und Werk 1904–1914*, Christian Brandstätter, Viena y Múnich, 1983, págs. 116–23.

20. Erika Tietze-Conrat, "Ein Porträt und nachher", en Josef Paul Hodin (ed.), *Bekenntnis zu Kokoschka. Erinnerungen und Deutungen*, Florian Kupferberg, Maguncia y Berlín, 1963, pág. 70.

21. Oskar Kokoschka, *Mein Leben* (1971). Ed. esp.: *Mi vida*, Joan Parra Contreras (trad.), Tusquets Editores, Barcelona, 1988, pág. 48.

22. Citado en Karl Gruber, "Zur Entstehung von Kokoschkas Forel-Bildnis", *Mannheim Heute*, año I, vol. 3, 1949, pág. 1.

23. Citado en Otto Breicha (ed.), *Oskar Kokoschka. Vom Erlebnis im Leben. Schriften und Bilder*, Verlag Galerie Welz, Salzburgo, 1976, pág. 46.

24. Citado en W. J. Schweiger, *Der junge Kokoschka…, op. cit*, pág. 9.

25. Sobre este tema, véase T. G. Natter, "Kubismus, wenn er richtig verstanden wird", en G. Frodl y T. G. Natter (eds.), *Oskar Kokoschka und der frühe Expressionismus, op. cit.*, págs. 45–53.

26. Egon y Emmy Wellesz, *Egon Wellesz. Leben und Werk*, Franz Endler (ed.), Paul Zsolnay, Viena y Hamburgo, 1981, págs. 81–82.

27. Werner Hofmann, "Die Emanzipation der Dissonanz", en Dietrich Worbs, *Adolf Loos, 1870–1933. Raumplan-Wohnungsbau*, cat. expo., Akademie der Künste, Berlín, 1983, pág. 103.

28. Arnold Schönberg, *Tratado de armonía* (1911), Real Musical, Madrid, 1979, págs. 13–17, traducción de Ramón Barce. Hofmann cita asimismo el *Körner Musiklexikon*, que define la disonancia como "la característica sonora de los intervalos cuyos tonos están alejados entre sí o no tienden a fusionarse, porque difieren en su sonido, y están sujetos a complejas relaciones vibratorias".

29. W. Hofmann, en D. Worbs, *Adolf Loos, 1870–1933, op. cit.*, págs. 106–07.

30. Véase Johann Winkler y Katharina Erling, *Oskar Kokoschka. Die Gemälde 1906–1929*, Galerie Welz, Salzburgo, 1995, pág. 63.

31. Véase el texto de Anna Karina Hofbauer incluido en el presente volumen.

32. Hans Tietze, "Oskar Kokoschka", en Ulrich Thieme y Felix Becker (eds.) y Hans Vollmer (dir.), *Allgemeines Lexikon der bildenden Künstler von der Antike bis zur Gegenwart*, vol. XX, W. Engelmann, Leipzig, 1927, pág. 216.

33. Carta de Oskar Kokoschka a Albert Ehrenstein, octubre de 1917, en Olda Kokoschka y Heinz Spielmann (eds.), *Oskar Kokoschka, Briefe I: 1905–1919*, Claassen, Düsseldorf, 1984.

34. O. Kokoschka, *Mein Leben* (1971). Ed. esp.: *Mi vida, op. cit.*, pág. 157.

35. Carta de 1917 o 1918 citada en M.-A. zu Salm-Salm (ed.), *Vienne 1900…, op. cit*, pág. 158.

36. T. G. Natter, en G. Frodl y T. G. Natter (eds.), *Oskar Kokoschka und der frühe Expressionismus, op. cit.*, pág. 37.

37. Véase Katharina Erling, "Die Macht der Musik", en Werner Schmidt y Birgit Dalbajewa (eds.), *Kokoschka und Dresden*, cat. expo., Albertinum, Dresde; Österreichische Galerie Belvedere, Viena; E. A. Seemann, Leipzig, 1996, pág. 114.

38. Carta de Oskar Kokoschka a Josef Paul Hodin, 12 de mayo, 1958, citada en J. P. Hodin, *Oskar Kokoschka. Sein Leben, seine Zeit*, Florian Kupferberg, Maguncia y Berlín, 1968, pág. 245.

39. Carta de Oskar Kokoschka a Hermine Moos, 22 de julio, 1918, en *Oskar Kokoschka, Briefe I, op. cit.*, pág. 291.

40. Véase el texto de Bernadette Reinhold incluido en el presente volumen.

41. Carta de O. Kokoschka a H. Moos, 6 de abril, 1919, en *Oskar Kokoschka, Briefe I, op. cit*.

42. O. Kokoschka, *Mein Leben* (1971). Ed. esp.: *Mi vida, op. cit.*, pág. 178.

43. Gottfried Boehm, "'Die Härte der Großen Dinge'. Arp und Schwitters in ihren frühen Jahren", en Hartwig Fischer (ed.), *Schwitters / Arp*, cat. expo., Kunstmuseum Basilea, Hatje Cantz, Ostfildern, 2004, págs. 12–13.

44. Hans Arp, *Unsern täglichen Traum… Erinnerungen, Dichtungen und Betrachtungen aus den Jahren 1914–1954*, Arche, Zúrich, 1955, pág. 50.

45. Véase Leah Dickerman (ed.), *DADA*, cat. expo., Centre Pompidou, París, 2005; Astrid von Asten, "Zum Œuvre von Hans Arp und Sophie Taeuber-Arp", en Klaus Gallwitz, *Arp Museum Bahnhof Rolandseck. Ein Museum und seine Geschichte*, Landesstiftung Arp Museum Bahnhof Rolandseck, Remagen, 2008, págs. 79–80.

46. Carta de Oskar Kokoschka a Anna Kallin, septiembre–octubre de 1922, en *Oskar Kokoschka, Briefe II: 1919–1934*, Claassen, Düsseldorf, 1985, pág. 59.

47. Citado en Heinz Spielmann, "Kokoschkas Bilder der europäischen Städte", en Gabriel Koller y Oswald Oberhuber (eds.), *Oskar Kokoschka. Städteportraits*, cat. expo., Österreichisches Museum für Angewandte Kunst, Viena; Löcker, Viena y Múnich, 1986, pág. 8.

48. Beatrice von Bormann, "Tierporträts", en Markus Brüderlin (ed.), *Oskar Kokoschka. Humanist und Rebell*, cat. expo., Kunstmuseum, Wolfsburgo; Hirmer, Múnich, 2014, pág. 212.

49 O. Kokoschka, *Mein Leben* (1971). Ed. esp.: *Mi vida, op. cit.*, pág. 196.

50. T. G. Natter, "Tigerlöwe", en *Kokoschka und Wien*, cat. expo., Österreichische Galerie Belvedere, Viena, 1996, pág. 64.

51. Klaus Albrecht Schröder, "Alles floriert, nur ich sterbe aus. Anmerkungen zu Oskar Kokoschka aus Anlass der retrospektive im Kunstforum Länderbank", *Kunstpresse*, año IV, n.º 2, abril de 1991, pág. 32.

52. Edwin Lachnit, "Kein Gesicht, bloß Dynamik. Die Städtebilder ab 1934", en Antonia Hoerschelmann (ed.), *Oskar Kokoschka. Exil und neue Heimat 1934–1980*, cat. expo., Albertina, Viena; Hatje Cantz, Ostfildern, 2008, pág. 31.

53. Katharina Erling, "Das bedrohte Paradies-Kunst als Gegenentwurf. Zu den figürlichen Bildern der Dreissigerjahre", en Cathérine Hug y Heike Eipeldauer (eds.), *Oskar Kokoschka. Expressionist, Migrant, Europäer. Eine Retrospektive*, cat. expo., Kunsthaus, Zúrich y Leopold Museum, Viena; Kehrer Verlag, Heidelberg, 2018, págs. 200–06.

54. Véase Gunhild Bauer, "Biografie Oskar Kokoschka", en A. Hoerschelmann (ed.), *Oskar Kokoschka…, op. cit*, pág. 302.

55. O. Kokoschka, *Mein Leben* (1971). Ed. esp.: *Mi vida, op. cit.*, pág. 245.

56. Ibíd., pág. 252.

57. Véase el texto de Régine Bonnefoit incluido en el presente volumen.

58. Véase *Oskar Kokoschka, a Retrospective Exhibition*, cat. expo., The Institute of Contemporary Art, Boston; The Museum of Modern Art, Nueva York; Phillips Memorial Gallery, Washington; City Art Museum, San Luis; M. H. De Young Memorial Museum, San Francisco; Chanticleer Press, Nueva York, 1948.

59. Cita de un titular de la revista *Der Spiegel*, n.º 31, 31 de julio, 1951.

60. T. G. Natter, *Kokoschka und Wien, op. cit.*, pág. 74.

61. Werner Spies (ed.), *Picasso. Malen gegen die Zeit*, cat. expo., Albertina, Viena; Kunstsammlung Nordrhein-Westfalen (K20), Düsseldorf; Hatje Cantz, Ostfildern, 2006, pág. 3.

62. Véase Jean-Paul Sartre, "Penser l'art. Entretien", reproducido en Michel Sicard, *Essais sur Sartre. Entretiens avec Sartre (1975–1979)*, Galilée, París, 1989, pág. 231.

63. Sven Simon, inscripción en el reverso de su fotografía *Oskar Kokoschka bemalt ein Osterei, Villeneuve 1967*, reproducida en Tobias G. Natter y Franz Smola, *Kokoschka. Das Ich im Brennpunkt*, cat. expo., Leopold Museum, Viena; Brandstätter Verlag, 2013, pág. 310.

64. A este respecto, cabe mencionar la exposición *Junge Wilde. Arbeiten auf Papier. Kunst der 1980er Jahre aus der Sammlung*, Lentos Kunstmuseum, Linz, 26 de noviembre, 2010–9 de enero, 2011 (sin cat.).

65. Citado en *Kokoschka. Ein Selbstportrait*, documental televisivo escrito y dirigido por Hannes Reinhardt, Norddeutscher Rundfunk, 1966, 53 min.

66. Ibíd.

UN "ENFANT TERRIBLE"

EN VIENA

1904–1916

Pintor, mas también poeta, escritor, ensayista y dramaturgo, Oskar Kokoschka (1886–1980) está vinculado a los movimientos artísticos e intelectuales de la Viena de principios del siglo XX, y a sus contemporáneos Gustav Klimt (1862–1918) y Egon Schiele (1890–1918). Sus primeras obras escandalizaron al público y a la crítica, que le tildaron de *Oberwildling* (el gran salvaje).

Abogando por la unidad de las artes, los creadores adscritos a la Secesión vienesa y a los Wiener Werkstätte (Talleres de Viena, 1903–32) se inclinaban por formas suaves y vegetales, que proliferaban en aquel momento en la pintura, el mobiliario y la arquitectura. La irrupción de Kokoschka en la escena artística tuvo el efecto de una bomba de relojería, al mostrar una crudeza en sus dibujos y textos que ya anunciaba la corriente expresionista.

1886

Nacido el 1 de marzo en Pöchlarn, Austria, Oskar Kokoschka es el menor de cuatro hermanos. Su padre, Gustav Josef Kokoschka, orfebre de formación, se dedica a la venta de joyas. Su madre, Maria Romana Loidl, hija de un guarda forestal, procede de una familia numerosa. Un año después del nacimiento de Oskar la familia se traslada a Viena, donde el primogénito muere. A los 6 años, su padre regala a Oskar el libro *Orbis Sensualium Pictus*, uno de los primeros manuales infantiles ilustrados, escrito en 1658 por el pedagogo checo Jan Amos Komenský (Comenio), cuya influencia en el artista perdurará toda la vida.

1904

Después de la *Maturität* (bachillerato), Kokoschka quiere estudiar química, pero su talento natural para el dibujo le permite obtener una beca pública para entrar en la Kunstgewerbeschule (Escuela de Artes y Oficios), vinculada al Museum für Kunst und Industrie (Museo de Artes e Industrias) de Viena.

1906–07

Kokoschka pinta y dibuja a los miembros de su familia, mostrando así un temprano gusto por el retrato. Se incorpora al Fachschule für Malerei (Departamento de Pintura) de la escuela y, gracias a Berthold Löffler, su nuevo director, se une a los Wiener Werkstätte. Presenta en el Cabaret Fledermaus *El huevo de lunares* (*Das Getupfte Ei*), obra teatral de sombras chinescas. Recibe numerosos encargos de los Wiener Werkstätte (postales, ilustraciones, abanicos).

1908–09

El artista crea para los Wiener Werkstätte un poema ilustrado con ocho litografías, inspirado en su amor por una compañera de clase, Lilith Lang: *Los chicos soñadores* (*Die träumenden Knaben*) está considerada una de las primeras obras expresionistas. Participa en las dos primeras Kunstschau organizadas en Viena por Gustav Klimt y Josef Hoffmann, y su trabajo divide a los artistas y a la crítica. Conoce allí al arquitecto Adolf Loos. Gracias a él, recibe suficientes encargos de retratos para emanciparse financieramente de los Wiener Werkstätte. Kokoschka conoce al poeta Peter Altenberg y al escritor Karl Kraus, y frecuenta la Akademischer Verband für Literatur und Musik (Asociación Académica de Literatura y Música) de Viena, dirigida por la pedagoga Eugenie Schwarzwald y su marido Hermann. El 4 de julio de 1909 presenta en la segunda Kunstschau sus piezas teatrales *La esfinge y el espantapájaros* (*Sphinx und Strohmann*, que primero se denominó *Grotesque*) y *Asesino, esperanza de las mujeres* (*Mörder, Hoffnung der Frauen*), que provoca un escándalo.

1910

A principios de año, Kokoschka viaja con Adolf Loos a Suiza, donde ambos visitan el sanatorio para enfermedades respiratorias del Mont Blanc. Allí conoce a la compañera del arquitecto, Bessie Bruce, y pinta su retrato y los de otros residentes. A su regreso a Viena, a través de Loos conoce al editor berlinés Herwarth Walden, que acaba de presentar a Karl Kraus su proyecto de revista *Der Sturm*. El artista se convierte en un colaborador asiduo de esta publicación, que incluirá numerosos de sus dibujos, como las ilustraciones de su obra *Asesino, esperanza de las mujeres*. Estas reproducciones le granjean notoriedad en Alemania. En Berlín, se hospeda en casa de Walden.

1911

A su regreso a Viena, entabla amistad con el poeta Albert Ehrenstein e ilustra su libro *Tubutsch*. En otoño trabaja como profesor de dibujo en la escuela femenina privada Privat-Mädchenlyzeum, fundada por Eugenie Schwarzwald, de donde será despedido un año después debido a la presión de las autoridades públicas. Además de realizar retratos, Kokoschka explora los temas religiosos y sigue dibujando para *Der Sturm*.

1912

A través del pintor Carl Moll, Kokoschka conoce a la hijastra de este, la música y compositora Alma Mahler, a la sazón viuda de Gustav Mahler. Se enamora de ella, embarcándose en una apasionada y turbulenta historia de amor. Alma Mahler le inspira numerosas pinturas y varias series litográficas. En verano, la pareja viaja al Oberland bernés, en Suiza, donde él pinta *Paisaje alpino de Mürren* (*Alpendlandschaft bei Mürren*). En septiembre se desplazan a Colonia con motivo de la exposición *Sonderbund*, en la que el artista participa.

1913

Kokoschka hace varios viajes con Alma Mahler, en los que visitan Nápoles, Pompeya y Venecia. Empieza a trabajar en el cuadro *La novia del viento* (*Die Windsbraut*), inspirado al parecer en una tormenta que se había desatado sobre Nápoles. De vuelta en Viena, Kokoschka se instala en su primer estudio propio. Ilustra el ensayo de Karl Kraus *La Muralla china* y su propio poema *Colón encadenado* (*Der gefesselte Columbus*), ciclo litográfico que refleja las primeras tensiones en su relación con Alma Mahler. A finales de agosto, ambos se van de viaje a los Dolomitas. Desde su hotel pinta una vista del puerto Passo Tre Croci.

1914

Alma Mahler, que está embarazada, decide abortar, lo que provoca en Kokoschka un hondo sufrimiento. Este desgarro le inspira los ciclos litográficos *Allos makar* —anagrama de los nombres Alma y Oskar— y *Oh, eternidad, palabra atronadora* (*O Ewigkeit, du Donnerwort*), basada en la cantata de Johann Sebastian Bach. Al inicio de la guerra, Kokoschka decide incorporarse a filas.

1915

Por recomendación de Loos, se alista en el 15.º Regimiento de Dragones, en el cual debe aprender a montar a caballo. Poco a poco, se va distanciando de Alma Mahler, hasta que llega su separación definitiva, al tiempo que ella entabla una relación con el arquitecto Walter Gropius. En el frente ruso, Kokoschka resulta herido de gravedad en la cabeza por un tiro y en el pulmón por una bayoneta. Es enviado al hospital militar de Brno, donde concibe el drama *Orfeo y Eurídice* (*Orpheus und Eurydike*), que no terminará hasta 1918.

1916

En verano se traslada al valle del Isonzo con un grupo de pintores de guerra como oficial de enlace, y allí realiza dibujos en color del campo de batalla. La explosión de una granada le provoca una grave pérdida de audición. Inicialmente es trasladado al hospital militar de Viena, pero pasa la convalecencia en Berlín.

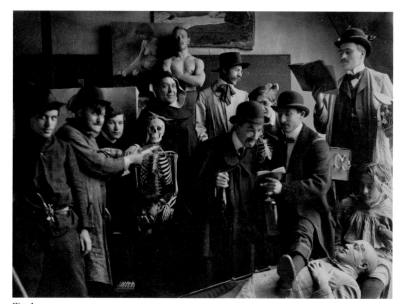

Fig. 1

Fig. 2

Fig. 3

Fig. 4

Fig. 1 La clase de Anton von Kenner en la Kunstgewerbeschule de Viena, con Oskar Kokoschka tumbado, 1905–06. Impresión a la gelatina de plata sobre papel baritado, 11,7 × 16,2 cm. Universität für angewandte Kunst, Oskar Kokoschka Zentrum, Viena

Fig. 2 La clase de Anton von Kenner. Aula de desnudo en la Kunstgewerbeschule de Viena. Oscar Kokoschka asoma a la derecha de la foto, 1905–06. Impresión a la gelatina de plata sobre papel baritado, 23 × 28,5 cm. Universität für angewandte Kunst, Oskar Kokoschka Zentrum, Viena

Fig. 3 Barra del bar Fledermaus, realizada por los Wiener Werkstätte en Viena, 1908

Fig. 4 Oskar Kokoschka con el pintor Max Oppenheimer (sentado) y el actor cómico Ernst Reinhold (de pie) en Viena, 1909. Impresión a la gelatina de plata sobre papel baritado, montado sobre cartón, 28,8 × 22,8 cm. Universität für angewandte Kunst, Oskar Kokoschka Zentrum, Viena

Fig. 5

Fig. 6

Fig. 7

Fig. 5 Alma Mahler en 1899

Fig. 6 Oskar Kokoschka y Herwarth Walden
en Berlín, ca. 1916. Impresión a la gelatina
de plata, 17,9 × 23,9 cm. Universität für
angewandte Kunst, Oskar Kokoschka
Zentrum, Viena

Fig. 7 *Autorretrato* para un cartel publicado en
Der Sturm, 1910. Litografía sobre cartulina,
67,3 × 44,7 cm. Musée Jenisch, Vevey —
Fondation Oskar Kokoschka, inv. FOK 0237

Fig. 8   Fig. 9   Fig. 10

Como escritor, Kokoschka es un romántico empedernido, pero como pintor y dibujante es un clásico. [...] Sus obras de teatro, de estilo lacónico y abrupto, son explosivas. Kokoschka merecería que se creara para él un nuevo movimiento en la historia del arte: como autor y como pintor es un *explosionista*.

Albert Ehrenstein, *Menschen und Affen*, 1910–25, Ernst Rowohlt Verlag, Berlín, 1926.

Se me dijo que era un empleado de los Talleres Vieneses, y que se ocupaba de pintar abanicos, dibujar postales y cosas parecidas, al estilo alemán: arte al servicio del comerciante. [...] Le prometí el mismo salario si abandonaba los Talleres Vieneses, y empecé a buscar encargos para él. Le mandé a Suiza (Leysin), donde se encontraba mi mujer, enferma, y rogué al profesor Forel, que vivía cerca, que se dejara retratar por Kokoschka. Después ofrecí el cuadro a la administración del museo de Berna por 200 francos: rechazado. Entonces lo hice llegar a la exposición de la Künstlerhaus vienesa: rechazado. Luego al grupo de Klimt para su exposición en Roma: rechazado por la oposición. Al fin [[la Kunsthalle de] Mannheim se atrevió a comprarlo.

Adolf Loos, *Escritos II*, 1910–32, El Croquis Editorial, Madrid, 1993

Cuando pinto retratos, lo que me preocupa no es fijar en la tela lo externo de un ser humano, el rango o los atributos de su preeminencia espiritual o mundana o su procedencia social. Proporcionar documentos a la posteridad es tarea de la historiografía. Lo que en tiempos provocaba el desconcierto de la sociedad ante mis retratos era lo que yo intentaba averiguar a través de los rostros, de los gestos, de los ademanes, para, por medio de mi lenguaje plástico, reproducirlo en un documento visual como suma total de un ser vivo. Un ser humano no es una naturaleza muerta, ni siquiera un cadáver lo es.

Oskar Kokoschka, *Mein Leben* (1971). Ed. esp.: *Mi vida*, Tusquets Editores, Barcelona, 1988, pág. 54.

Fig. 8   Oskar Kokoschka vestido de uniforme con su hermano Bohuslav y su hermana Berta en casa de sus padres, en Viena, entre 1915–16. Impresión a la gelatina de plata sobre papel baritado, 23 × 18,3 cm. Universität für angewandte Kunst, Oskar Kokoschka Zentrum, Viena

Fig. 9   Oskar Kokoschka con el uniforme del 15.º Regimiento de Dragones en Viena (1915). Fotografía de Hermann Schieberth, publicada por *Der Sturm* como tarjeta postal, 13,6 × 8,8 cm. Universität für angewandte Kunst, Oskar Kokoschka Zentrum, Viena

Fig. 10   Oskar Kokoschka como pintor de guerra, con sus camaradas József Rippl-Rónai y Kálmán Tóth en el frente del Isonzo, 29 de julio de 1916. Impresión a la gelatina de plata sobre papel baritado, 6,6 × 10,7 cm. Universität für angewandte Kunst, Oskar Kokoschka Zentrum, Viena

Cat. 71

Cat. 73

Cat. 75

Cat. 76

Cat. 79

Tarjetas postales para los Wiener Werkstätte, 1907. Litografías en color sobre cartulina, diferentes tamaños.

Cat. 71 *Jinete y velero* (*Reiter und Segelschiff*), tarjeta postal para los Wiener Werkstätte n.º 55, 1907
Litografía en color sobre cartulina, 12,3 × 8,1 cm

Cat. 73 *Flautista y murciélagos* (*Flötenspieler und Fledermäuse*), tarjeta postal para los Wiener Werkstätte n.º 73, 1907
Litografía en color sobre cartulina, 13 × 7,8 cm

Cat. 76 *Músicos nocturnos* (*Nachtmusikanten*), tarjeta postal para los Wiener Werkstätte n.º 78, 1907
Litografía en color sobre cartulina, 13,4 × 8,7 cm

Cat. 75 *Muchacha con cordero amenazada por ladrones* (*Mädchen mit Lamm, von Räubern bedroht*), tarjeta postal para los Wiener Werkstätte n.º 77, 1907
Litografía en color sobre cartulina, 12,9 × 7,9 cm

Cat. 79 *Tres pastores, perro y ovejas* (*Drei Hirten, Hund und Schafe*), tarjeta postal para los Wiener Werkstätte n.º 116, 1907
Litografía en color sobre cartulina, 13,4 × 8,5 cm

Cat. 74

Cat. 72

Cat. 78

Cat. 77

Cat. 80

Cat. 74 *Mujer a la moda Biedermeier en una pradera (Biedermeierdame auf Wiese)*, tarjeta postal para los Wiener Werkstätte n.º 76, 1907
Litografía en color sobre cartulina, 12,2 × 8,4 cm

Cat. 72 *Cazador y animales (Jäger und Tiere)*, tarjeta postal para los Wiener Werkstätte n.º 72, 1907
Litografía en color sobre cartulina, 12,4 × 8,4 cm

Cat. 77 *Muchacha con oveja en los pastos de montaña (Mädchen mit Schaf auf Bergwiese)*, tarjeta postal para los Wiener Werkstätte n.º 79, 1907
Litografía en color sobre cartulina, 13,2 × 8,2 cm

Cat. 78 *Lechera y vaca (Sennerin und Kuh)*, tarjeta postal para los Wiener Werkstätte n.º 80, 1907
Litografía en color sobre cartulina, 13,2 × 8,5 cm

Cat. 80 *Los Reyes Magos (Die heiligen drei Könige)*, tarjeta postal para los Wiener Werkstätte n.º 155, 1907
Litografía en color sobre cartulina, 13,5 × 8,5 cm

Cat. 70 *Pastor, venado y zorro* (*Hirt, Hirsch und Fuchs*), ilustración para el teatro de sombras *El huevo moteado* (*Das getupfte Ei),* presentado en el Cabaret Fledermaus de Viena, 1907
Litografía en color sobre papel, 24,4 × 23,5 cm

Cat. 81 *El loco furioso* (*Amokläufer*), 1908
Acuarela, témpera y blanco opaco
sobre papel, 24,9 × 18,2 cm

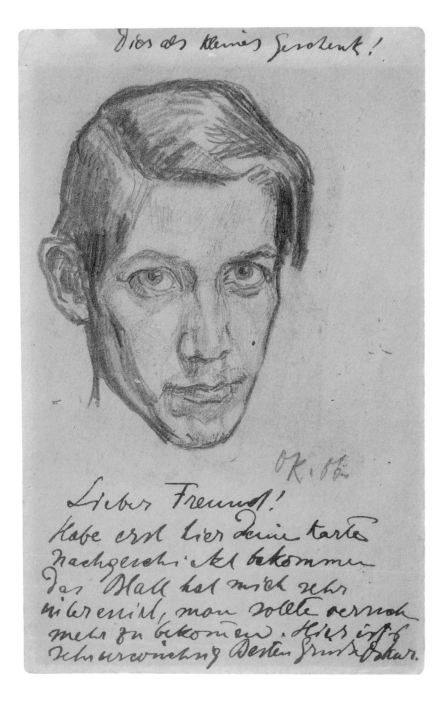

Cat. 69 *Autorretrato* (*Selbstbildnis*), 1906
Lápiz sobre papel, 14 × 9 cm

Cat. 83   *Anciana de espaldas* (*Alte Frau
          von hinten gesehen*), 1909
          Lápiz sobre papel, 45 × 31,5 cm

Cat. 82 *Muchacha desnuda bailando
(La hija del saltimbanqui)* [*Tanzender
Mädchenakt (Tochter des Gauklers)*], 1908
Lápiz y acuarela sobre papel kraft,
42 × 30 cm

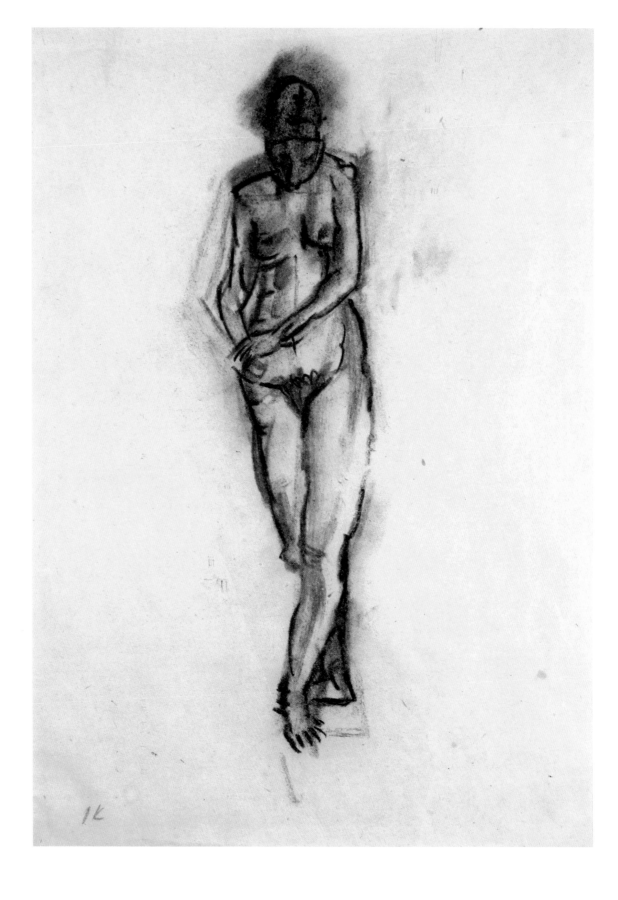

Cat. 84 *Muchacha desnuda de pie*
(*Stehender Mädchenakt*), ca. 1912
Carboncillo sobre papel,
45 × 32 cm

Cat. 1 *Paisaje húngaro*
(*Ungarische Landschaft*), 1908
Óleo sobre lienzo, 73 × 100,4 cm

Cat. 3 *Padre Hirsch* (*Vater Hirsch*), 1909
Óleo sobre lienzo, 70,5 × 62,5 cm

Cat. 7 *El administrador* (*Der Rentmeister*), 1910
Óleo sobre lienzo, 74 × 59 cm

Cat. 4 *Niños jugando* (*Spielende Kinder*), 1909
Óleo sobre lienzo, 72 × 108 cm
Cat. 2 *Verónica con el Sudario* (*Veronika mit dem Schweißtuch*), 1909
Óleo sobre lienzo, 120 × 80 cm

Cat. 5 *Bertha Eckstein-Diener*, 1910
Óleo sobre lienzo, 78 × 88 cm
Cat. 6 *Auguste Forel*, 1910
Óleo sobre lienzo, 70 × 58 cm

Cat. 16 *Max Schmidt*, 1914
Óleo sobre lienzo, 90 × 57,5 cm

Cat. 9 *Carl Leo Schmidt*, 1911
  Óleo sobre lienzo, 98 × 68 cm

Cat. 17 *El prisionero* (*Der Gefangene*), 1914
Óleo sobre lienzo, 100,1 × 72,5 cm

Cat. 8 *Herwarth Walden*, 1910
Óleo sobre lienzo, 100 × 69,3 cm

Cat. 12 *Paisaje alpino, Mürren*
(*Alpendlandschaft bei Mürren*), 1912
Óleo sobre lienzo, 70 × 90 cm

Cat. 13 *Paisaje de los Dolomitas, Tre Croci*
          (*Dolomitenlandschaft, Tre Croci*), 1913
          Óleo sobre lienzo, 80 × 120,1 cm

Cat. 10 *Alexis af Ennehjelm*, 1911
Óleo sobre lienzo, 60 × 50 cm

Cat. 11 *La Anunciación* (*Verkündigung*), 1911
Óleo sobre lienzo, 83 × 122,5 cm

Cat. 15 *Carl Moll*, 1913
Óleo sobre lienzo, 128 × 95 cm
Cat. 14 *Retrato de muchacha*
(*Mädchenbildnis*), 1913
Óleo sobre lienzo, 67,7 × 54 cm

Cat. 85 *Alma Mahler,* 1913
Tiza negra sobre papel, 39,2 × 31,5 cm
Cat. 18 *La princesa Mechtilde Lichnowsky*
(*Fürstin Mechtilde Lichnowsky*), 1916
Óleo sobre lienzo, 110,7 × 85,3 cm

1

2

3

4
5

Cat. 86 Ciclo de litografías *Colón encadenado* (*Der gefesselte Columbus*), 1913 (publicado en 1916) Litografía sobre papel, dimensiones variables

1 *Pareja a la luz de las velas* (*Das Paar im Kerzenlicht*)
2 *El camino hacia la tumba* (*Der Weg ins Grab*)
3 *El rostro de la mujer* (*Das Gesicht des Weibes*)

4 *La manzana de Eva* (*Der Apfel der Eva*)
5 *Hombre con los brazos levantados y figura de la Muerte* (*Der Mann mit erhobenen Armen und die Gestalt des Todes*)

1

2

3

4

5

Cat. 87 Ciclo de litografías según la cantata de Juan Sebastián Bach *¡Oh, eternidad, palabra atronadora!* (*O Ewigkeit, du Donnerwort*), 1914 (publicada en 1916) Litografía sobre papel, dimensiones variables

1 *Vagabundo en una tormenta* (*Der Wanderer im Gewitter*)
2 *La suplicante* (*Die Flehende*)
3 *El último campamento* (*Das letzte Lager*)

4 *Hombre saca la cabeza de la tumba sobre la que se sienta la mujer* (*Der Mann erhebt seinen Kopf aus dem Grabe, auf dem das Weib sitzt*)
5 *Autorretrato (Busto con lápiz)* [*Selbstbildnis (Brustbild mit Zeichenstift)*]

Cat. 88 *El frente del Isonzo, el Baka en las*
trincheras (Isonzo-Front, der Baka
im Laufgraben), 1916
Pastel, acuarela y piedra negra sobre papel,
30,5 × 43 cm

Cat. 89 *El frente del Isonzo. La iglesia Selo*
       (*Isonzo-Front. Kirche Selo*), 1916
       Pastel sobre papel, 30,5 × 43 cm

Cat. 92 *Soldados saqueando* (*Plündernde Soldaten*), 1917
Lápiz rojo-rosado sobre papel, 19 × 23 cm
Cat. 91 *Escena de guerra* (*Kriegsszene*), 1917
Lápiz anaranjado sobre papel,
48,5 × 34,2 cm

Cat. 90 *El frente del Isonzo. Tolmin*
(*Isonzo-Front. Tolmino*), 1916
Piedra negra y pastel sobre papel,
30 × 43 cm

El pincel y la pluma. Kokoschka, por el camino de Adolf Loos y Karl Kraus

Jacques Le Rider

Al igual que sus contemporáneos austriacos Alfred Kubin y Albert Paris Gütersloh, también pintores, Oskar Kokoschka ocupa un lugar destacado en la historia de la literatura (los pocos textos salidos de la pluma de Egon Schiele no han concitado un reconocimiento tan unánime). No se pueden analizar los inicios del teatro expresionista sin mencionar *Asesino, esperanza de las mujeres* (*Mörder, Hoffnung der Frauen*), cuya representación en la Internationale Kunstschau (Muestra Internacional de Arte) de 1909 fue un rotundo éxito. En 1916 Albert Ehrenstein, uno de los mayores autores vieneses de la generación expresionista y amigo de Kokoschka, proclamaba al inicio de un artículo sobre el teatro de la nueva generación: "En el principio fue Oskar Kokoschka. Como si él, el pintor, tuviera que enseñar a estos jóvenes autores a escribir"[1]. Ehrenstein no duda en otorgar al teatro de Kokoschka el mismo rango que al de Walter Hasenclever y Georg Kaiser.

El talento literario de Kokoschka se da a conocer por primera vez con *Los chicos soñadores* (*Die träumenden Knaben*, fig. 2. A finales de 1907, los Wiener Werkstätte (Talleres de Viena) encargaron a Kokoschka, entonces alumno de la Kunstgewerbeschule (Escuela de Artes y Oficios), ilustraciones para un libro de cuentos. "El encargo original era dibujar un libro infantil compuesto de litografías en color", escribe Kokoschka en sus memorias. "Pero solo en la primera hoja me ajusté a lo prescrito. El resto de las hojas fue surgiendo con versos míos, en forma de poesía plástica libre. Di ese nombre al libro porque era una especie de informe en palabras e imágenes sobre mi estado de espíritu del momento"[2]. A primera vista, *Los chicos soñadores* parece literatura infantil y juvenil; pero es en realidad un libro destinado al público adulto, con demasiadas connotaciones sexuales como para caer en manos de los "hijos de la burguesía ignorante"[3]. Esta serie de ocho litografías en color, de la que se hizo una tirada de quinientos ejemplares a finales de junio de 1908 (solo algunas están encuadernadas, las demás se presentan en forma de porfolio), no será un éxito comercial. El siguiente volumen ilustrado de Kokoschka, *El asesino de animales blancos* (*Der weisse Tiertöter*), no lo editarán ya los Wiener Werkstätte. En diciembre de 1909 puede leerse un anuncio inusual en las páginas de *Die Fackel*, la revista de Karl Kraus: "Se busca editor para *El asesino de animales blancos*, de Oskar Kokoschka. Envío de solicitudes: Ediciones Die Fackel"[4].

Los chicos soñadores (*Die träumenden Knaben*), 1908. Talleres de Viena. Libro de litografías en color sobre papel, 24 × 29 cm. Bibliothèque nationale de France, París. Detalle (fig. 2)

Los chicos soñadores está dedicado a Gustav Klimt, que apoyó a Kokoschka y le autorizó a exponer sus obras sin someterlas antes al jurado de la Kunstschau (Muestra de Arte). Y fue precisamente en la sala 14 ("pintura decorativa") de esta exposición de 1908 donde pudieron verse la primera y la última litografía de *Los chicos soñadores*, así como el tríptico *Los portadores de sueño* (*Die Traumtragenden*), consistente en tres esbozos en papel tapiz [*Esbozo de Goblins* (*Entwürfe für Gobelins*)] que continúan la temática de *Los chicos soñadores*.

El texto de Kokoschka, un poema en verso libre sin mayúsculas que utiliza barras como único signo de puntuación, comienza como una nana atormentada por inquietantes imágenes de violencia, muerte y mutilación, que sumerge al "yo" del narrador en un dormir poblado de sueños.

"rojo pececito / pececito rojo /
te mato con un cuchillo de tres filos /
te despedazo con los dedos /
para acabar con tus círculos silenciosos /
[…]
y yo me desplomé y soñé /
muchos pliegues tiene el destino /
aguardo junto a un árbol peruano petrificado /
sus ramas de muchos dedos agarran como brazos y dedos
asustados delgadas /
figuras amarillas"[5]

Las imágenes se van encadenando con la lógica aparentemente irracional de los sueños. Poco después el "yo" se convierte en un hombre lobo que devora hombres y mujeres. La siguiente estrofa esboza un principio de autoanálisis.

"sueña dentro de mí y mis sueños son como el norte /
donde montañas nevadas ocultan viejísimos cuentos /
por mi cerebro pasan los pensamientos y me hacen crecer /
como crecen las piedras /
nadie lo sabe ni lo comprende"[6]

La mención del norte es una alusión a la joven sueca Lilith Lang (fig. 3), llamada "mädchen li" en la continuación del poema; era la hermana de un compañero de la Kunstgewerbeschule, de la que Oskar Kokoschka estaba enamorado. En *Mi vida* escribió: "[*Los chicos soñadores*] fue mi primera carta de amor, pero, cuando salió a la calle, ella ya había desaparecido del círculo en el que yo vivía"[7]. A continuación, el tema del poema se define en los siguientes términos:

"no pasan por mí los acontecimientos de la infancia
    ni los de la virilidad
sino la puerilidad
un querer vacilante
la vergüenza infundada ante el crecimiento
y la adolescencia
el rebosar y estar solo
me conocí y conocí mi cuerpo
y me desplomé y soñé el amor"[8]

En *Los chicos soñadores*, el texto no es un comentario ni una explicación de las litografías, sino que preserva su autonomía.

En este poema se establece un notable contraste entre la fuerza sugestiva de las visiones oníricas, las imágenes de los sueños y los pasajes "autoanalíticos", más enigmáticos, por no decir oscuros. El joven Kokoschka es lo contrario de un virtuoso de la palabra. Su conferencia sobre "La conciencia de las visiones", impartida el 26 de enero de 1912 en Viena a petición de la Asociación Académica de Literatura y Música (institución fundada en 1908, que en enero de 1910 había invitado a Adolf Loos a que hiciera la primera lectura pública de su ensayo *Ornamento y delito*, y en mayo de 1910 a Karl Kraus, igualmente para su primera lectura pública), descubre a la audiencia un orador en el que cada frase parece conquistada en enconada lucha contra el silencio.

Según recuerda Eugenie Schwarzwald, la pedagoga que fundó la primera escuela secundaria femenina de Viena (donde Kokoschka enseñó pintura y dibujo en el curso 1911–12), "frente a un público silencioso que lo escuchaba con simpatía, Kokoschka lanzó una multitud de pensamientos profundos sobre el color, el amor y el arte. Dos veces se interrumpió y no pudo seguir hablando. En una ocasión salió de la sala sin dar ninguna explicación. Sus caóticas oraciones hacían difícil entender lo que quería decir"[9]. Este testimonio sugiere que lo que fascina al público es precisamente la torpeza retórica de Kokoschka; la densidad lacónica e improvisada de su texto poético es cautivadora porque responde a una necesidad interior del artista. El relato de esta conferencia del 26 de enero de 1912 destaca la originalidad de las ideas que Kokoschka expone no sin dificultad: "Quiere explorar el espacio del alma. El mínimo imprescindible de material artístico debe bastar para despertar en nosotros esta consciencia de las visiones interiores. La humanidad ya ha quedado saciada del espacio corporal descubierto por Leonardo da Vinci; ahora hay que revelarle el espacio psíquico"[10].

Desde esta perspectiva, la ambición del joven Kokoschka es expresar sus visiones íntimas mediante palabras, formas y colores. En esta conferencia de 1912, la palabra "consciencia" significa paradójicamente "el inconsciente": para Kokoschka, las visiones son el soñar despierto del artista, el pintor, el dibujante y el poeta. Igualmente, el retratista pinta al dictado de su intuición, para representar la subjetividad de lo que se oculta tras la apariencia de la persona, como una radiografía hace visible el interior del cuerpo y como el escritor penetra en la intimidad de su personaje.

Es conocido el papel crucial de Adolf Loos (fig. 5) en la carrera de Oskar Kokoschka. En sus memorias, Kokoschka escribe: "Nuestro encuentro durante la Kunstschau de 1908 fue decisivo no solo para mi carrera, sino también para mi vida. No quiero parecer inmodesto, pero lo que Dante dijo sobre Virgilio lo podría yo decir de Adolf Loos. Él fue el fiel acompañante que me condujo a través del cielo y el infierno de la vida"[11]. La comparación con Dante y Virgilio, sin duda inmodesta, es también reveladora. Adolf Loos no solo apoyó y condicionó la carrera artística de Kokoschka, sino que lo introdujo en los círculos literarios: en Viena, en el de Karl Kraus (fig. 4), y, en Berlín, en el de *Der Sturm*, la revista de la vanguardia expresionista y pronto futurista (Loos recomienda a Kokoschka a Herwarth Walden ya en octubre de 1909)[12]; además, defiende sin reservas la obra literaria de Kokoschka, especialmente frente a su amigo Karl Kraus, cuya reacción a la publicación del poema *Allos makar* recuerda la del misántropo Alcestes respecto al soneto de Oronte: "Francamente, es bueno para tirarlo al cesto".

Fig. 1

Fig. 2

Fig. 3

Fig. 1 Oskar Kokoschka, cartel para el "Teatro de verano en la Exposición Internacional de 1909" ("Sommertheater der Internationalen Kunstschau" 1909), 1909. Litografía sobre papel, 93 × 73,5 cm

Fig. 2 *Los chicos soñadores* (*Die träumenden Knaben*), 1908. Talleres de Viena. Libro de litografías en color sobre papel, 24 × 29 cm. Bibliothèque nationale de France, París

Fig. 3 Lilith Lang en 1919, fotografía de Peter Altenberg

Adolf Loos era conocido tanto por sus numerosos ensayos sobre arte moderno —donde expresaba con originalidad unas ideas inconformistas y deliberadamente provocativas— como por su obra arquitectónica, poco abundante. Para el número inaugural de la revista *Der Sturm,* del 3 de marzo de 1910, Loos entrega una fábula titulada "El pobre hombre rico"[13], que materializa en ficción las tesis expuestas en *Ornamento y delito*. El texto se publica en el número 1 junto al ensayo "La opereta", de Karl Kraus, lo que da fe de la preponderancia de los vieneses en esa primera época de *Der Sturm*. En su relato, Loos cuenta la historia de un hombre rico que encargó decorar su vivienda a un arquitecto, sin descuidar el más mínimo detalle. Cada habitación se convierte en una obra de arte total, donde el dueño de la casa se ve reducido a la irrelevancia, y pronto se siente atrapado como en un ataúd. Loos critica tanto el estilo histórico de la Ringstrasse —en la que todo era neogótico, neorrenacentista o neobarroco— como el Jugendstil (Estilo juvenil) ornamental de la Secesión y los Wiener Werkstätte (aunque puede decirse que los Wiener Werkstätte querían romper con la tendencia decorativa característica del Jugendstil en favor de las formas puras y el valor ornamental intrínseco de los materiales). Para Kokoschka, el mensaje de Loos es claro: "Él creía en mi talento, me ayudó a liberarme de la Kunstgewerbeschule, y poco después también me liberé de los Wiener Werkstätte"[14].

Karl Kraus se sumó con entusiasmo a la cruzada de su amigo Adolf Loos contra la reducción del arte a una función ornamental y decorativa. Por ejemplo, en un artículo de noviembre de 1907 se burla del Cabaret Fledermaus de los Wiener Werkstätte (el Cabaré Murciélago, del arquitecto Josef Hoffmann y con decoración interior coordinada por Carl Otto Czeschka), que considera una obra de arte total en miniatura, nuevo punto de encuentro de la alta sociedad vienesa[15]. Kokoschka ilustró el programa de este nuevo cabaré (cat. 70) y, a finales de octubre de 1907, presentó allí su obra *El huevo de lunares (Das Getupfte Ei)*, teatro mecánico de títeres articulados proyectados en un espejo, y la comedia satírica *La esfinge y el espantapájaros (Sphinx und Strohmann)*.

En *Asesino, esperanza de las mujeres*, obra creada el 4 de julio de 1909 en el teatro al aire libre organizado por el arquitecto Franz Lebisch en el jardín de la Kunstschau, Kokoschka consuma su ruptura con el arte decorativo de la Secesión y de los Wiener Werkstätte. En ella aborda de nuevo la guerra de los sexos y la violencia destructiva de la libido, tema ya incipiente en *Los chicos soñadores*, en acusado contraste con la supuesta dulzura del género infantil. En *Asesino, esperanza de las mujeres*, Kokoschka se acerca a *La caja de Pandora* de Frank Wedekind, segunda parte de *Lulú*. Karl Kraus organizó una representación privada en Viena en mayo de 1905, describiendo a Lulú como "una mujer que viene a destruirlo todo, una vez que todos la han destruido"[16]. También Karl Kraus trata la aniquilación mutua de los sexos sometidos a la fuerza devastadora de la libido en su ensayo *La Muralla china*[17] (*Die Chinesische Mauer*), publicado el 27 de julio de 1909, pocos días después de la creación de *Asesino, esperanza de las mujeres*.

El texto de *La Muralla china* se inspira en una historia distinta: en Nueva York, una joven de la alta sociedad fue asesinada por su amante, un camarero chino. En 1913, Kokoschka hizo ocho litografías para ilustrar esta obra[18]; la primera se asemeja llamativamente al dibujo publicado en julio de 1910 en

Der Sturm acompañando la publicación de *Asesino, esperanza de las mujeres*[19]. El artista se imaginó a sí mismo como el asesino, blandiendo un cuchillo en la mano izquierda, pisando el seno derecho de la mujer, con las iniciales *OK* tatuadas en el brazo derecho y la mano apoyada en la mejilla izquierda de ella.

El cartel de *Asesino, esperanza de las mujeres* diseñado por Kokoschka evoca una *pietà*: la mujer, de palidez cadavérica, sostiene entre sus brazos el cuerpo inerte de un hombre de color rojo, como desollado (fig. 1). En otra ilustración realizada para *Asesino, esperanza de las mujeres* y publicada en *Der Sturm*[20], Kokoschka invierte el motivo de la *pietà*: ahora es el hombre, un autorretrato, quien tiene entre sus brazos a la mujer desnuda e inmóvil.

En la obra, estas connotaciones cristianas no son fáciles de captar. La crítica de la época destaca el papel de los colores brillantes, los juegos de luz y la pantomima que se acompañaba de sonidos estridentes. El texto queda tan relegado que algunas crónicas de la representación hablan de "gritos extáticos e incomprensibles", "regresión a la edad arcaica" y "onomatopeyas y frases extrañas"[21]. Esta tendencia primitivista caracteriza la producción del joven Kokoschka; como dice en sus memorias, "en el Museo de Historia Natural, […] situado enfrente de la colección [del Museo de Historia del Arte], me sentía yo más a mis anchas. […] No estaba aún maduro para saber apreciar las obras de un Tiziano o un Rembrandt. […] En cambio, contemplando una máscara polinesia con tatuajes grabados, me sentía identificado con ello al instante"[22].

A Kokoschka no le gustó la música que Paul Zinner creó para *Asesino, esperanza de las mujeres*. También relata en sus memorias su distante reacción a la carta de Paul Hindemith pidiéndole autorización para convertir su texto en música: no llegará a escuchar la ópera en un acto *Asesino, esperanza de las mujeres* de Hindemith, compuesta en 1919. Kokoschka añade: "En cambio, asistí en Kassel al estreno de la versión musical que hizo Ernst Křenek de mi obra teatral *Orfeo y Eurídice (Orpheus und Eurydike)*. Pero hoy en día sigo sin estar muy seguro de que mis obras para el teatro necesiten una interpretación musical"[23]. Si hablamos de *Gesamtkunstwerk* (obra de arte total) en *Asesino, esperanza de las mujeres*, puede señalarse que la fusión artística que buscaba Kokoschka no es poswagneriana, es decir, la obra no está concebida desde un planteamiento musical, sino que el autor piensa sobre todo en una síntesis de literatura dramática y artes visuales.

La obra consta de cinco cuadros, correspondientes a los cinco actos de la tragedia (aunque el texto publicado por Kokoschka en 1910 no distingue claramente estas cinco partes). A las intervenciones de los personajes el autor añade detalladas didascalias, en particular sobre el decorado: una torre (símbolo fálico), a cuyo pie una jaula cerrada por una puerta de metal rojo simboliza el sexo femenino. La escena transcurre en penumbra, iluminada por antorchas. Al principio del cuadro, la mujer rubia va vestida de rojo, el color de la sangre, la carne y la vida; grita dos veces seguidas al pálido hombre que se alza ante ella portando una armadura azul, con la cabeza herida y vendada (los dos protagonistas están acompañados, respectivamente, por un coro de guerreros y un coro de doncellas): "Mi aliento hace titilar el rubio disco del sol, mi ojo ve a los hombres disfrutar, su balbuceante deseo arrastrándose como una bestia a mi alrededor"[24].

El hombre ordena marcar a la mujer con un hierro al rojo, y ella se venga hiriéndole con un cuchillo. Debilitado, el hombre es encerrado en la jaula, y la mujer gravita a su alrededor antes de ponerse a curar la herida que ella misma le ha infligido. Él siente que ella quiere chuparle la sangre, mientras que ella se declara prisionera del deseo del hombre. La mujer grita: "No quiero dejarte vivir, vampiro que te alimentas de mi sangre, me debilitas, ay de ti, te mato: me has atado. Te atrapé — y tú me tienes — como entre cadenas de hierro — me estrangulas — suéltame — ¡ayuda! He perdido la llave que te retenía en tu encierro"[25]. En el último cuadro, el hombre se levanta, mientras la mujer se desploma y muere; entonces, el hombre masacra a los guerreros y a las doncellas, y abandona el lugar en medio de las llamas. Al final de la obra, el hombre ha adquirido el color rojo de la mujer y es ella quien tiene ahora la palidez de la muerte.

Oskar Kokoschka hizo cuatro retratos de Karl Kraus. El primero, pintado al óleo en 1909, fue destruido en 1944 en Colonia, en un bombardeo sobre el Wallraf-Richartz-Museum. "Retraté a Karl Kraus en su apartamento", dice Kokoschka. "Sus ojos fulguraban febriles tras la lámpara. Tenía aspecto juvenil, atrincherado tras sus grandes anteojos como tras una espesa cortina, gesticulando vivaz con sus manos nerviosas, delgadas y huesudas. Su voz era tajante. Loos, cuya sordera había empeorado, podía seguir cada una de sus palabras. [...] Los dos se habían olvidado de que yo estaba pintando"[26]. El retrato de 1909, prestado para una exposición, no fue devuelto a Karl Kraus; Kokoschka le pintó uno nuevo en 1925, que hoy se expone en Viena, en el Museum moderner Kunst Stiftung Ludwig Wien.

Kokoschka dibujó en 1910 el retrato más conocido y reproducido de Kraus, publicado en *Der Sturm* (fig. 6) con el texto de Else Lasker-Schüler "Karl Kraus": "Sacerdote bonachón y con garras, gato grande con botas papales, esperando el beso. A veces su rostro muestra los rasgos felinos de un Dalai Lama, pero de repente el frío inunda la habitación, un racimo de miedos. [...] Karl Kraus es un papa. Su sentido de la justicia extiende el frío por todo el salón, propagando entre la sociedad una epidemia de pesadumbre"[27]. El último retrato de Kraus dibujado por Kokoschka se remonta a 1912: es el único que no resalta las manos del escritor. Este admiraba el talento del Kokoschka retratista, pero el aforismo que publicó en *Pro domo et mundo* (1912) es bastante sibilino: "Kokoschka me ha hecho un retrato. Es posible que quienes me conocen no me reconozcan. Pero quienes no me conocen sí me reconocerán"[28].

Aunque Kraus apoyó sin fisuras al Kokoschka artista hasta finales de 1911 y le siguió guardando lealtad en los años veinte, nunca aprecíó al autor de *Asesino, esperanza de las mujeres*. Publicó en su revista *Die Fackel*, en 1910 y 1911, varios artículos elogiando a Franz Grüner[29] y Ludwig Erik Tesar[30], y tomó partido decididamente a favor de Kokoschka en la cuestión del plagio entre el pintor y su rival Max Oppenheimer[31]. Kraus también puso a Kokoschka en contacto con uno de los autores más brillantes de la generación expresionista, Albert Ehrenstein. En 1911, Jahoda & Siegel, editorial vienesa de la revista de Karl Kraus, publicó *Tubutsch*, obra maestra de Ehrenstein, con doce dibujos de Oskar Kokoschka (fig. 7).

Pero Kraus nunca aprecíó la obra literaria de Kokoschka. Después de haber guardado silencio sobre estos textos durante mucho tiempo, a partir de 1914 empezó a expresar enérgicamente su desaprobación. Primero de refilón, en una breve nota sobre el pintor y escritor Albert Paris Gütersloh, acusando a ambos artistas de presentar como doble talento su "doble vida no autorizada"[32]. Mientras tanto, tomó distancia tanto de la revista *Der Sturm* como del círculo berlinés de Herwarth Walden (cuya pasión futurista censura desde 1912), pero también del expresionismo literario de vanguardia (exceptuando a Else Lasker-Schüler, a quien sitúa por encima). Además, la severidad de Kraus contra el Kokoschka escritor se relaciona, probablemente, con la irritación que el reclutamiento voluntario y el destino militar de Kokoschka (obtenido gracias a la intervención de Adolf Loos) en un prestigioso regimiento de caballería inspiraron al futuro autor de una de las mayores declaraciones de guerra contra la guerra, *Los últimos días de la humanidad*.

Kraus ataca de nuevo la "mala poesía"[33] de Gütersloh y Kokoschka en julio de 1919. En abril de 1920, cuando la revista expresionista *Das Tribunal* pidió a Kraus que colaborara en un número dedicado a la defensa de Kokoschka contra las acerbas críticas publicadas tras el estreno de las obras *Job* y *Asesino, esperanza de las mujeres* en el Neues Theater de Frankfurt, Kraus respondió que no conocía *Job*, pero que consideraba la otra obra de Kokoschka como "un bodrio; desde el punto de vista literario, sin duda la obra más mediocre alumbrada por ese diletantismo tan de moda"[34].

Se entiende bien por qué, en sus memorias, Kokoschka se presenta sardónicamente como el último de la clase del maestro Karl Kraus: "Tras la aparición de cierto número [de su revista], como si de un severo examen escolar se tratara, los dos amigos llamaron a todos los presentes a su mesa de tertulia para que prestaran declaración sobre sus impresiones [...] Yo fui el único que se excusó de ello, alegando no haberlo leído [...] Karl Kraus era un hombre inclemente [...] Al fin y al cabo, yo no era más que un pintor y, del mismo modo que en Oriente se tiene por sagrados a ciertos deficientes mentales, se me concedía el derecho a sentarme, en calidad de 'mudo', a la misma mesa que ellos"[35].

Ante el poema de Kokoschka *Allos makar* (αλλως μακαρ)[36], Kraus llevó su crítica hasta extremos difíciles de entender, pues se trata de uno de los textos más trabajados y personales del corpus literario del artista. En marzo de 1914, en un momento en que todavía confía en retomar su relación con ella, Oskar Kokoschka envía a Alma Mahler una primera versión, titulada *El sufriente y el temporal* o *El sufriente y la novia del viento* (*Wehmann und Windsbraut*), por el doble sentido de la palabra *Windsbraut*, que Kokoschka eligió para nombrar este cuadro. Lo había comenzado en noviembre de 1913, cuando recibía las visitas del poeta Georg Trakl, quien a su vez evoca un "temporal abrasador" en su poema *La noche* (*Die Nacht*)[37]. Kokoschka compuso la versión final —mucho más oscura— en el otoño de 1914, tras la decisión que Alma había tomado en mayo de abortar ["(ingresó) en una clínica y (se hizo) extirpar aquel niño, mi hijo"][38]. El título *Allos makar*, anagrama de Alma y Oskar, puede interpretarse en griego como "La felicidad está en otra parte". En la primera parte del poema, αλλως es el nombre del ser al que se ama con una pasión tan ardiente que Oskar se confunde con Alma, y se hacen un único ser, αλλως:

"Qué maravilloso arrebato sentí
  cuando desde el reino de las nieblas
  un pajarillo blanco me mandó a buscarla, Αλλως.
Αλλως que no he conocido jamás. Porque al instante

Fig. 4

Fig. 5

Fig. 6

Fig. 7

Fig. 4 Karl Kraus en 1908, fotografía
de Madame d'Ora (Dora Kallmus)

Fig. 5 Adolf Loos en 1912, fotografía
de Wenzel Weis

Fig. 6 *Der Sturm*, n.º 12, Berlín, 19 de mayo,
1910, págs. 90–91. Biblioteca de la
Kunsthaus, Zúrich

Fig. 7 Albert Ehrenstein, *Tubutsch*, Viena y
Leipzig, Jahoda & Siegel, 1911, con dibujos
de Oskar Kokoschka. Universität für
angewandte Kunst. Oskar Kokoschka
Zentrum, Viena

ella se transforma en mi ser como entrando por una puerta oculta".

El resto del poema habla de una conquista imposible, de crisis, del huracán que se lleva por delante el barco de los amantes, de dolor y de luto. Y en el último verso, Kokoschka escribe, entre comillas, "Anders ist glücklich", la traducción de αλλως μακαϱ, que hemos propuesto más arriba como "La felicidad está en otra parte".

El poema de Kokoschka, acompañado de una serie de cinco litografías, se publicó en 1915[39]. A Karl Kraus le disgustó tanto que dedicó un largo pasaje de una carta enviada a su amante Sidonie Nádherný von Borutin a la demolición absoluta del texto de Kokoschka: "L[oos] intenta hacerme reconocer los méritos de estos versos. Pero está claro que no entiende una palabra [...] Así que le demuestro frase por frase, palabra por palabra y coma por coma que lo que él toma por dechado de creatividad no es otra cosa que una suma de defectos, a decir verdad bastante simpáticos, y una incapacidad para expresarse con la habilidad de un buen artesano; que es una muestra del diletantismo más ridículo y, en las partes que sí son comprensibles, un puro lugar común poético, algo completamente banal, mil veces repetido"[40].

¿Por qué se negó Karl Kraus a reconocer las indudables cualidades literarias del poema de Oskar Kokoschka y llevó su crítica hasta la denigración? En realidad, se trata de dos concepciones opuestas e incompatibles del lenguaje poético. Karl Kraus prepara la publicación de su primera colección de poemas, *Palabras en verso* (*Worte in Versen*), para la primavera de 1916, y sus versos siguen la tradición de Goethe. Kraus valora la rima, la métrica clásica y las limitaciones formales, que considera estímulos para la inspiración. Kokoschka prefiere ritmos libres, expresa sus emociones y afectos con un lenguaje que puede parecer básico a primera vista (en el sentido de los colores básicos), si bien en realidad el juego de doble sentido de *Allos makar* está lleno de sutileza. En su monografía sobre el artista, publicada en 1918, el historiador del arte Paul Westheim utiliza el término *Sprechsprache*, "lengua hablada"[41], para referirse a los textos poéticos de Kokoschka. Esto fue precisamente lo que impulsó a Karl Kraus a adoptar una posición antimoderna contra *Allos makar*. Hoy, su intransigencia resulta sorprendente.

Pero no depararíamos mayor justicia a la obra literaria de Kokoschka si la abordáramos con la indulgencia benevolente que nos inspira el violín de Ingres de un gran artista. Sin duda, la obra merece una reevaluación más atenta.

1. Albert Ehrenstein, "Junges Drama", en A. Ehrenstein, *Werke*, Hanni Mittelmann (ed.), vol. 5: *Aufsätze und Essays*, Wallstein, Gotinga, 2004, págs. 88–91 (pág. 88).

2. Oskar Kokoschka, *Mein Leben* (1971). Ed. esp.: *Mi vida*, Joan Parra Contreras (trad.), Tusquets Editores, Barcelona, 1988, pág. 34.

3. "Nicht für Philisterkinder", escribe el crítico Ludwig Hevesi en su crónica de la Kunstschau de 1908, citado en Werner J. Schweiger, *Der junge Kokoaschka. Leben und Werk 1904–1914*, Christian Brandstätter, Viena y Múnich, 1983, pág. 61.

4. *Die Fackel*, n.º 292, 17 de diciembre, 1909, pág. III.

5. Oskar Kokoschka, *Los chicos soñadores*, Gallo Nero, Madrid, 2017, pág. 18.

6. Ibíd., *op. cit.*, pág. 26.

7. O. Kokoschka, *Mein Leben* (1971). Ed. esp.: *Mi vida*, op. cit., pág. 34.

8. Oskar Kokoschka, *Los chicos soñadores*, op. cit., pág. 26.

9. Eugenie Schwarzwald, "Der Redner Kokoschka", *Neue Freie Presse*, 20 de enero, 1926, pág. 10; citado en W. J. Schweiger, *Der junge Kokoschka...*, op. cit., pág. 219.

10. Otto Zoff, *Der Merker*, 3.er año, n.º 3, 1 de febrero, 1912, págs. 115 y ss.; citado en W. J. Schweiger, *Der junge Kokoschka...*, op. cit.

11. O. Kokoschka, *Mein Leben* (1971). Ed. esp.: *Mi vida*, op. cit., pág. 56.

12. Véase Peter Sprengel y Gregor Streim, *Berliner und Wiener Moderne.*

Vermittlungen und Abgrenzungen, Böhlau, Viena, Colonia y Weimar, 1998, pág. 599.

13. Adolf Loos, "Vom armen reichen Mann", *Der Sturm*, 1.er año, n.º 1, 3 de marzo, 1910, pág. 4.

14. Declaración de Kokoschka en una entrevista de 1962 con Ludwig Goldscheider, en L. Goldscheider, *Kokoschka*, Phaidon, Colonia, 1963, pág. 13; citado en W. J. Schweiger, *Der junge Kokoschka*, op. cit., pág. 116.

15. Karl Kraus, "Eine Kulturtat", *Die Fackel*, n.º 236, 18 de noviembre, 1907, págs. 1–9.

16. Citado en Jacques Le Rider, *Karl Kraus. Phare et brûlot de la modernité viennoise*, Seuil, París, 2018, pág. 146.

17. Karl Kraus, "Die Chinesische Mauer", *Die Fackel*, n.º 285–86, 27 de julio, 1909, págs. 1–16. "La muraille de Chine", Éliane Kaufholz (trad.), en Karl Kraus, *Cette grande époque*, Petite Bibliothèque Rivages, París, 1990. Sobre este texto de Kraus, véase también J. Le Rider, *Karl Kraus...*, op. cit., págs. 179–82.

18. Karl Kraus, "Die Chinesische Mauer", con ocho ilustraciones de Oskar Kokoschka, Kurt Wolff, Leipzig, 1914.

19. Oskar Kokoschka, *Mörder, Hoffnung der Frauen*, en *Der Sturm*, 1.er año, n.º 20, 14 de julio, 1910, págs. 1–2 (dibujo de Kokoschka: pág. 1).

20. Oskar Kokoschka, ilustración de *Mörder, Hoffnung der Frauen*, en *Der Sturm*, n.º 24, 11 de agosto, 1910, pág. 2.

21. Citado en W. J. Schweiger, *Der junge Kokoschka...*, op. cit., págs. 111, 113 y ss.

22. O. Kokoschka, *Mein Leben* (1971). Ed. esp.: *Mi vida, op. cit.*, pág. 33.

23. Ibíd. Ed. esp., pág. 270.

24. O. Kokoschka, *Mörder, Hoffnung der Frauen*, en E. Fischer y W. Haefs (eds.), *Hirnwelten Funkeln...*, op. cit., págs. 176–82 (págs. 177–78).

25. Ibíd., pág. 181.

26. O. Kokoschka, *Mein Leben* (1971). Ed. esp.: *Mi vida, op. cit.*, pág. 65.

27. Else Lasker-Schüler, "Karl Kraus", Jacques Legrand (trad.), *Europe*, n.º 1021, mayo de 2014 (dosier Karl Kraus), págs. 48 y ss. (pág. 49).

28. Karl Kraus, *Pro domo et mundo. Aphorismes et réflexions II*, Pierre Deshusses (trad.), Bibliothèque Rivages, París, 2015, pág. 110.

29. Franz Grüner, "Oskar Kokoschka", *Die Fackel*, n.º 317–18, 28 de febrero, 1911, págs. 18–23.

30. Ludwig Erik Tesar, "Oskar Kokoschka. Ein Gespräch", *Die Fackel*, n.º 298–99, 21 de marzo, 1910, págs. 34–44. "Der Fall Oskar Kokoschka und die Gesellschaft", *Die Fackel*, n.º 319–20, 31 de marzo, 1911, págs. 31–39.

31. Véase Karl Kraus, "Kokoschka und der andere", *Die Fackel*, n.º 339–40, 30 de diciembre, 1911, pág. 22.

32. *Die Fackel*, n.º 391–92, 21 de noviembre, 1914, pág. 23.

33. *Die Fackel*, n.º 514–18, finales de julio, 1919, pág. 16.

34. Citado en Leo A. Lensing, "'Dies unbefugte Doppelleben'. Karl Kraus über die Doppelbegabung von Oskar Kokoschka", *Kraus-Hefte*, n.º 47, julio de 1988, págs. 7–12 (pág. 9).

35. O. Kokoschka, *Mein Leben* (1971). Ed. esp.: *Mi vida, op. cit.*, págs. 65–66.

36. Kokoschka escribe ἄλλως μάκαϱ sin tildes.

37. "Über schwärzliche Klippen/Stürzt todestrunken/Die erglühende Windsbraut" ("Sobre escollos negruzcos/se precipita ebrio de muerte/el temporal abrasador"), versos 3–5 de la segunda estrofa de *Die Nacht*, poema de Georg Trakl publicado en la revista *Der Brenner* el 15 de julio de 1914. Las visitas de Trakl al taller de Kokoschka tuvieron lugar en noviembre de 1913. Al principio, Kokoschka tituló el cuadro *Tristan und Isolde*, pero se decantó por *Die Windsbraut* en la primavera de 1914. Ed. esp. de los versos: Oskar Kokoschka, *Mi vida, op. cit.*, pág. 124.

38. O. Kokoschka, *Mein Leben* (1971). Ed. esp.: *Mi vida, op. cit.*, pág. 122.

39. Oskar Kokoschka, *Allos makar*, in Zeit-Echo. Ein Kriegs-Tagebuch der Künstler, año I, fasc. 20, Graphik-Verlag, Múnich, pág. 300 y ss.

40. Karl Kraus, *Briefe an Sidonie Nádherný von Borutin 1913–1936*, Heinrich Fischer y Michael Lazarus (eds.), edición corregida y aumentada por Friedrich Pfäfflin, Wallstein, Gotinga, 2005, vol. 1, pág. 398.

41. Paul Westheim, *Oskar Kokoschka*, Gustav Kiepenheuer, Potsdam y Berlín, 1918, págs. 39 y ss.

LOS AÑOS

DE
DRESDE

1916–1923

Declarado no apto para el combate tras ser herido en el frente ruso, Kokoschka se instala a finales de 1916 en Berlín, donde firma un contrato con el galerista Paul Cassirer (1871–1926). Atraviesa una fase de depresión provocada por la guerra, lo que le lleva a tratarse en un centro de convalecencia de Dresde. Su acercamiento a la escena artística de la ciudad, sobre todo al teatro, le anima a continuar con sus creaciones dramáticas.

Profundamente preocupado por la inestabilidad de la situación política, los estallidos revolucionarios y la sangrienta represión ejercida contra ellos, Kokoschka trata de abstraerse invocando la necesidad de independencia del arte. En Dresde, acude con frecuencia a los museos para contemplar las obras maestras de Rubens, Tiziano y Rafael. Los trabajos que crea en este periodo se caracterizan por sus colores intensos y luminosos, aplicados en yuxtaposición, así como por la total libertad en que se despliegan las formas.

1916

En octubre, Kokoschka firma en Berlín con el galerista Paul Cassirer un contrato que le garantiza unos ingresos mínimos. Para evitar volver al frente, con la ayuda de su amigo Albert Ehrenstein es admitido en un sanatorio de las afueras de Dresde, en Weißer Hirsch. Este centro, que acoge a artistas y escritores que desean eludir la guerra, se convierte en un importante punto de encuentro para la vanguardia. Kokoschka coincide allí con el doctor Fritz Neuberger, el escritor expresionista Walter Hasenclever, el poeta Ivar von Lücken y los actores Ernst Deutsch y Käthe Richter. Estas nuevas amistades le llevan a pintar varios retratos grupales durante los dos años siguientes, entre ellos *Los amigos* (*Die Freunde*).

1917

Todavía convaleciente de sus heridas, Kokoschka trabaja en una nueva versión de la obra *La esfinge y el espantapájaros*, rebautizada *Job*, que presenta en abril en la galería Dada de Zúrich con los poetas Hugo Ball y Tristan Tzara en los papeles protagonistas. Al mismo tiempo, el pintor expone varios cuadros en el Cabaret Voltaire junto a Max Ernst, Paul Klee y Vasily Kandinsky. En el Albert-Theater de Dresde, él mismo dirige sus obras *La zarza ardiente* (*Der brennende Dornbusch*) y *Asesino, esperanza de las mujeres*, interpretadas por Ernst Deutsch y Käthe Richter. Ese verano, bajo los auspicios del Ministerio austríaco de Asuntos Exteriores, Kokoschka expone algunas piezas en Estocolmo y asiste a las conferencias del Congreso Internacional por la Paz.

1918

La galería Paul Cassirer de Berlín organiza la primera exposición individual de Kokoschka, y Paul Westheim publica la primera monografía dedicada a su obra. El pintor también trata con frecuencia a Hans Posse, director de la Gemäldegalerie Alte Meister (Galería de Pinturas de los Maestros Antiguos) de Dresde. En verano conoce a la artista y diseñadora de vestuario Hermine Moos, a la que encarga que haga una muñeca a imagen de Alma Mahler. Le envía doce cartas en las que le va dando instrucciones detalladas para confeccionar el *fetiche*. Kokoschka, testigo de la revolución alemana de noviembre que desembocó en la caída del régimen imperial, se acerca a los artistas del Novembergruppe (Grupo de Noviembre), pero finalmente declina participar en sus reuniones. Su litografía *El principio* (*Das Prinzip*), que incluye la leyenda "Libertad, Igualdad, Fratricidio", denuncia la violencia de aquellos sucesos utilizando cínicamente el busto de Mariana (Marianne) y el lema de la República Francesa.

1919

A principios de abril, la muñeca está terminada. Su profunda decepción ante el resultado no impide a Kokoschka explorar a través de ella nuevos aspectos de su creación, exhibiéndola y pintando en su compañía. El fetiche terminará decapitado y regado con vino en una fiesta, tres años después. En agosto, el artista es nombrado profesor de la Kunstakademie (Academia de Bellas Artes) de Dresde, trabajo que desempeñará durante siete años. Desde su estudio frente al Elba, inicia una serie de vistas del río y la ciudad.

1920

Horrorizado ante la violencia provocada por el cambio de régimen, Kokoschka constata cómo los disturbios callejeros van ganando intensidad en Alemania. Durante el golpe de Estado de Kapp contra la República de Weimar, dirigido por una brigada de extrema derecha, una bala perdida daña una obra de Pedro Pablo Rubens conservada en la Gemäldegalerie Alte Meister de Dresde. Kokoschka protesta contra la destrucción del patrimonio artístico escribiendo una carta abierta a los habitantes de Dresde, que cuelga por las calles de la ciudad. En Berlín, los artistas George Grosz y John Heartfield responden con un artículo de opinión titulado "Der Kunstlump" (La morralla del arte), en el que critican a Kokoschka por dar más importancia a las obras de arte que a las vidas humanas perdidas en las revueltas.

1921

Kokoschka presenta su obra dramática *Orfeo y Eurídice* en el Schauspiel de Frankfurt. En Dresde conoce a la cantante rusa Anna Kallin, con la que inicia una larga relación de amor y amistad. También se convertirá en una de las modelos más representadas en sus cuadros.

1922

En enero cae enfermo el padre de Kokoschka, Gustav. El pintor viaja a Viena a verle, y permanece allí durante dos meses. En abril acude a la Bienal de Venecia, donde Hans Posse, comisario del Pabellón alemán, le dedica íntegramente una sala. Kokoschka visita entonces Florencia y descubre la obra de Miguel Ángel, que ejerce sobre él una profunda fascinación. De regreso a Dresde, crea sus primeros decorados y trajes de ópera para la adaptación que Paul Hindemith hace de *Asesino, esperanza de las mujeres*.

1923

En agosto, Kokoschka viaja con Anna Kallin a Suiza, visitando Zúrich, Lucerna, Les Avants, Montreux y Blonay. A su regreso en septiembre, el pintor —que proyecta numerosos viajes por Europa y África— solicita una excedencia de dos años. Su padre fallece en octubre y él regresa a Viena, donde permanecerá hasta finales de 1923.

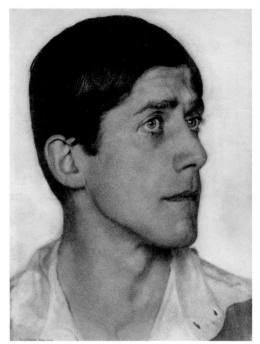

Fig. 1

Fig. 2

Fig. 3

Fig. 4

Fig. 1 Oskar Kokoschka en Colonia, 1920.
Fotografía de Hugo Erfurth

Fig. 2 Oskar Kokoschka con el director de orquesta
Ernst Zulauf, el compositor Ernst Křenek y
el director de la Ópera de Kassel Paul Bekker
durante la primera representación de la
ópera *Orfeo y Eurídice* (*Orpheus und
Eurydike*) en Kassel, 27 de noviembre de
1926. Fotografía de Max Nehrdich montada
sobre cartulina, 28,6 × 22,9 cm. Universität
für angewandte Kunst. Oskar Kokoschka
Zentrum, Viena

Fig. 3 Käthe Richter y Ernst Deutsch durante la
representación de la obra *La zarza ardiente*
(*Der brennende Dornbusch*), con dirección,
decorado y vestuario de Oskar Kokoschka,
en el Albert-Theater de Dresde, 1917

Fig. 4 Representación de la obra *Job* (*Hiob*), con
dirección, decorados y vestuario de Oskar
Kokoschka, en el Albert-Theater de Dresde,
1917. Universität für angewandte Kunst.
Oskar Kokoschka Zentrum, Viena

Fig. 5

Fig. 6

Fig. 7

Fig. 8

Fig. 9

Fig. 5 Paul Cassirer en 1912

Fig. 6 La muñeca con el rostro de Alma Mahler sentada junto a un boceto del propio Oskar Kokoschka, Múnich, 1919. Universität für angewandte Kunst. Oskar Kokoschka Zentrum, Viena

Fig. 7 "Un desconocido vandaliza los cuadros de Kokoschka a cuchilladas y con excrementos". Rudolf Hermann, caricatura de Oskar

Kokoschka, ca. 1924. Tinta y lápiz sobre papel, 40,9 × 55,7 cm. Österreichische Nationalbibliothek, Viena. Publicada en el *Wiener Sonn-und Montags-Zeitung* el 3 de noviembre de 1924, la caricatura aparece acompañada del siguiente texto: "Kokoschka. —¿Cómo voy a restaurar mis pinturas ahora que no puedo distinguir mi propia mierda de la de los demás?"

Fig. 8 Oskar Kokoschka con Gitta Wallerstein, hija del marchante Victor Wallerstein, en Dresde en 1921

Fig. 9 *Anna Kallin, Niuta*, 1921. Piedra negra sobre papel, 65 × 48,5 cm. Musée Jenisch, Vevey — Fondation Oskar Kokoschka, inv. FOK 0036

Fig. 10

Fig. 11

En mi camino hacia la academia nunca dejaba de entrar un rato en el museo. Entre las muchas obras maestras que allí encontré estaban las de algunos artistas que se convirtieron en guías para mí. En aquel tiempo en que reinaba en la calle un desorden total, solo hallé sostén en los artistas que habían sabido integrar sus experiencias en un orden espiritual. Me di cuenta de lo importante que un museo puede llegar a ser para el solitario.

Oskar Kokoschka, *Mein Leben* (1971). Ed. esp.: *Mi vida*, Tusquets Editores, Barcelona, 1988, págs. 171–72.

Por último, la piel [de la muñeca] debe tener un tacto parecido al del melocotón; y no deje costuras donde crea que podrían molestarme y recordarme que este fetiche es una miserable muñeca de trapo. […] ¿No es cierto, querida señorita Moos, que usted no me dejará sumido en largos años de tormento y permitirá que este objeto tan real y engañoso —fabricado en guata, tela, hilo, trapo o como quiera que se llamen todas estas cosas repulsivas— se imponga en todo su prosaísmo unívoco, mientras yo creo abrazar con la mirada a una criatura equívoca, muerta, pero de espíritu vivo?

Carta de Oskar Kokoschka a Hermine Moos, Berlín, 10 de diciembre, 1918.

Fig. 10 *El principio (Das Prinzip)*, 1918 (editada en 1919). Litografía sobre papel con las palabras *Liberté, Égalité, Fratricide* [*Libertad, Igualdad, Fratricidio*], 41,5 × 31,6 cm. Musée Jenisch, Vevey — Fondation Oskar Kokoschka, inv. FOK 0269

Fig. 11 *Autorretrato como pintor con dos caras (Selbstbildnis von zwei Seiten als Maler)*, 1923. Litografía sobre papel, 127,5 × 91,4 cm. Musée Jenisch, Vevey — Fondation Oskar Kokoschka, inv. FOK 0288

Cat. 19 *Autorretrato* (*Selbstbildnis*), 1917
         Óleo sobre lienzo, 79 × 63 cm
Cat. 20 *Katja*, 1918
         Óleo sobre lienzo, 75,5 × 100,5 cm

Cat. 22 *El poder de la música* (*Die Macht
der Musik*), 1918–20
Óleo sobre lienzo, 100 × 151,5 cm

Cat. 21 *Hans Mardersteig
y Carl Georg Heise
(Hans Mardersteig und
Carl Georg Heise)*, 1919
Óleo sobre lienzo,
100 × 144,6 cm

Cat. 23 *Madre e hijo* (*Mutter und Kind*), 1921
Óleo sobre lienzo, 51 × 60 cm

Cat. 24 *Gitta Wallerstein*, 1921
        Óleo sobre lienzo, 85 × 60 cm

Cat. 94 *Muchacha con caniche*
(*Mädchen mit Pudel*), 1926
Acuarela sobre papel, 68 × 52 cm

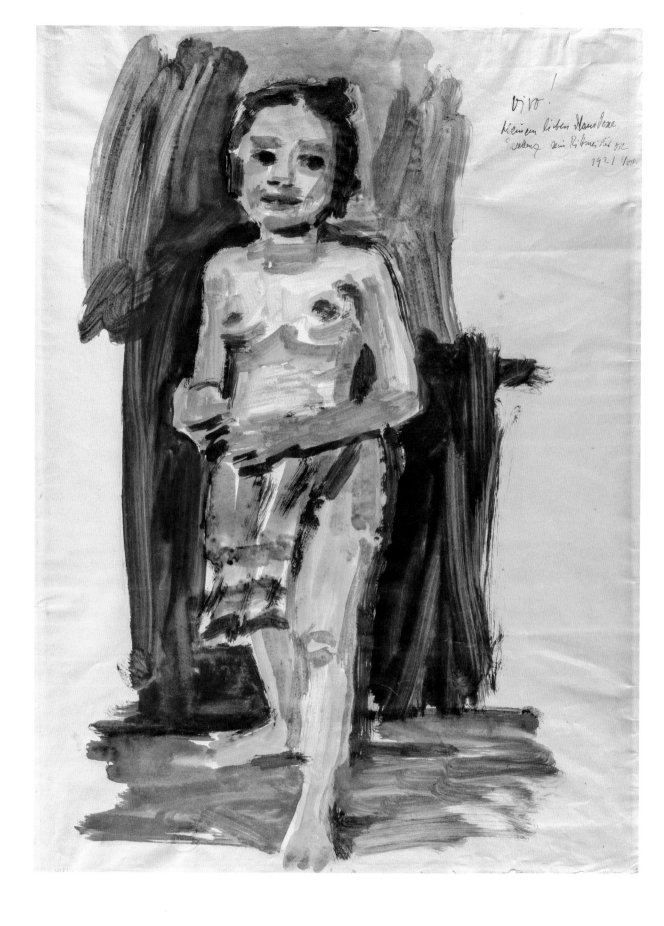

Cat. 93 *Muchacha con delantal verde*
        (*Mädchen mit grüner Schürze*), 1921
        Acuarela sobre papel, 68,7 × 51,2 cm

Cat. 26 *Pintor con muñeca* (*Maler mit Puppe*), 1922
Óleo sobre lienzo, 85 × 120 cm
Cat. 27 *Autorretrato ante el caballete*
(*Selbstbildnis an der Staffelei*), 1922
Óleo sobre lienzo, 180,5 × 110,3 cm

Cat. 25 *Dresde, Neustadt V*
(*Dresden, Neustadt V*), 1921
Óleo sobre lienzo, 71 × 111 cm

Cat. 28 *El pintor II (El pintor y su modelo II) [Der Maler II (Maler und Modell II)]*, 1923
Óleo sobre lienzo montado sobre madera, 85,1 × 130,2 cm

La muñeca de Kokoschka. Mujer artificial, fetiche artístico, proyecto de arte

Bernadette Reinhold

"[…] pero en aquellos momentos yo solo estaba pendiente de la llegada de la muñeca —para la que había comprado ropa interior y vestidos de París—, a fin de poner orden de una vez por todas en el asunto Alma Mahler y no volver a ser víctima de la fatal caja de Pandora que ya me había traído suficientes desgracias"[1].

Oskar Kokoschka, narrador brillante, recurre a Pandora, la primera mujer creada por los dioses, para evocar su apasionada relación con Alma Mahler (fig. 2) en una autobiografía escrita medio siglo después. Con esa funesta invocación, la aventura casi parece caer en una autocompasión machista del pintor. Pero Kokoschka no sería Kokoschka si no aplicara la ironía —la alusión a la "lencería parisina" simboliza una puesta en escena cargada de fetichismo— para abordar uno de los capítulos más absurdos de sus memorias, y ciertamente de toda la historia del arte: la "gran comedia de la muñeca"[2] que tuvo lugar entre 1918 y 1919 (fig. 6)[3].

La "novia del viento" vienesa

Sigamos al artista y dramaturgo de éxito Oskar Kokoschka y dejémonos llevar por su comedia de la muñeca. El acto principal transcurre en Dresde, pero el preludio tiene lugar en Viena. Kokoschka ve por primera vez a Alma Mahler —una conocida y acaudalada mujer, asidua de los salones y siete años mayor que él— en abril de 1912 en casa del padrastro de ella, el pintor Carl Moll, importante mentor del *enfant terrible*. Moll intenta reintroducir en sociedad a la joven viuda del compositor Gustav Mahler: "Tras el almuerzo, ella solía llevarme a una habitación contigua, donde, sentada al piano, tocaba y cantaba con gran unción, y solo para mí, como ella decía, la 'Muerte de amor' de Isolda"[4]. Un singular encuentro inicial que sin duda resultaría determinante para ambos[5].

El amor de Kokoschka, su obsesión, sus celos y la decepción que le causaron al menos dos abortos de Alma Mahler encuentran su reflejo en un gran número de creaciones artísticas: muchos dibujos y acuarelas, pero también cuatro nutridas series de litografías, incluyendo *Colón encadenado*

La novia del viento
(*Die Windsbraut*), 1913.
Óleo sobre lienzo, 181 × 231 cm
Detalle (fig. 1)

(*Der gefesselte Columbus*, 1913). Esta serie representa a los amantes con musical ligereza en su *Reencuentro* (*Begegnung*), con ternura y formalidad a un tiempo: tan solo aparentemente despreocupados (fig. 3). Kokoschka también pintó siete abanicos para su amada, que dan testimonio de la intensidad de este *amour fou*[6]. Uno de ellos, el segundo, muestra a la pareja en un tenso abrazo, envuelta en abrasadoras llamas y amenazada por monstruos. La atávica asociación entre Eros y Tánatos se hace omnipresente en un sinfín de motivos relacionados con la muerte y una atmósfera por lo común sombría. Kokoschka había depositado en Alma Mahler unas esperanzas desmesuradas, que ella ni puede ni quiere cumplir. Sus casi cuatrocientas cartas, sus poemas ilustrados y sus obras de teatro revelan su deseo de posesión, la necesidad de control y la angustia de perderla. En su obra teatral *Orfeo y Eurídice* (*Orpheus und Eurydike*, 1918, concebida ya en 1915), musicada en forma de ópera por Ernst Křenek en 1923, da al bardo de la mitología antigua una abstrusa interpretación que lo convierte en víctima de su amante infiel.

Al menos seis de sus obras son retratos de Alma Mahler en sentido estricto, o retratos dobles, entre ellas la monumental *La novia del viento* (*Die Windsbraut*, 1913), uno de los cuadros más famosos de Kokoschka (fig. 1). El lienzo, concebido como imagen de su compromiso, muestra a la pareja como dos náufragos en un mar embravecido, un motivo que ya había desarrollado en el tercero de los abanicos poco después de un viaje que hicieron juntos a Nápoles. Alma duerme profundamente, recostada sobre el hombro de Oskar, que permanece en vela con semblante serio y aparentemente transido de angustia, algo que también se plasma en el plano pictórico formal por medio de trazos impetuosos y gestuales.

De Orfeo a Pigmalión…

Kokoschka aún pasa la Nochevieja de 1914 en compañía de Alma Mahler, quien, no obstante, ya se sentía "lejos de su hechizo", como ella misma escribiría más adelante[7]. El verano anterior, el atentado de Sarajevo había desencadenado una guerra que la monarquía del Danubio consideró ingenuamente efímera. Siguiendo el consejo de Adolf Loos, su paternal amigo y mecenas, Kokoschka se alista como voluntario en el ejército y elige el prestigioso Regimiento de Caballería de los Dragones. Sin saber montar a caballo y sin dominar los códigos de comportamiento de sus compañeros de sangre azul, el artista se ve obligado a vender *La novia del viento* para financiar la compra de una montura y un uniforme a medida. En el verano de 1915, lucha en el frente ruso y sobrevive por poco, herido en un pulmón por una bayoneta y tras haber recibido un balazo en el cuello. Al año siguiente, mientras trabaja como pintor de guerra en la batalla del Isonzo, es víctima de una explosión que le causa graves trastornos nerviosos. En 1916, ansioso por no volver al frente, atormentado por la depresión, pero a la vez impulsado por una inmensa sed de vida y amor, Kokoschka se traslada a Dresde con su amigo el poeta Walter Hasenclever. La ciudad a orillas del Elba era entonces un centro de modernidad al que acudían numerosos artistas de vanguardia. Rodeado de amigos artistas y pacifistas, vive en la bohemia pensión Felsenburg, donde concibe la idea de la muñeca de Alma. El escritor Kurt Pinthus,

vecino temporal de habitación, recordará más adelante: "Por aquel entonces Kokoschka nunca se dejaba ver; Hasenclever me llevaba a su habitación y, entráramos a la hora que entráramos, estaba acostado en la cama, demacrado y con su afilado rostro muy pálido, garabateando papelitos como un poseso. Aunque no le preguntaras nada, decía: 'Mejor que no sepáis lo que estoy escribiendo ni lo que resultará de ello'"[8].

… y su cómplice

Esos "papelitos" que el artista garabatea frenéticamente son probablemente las cartas que, entre el verano de 1918 y la primavera de 1919, escribe a Hermine Moos, que tendrá un papel decisivo en la fabricación del fetiche. Planificando hasta el más ínfimo detalle, Kokoschka le expone —mejor dicho, le dicta— sus intenciones. Se produce una intensa correspondencia en la que el pintor y su cómplice intercambian bocetos, fotos y pequeños modelos (fig. 4). Kokoschka define escrupulosamente la forma de la cabeza, recomienda visitar la Pinakothek de Múnich y, sobre todo, estudiar los cuadros de Rubens; explica dónde y cómo implantar (que no bordar) el cabello, qué partes deben teñirse y de qué manera; quiere para su muñeca una boca con lengua y dientes que se abra. Todo el plan parece formulado de una manera impaciente, hasta febril. Y, sin embargo, el tono que utiliza Kokoschka revela confianza y gran respeto hacia Hermine Moos, pero también unas expectativas desmesuradas e ilusorias: "Si logra resolverme este problema, hacer una magia tan grande que, al mirar y tocar a la mujer que salió de mi mente, me parezca viva, querida señorita Moos, entonces agradeceré su ingenio y su sensibilidad femenina"[9].

Durante mucho tiempo, la "señorita Moos" siguió siendo un personaje desconocido de la historia del arte[10]. Hermine Moos (1888–1928) fue una pintora que vivió en Múnich, en el barrio bohemio de Schwabing, pero también fue una hábil creadora de ingeniosas y grotescas figuras que, en la década de 1920, desarrolló innovadoras formas de presentación para los museos[11]. Para la fabricación de su esposa artificial, Kokoschka buscó expresamente a una artista y no a una diseñadora de marionetas convencional. Su elección recae en primer lugar en Lotte Pritzel, una mujer de mundo muy bien relacionada en los círculos artísticos. Aunque hoy solo se la conoce en círculos especializados, por entonces era una artista muy apreciada, como demuestra el libro que Rainer Maria Rilke dedicó a sus elegantes muñecas[12]. Ella le habla a Hans Bellmer del fetiche de Kokoschka, que llama poderosamente su atención, hasta el punto de asesorarle más tarde en la ejecución de la serie *La poupée* (La muñeca)[13]. Pese a rechazar el encargo de Kokoschka, Lotte Pritzel comenta el tema del titiritero en ciernes con su colega Hermine Moos. Tal y como demuestran las seis fotografías que se conservan de la muñeca (en la mitad de las cuales aparece su creadora)[14], Hermine Moos se entrega a la tarea con excepcional mimo (fig. 5). Sin embargo, en una carta que le escribe tras recibirla en abril de 1919, Kokoschka confiesa estar "francamente horrorizado"[15]. En cambio, los testigos de la época, incluido el citado Kurt Pinthus, restan importancia a los defectos de la muñeca, manifestados en caliente: "La muñeca no parecía el sueño hecho realidad de una 'criatura ideal', de una 'compañera fantasmal', pero tampoco

Fig. 1

Fig. 2

Fig. 3

Fig. 1 Oskar Kokoschka, *La novia del viento* (*Die Windsbraut*), 1913. Óleo sobre lienzo, 181 × 231 cm. Kunstmuseum Basel, Basilea

Fig. 2 Alma Mahler en Viena en 1909, fotografía de Madame d'Ora (Dora Kallmus). Universität für angewandte Kunst, Oskar Kokoschka Zentrum, Viena

Fig. 3 Oskar Kokoschka, *Reencuentro* (*Begegnung*), de *Colón encadenado* (*Der gefesselte Kolumbus*), 1913 (publicado en 1916), litografía sobre papel, 50 × 39,2 cm (cat. 86)

Fig. 4

Fig. 4 Carta de Oskar Kokoschka a Hermine Moos,
10 de diciembre, 1918

tenía cuerpo de oso polar y extremidades fláccidas, como la describía Kokoschka: solo parecía una muñeca que pretendiera asemejarse a una mujer"[16].

La estela del teatro de marionetas

En la primavera de 1919, Alma Mahler anota en su diario, con innegable irritación, que "Oskar Kokoschka ordenó hacer en Dresde una muñeca de tamaño natural […] Y la pintó a semejanza mía […] Kokoschka hablaba todo el día con aquella muñeca, tras la puerta cuidadosamente cerrada… ¡Me tuvo por fin como había querido tenerme siempre: como un instrumento sin voluntad y maleable, en sus manos!"[17].

Esta fatal conjunción de amor, miedo a la humillación y angustia frente a la pérdida de la compañera —cortejada también por varios de sus contemporáneos— se aprecia en los cuadros de Kokoschka, en sus escritos y, sobre todo, en sus cartas a Alma. La muñeca "sin voluntad y maleable" cosifica a la mujer, tan altiva como temible. Sin embargo, caeríamos en un reduccionismo exagerado si no viéramos en ella algo más que una encarnación del dolor de la pérdida[18], un fetichismo patológico o el simple "sustituto simbólico de Alma", tal y como observa Peter Gorsen en los primeros estudios sobre la muñeca[19].

Kokoschka desea "poner orden de una vez por todas en el asunto Alma Mahler". Pero no olvidemos que el "asunto" dura ya tres años. Mientras tanto, han pasado muchas cosas. Él sabía que Alma se había casado en 1915 con Walter Gropius, arquitecto y director de la Bauhaus, que había dado a luz a un niño y que poco después había iniciado una relación con el escritor Franz Werfel, con quien posteriormente contraería matrimonio. Kokoschka, por su parte, sufre graves traumas físicos y depresión desde la guerra. Sin embargo, instalado a partir de 1916 en Dresde, se recupera con rapidez: sus obras se publican y se representan con éxito en Alemania, sus pinturas son adquiridas por museos y codiciadas por renombrados marchantes de arte. En 1918 aparece la primera monografía dedicada al artista y, desde el otoño de 1919, Kokoschka imparte clases en la Kunstakademie (Academia de Bellas Artes) de Dresde. También su vida privada está en plena efervescencia: poco después de instalarse en la ciudad, comienza una relación con la famosa actriz Käthe Richter, y mantiene innumerables aventuras con mujeres de la bohemia de Dresde y Berlín.

La muñeca es algo más que un intento de superar la pérdida de la amada. La fijación de Kokoschka con la idea de una mujer creada por él mismo, que a veces incluye un hijo artificial, ya se plasma con virulencia en sus obras de juventud, sobre todo en sus dramas y textos en prosa[20]. Su farsa sadomasoquista *La esfinge y el espantapájaros* (*Sphinx und Strohmann*), cuya primera versión se estrenó en Viena en 1909, se erigió en obra cumbre del teatro dadaísta tras ser representada en el Cabaret Voltaire de Zúrich en 1917 —por tanto, antes de haber siquiera concebido la muñeca de Alma— con el título de *Komödie für Automaten* (*Comedia para autómatas*), con Tristan Tzara y Hugo Ball como protagonistas masculinos[21]. En ella el novio —con una enorme cabeza de paja—, engañado por su esposa ninfómana y desalmada, muestra un títere de caucho como si fuera su hijo imaginario. En Berlín, hacia 1910, en un delirio provocado por el hambre, Kokoschka dedicó un relato homónimo a *Virginia*, una hija imaginaria[22]. También en sus cartas aparecen desde bien pronto fantasías demiúrgicas cargadas de erotismo[23]. La temática de las relaciones atormentadas entre los sexos, que recorre todas estas obras como un hilo conductor, alcanza su clímax en la "gran comedia de la muñeca" de Dresde. Como se ha expuesto, Kokoschka plasma continuamente en su arte su relación con Alma Mahler y su posterior separación, utilizando diferentes medios, pero también diversos géneros, si sumamos la versión operística de *Orfeo y Eurídice* musicada por Ernst Křenek. El artista puso en marcha un proceso centrado en la creación de una "imagen ideal inconsciente […] de la mujer por excelencia"[24].

Con su potencial visual, táctil, teatral y performativo, la muñeca es el punto de partida de un amplio entramado creativo autónomo. La primera fase, conceptual, se manifiesta en las cartas dirigidas a Hermine Moos en forma de dibujos, un boceto al óleo a tamaño natural de la muñeca de Alma, modelos y otros elementos. La dimensión táctil tiene aquí una importancia crucial, como ponen de manifiesto las detalladas propuestas de materiales que hace Kokoschka y su deseo de lograr unas sensaciones táctiles concretas.

En abril de 1919, su reacción ante el resultado final demuestra desilusión y un "saludable distanciamiento"[25], que convierten al fetiche en modelo de un género muy particular. Además del citado boceto al óleo, pinta otros tres cuadros y treinta dibujos, y escribe una serie de relatos de tintes autobiográficos. Desde que lo nombran profesor de la Kunstakademie de Dresde, Kokoschka vive en un pabellón del palacio Zwinger, adonde a veces acude una criada, Hulda, a quien él llama "Reserl", en su versión austriaca. Junto con Hermine Moos, ella desempeña un relevante papel en la comedia dadaísta-surrealista de la muñeca de Alma: "Reserl y yo la llamábamos 'la silenciosa'. Encargué a Reserl que pusiera en circulación toda clase de rumores acerca de los atractivos y el misterioso origen de 'la silenciosa', por ejemplo que yo había alquilado un fiacre para sacarla al aire libre los domingos, y reservado un palco en la Ópera para que todos la vieran"[26].

No se sabe si el cuadro *Pintor con muñeca* (*Maler mit Puppe*, 1922) es un autorretrato de Kokoschka (cat. 26). En la modelo sí es fácilmente reconocible una muñeca, con su cuerpo desnudo y desproporcionado, contraído en una pose contorsionada. Sus manos se apoyan torpemente sobre el pecho, un gesto que puede interpretarse como una señal de miedo[27], pero también como una autoafirmación consciente. Su mirada intensa, dirigida al observador, y su rostro, que parece una máscara fantasmal, dan al traste con cualquier tentativa, o asomo siquiera, de voyerismo. La mirada, la exhibición —incluido el regazo de la figura, con un cromatismo muy acentuado— y el tacto se presentan aquí en una inquietante ambigüedad. Probablemente, la muñeca Alma ya no existía cuando se pintó esta obra. Aun hoy, no sabemos con exactitud cuándo se deshizo Kokoschka de su fetiche, pero sí conocemos las circunstancias. Es el propio artista, excelente narrador e inventor de historias, quien nos lo expone en un sardónico relato: "Finalmente decidí dar, con mis amigas y amigos, una fiesta a base de *champagne* en la que pondría fin a la existencia de mi compañera, sobre la que corrían en todo Dresde tantas historias increíbles. […] Contraté un conjunto de cámara de la orquesta de la Ópera; los músicos, vestidos con solemnidad, tocaron en la pila de la fuente barroca del jardín; los haces de agua refrescaban la calurosa tarde. […] Al amanecer del día siguiente, cuando la fiesta ya estaba casi olvidada, la policía llamó al timbre de la puerta […]: se había informado de que en el jardín yacía un cadáver. […] y bajamos, él [el Dr. Posse] y yo en bata, al jardín, donde yacía la muñeca con la cabeza desprendida y como cubierta de sangre. […] El servicio de retirada de basuras se llevó, en la mañana gris, el sueño del regreso de Eurídice. Aquella muñeca era una efigie que ningún Pigmalión habría sabido despertar. Realmente, en aquella temporada que pasé en Dresde me lo podía permitir todo"[28].

En la obra *Autorretrato ante el caballete* (*Selbstbildnis an der Staffelei*), también de 1922, Kokoschka lleva al extremo la autocrítica (cat. 27). La mirada del deforme pintor se torna en pasmada contemplación y el delicado roce, en un tenso pellizco. Llena de erotismo, la "princesa de [sus] sueños", que él aún deseaba en una carta escrita a Hermine Moos[29], ha quedado reducida a un accesorio de taller, calvo e inerte. Después de un recorrido a través de todos los medios pictóricos, el pintor Kokoschka abandona con un acto de *clown*, provocativo y cáustico, la temática de la decepción amorosa y la guerra de los sexos que desarrolla en la "gran comedia de la muñeca". Una vez cumplida su función de objeto transicional con fines terapéuticos, el fetiche es ya innecesario (fig. 7). Con sus tardías y autoirónicas declaraciones, tanto autobiográficas como ficticias, Kokoschka pone, sin embargo, la primera piedra en la leyenda que se forjaría en torno a su fascinante mujer artificial.

1. Oskar Kokoschka, *Mein Leben* (1971). Ed. esp.: *Mi vida*, Joan Parra Contreras (trad.), Tusquets Editores, Barcelona, 1988, pág. 177.

2. Oskar Kokoschka, "Dresden 1920", en Heinz Spielmann (ed.), *Oskar Kokoschka. Erzählungen. Das schriftliche Werk*, t. II, Hans Christians, Hamburgo, 1974, págs. 153–206 (pág. 188); publicado por primera vez en Oskar Kokoschka, *Spur im Treibsand*, Atlantis, Zúrich, 1956, págs. 86–120.

3. Véase Bernadette Reinhold, "L'art pour l'artiste? Überlegungen zu Kokoschkas Puppe, ihrer Genese und Mythenbildung"/" L'art pour l'artiste? Reflections on Kokoschka's Doll, Its Genesis, and Myth Making", en Régine Bonnefoit y Bernadette Reinhold (eds.), *Oskar Kokoschka. Neue Einblicke und Perspektiven/New Insights and Perspectives*, De Gruyter, Berlín y Boston, 2021, págs. 244–71 (inglés, págs. 264–91).

4. O. Kokoschka, *Mein Leben* (1971). Ed. esp.: *Mi vida, op. cit.*, pág. 113.

5. Véase Alfred Weidinger, *Kokoschka and Alma Mahler. Testimony to a Passionate Relationship*, Prestel, Nueva York, 1996.

6. Véase Heinz Spielmann, *Kokoschkas Fächer für Alma Mahler*, Die Bibliophilen Taschenbücher, n.º 462, Harenberg, Dortmund, 1985.

7. Alma Mahler-Werfel, *Mein Leben* (1960). Ed. esp.: *Mi vida*, Tusquets Editores, Barcelona, 1997, pág. 80.

8. Kurt Pinthus, *"Frau in Blau". Geschichte eines Bildes oder Oskar Kokoschka und die Puppe oder Magie der Wirklichkeit*, Deutsches Literaturarchiv Marbach, succession Kurt Pinthus, 715481, citado por B. Reinhold, "L'art pour l'artiste?…", *op. cit.*, pág. 255 (inglés, pág. 283).

9. Carta de Oskar Kokoschka a Hermine Moos, Dresde, Weißer Hirsch, 22 de julio, 1918, en Olda Kokoschka y Heinz Spielmann (eds.), *Oskar Kokoschka, Briefe I: 1905–1919*, Claassen, Düsseldorf, 1984, pág. 291. Véase también Claude Jamain, *Le Regard trouble*, precedido de Oskar Kokoschka, *Lettres à Hermine Moos*, L'improviste, París, 2006, pág. 44.

10. En su novela *La Poupée de Kokoschka* (Gallimard, París, 2010), Hélène Frédérick da voz a la marionetista en un diario íntimo ficticio.

11. Véase Justina Schreiber, "Hermine Moos, Malerin. Anlässlich eines bisher Unbekannten Fotos von Kokoschkas Alma-Puppe", en Bernadette Reinhold y Patrick Werkner (eds.), *Oskar Kokoschka – ein Künstlerleben in Lichtbildern. Aus dem Oskar Kokoschka-Zentrum der Universität für angewandte Kunst Wien*, Ambra, Viena, 2013, págs. 87–90; véase también Bernadette Reinhold, "'[…] sonst wird es kein Weib, sondern ein Monstrum' Anmerkungen zu Mythos und Rezeption der Kokoschka-Puppe", en Bernadette Reinhold y Eva Kernbauer (eds.), *zwischenräume zwischentöne. Wiener Moderne. Gegenwartskunst. Sammlungspraxis. Festschrift für Patrick Werkner*, De Gruyter, Berlín y Boston, 2018, págs. 179–85.

12. Véase Rainer Maria Rilke, *Puppen*, ilustraciones de Lotte Pritzel, Hyperion, Múnich, 1921.

13. Véase Sigrid Metken, "Pigmalions Erben. Von erdachten, Gemalten, modellierten und genähten Puppen in den 20er Jahren", en Klaus Gallwitz (ed.), *Oskar Kokoschka und Alma Mahler. Die Puppe. Epilog einer Passion*, cat. expo., Städtische Galerie in Städel, Frankfurt, 1992, págs. 79–83 (pág. 81); Sara Ayres, "At The Uttermost Limit of Vision: the Wax Dolls of Lotte Pritzel (1887–1952)", en Kamil Kopania (ed.), *Dolls and Puppets as Artistic and Cultural Phenomena (19th–21st Centuries)*, Institute of Art History, University of Warsaw, Varsovia, 2016, págs. 10–17 (versión en línea: http://www.takey.com/LivreE_12.pdf); B. Reinhold, "L'art pour l'artiste?…", *op. cit.*, pág. 246.

14. Reproducido en J. Schreiber, "Hermine Moos, Malerin…", *op. cit.*, págs. 86, 89, 93 y 95, en B. Reinhold y E. Kernbauer (dirs.), *zwischenräume zwischentöne…*, *op. cit.*, págs. 183–85, y en B. Reinhold, "L'art pour l'artiste?…", *op. cit.*, págs. 264–66.

15. Carta de O. Kokoschka a H. Moos, Dresde, Weißer Hirsch, 6 de abril, 1919, en O. Kokoschka y H. Spielmann (eds.), *Oskar Kokoschka, Briefe I: 1905–1919, op. cit.*, pág. 312, y C. Jamain, *Le Regard trouble, op. cit.*, pág. 71.

16. K. Pinthus citado en B. Reinhold, "L'art pour l'artiste?…", *op. cit.*, págs. 260 y ss. (inglés, pág. 289).

17. A. Mahler, *Mi vida, op. cit.*, pág. 131.

18. Sobre la muñeca como "objeto transicional" en el sentido de Donald W. Winnicott, véase B. Reinhold, "L'art pour l'artiste?…", *op. cit.*, pág. 258 (inglés, pág. 287).

19. Peter Gorsen, *Sexualästhetik. Grenzformen der Sinnlichkeit im 20. Jahrhundert*, Rowohlt, Reinbek bei Hamburg, 1987, pág. 188.

20. Sobre la importancia del teatro de marionetas para la modernidad vienesa, véase Nathan J. Timpano, *Constructing the Viennese Modern Body. Art, Hysteria, and the Puppet*, Routledge, Nueva York y Londres, 2017; el trabajo de referencia sobre los primeros años de Kokoschka sigue siendo Werner J. Schweiger, *Der junge Kokoschka. Leben und Werk 1904–1914*, Christian Brandstätter, Viena y Múnich, 1983.

21. Véase Gerhard Johann Lischka, *Oskar Kokoschka: Maler und Dichter. Eine literarisch-ästhetische Untersuchung einer Doppelbegabung*, Peter Lang, Berna y Frankfurt, 1972, pág. 56; Anna Stuhlpfarrer, "'Er war da, bevor es einen Expressionismus gab'. Oskar Kokoschka – ein Pionier des expressionistischen Theaters"/"He was There before Expressionism Even Existed'. Oskar Kokoschka – a Pioneer of Expressionist Theater", en R. Bonnefoit y B. Reinhold (eds.), *Oskar Kokoschka…, op. cit.*, págs. 294–317 (inglés, págs. 309–32).

22. Oskar Kokoschka, "Geschichte von der Tochter Virginia", 1947–56, en H. Spielmann (ed.), *Oskar Kokoschka. Erzählungen. Das schriftliche Werk*, t. II, *op. cit.*, págs. 95–101.

23. Véase Bernadette Reinhold, "Adolf Loos und Oskar Kokoschka – eine außergewöhnliche Männer- und Künstlerfreundschaft", en Markus Kristan, Sylvia Mattl-Wurm y Gerhard Murauer (eds.), *Adolf Loos. Schriften, Briefe, Dokumente aus der Wienbibliothek im Rathaus*, Metroverlag, Viena, 2018, págs. 275–80 (pág. 277).

24. Gorsen, *Sexualästhetik. Grenzformen der Sinnlichkeit im 20. Jahrhundert, op. cit.*, pág. 188.

25. Ibíd., pág. 255.

26. O. Kokoschka, *Mein Leben* (1971). Ed. esp.: *Mi vida, op. cit.*, pág. 178.

27. Véase K. Gallwitz (ed.), *Oskar Kokoschka und Alma Mahler…, op. cit.*, pág. 36.

28. O. Kokoschka, *Mein Leben* (1971). Ed. esp.: *Mi vida, op. cit.*, págs. 178–79.

29. Carta de O. Kokoschka a H. Moos, Dresde, Weißer Hirsch, 16 de octubre, 1918, en O. Kokoschka y H. Spielmann (eds.), *Oskar Kokoschka, Briefe I: 1905–1919, op. cit.*, pág. 298, y C. Jamain, *Le Regard trouble, op. cit.*, pág. 55.

105

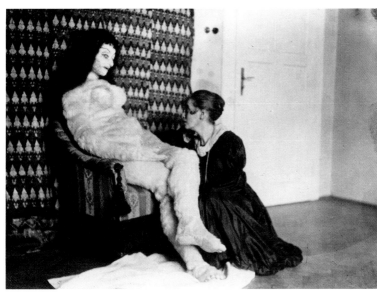

Fig. 5

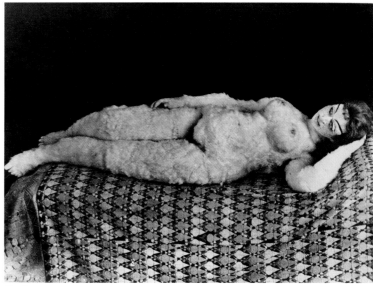

Fig. 6

Fig. 7

Fig. 5 Hermine Moos y la muñeca en Múnich, 1919. Impresión a la gelatina de plata, 17,8 × 24 cm. Universität für angewandte Kunst, Oskar Kokoschka Zentrum, Viena

Fig. 6 La muñeca tumbada, 1919. Impresión a la gelatina de plata, 17,8 × 24 cm. Universität für angewandte Kunst, Oskar Kokoschka Zentrum, Viena

Fig. 7 Hermine Moos con el esqueleto de la muñeca en Múnich, 1918. Imagen extraída de un álbum de fotos perteneciente a Alfred Mayer. Schloßmuseum Murnau, Bildarchiv

VIAJES
Y ESTANCIA

EN PARÍS

1923–1934

Apoyado económicamente por Paul Cassirer, su galerista, Kokoschka viaja por toda Europa, el norte de África y Oriente Medio pintando paisajes y vistas urbanas, así como retratos de hombres y de animales, en marcado contraste con el estilo que había desarrollado en Dresde, donde realiza una serie de vistas del Elba desde su estudio. La materia fluye, la paleta se amplía para incluir nuevas combinaciones cromáticas y los trazos se tornan ágiles, como haciéndose eco de la rapidez de su paso por estas tierras. Con frecuencia, la búsqueda de lugares espectaculares para pintar se convierte en una aventura que le ofrece la oportunidad de conocer a personalidades inusuales. Durante este periodo feliz, Kokoschka trata de darse a conocer mejor en París y en Londres, y permanece largas temporadas en ambas capitales.

1924

El 13 de octubre se inaugura en Viena una exposición monográfica de Kokoschka en la Neue Galerie, dirigida por Otto Nirenstein. La muestra cierra a las dos semanas debido al ataque de un visitante contra el cuadro *Niños jugando* (*Spielende Kinder*), acto que Kokoschka condena en un artículo de opinión publicado en varios periódicos. El artista parte a París, acompañado de su amigo Adolf Loos y del pintor Sebastian Isepp. Allí pinta fundamentalmente dos cuadros de la Ópera Garnier desde un hotel. La Kunsthalle de Hamburgo adquiere *La novia del viento* (*Die Windsbraut*).

1925

De vuelta en Berlín, Kokoschka llega a un acuerdo con Paul Cassirer por el que el galerista le garantiza la financiación de sus viajes más 30.000 marcos anuales a cambio de la venta en exclusiva de sus obras. En febrero Kokoschka inicia una nueva serie de viajes por Europa, empezando por el sur de Francia. Pinta numerosos paisajes y vistas urbanas de Montecarlo, Niza, Marsella, Aviñón y Aigues-Mortes. También visita Lisboa, Madrid, Sevilla y Toledo. Después viaja a Ámsterdam y seguidamente a Londres. La 24.ª International Exhibition of Paintings del Carnegie Institute de Pittsburgh expone dos de sus cuadros.

1926

El suicidio del galerista Paul Cassirer en pleno proceso de divorcio lleva a Kokoschka a regresar a Berlín durante un tiempo. En primavera, el artista pasa seis meses en Londres, durante los cuales pinta paisajes y redescubre los retratos de animales. Sus frecuentes visitas al zoológico de Regent's Park le inspiran *Tigón* (*Tigerlöwe*) y *Mandril* (*Mandrill*). Por su parte, Paul Westheim publica las cartas con las instrucciones que Kokoschka dio a Hermine Moos para la confección de la muñeca. En noviembre se estrena en Kassel la ópera *Orfeo y Eurídice*, con música de Ernst Křenek, entonces casado con Anna Mahler, hija de Alma.

1927

En junio, la Kunsthaus de Zúrich acoge una gran retrospectiva de la obra del artista, que reúne un notable conjunto de ciento una pinturas. En esta época las instituciones museísticas alemanas adquieren muchos de sus cuadros. La prolongada ausencia de Kokoschka de la Kunstakademie de Dresde lleva a la dirección a sustituirle por el pintor Otto Dix. Kokoschka viaja a Venecia, Padua y Turín con Helmuth Lütjens, colaborador de la galería Cassirer.

1928

El artista emprende viaje por el norte de África, acompañado por Lütjens la mayor parte del tiempo. Primero va a Túnez y luego a Tozeur, ubicado entre el Atlas y el Sáhara. Se familiariza con las tribus beduinas y realiza algunos retratos antes de continuar hacia Argelia. En Biskra pinta el oasis de El Kantara. En Tuggurt, un pueblo del norte del Sáhara, hace un retrato de Sidi Ahmet Ben Tidjani, el morabito de Temacine (Argelia). A continuación, Kokoschka pasa por Marruecos, Sevilla y Madrid, y más tarde por Londres, antes de partir hacia Irlanda.

1929

En primavera, Kokoschka abandona de nuevo Europa, acompañado de su amigo Albert Ehrenstein, esta vez para descubrir Egipto, donde pasa un mes, y a continuación visitar Palestina, Jerusalén, Jericó y Tel Aviv. Sigue viaje en solitario hasta Grecia y Turquía, y en agosto llega a Escocia con Walter Feilchenfeldt, de la galería Cassirer. El pintor termina el año en París, en el Hotel Vouillemont de la Rue Boissy-d'Anglas.

1930

En enero, Kokoschka es elegido miembro de la Preußische Akademie der Künste (Academia Prusiana de las Artes) de Berlín. Asimismo, vuelve a viajar a Túnez, concretamente a Yerba. En otoño, el ascenso al poder del Partido Nacionalsocialista empieza a tener consecuencias en Alemania, y en Weimar las autoridades se incautan de una obra del pintor. Paul Schultze-Naumburg publica el libro *Kunst und Rasse* (*Arte y raza*), en el que compara la pintura de Kokoschka con la obra que podría realizar un enfermo mental. En septiembre se traslada a París, donde permanecerá casi un año. Su estudio se encuentra en el número 9 de la Rue Delambre.

1931

En enero, una retrospectiva celebrada en la Kunsthalle de Mannheim lo consagra como uno de los grandes artistas germanos. Un mes después, la galería Jacques Bonjean de París incluye seis de sus obras en una muestra sobre arte alemán. El 18 de marzo se inaugura su primera exposición monográfica en París, en la galería Georges Petit, con cuarenta y cuatro cuadros. Sin embargo, la situación económica de Kokoschka es cada vez más complicada. La galería Cassirer intenta reducir sus honorarios, y el artista decide rescindir definitivamente su contrato con ella.

En junio se instala en la Villa des Camélias de París, en el antiguo estudio de Jules Pascin, donde trabaja en su lienzo *El manantial* (*Die Quelle*), iniciado en Dresde en 1922. En septiembre regresa a Viena con la intención de aumentar sus ingresos, y el Ayuntamiento socialista le encarga decorar un salón de banquetes, en el que pinta la obra *Castillo de Wilhelminenberg con vistas a Viena* (*Schloss Wilhelminenberg mit Blick auf Wien*).

1932

Durante el verano, expone en el pabellón austríaco de la Bienal de Venecia, y ello le procura la felicitación del pintor Max Liebermann, director de la Preußische Akademie der Künste. Por su parte, Kokoschka intenta organizar en París una retrospectiva dedicada al gran maestro alemán.

1933

Tras el ascenso de Adolf Hitler al poder, Max Liebermann es obligado a dimitir de la Akademie y Kokoschka reacciona publicando en el *Frankfurter Zeitung* un artículo en apoyo del pintor. La prensa alemana se ensaña contra él, y cinco de sus obras conservadas en las colecciones públicas de Dresde son confiscadas. Kokoschka acude al entierro en Viena de su amigo Adolf Loos, fallecido el 23 de agosto. Escribe el ensayo *Tótem y tabú, ejercicios intelectuales de un cínico* (*Totem und Tabou, Denkübungen einez Zynikers*), contra los mitos culturales pergeñados por el nazismo.

Fig. 1

Fig. 2

Fig. 3

Fig. 4

Fig. 1 Oskar Kokoschka en el balcón de un hotel.
Londres, 1925

Fig. 2 El pintor con Adolf Loos, Gertrud y Arnold
Schönberg en el bar del hotel Bristol. Berlín,
1927. Fotografía de John Graudenz

Fig. 3 Oskar Kokoschka de viaje por el desierto
del Sáhara, febrero de 1928

Fig. 4 Dibujo y carta de Oskar Kokoschka para
Anna Kallin sobre papel con membrete
del hotel Transatlantique de Túnez,
15 de enero, 1928

Fig. 5

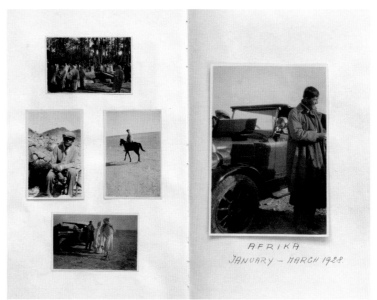

Fig. 6

Fig. 7

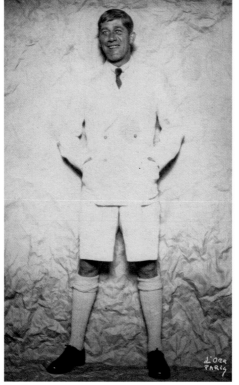

Fig. 8

Fig. 5 Oskar Kokoschka pintando sobre el tejado de una tienda de verduras en Túnez, 1928

Fig. 6 Álbum de las fotografías tomadas por Kokoschka durante su estancia en el Sáhara, primavera de 1928

Fig. 7 Oskar Kokoschka en Migdal, cerca de Tiberíades, en compañía de unos amigos, entre ellos Albert Ehrenstein (sentado a la izquierda), abril de 1929

Fig. 8 Oskar Kokoschka en París, 1930. Fotografía de Madame d'Ora (Dora Kallmus). Impresión a la gelatina de plata, 26,1 × 16,3 cm. Universität für angewandte Kunst. Oskar Kokoschka Zentrum, Viena

Fig. 9

Fig. 10

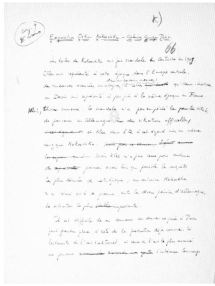

Fig. 11

En Dresde anuncié mi ausencia mediante una carta que dejé al portero, en la que me excusaba por asunto familiar grave. Jamás regresé allí. Más tarde, cuando fui a Berlín, Paul Cassirer me preguntó qué tenía pensado hacer. Le respondí brevemente: "Viajar a Oriente". Quizá seguía soñando, como un escolar, con aventuras en alta mar, con beduinos, tempestades de arena, espejismos y muertes de sed en pleno desierto.

Oskar Kokoschka, *Mein Leben* (1971). Ed. esp.: *Mi vida*, Tusquets Editores, Barcelona, 1988, pág. 185.

Recuerde que me impulsa un feroz deseo de viajar y que cada nueva impresión me regocija, como si marcara mi reencuentro con esto o aquello, pero que a pesar de todo me invade un sentimiento que me abruma, como de adiós. Si pudiera mostrar mi amor y mi alegría por todas las cosas, destacar la belleza que yo haya podido advertir y que quizá pasara desapercibida a otra persona, entonces encontraría mi equilibrio.

Carta de Oskar Kokoschka a Alexandrine, condesa de Khuenburg, Hotel Avenida Palace, Lisboa, 18 de abril, 1925.

Aquí he tenido un éxito increíble sin pagar a la prensa y, sin embargo, la gente me considera un "*boche*" [*alemán*, en francés en el original]. También se ha escrito que era la primera vez que el arte parisino se inspiraba en alguien que no había nacido en el *Café du Dôme* e incluso la primera vez que el arte de aquí se dejaba influir por el exterior.

Carta de Oskar Kokoschka a Albert Ehrenstein, 3, Villa de las Camelias, Vaugirard 63–89, París 14.º (finales de marzo–principios de abril de 1932).

Fig. 9   Oskar Kokoschka con una amiga en la Villa de las Camelias, en París, 1931. Fotografía de Brassaï.

Fig. 10   Oskar Kokoschka y la escritora Claire Goll en el jardín de la Villa de las Camelias, en París, 1931. Fotografía de Brassaï. Impresión a la gelatina de plata montada sobre cartón. Universität für angewandte Kunst. Oskar Kokoschka Zentrum, Viena

Fig. 11   Notas de Georges Bataille sobre la exposición *Oskar Kokoschka* en la galería Georges Petit de París, abril de 1931. Bibliothèque nationale de France, París, fondo Georges Bataille

Cat. 31 *Londres, pequeño paisaje
del Támesis* (*London, kleine
Themse-Landschaft*), 1926
Óleo sobre lienzo, 60,5 × 91 cm

Cat. 36 *El lago de Annecy I*
(*Lac d'Annecy I*), 1927
Óleo sobre lienzo, 70 × 91 cm

Cat. 30 *Marsella, el puerto II*
(*Marseille, Hafen II*), 1925
Óleo sobre lienzo, 73,7 × 100,6 cm

Cat. 29 *Marsella, el puerto I*
(*Marseille, Hafen I*), 1925
Óleo sobre lienzo, 73 × 100 cm

Cat. 37 *El morabito de Temacine
(Sidi Ahmet Ben Tidjani)
[Der Marabout von Temacine
(Sidi Ahmet Ben Tidjani)]*, 1928
Óleo sobre lienzo, 98,5 × 130,5 cm

Cat. 34 *Leo Kestenberg,* 1926–27
Óleo sobre lienzo, 127 × 102 cm

Cat. 41 *Constantin Brancusi*, 1932
Óleo sobre lienzo, 100 × 81 cm

Cat. 33 *Ciervos (Rehe)*, 1926
Óleo sobre lienzo, 130 × 89 cm

Cat. 32 *Tigón* (*Tigerlöwe*), 1926
Óleo sobre lienzo, 96 × 129 cm

Cat. 35 *Tortugas gigantes*
(*Riesenschildkröten*), 1927
Óleo sobre lienzo, 90,4 × 118,1 cm

Cat. 38 *Peces en una playa de Yerba*
(*Fische am Strand von Djerba*), 1930
Óleo sobre lienzo, 70 × 101 cm

"El enorme mundo"[1]. *Una década de viajes*

Fanny Schulmann

En octubre de 1923, Oskar Kokoschka abandona precipitadamente Dresde, en cuya Kunstakademie (Academia de Bellas Artes) impartía clases desde 1919, para acudir al lecho de muerte de su padre en Viena, poniendo así un brusco punto final a este periodo sajón. El reconocimiento de su obra en Alemania, así como cierto hastío debido a la carga burocrática de su trabajo como profesor, le inducen a alejarse de la docencia. En 1922 había expuesto junto a Max Liebermann, Max Slevogt y Lovis Corinto en el Pabellón alemán de la Bienal de Venecia, con ocasión de su reapertura; allí le dedicaron una sala entera con paredes negras, donde colgaron quince de sus lienzos. Si bien Austria no parece depararle aún la consideración que él esperaba, las grandes instituciones museísticas alemanas estaban empezando a comprarle numerosas piezas. A finales de 1923 da inicio una nueva etapa de su vida, caracterizada por un ritmo intenso de viajes incesantes por Europa, el norte de África e incluso Oriente, un periplo que a primera vista parecería desafiar cualquier lógica, y en el que las ciudades de París y Londres tienen una presencia persistente.

Los paisajes como proyecto cultural y político

A partir de ese momento, la obra de Kokoschka pasa a estar dominada por temas urbanos y paisajísticos, que realiza en telas del mismo tamaño (en torno a 70 × 100 cm) en pocos días o semanas, según se va desplazando. Este género aparece en la producción del artista con la pintura de 1908 *Paisaje húngaro* (*Ungarische Landschaft*, cat. 1), con unas características que desde entonces serán relativamente constantes: la perspectiva es elevada, como si fuera una vista de pájaro, y el ojo se ve confundido por la ausencia de un único punto de fuga en favor de una perspectiva atmosférica y en movimiento. En la serie de once panoramas del Elba en Dresde que había pintado entre 1919 y 1923 en su taller de la Academia de Bellas Artes reflejó todo tipo de matices en el diálogo entre el cielo y las riberas. Estos lienzos, caracterizados por el empaste plástico de la superficie pictórica y unos planos de vivos colores, contrastan llamativamente con las siguientes obras sobre Venecia, Florencia o París, que pinta

Oskar Kokoschka, *Marsella, el puerto II* (*Marseille, Hafen II*), 1925
Detalle (cat. 30)

en 1924. Aquí la materia es fluida, la paleta se amplía con nuevas relaciones cromáticas y las pinceladas son ágiles, como un eco de su rápido transcurrir por estos lugares.

¿Cómo interpretar la nueva factura que adopta el trabajo del Kokoschka nómada y paisajista? En una entrevista que el crítico Andrew Forge le hizo en 1962, el artista vincula con claridad este deseo de evasión con el trauma que le provocó su participación en la Primera Guerra Mundial: "Entonces pensé: 'Si consigo salir de esta vida inmunda, pintaré paisajes'. No he visto casi nada del ancho mundo, así que quiero ir a todos los lugares en que estén las raíces de mi cultura, mi civilización, que se remonta a los griegos y romanos: tengo que ver todo eso"[2]. Así pues, sus ansias de descubrimiento son coherentes también con su deseo de conocer el mundo, que puede relacionarse a su vez con la influencia que sobre él ejerce el *Orbis Sensualium Pictus*, cuyo autor es el pedagogo moravo Jan Amos Komenský, conocido como Comenio (fig. 2). Este manual de aprendizaje, publicado en 1658 —uno de los primeros del género— es también abecedario, álbum y libro de texto general, y utiliza imágenes para ilustrar los términos descritos. El *Orbis Sensualium Pictus*, obra fundamental que su padre le había regalado a Kokoschka cuando era niño, determinó que el sentido de la vista fuera su principal fuente de comprensión del mundo. Mucho más allá de una mera dimensión contemplativa o un vector de emociones, ver el mundo y pintarlo es, en efecto, un acto de conocimiento para Kokoschka, al que confiere una función eminentemente política, que el artista seguirá desarrollando en periodos posteriores.

El historiador del arte austriaco Hans Tietze (1880–1954) plantea bajo este prisma su análisis de las obras de viaje del pintor. Retratado por Kokoschka junto a su esposa Erika en 190, publicó varios artículos en revistas francesas presentando al artista, que entonces era desconocido en Francia. En uno de esos textos explica cómo después de 1918 Kokoschka "reniega" de su herencia austriaca en favor de un estilo alemán, y el crítico contempla sus obras de viaje posteriores a 1924 como una nueva etapa: "Una vez más, vuelve a ampliar el círculo de sus intereses pictóricos; una vez más, vuelve a cambiar de estilo. En esos momentos tiende a alejarse de lo alemán para avanzar hacia lo europeo"[3]. "Lo relevante en Kokoschka es que representa el intento de llevar el Expresionismo alemán a un plano europeo"[4], afirma Paul Westheim (1886–1963), crítico de arte y biógrafo de Kokoschka, en 1935, cuando se refugia en París huyendo de los nazis. Esta misma perspectiva europea es la que emplea más tarde el historiador del arte Heinz Spielmann al analizar este grupo de obras de viaje, partiendo de las entrevistas que mantuvo con el artista hacia el final de su vida. A su juicio, Kokoschka quiere representar el continente antes de la catástrofe bélica y mostrar visualmente la existencia de una cultura europea[5]. Por otro lado, Spielmann resta importancia a la dimensión comercial en la estrategia del artista de aquella época, señalando que el prestigio de sus obras entre coleccionistas e instituciones le ofrece independencia financiera.

En busca de nuevos apoyos: hacia París

Las relaciones de Kokoschka con sus galeristas son esenciales para entender el ritmo que cobrarán sus viajes. Y sus excursiones periódicas a París y Londres confirman su deseo de buscar apoyos internacionales. Su primera estancia en París, en 1924, debe interpretarse en este contexto. Se produce después de una exposición monográfica en la Neue Galerie organizada por Otto Nirenstein-Kallir[6], la primera del artista en Viena en trece años, que, no obstante, tuvo que cerrarse dos semanas después de su apertura, el 13 de octubre, debido al ataque de un visitante irritado contra una de las obras, *Niños jugando* (*Spielende Kinder*, cat. 4). Kokoschka responde a la violencia de esta agresión mediante una carta abierta publicada en el *Neues Wiener Journal* el 26 de octubre de 1924: "Este acto ilustra el apetito de gloria estéril y gratuito que aqueja a toda una sociedad, fomentado por una prensa hostil a la creatividad, que en 1907 comenzó a escupir veneno sobre las propias pinturas, mientras el público las ensuciaba; que me denunció cuando estaba intentando, pese a todo, cumplir mi papel como educador de los niños en las escuelas, de los aprendices, de los estudiantes de arte y de las autoridades"[7]. El 28 de octubre, el crítico Hermann Menkes declaraba en el mismo periódico: "Oskar Kokoschka […] ha renunciado con cierta brusquedad a Viena y a su público en una carta publicada tras un incidente lamentable"[8].

Kokoschka abandona Viena rumbo a París con el arquitecto Adolf Loos (1870–1933) y el pintor Sebastian Isepp (1884–1954). Las fuentes escritas —sus textos autobiográficos y su correspondencia— dan testimonio de la desconfianza de Kokoschka hacia París y lo que esta ciudad representaba para los artistas, por lo que procura mantener las distancias: "Yo nunca iba al Café du Dôme ni al Deux Magots. En aquella época, Ilia Ehrenburg y Hemingway se sentaban allí a escribir sus novelas, rodeados de un enjambre de admiradores. No me hacía ninguna gracia aquel mercado de genios en el que los artistas de moda se sentaban a esperar a la clientela americana"[9]. La historia de su estancia está jalonada de anécdotas —reales, exageradas o inventadas— que parecen salidas de una novela iniciática: hospedado en el destartalado piso parisino de Jan Śliwiński, exdirector de la biblioteca imperial de Viena, Kokoschka conoce a refugiados políticos y anarquistas, cae enfermo de inanición y frío, es atendido por el doctor Louis-Ferdinand Céline, que introduce un esqueleto en su cama para gastarle una broma… En 1924 pinta dos notables vistas de la Ópera Garnier empleando el mismo procedimiento que había utilizado en el Hotel Danieli de Venecia unos meses antes: instaló su taller en la última planta del Grand Hotel, en una habitación con varias ventanas, para disponer de muchos ángulos. Una de las obras muestra la plaza de la ópera en su totalidad, la perspectiva y el hormigueo anónimo de las calles; la otra (fig. 3) está pintada desde el mismo punto, pero se centra en *La Poésie*, grupo escultórico concebido por Charles-Alphonse Gumery y ubicado en el lado derecho de la fachada, en la parte superior del edificio.

¿Artista consagrado o aventurero?

Según se infiere de la correspondencia que mantuvo con su familia, Kokoschka trata de aprovechar su estancia en París para organizar en la Galerie Bernheim-Jeune una exposición que finalmente no tendrá lugar[10]. Le apoya en el empeño Jakob Goldschmidt, un comerciante asociado con su galerista berlinés, Paul Cassirer (1871–1926), con quien lleva trabajando desde 1916. Este último le ofrece en febrero de 1925 un contrato muy favorable para la época: viajes por Europa con todos los gastos pagados, más un

131

Fig. 1

Fig. 2

Fig. 5

Fig. 3

Fig. 4

Fig. 6

Fig. 1 Oskar Kokoschka, *Montecarlo*, 1925. Óleo sobre lienzo, 73 × 100 cm. Musée d'Art moderne, Lieja

Fig. 2 Jan Amos Komenský (Comenio), *Orbis Sensualium Pictus*, 1658. Graudenz

Fig. 3 Oskar Kokoschka, *Grupo escultórico que corona la Ópera de París* [*Skulpturengruppe auf dem Dach der Pariser Oper*], 1924. Óleo sobre lienzo, 65,2 × 50,5 cm. Kunsthalle Bremen

Fig. 4 Albrecht Altdorfer, *La batalla de Alejandro (La batalla de Issos)* [*Alexanderschlacht (Schlacht bei Issus)*], 1529. Óleo sobre tabla, 158,4 × 120,3 cm. Bayerische Staatsgemäldesammlungen, Alte Pinakothek, Múnich

Fig. 5 Oskar Kokoschka, *Jerusalén (Jerusalem)*, 1929–30. Óleo sobre lienzo, 80 × 128,3 cm. Detroit Institute of Arts

Fig. 6 Oskar Kokoschka, *El palacio de Wilhelminenberg con vistas de Viena (Schloss Wilhelminenberg mit Blick auf Wien)*, 1931. Óleo sobre tela, 92,5 × 136,2 cm. Kunsthistorisches Museum, Viena

salario anual de treinta mil marcos a cambio de los lienzos producidos durante su periplo. Este acuerdo es una gran oportunidad para el artista, quien tras la muerte de su padre tiene que hacer frente a las cada vez más imperiosas necesidades de su familia. Se establece el compromiso de que Jakob Goldschmidt lo acompañe durante sus viajes, para velar por la logística y para que el artista termine las obras. El primer destino, al que llega a finales de febrero de 1925, es Montecarlo (fig. 1); le siguen Niza, Marsella, Aviñón, Montpellier, Aigues-Mortes, Vernet-les-Bains, Burdeos y Biarritz, antes de cruzar las fronteras portuguesa y española para viajar a Lisboa, Madrid, Toledo…

Kokoschka pinta con frecuencia los monumentos o las vistas más notables de estos lugares, en obras —por ejemplo, *Marsella, el puerto I* (*Marseille, Hafen I*, cat. 29)— que se caracterizan por la expresividad de los cielos y la línea del horizonte levemente combada, que anima la perspectiva. Son pinturas que remiten al lirismo de los paisajes históricos alemanes, sobre todo a los de Albrecht Altdorfer, artista muy admirado por Kokoschka. "Con la obra de Altdorfer (fig. 4) se salva un capítulo de Occidente: *eppur si muove*, la Tierra gira en esta tela, que fue pintada antes de que Galileo describiera su recorrido. Inmediatamente se percibe el movimiento, el giro del fuego solar, el grávido espacio en rotación de la Tierra, alumbrando la realidad"[11].

A su regreso a París, el 11 de mayo de 1925, Kokoschka pintó diecisiete cuadros, que Cassirer no duda en presentar pronto en Berlín, lo que genera en el artista un sentimiento de orgullo, pero también de amargura, a la vista de las cotas que alcanzaban tanto su prestigio como su cotización. "Me escriben de Berlín que Sus Eminencias los Sres. Bode y Friedländer han caído seducidos ante mis nuevos paisajes, que admiran a diario. Quizá esto me venga bien si otras personas —mejor situadas y de más alto copete— empiezan a interesarse por estos viajes tan difíciles para mí, que al principio acepté para adormecer mi propio dolor. He ganado una miseria, mientras que mi marchante, con lo que le pagaron a él por quedarse calentito en Alemania, al día siguiente se compró un coche"[12]. Con todo, el suicidio de Cassirer en pleno proceso de divorcio, el 6 de enero de 1926, le afectó mucho personalmente. Grete Ring y Walter Feilchenfeldt, sucesores de Cassirer en la galería, decidieron por su parte seguir trabajando con el artista.

El ritmo de viajes de Kokoschka apenas disminuyó en los siguientes meses y años. "Por aquel entonces me colgaron la etiqueta de 'pintor de coche cama', despectivo mote del que me costó mucho tiempo desembarazarme"[13]. Visitó lugares como los Países Bajos, Suiza, Italia o Londres, ciudad en la que pasó seis meses en 1926 pintando numerosas vistas del Támesis y notables retratos de animales. Mientras él mismo experimenta una intensidad de movimientos sin precedentes, el pintor se enfrenta a animales exóticos encerrados en el zoológico de Regent's Park, un mandril y un tigón (cruce de tigre y leona), con los que se identifica, a pesar de la evidente hostilidad que estos manifiestan hacia las personas (cat. 32). Sin embargo, los retrata en un entorno natural, como si el lienzo pudiera servir de escapatoria a su cautiverio, en un paralelismo bastante claro con el impulso que en su día le había llevado a pintar paisajes. Kokoschka cuenta que ponía el caballete entre la jaula del tigón y la barrera de protección para el público, al alcance de las garras del animal. Su empeño en buscar los puntos de vista más idóneos y espectaculares lo llevó a situaciones de cierto riesgo: en octubre de 1927 escala cimas de los Alpes provisto de sus útiles con el objetivo de pintar el glaciar del Mont

Blanc y, unos meses más tarde, en las praderas del Atlas, acude cada día a caballo para unirse a una tribu bereber y pintar a algunos de sus miembros. Su vertiente viajera adquiere tintes épicos a principios de 1928, durante su visita al norte de África, cuando atraviesa Túnez y Argelia pernoctando en el Hotel Transatlantique, perteneciente a una cadena colonial de lujo, y realizando trabajos orientalistas más cercanos a la escuela de artistas del siglo XIX como Degas. Ello no obsta para que más tarde —tal como señala Rüdiger Görner en su reciente biografía— Kokoschka se interese por los crímenes de guerra coloniales, como queda patente en su biblioteca, que incluye escritos del panafricanista George Padmore o las memorias de Abd el-Krim sobre la guerra del Rif[14].

Desgarrado por la crisis

Después de otra serie de viajes que realizó a Palestina (fig. 5) con su amigo el poeta Albert Ehrenstein, o a Escocia con su galerista Walter Feilchenfeldt, los desplazamientos de Kokoschka se vuelven menos productivos laboralmente, lo que le hace temer por su relación con las galerías. "Estaré en casa mañana por la noche; allí me esperan un procesamiento fiscal y una demanda interpuesta por un inversor por ciertas obras. Feilchenfeldt y Ringelnatter se enterarán enseguida de que llego a casa sin telas nuevas, y me retorcerán el pescuezo"[15]. La crisis bursátil de octubre de 1929 se contagió rápidamente al mercado del arte, dando al traste poco a poco con su estabilidad financiera. En el invierno de 1929, Kokoschka estuvo en París, donde no parece que produjera obras, pero fraguó amistad con varias personalidades del mundo artístico, entre ellas el pintor Jules Pascin y el fotógrafo Brassaï, a quien había conocido en Berlín diez años atrás y a quien hará una serie de retratos (figs. 9 y 10, pág. 111). "Contra todo pronóstico, Kokoschka se acordaba de mí y me recibió con los brazos abiertos. ¡Qué personalidad tan seductora! Rebosante de vitalidad, con una insaciable alegría de vivir, siempre dispuesto a gustar, a divertirse, a beber, a la fiesta. […] Quedé subyugado por él, es una fuerza de la naturaleza, además de pasar juntos momentos muy agradables"[16].

Aunque Kokoschka estuvo en París en numerosas ocasiones a finales de los años veinte, en la capital francesa no se exhibió ninguna obra suya hasta 1931: bajo los auspicios del artista Paul Strecker, la galería Jacques Bonjean[17] organizó, del 17 de enero al 10 de febrero, una exposición de arte alemán que incluyó seis de sus obras, y el 18 de marzo la galería Georges Petit inauguró una muestra monográfica dedicada a él. Este acontecimiento, que tuvo una importante repercusión crítica, fue fruto de una colaboración entre las galerías Cassirer y Bernheim-Jeune, que compró la galería Georges Petit en 1920 y confió su gestión a Étienne Bignou[18]. Con un enfoque retrospectivo, la exposición reunió cuarenta y cuatro piezas que abarcaban desde el *Paisaje húngaro* de 1908 hasta *La sueca* (*Die Schwedin*, 1930–31, cat. 39), pero el foco se puso sobre todo en las pinturas realizadas en los viajes más recientes, no solo por su número, sino también por la atención que les dedicaron las reseñas publicadas en la prensa. Este último periodo parece haber colmado especialmente las expectativas del público francés. "Kokoschka ha vuelto sensual el Expresionismo. Para darse cuenta no hay más que ver su amor por los colores. […] A este respecto, solo se puede invocar un nombre, el de Van

Gogh, cuya alucinante magia pictórica no careció de influencia sobre Kokoschka"[19], declara Robert Valançay en su crónica para la *Revue d'Allemagne* en 1931.

En su tesis sobre la recepción del arte alemán en Francia en el periodo de entreguerras, Marie Gispert subraya que el año 1931 "marca la cumbre, al menos cuantitativa, de la presencia artística alemana en Francia"[20]. Además de Kokoschka —austríaco, pero considerado representante de la cultura germánica[21]—, otros dos grandes autores alemanes muestran su trabajo en París: George Grosz exhibe sus obras en la galería de la N.R.F. del 13 de febrero al 10 de marzo, y a continuación Max Beckmann expone en la galería Renaissance, del 15 de marzo al 25 de abril. Los análisis comparativos de la crítica revelan fisuras a la vez estéticas y políticas que se enfrentan sobre el telón de fondo de las tensiones nacionalistas. Waldemar-George, que ya había manifestado su admiración por el fascismo de Benito Mussolini, distingue la "Alemania europea" encarnada por Beckmann y la "Alemania enferma" representada por Kokoschka, "replegada sobre sí misma, desgarrada por la duda, condenada al pesimismo *ad vitam æternam*. […] Kokoschka es el 'peligro alemán', el riesgo que representa una nación, tanto para sí misma como para el resto del mundo, que se muestra incapaz de alcanzar la armonía […]"[22]. Pierre Berthelot concluye su crítica conjunta a las exposiciones de Grosz y Kokoschka con consideraciones de signo totalmente contrario: "Si queremos definir mejor las transformaciones impulsadas por estos dos artistas germanos, cabe precisar que Grosz, con todo su talento, sigue siendo un artista local, específicamente alemán, mientras que Kokoschka, al abandonar las escuelas de Viena y Berlín, ha entrado en el arte con mayúsculas, el que no tiene patria"[23].

Aunque la exposición en la galería Georges Petit fue un éxito de crítica, no derivó en ninguna adquisición institucional. Varias reseñas mencionan un cuadro de Kokoschka que podía verse en el museo Jeu de Paume en 1933[24], pero la pieza no aparece en ningún inventario. Según los archivos de la Association des Artistes Vivants, esta institución acarició el proyecto de comprar obra de Kokoschka en mayo y junio de 1931, pero la idea fue descartada al conocer los precios, que el museo consideró demasiado elevados[25]. Este éxito agridulce da un giro dramático cuando se produce la ruptura entre Kokoschka y la galería Cassirer en abril de 1931, durante la exposición de la galería Georges Petit y tras la decisión de Feilchenfeldt de renegociar su contrato reduciéndole el salario significativamente[26]. El pintor se encuentra de pronto en la ruina y se ve abocado a replantearse su existencia. Alquila el taller de su amigo Pascin, que se había suicidado poco antes, y proyecta quedarse en Francia. "Así es la vida: aquí estoy de nuevo exiliado, solo y sin amigos. Este es mi tercer exilio desde que salí de Austria y ahora de Alemania"[27].

Finalmente, decide regresar a Viena en septiembre de 1931 para responder a la licitación pública convocada por el Ayuntamiento socialista para decorar un salón de recepciones municipal. Pinta el castillo de Wilhelminenberg (fig. 6), palacio de los Habsburgo situado cerca de la casa de sus padres que las autoridades locales habían convertido en orfanato. En el lienzo, la grandiosidad del paisaje se inserta en la línea de sus obras de viaje, pero la manera en que el artista celebra la libertad de los juegos infantiles marca su evolución hacia una pintura más abiertamente política, que se hace eco de las convulsiones que agitan Europa y que llevarán a Kokoschka a una nueva forma de compromiso.

1. Oskar Kokoschka, *Mein Leben* (1971). Ed. esp.: *Mi vida*, Joan Parra Contreras (trad.), Tusquets Editores, Barcelona, 1988, pág. 79.
2. Citado en Richard Calvocoressi y Werner Hofmann (dirs.), *Oskar Kokoschka 1886–1980*, cat. expo., Tate Gallery, Londres, 1986, pág. 114.
3. Hans Tietze, "Oskar Kokoschka", *L'Amour de l'art*, n.º 10, 1929, pág. 363; citado en la tesis doctoral de Marie Gispert, *L'Allemagne n'a pas de peintres". Diffusion et réception de l'art allemand moderne en France durant l'entre-deux-guerres, 1918–1939*, dirigida por Philippe Dagen, Universidad de París 1, 2006, pág. 751.
4. Paul Westheim, "L'impressionnisme et l'expressionnisme en Allemagne", en René Huygue (ed.), *Histoire de l'art contemporain. La peinture*, Librairie Félix Alcan, París, 1935, pág. 427; citado en M. Gispert, *"L'Allemagne n'a pas de peintres"*…, *op. cit.*, pág. 758.
5. Véase Heinz Spielmann, *Oskar Kokoschka. Leben und Werk*, DuMont Buchverlag, Colonia, 2003, pág. 240.
6. Otto Kallir, nacido Nirenstein (1894–1978), historiador del arte, galerista y editor, abrió la Neue Galerie en Viena en 1923, centrada en la vanguardia vienesa y europea. Huyó del nazismo en 1939, refugiándose en EE. UU.; fue uno de los mayores importadores de arte alemán y austriaco a través de la Galerie St. Étienne.
7. Citado en Rüdiger Görner, *Kokoschka. The Untimely Modernist*, trad. del alemán de Debra Marmor y Herbert Danner, Haus Publishing, Londres, 2020, pág. 109.
8. Hermann Menkes, "Romako, Kokoschka, Masereel. Drei Austellungen", *Neues Wiener Journal*, 28 de octubre, 1924 (https://anno.onb.ac.at/cgi-content/anno?aid=nwj&datum=19241028&seite=4&zoom=33).
9. O. Kokoschka, *Mein Leben* (1971). Ed. esp.: *Mi vida, op. cit.*, pág. 189.
10. Véase la carta de Oskar Kokoschka en Romana y Bohuslav Kokoschka, 4 noviembre, 1924, en Olda Kokoschka y Heinz Spielmann (eds.), *Oskar Kokoschka, Briefe II: 1919–1934*, Claassen, Düsseldorf, 1985, pág. 100.
11. Oskar Kokoschka, "Das Auge des Darius", *Schweizer Monatshefte*, año 36, cuaderno I, Zúrich, abril de 1956, págs. 32–36; reproducido y traducido en Oskar Kokoschka, *L'Œil inmutable*, L'Atelier contemporain, Estrasburgo, y Fondation Oskar Kokoschka, 2021, pág. 125.
12. Carta de Oskar Kokoschka a Anna Kallin, Hotel Savoy, París, mayo o junio de 1925, en *Oskar Kokoschka Letters 1905–1976*, selección de Olda Kokoschka y Alfred Marnau, Thames & Hudson, Londres, 1988, pág. 111. Wilhelm von Bode (1845–1929) y Max Jakob Friedländer (1867–1958) fueron destacados historiadores del arte y la museística alemanes. El marchante del que se habla aquí es Paul Cassirer.
13. O. Kokoschka, *Mein Leben* (1971). Ed. esp.: *Mi vida, op. cit.*, pág. 217.
14. R. Görner, *Kokoschka. The Untimely Modernist, op. cit.*, pág. 127.
15. Carta de O. Kokoschka a A. Kallin, Zúrich, 29 de julio, 1929, en *Oskar Kokoschka Letters 1905–1976, op. cit.*, pág. 128.
16. Brassaï, *Les Artistes de ma vie*, Denoël, París, 1982, pág. 184.
17. De 1928 a 1936, Jacques Bonjean (1899–1990), socio de Christian Dior en los primeros años, mantuvo una galería en el 34 de la Rue de la Boétie de París.
18. La asociación del marchante de arte Étienne Bignou (1891–1950) con la galería Bernheim-Jeune permitirá organizar otras exposiciones monográficas a gran escala a principios de los años treinta: Matisse en 1931 y Picasso en 1932, justo antes del cierre de la galería ese mismo año.
19. Robert Valançay, "Kokoschka", *Revue d'Allemagne*, n.º 43, mayo de 1931, pág. 461. Por su parte, Kokoschka siempre se distanció de las similitudes halladas entre su pintura y la de Vincent van Gogh.
20. M. Gispert, *"L'Allemagne n'a pas de peintres"*…, *op. cit.*, pág. 595.
21. Ibíd., pág. 596.
22. Waldemar-George, "Les deux Allemagnes. Kokoschka et Max Beckmann", *La Revue mondiale*, abril de 1931, pág. 312.
23. Pierre Berthelot, "Les expositions", *Beaux-Arts*, n.º 3 (año 8), marzo de 1931, pág. 7.
24. Véase M. Gispert, *"L'Allemagne n'a pas de peintres"*…, *op. cit.*, pág. 637.
25. Archivos de la Association des Artistes Vivants, actas 1931, Archives nationales, 20144707/42.
26. En una larga carta fechada el 4 de abril de 1931, Kokoschka detalla la historia de su relación con la galería Cassirer y las razones por las que considera inadecuadas las nuevas condiciones contractuales propuestas para la galería. Véase O. Kokoschka y H. Spielmann (eds.), *Oskar Kokoschka, Briefe II: 1919–1934, op. cit.*, págs. 228–33.
27. Carta de Oskar Kokoschka a Alice Lehmann, París, 11 de junio, 1931, en ibíd., pág. 234.

RESISTENCIA

EN PRAGA

1934-1938

Kokoschka, que atraviesa una difícil situación económica, regresa a Viena en 1932 y halla la ciudad sumida en una grave crisis política provocada por el ascenso del fascismo. En 1934 estalla la guerra civil entre fascistas y socialistas. La madre del pintor, cuya salud ha empeorado, fallece unas semanas después. Sus complicadas circunstancias le obligan a emigrar a Praga, villa de origen de su padre y lugar de residencia de su hermana Berta.

Desde Checoslovaquia ve cómo la oscura sombra del nazismo se cierne progresivamente sobre Europa. Ante ello, publica numerosos artículos y organiza conferencias para advertir del peligro. La exposición itinerante de "arte degenerado" organizada por las autoridades alemanas en 1937 muestra nueve de sus cuadros, junto a muchas otras obras maestras de la vanguardia europea. Kokoschka responde con un magistral *Autorretrato de un "artista degenerado"* (*Selbstbildnis eines "entarteten Künstlers"*). El pintor hace frente a la situación con telas cada vez más brillantes y bucólicas. Sus pinceladas describen con precisión una naturaleza exuberante que invade el lienzo y conforma escenarios enigmáticos.

1934

Poco después del regreso de Kokoschka a Viena, estalla un conflicto civil en el país con la instauración del gobierno del canciller Dollfuss, que marca el fin de la democracia en Austria. La debilitada madre de Kokoschka, Maria Romana, fallece el 4 de julio. En septiembre, el pintor emprende un viaje a Praga. Su intención es pasar allí una o dos semanas en las que reunir el dinero suficiente para cumplir su deseo de viajar a Rusia, pero acabará quedándose varios años. Allí conoce a su futura esposa, Oldriska-Aloisie Palkovskà, apodada Olda, hija de un coleccionista checo y a la sazón estudiante de Derecho.

1935

El régimen nazi instaurado en Alemania conduce a una situación política cada vez más inquietante en Europa. Kokoschka se posiciona públicamente en su contra, y defiende la libertad en varios ensayos y conferencias. En febrero muere Max Liebermann y Kokoschka le rinde homenaje publicando en el periódico checo *Pravda* un artículo titulado "Arte vivo y arte muerto. Conversaciones sobre Max Liebermann". En abril, la Kunsthaus de Zúrich expone sus cuadros de viaje. En verano, Kokoschka retrata a Tomáš Masaryk, el presidente checo. Gracias a su intermediación, el artista consigue la ciudadanía checa tras la promulgación en el país de leyes contra los extranjeros. En otoño, Kokoschka contribuye en Praga a fundar la Unión por la Justicia y la Libertad, una organización de intelectuales que se opone a la aniquilación de la cultura, al tiempo que lucha por los derechos humanos.

1936

Siempre fiel a su compromiso político, Kokoschka participa en el Congreso Universal de la Paz en Bruselas como miembro de la delegación checa y pronuncia un discurso que se publicará en marzo en Praga. El acuerdo germano-austríaco del 11 de julio refuerza la posición dominante de Alemania. Kokoschka denuncia las atrocidades del régimen nazi en el artículo "Domine, Quo Vadis?", publicado en el periódico *Pravda*. El artista comienza a escribir la obra teatral *Comenius*.

1937

En mayo, el Museum für Kunst und Industrie de Viena organiza una retrospectiva de la obra de Kokoschka, en un intento político de poner en valor el arte austríaco. Al frente de la exposición está Carl Moll, que cuenta con el apoyo de Ferdinand Bloch-Bauer, importante coleccionista vienés. Sin embargo, el gobierno austrofascista toma el control de la muestra, lo que lleva a Kokoschka a desentenderse de ella, negándose a asistir a la inauguración. En Alemania, las obras del artista que se conservan en colecciones públicas son confiscadas. En julio, los nazis organizan en Múnich una exposición de "arte degenerado" que posteriormente itinera por varias ciudades alemanas y Viena, y que incluye nueve pinturas —entre ellas *La novia del viento*— y varios dibujos de Kokoschka. Ante esta situación, varios artistas residentes en Praga, como John Heartfield y Theo Balden, deciden apoyar al pintor creando el Oskar-Kokoschka-Bund, un colectivo de artistas exiliados. Tras el bombardeo de Guernica, Kokoschka crea el cartel *¡Ayuda a los niños vascos!* (*Pomozte baskickým dětem!*), que pega por las calles de Praga para denunciar el sufrimiento de la población civil de esa localidad. En otoño, durante una estancia en casa de los abuelos de Olda en Ostrava, inicia su *Autorretrato de un "artista degenerado"*.

1938

Las tropas alemanas invaden Austria a mediados de marzo. El Ministerio de Educación y Propaganda del Reich regala veinticuatro obras de Kokoschka a marchantes de arte alemanes y extranjeros para que las vendan y contribuyan así al esfuerzo bélico. Entre ellas se encuentra *El actor (Ernst Reinhold)* [*Der Trancespieler (Ernst Reinhold)*]. Kokoschka es expulsado de la Preußische Akademie der Künste. Durante una redada de la Gestapo en Viena, rompen un retrato de Robert Freund que él había pintado, y los pedazos recompuestos del cuadro se convierten en una de las imágenes más impactantes de la barbarie cultural nazi. En julio, las New Burlington Galleries organizan la exposición *Twentieth Century German Art*, con el fin de ayudar a los artistas que el Estado nazi consideraba degenerados. Kokoschka está representado con su *Autorretrato de un "artista degenerado"*. En París, Paul Westheim organiza en la Maison de la Culture una segunda contraexposición, titulada *L'Art allemand libre*, que incluye varias obras de Kokoschka, entre ellas el retrato de Freund. La firma del Pacto de Múnich en septiembre deja a los nazis vía libre para invadir Checoslovaquia. Gracias a la iniciativa de Olda, la pareja consigue escapar *in extremis* de los nazis y busca refugio en Inglaterra. En su equipaje, Kokoschka incluye un cuadro inacabado, un paisaje de la ciudad de Praga, que terminará de memoria en Londres.

Fig. 1

Fig. 2

Fig. 3

Fig. 4

Fig. 1 Oskar Kokoschka en el balcón de su estudio en Praga con el puente Carlos al fondo, 1935–36

Fig. 2 *Olda*, 1935. Grafito sobre papel, 44,5 × 35,5 cm. Musée Jenisch, Vevey — Fondation Oskar Kokoschka, inv. FOK 0067

Fig. 3 Oskar Kokoschka y John Heartfield en un café de París, 1935

Fig. 4 Olda Palkovskà en Checoslovaquia (¿Ostrava?), 1935–36

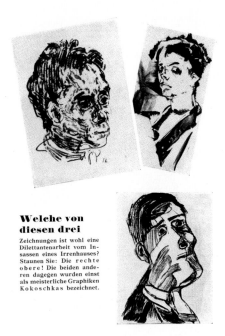

Fig. 5

Fig. 6

Fig. 7

Fig. 5   Página de la guía de la exposición *Entartete Kunst* (*Arte degenerado*), en Múnich, donde se reproducen dos dibujos de Oskar Kokoschka, 1937

Fig. 6   Exposición "Arte degenerado" en el Hofgarten de Múnich, con *La novia del viento* (*Die Windsbraut*) y *Los emigrados* (*Die Auswanderer*) arriba a la izquierda, 1937. Fotografía de Arthur Grimm

Fig. 7   Artículo sobre la exposición "Arte degenerado" en el que se reproduce un busto de Oskar Kokoschka. *Die Pause*, cuaderno 6, 1939, pág. 65

Fig. 8

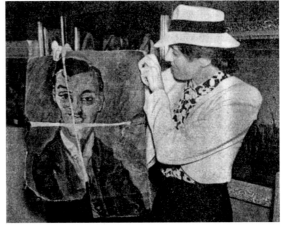

Fig. 9

Fig. 10

Me sentía a gusto en Praga. La ciudad volvía a ser —por última vez— lo que había sido tras las devastadoras guerras de religión que duraran treinta años: un centro cosmopolita, un punto de encuentro de Europa. En contraste con las metrópolis modernas de rascacielos uniformes y barracas de cemento proletarias, Praga seguía siendo o volvía a ser la obra de una sociedad cultivada.

Oskar Kokoschka, *Mein Leben* (1971). Ed. esp.: *Mi vida*, Tusquets Editores, Barcelona, 1988, pág. 227.

Los tiranos políticos han dejado al artista al margen de la sociedad desde que se hizo evidente que desempeña una función social, a pesar de lo que diga la historia del arte oficial. La leyenda romántica inventada por el liberalismo, que lo imagina en su torre de marfil o en su habitación abuhardillada lidiando con un dios desconocido, se ha hecho añicos. El Romanticismo ejerce una influencia turbia sobre la moral, el gusto y la poesía del momento. La Ilustración, reacia a falsificar la historia, tiene que hacerle frente. Alentado por la plutocracia moderna, el Romanticismo se apoya en el oscurantismo medieval para arrastrar a los pueblos a la guerra en plena paz, para mantenerse en el poder mediante el terror, la vigilancia y las ejecuciones masivas, para permitirse maltratar a sus opositores en campos de concentración y provocar pogromos. La función del hombre

creador, que justifica su existencia en el sentido social y le permite resistirse a la violencia, es arrancar el velo de la superstición que cubre la acción humana y dar testimonio de la vida a través de su vida.

Oskar Kokoschka, citado por Werner Hofmann, "Stuttgarter Rede auf Oskar Kokoschka", en Otto Breicha (dir.), *Oskar Kokoschka. Vom Erlebnis im Leben*, Galerie Welz, Salzburgo, 1976, pág. 198.

A menudo se repetían las mismas exclamaciones ante estas obras, ya fueran crudas o impenetrables, y la mayoría de las veces terminaban con la palabra "horrible" (con el mismo énfasis en todas las sílabas). Frente a *Los emigrantes* (*Émigrants*) de Kokoschka, alguien dijo una vez en bávaro y en tono jovial, pero rotundo: "Deberían ahorcar al que pintó este cuadro".

Carl Linfert, "Rückblick auf 'entartete Kunst'", *Frankfurter Zeitung*, 14 de noviembre, 1937.

Fig. 8 Exposición *Twentieth Century German Art*, en Londres (1938), en la que se puede ver *Muchacha con muñeca de arcilla* (*Mädchen mit Tonpuppe*), a la izquierda, y *Argelina con barril* (*Algerierin mit Tonne*) y *Gitta Wallerstein*, a la derecha. Fotografía de Ewan Phillips

Fig. 9 La galerista Irmgard Burchard sosteniendo el retrato *Robert Freund I*, que la Gestapo destrozó durante el registro de una casa en Viena (1938)

Fig. 10 "¡La cultura alemana no ha muerto!" ["La culture allemande n'est pas morte!"], *Le Populaire*, número 5.747, 10 de noviembre, 1938. Artículo sobre la exposición "Arte alemán libre" en la Casa de la Cultura de París, con la obra *Robert Freund I* a la izquierda

Cat. 39 *La sueca* (*Die Schwedin*), 1930–31
Óleo sobre lienzo, 82 × 117 cm

Cat. 40 *Pan (Trudl con una cabra)*
[*Pan (Trudl mit Ziege)*], 1931
Óleo sobre lienzo, 87 × 130 cm

Cat. 42 *Dos muchachas* (*Zwei Mädchen*), 1934
Óleo sobre lienzo, 50,6 × 60,5 cm

Cat. 44 *En el jardín II* (*Im Garten II*), 1934
Óleo sobre lienzo, 96,5 × 103,5 cm

Cat. 43 *En el jardín I (Im Garten I),* 1934
Óleo sobre lienzo, 73,6 × 92,3 cm

Cat. 45 *Autorretrato con bastón*
(*Selbstbildnis mit Stock*), 1935
Óleo sobre lienzo, 95 × 75 cm
Cat. 46 *Ferdinand Bloch-Bauer*, 1936
Óleo sobre lienzo, 137,5 × 107 cm

Cat. 48 *El manantial* (*Die Quelle*), 1922–38
Óleo sobre lienzo, 149 × 165 cm
Cat. 47 *Autorretrato de un "artista degenerado"*
(*Selbstbildnis eines "entarteten
Künstlers"*), 1937
Óleo sobre lienzo, 110 × 85 cm

Cat. 95 *¡Ayuda a los niños vascos!*
(*Pomozte baskickým Dětem!*), 1937
Litografía sobre papel, 114,3 × 82,5 cm

153

Cat. 49 *Praga, nostalgia*
(*Prague, Nostalgia*), 1938
Óleo sobre lienzo, 56 × 76 cm

Cat. 50 *Verano II (Zrání)*
        [*Sommer II (Zrání)*], 1938–40
        Óleo sobre lienzo, 68,3 × 89,2 cm

Exilio artístico y lucha contra Hitler. Entre París, Praga y Londres

Ines Rotermund-Reynard

A principios de 1942, el pintor Oskar Kokoschka escribió las siguientes líneas a su viejo amigo Paul Westheim (1886–1963), crítico de arte y autor de la primera monografía sobre el artista (fig. 2):

> "Mi queridísimo Paul Westheim, me entero ahora por Fred [Uhlmann] de la buena noticia de que ha escapado usted de los fascistas, que está sano y salvo, y que ha llegado bien a México. ¡Empezamos a creer en los milagros! Porque la razón ya no nos conduce a ninguna parte en el mundo actual (el nuestro, ¡ay!). […]
>
> Sin descanso intenté reunirme con usted en Francia, pero por desgracia no pude localizar su campo de concentración antes de que la heroica policía parisina le entregase a los nazis. ¡Personas de calidad, y de vieja cultura! Y el agradecimiento que es de rigor por la ayuda que habían traído a Francia los voluntarios españoles y los pensadores y poetas expulsados del Tercer Reich, un verdadero reconocimiento por todo el amor que aportaban a este país […]. Con cariño, su viejo O. Kokoschka"[1].

Gracias a la intervención de Varian Fry (fig. 3) y su Comité de Rescates de Emergencia (Emergency Rescue Committee, ERC), Westheim consiguió huir a México, escapando por poco de la guerra en Europa[2]. Entre 1940 y 1941, desde su base en Marsella, el ERC logró liberar a más de dos mil refugiados antinazis de los campos de concentración franceses —principalmente, intelectuales y artistas— y proporcionarles visados para emigrar al otro lado del Atlántico[3]. Muchos de ellos llevaban años luchando, en sus escritos y en sus obras, contra el poder nacionalsocialista de Berlín. De hecho, los primeros que sucumbieron al régimen fueron artistas, eruditos, escritores y periodistas alemanes. Muchos habían tenido que abandonar su país ya en 1933, y desde el exilio mantuvieron sus posiciones críticas, tratando de explicar al público internacional en qué consistía la política nacionalsocialista. De esa manera fue como llegó a París, Praga o Londres gran cantidad de información que en Alemania fue ocultada por la censura.

Autorretrato de un "artista degenerado"
(*Selbstbildnis eines "entarteten Künstlers"*), 1937
Óleo sobre lienzo, 110 × 85 cm
Detalle (cat. 47)

Fig. 1

Fig. 1 Oskar Kokoschka, *Retrato de Paul Westheim*, 1918. Litografía, 55 × 43 cm. Musée Jenisch, Vevey — Fondation Oskar Kokoschka

En las décadas de 1930 y 1940, la única comunicación mantenida entre el crítico Paul Westheim (fig. 1) y su viejo amigo y protegido Oskar Kokoschka fue epistolar, literalmente, ya que los nacionalsocialistas los separaron.

Westheim fue uno de los primeros críticos de arte que no solo defendió las sombrías e inquietantes composiciones de Kokoschka, sino que contribuyó a darles un impulso decisivo. "Quiero ser el ayudante creativo, ayudante en cuanto la palabra escrita pueda sacudir [...] al mundo para el que él crea por encima de todo [...]"[4], escribió en su prólogo a la primera monografía dedicada a Kokoschka, aparecida en 1918. El artista —que entonces frisaba la treintena— y el crítico no solo compartían una amistad cercana. El primero, que originalmente había querido dedicarse a la química, plasmaba en pinturas dramáticas el poder de lo visual, la lucha de los elementos; el segundo ofrecía a los artistas el medio que necesitaban para ser vistos y escuchados en la revista mensual *Das Kunstblatt*, que fundó en 1917; hasta 1933, esta publicación fomentará el Expresionismo y dará a conocer a un nuevo público de convicciones democráticas todo el espectro de la vanguardia moderna, pasando a convertirse en una de las publicaciones culturales más importantes de Europa.

Paul Westheim contempla las obras de Kokoschka con mirada psicoanalítica: "La visión, la integración del mundo exterior en la conciencia, se convierte en una inmensa experiencia vivida", podemos leer en su libro[5]. El artista pinta a sus contemporáneos como si los observara "con rayos X" (Adolf Loos), pero, en lugar de revelar los huesos, sus retratos muestran sus emociones más profundas, sus sensaciones y sus heridas; su objetivo es llevar a la superficie de la pintura la lucha existencial y el miedo a la muerte.

"Las cosas no están ordenadas, no se trata de conectarlas. Están confundidas, se yuxtaponen y se mezclan sin transición [...]. No existe una unidad espacial y temporal", vuelve Westheim sobre los cuadros de Kokoschka. "Si dejamos de lado los contextos pictóricos", añade, su obra se presenta como "la escritura inmediata de acontecimientos disociados"[6].

Cuando se habla del pintor Kokoschka, la palabra "escritura" debe tomarse absolutamente al pie de la letra. Porque el pincel no es su único medio de acción. Junto con su obra pictórica, escribió —sobre todo, en su primer periodo— dramas expresionistas, conferencias, textos pedagógicos, ensayos y poemas. Como artista perseguido, no cesa de tomar la palabra para defender sus posiciones estéticas y políticas, especialmente a partir de 1933, para luchar contra el nacionalsocialismo. Lo que en un principio se llamó su "fuga" de Viena a Praga no fue un exilio y, de hecho, las investigaciones actuales desmienten esta idea. "En contra de lo que se observa en las fuentes, se mantiene con terquedad que Kokoschka huyó a Praga en 1934 para escapar del régimen fascista de Austria. Tenía ciertamente algunas afinidades con la Viena roja, pero nunca se había expuesto hasta el punto de [...] tener efectivamente que huir. [...] En sus cartas de esa época, que pueden considerarse una fuente directa, nunca llamó fuga a su traslado a Praga"[7].

Son motivos de índole privada, pero sin duda también económica —Kokoschka esperaba encontrar en Praga un mercado mejor para sus obras—, los que le llevaron a salir de Viena en 1934 para arribar a la capital checoslovaca.

En cambio, Paul Westheim es uno de los numerosos intelectuales que no tuvieron más remedio que salir de Alemania en 1933. Es judío y portavoz de la vanguardia moderna: los nuevos gobernantes de Berlín suponen para él un peligro mortal. El crítico de arte huyó a París a través de Suiza en el verano de 1933. En los primeros meses de la llegada de Adolf Hitler al poder, la capital francesa se convirtió en uno de los centros del exilio alemán. Pero lo que más impresiona al comienzo de la dominación nazi no es tanto la cantidad de refugiados como su altura intelectual[8]. Son muchísimos los autores y defensores de la cultura alemana que en pocos meses parten al exilio: "Cientos, miles de estudiosos, poetas, escritores, huyeron de la dictadura nazi en 1933. La quema del Reichstag y después la ola de terror, de detenciones y de agresiones salvajes fueron el pistoletazo de salida del éxodo de la intelectualidad progresista alemana. Se vieron violentamente arrojados a los caminos del exilio, mientras sus libros eran quemados […], sus viviendas saqueadas por las SA […], sus familiares y amigos, linchados. Sin duda, había entre ellos muchos comunistas, socialistas, judíos, republicanos sinceros, pacifistas o antifascistas convencidos, pero no todos ellos abandonaron Alemania solo para salvar la vida. Algunos escogieron deliberadamente el exilio porque el ambiente allí se había hecho irrespirable. Se negaron a ser cómplices, aunque fuera por omisión, y dejaron de reconocer a su país en aquellas leyes que daban carta de naturaleza al terror y al sadismo. Encarnaron, como afirmará Heinrich Mann, no solo el honor y la dignidad de la cultura alemana, sino la 'mejor Alemania', la del espíritu y el corazón"[9].

Literatura, prensa y arte de habla alemana en Francia

Entre 1933 y 1940, París y el sur de Francia se convirtieron en refugio de la literatura de habla alemana. Muchas obras literarias de primer orden se escribieron en ese momento en territorio francés, hecho tanto menos sorprendente si se considera que autores como Heinrich Mann, Klaus Mann, Lion Feuchtwanger, Joseph Roth, Walter Hasenclever, Franz Hessel, Carl Einstein, Gustav Regler, Alfred Döblin, Walter Benjamin, Anna Seghers, Franz Werfel y otros vivieron en Francia parte de su exilio.

Al principio, la mayoría de los intelectuales pensaba que el exilio no duraría. En 1933, ninguno pudo prever que Hitler se mantendría doce años en el poder y que muchos no volverían a Alemania. Se fundaron varios periódicos de emigrantes, destinados a utilizar la palabra escrita como arma en la lucha contra Hitler. Con una mezcla de ingenuidad y optimismo, se intentó exportar a París el mundo de la prensa que existía en la República de Weimar. El *Weltbühne* se convirtió en *Die neue Weltbühne*, el *Berliner Tageblatt* en el *Pariser Tageblatt*, el *Tage-Buch* en el *Neue Tage-Buch*. Inicialmente, los emigrantes aspiraban a mantener cierta continuidad con sus actividades en Berlín, pero pronto tuvieron que admitir que el estado de excepción inherente al exilio no les permitía perpetuar la tradición de una prensa liberal y pluralista[10].

El 10 de mayo de 1934, un año después de las quemas de libros en Alemania, se funda en París la Deutsche Freiheitsbibliothek (Biblioteca Alemana de la Libertad), en un taller de arte del bulevar Arago. Se recogen allí todas las obras censuradas, prohibidas y quemadas bajo el Tercer Reich. Y en 1935 se crea la Freie Deutsche Hochschule (Universidad Libre Alemana). Pero todas estas iniciativas quedan en poco más que meros actos simbólicos de un exilio en el exilio: el público francés apenas tiene interés por los refugiados germanófonos, que, por su parte, se aíslan y mantienen la vista puesta en Alemania, con la esperanza de que Hitler acabe por caer. Pocos se integran en el país anfitrión: la barrera del idioma es infranqueable, sobre todo en el caso de periodistas y escritores. Para la mayoría de los exiliados de habla alemana, Francia, lejos de ser un país de acogida definitivo, se parece más a una sala de espera.

En un primer momento, los pintores y artistas plásticos mantuvieron una actitud más vacilante con respecto al nuevo régimen de Berlín. Ciertamente, las autoridades nazis habían tomado medidas represivas desde el principio, cerrando varias escuelas de vanguardia, como la célebre Bauhaus, a la vez que el Dadaísmo, el Surrealismo y la Abstracción eran proclamados *arte degenerado*, producto de un trastorno mental. Sin embargo, en ese momento muchos artistas se sentían al margen de la lucha política. Sobre todo porque la política artística del primer nacionalsocialismo fue contradictoria: Joseph Goebbels protegió inicialmente el Expresionismo alemán (por ejemplo, el de Emil Nolde), pero después se impuso el "ideal de belleza" de Alfred Rosenberg, que exigía que el arte fuera una reproducción fiel de la naturaleza y que exaltara la patria. Algunos pintores y escultores, como Ernst Barlach, Käthe Kollwitz, Karl Schmidt-Rottluff, Karl Hofer u Otto Dix, prefirieron el "exilio interior" y no abandonar el país. Con todo, muchos artistas emigraron. Partieron así a Francia, temporal o permanentemente, entre otros, Robert Liebknecht (hijo de Karl Liebknecht), Käthe Münzer-Neumann, Gert Wollheim, Eugen Spiro, Anton Räderscheidt, Hans Hartung, Max Beckmann y Hans Bellmer, al igual que otros autores de origen no alemán que habían vivido y trabajado hasta entonces en Alemania, como Vasily Kandinsky o César Domela.

Otros pintores alemanes o cercanos a la cultura alemana se trasladaron a París o Francia en la década de 1920, incluyendo a Max Ernst, Otto Freundlich, Ferdinand Springer, Hans Reichel, Max Lingner, Sophie Taeuber-Arp y Hans Arp. El regreso a Alemania era imposible con las nuevas condiciones políticas, por lo que también ellos se convirtieron en exiliados en 1933. Pero sobrevivir en una meca del arte como París resultaba extremadamente difícil para la mayoría de los pintores y escultores emigrados, y pocos consiguieron exponer[11].

Entre París y Praga

En esta época dominada por la dictadura y el fascismo, Paul Westheim adopta una postura política clara a favor del libre albedrío, que desgranará con ironía y cinismo en sus textos[12]. En París, escribe en siete años más de cuatrocientas críticas de arte para el único diario de la emigración alemana, el *Pariser Tageblatt/ Pariser Tageszeitung*[13]. Sigue muy de cerca la evolución política y cultural de la Alemania nazi y, gracias a las cartas clandestinas de su amiga berlinesa Charlotte Weidler (fig. 4), está totalmente al corriente de lo que allí sucede. Sin embargo, su margen de actuación como exiliado en Francia es mucho menor que el que tenía en Berlín desde la revista *Kunstblatt*.

Una carta escrita por Kokoschka a Westheim en 1937 parece hacerse eco de las frustraciones de este último, quien tras cuatro años en París aún no ha conseguido encauzar su existencia. Como curadora del Carnegie Institute of Art, Charlotte Weidler viaja con frecuencia y visita regularmente Praga, evitando de nuevo que se rompa el vínculo entre los dos hombres. "Me sorprendió no tener absolutamente ninguna noticia suya, y al final he sabido de usted por Charlotte, y me he enterado de que ya no soporta usted París. Yo también tuve una malísima racha allí, cuando la empresa Feilchen, Guttmann[14], etc. me mandó a paseo con sus mejores modales [...]. Lástima que no pueda atraerle aquí, pero para eso hace falta tiempo y, sobre todo, una revista de arte; y es difícil convencer rápidamente (para que la financien) a los banqueros que ganan fortunas con las armas"[15].

A diferencia de los exiliados de habla alemana que estaban en París, Kokoschka encontró en Praga no solo un ambiente artístico estimulante[16], sino también algunos mecenas para sus obras. En 1935 pintó un retrato del presidente checoslovaco Tomáš Garrigue Masaryk (1850–1937), lo que más tarde le sirvió para obtener la ciudadanía checa[17]. Durante sus años en Praga, su lucha política se centró fundamentalmente en desarrollar una serie de ideas reformistas para sentar las bases de un nuevo modelo de escuela popular, inspirado por el filósofo y pedagogo moravo Jan Amos Komenský, Comenio (1592–1670)[18].

La exposición de 1937 de "arte degenerado" y la Freier Künstlerbund

La política cultural nacionalsocialista alcanzó su punto culminante en el verano de 1937. Cuatro años después de las quemas de libros, se inauguraba en Múnich, en julio, la exposición *Entartete Kunst* (Arte degenerado), la mayor manifestación propagandística organizada por el régimen para denunciar la vanguardia libre y moderna (fig. 5), como consecuencia de la cual Goebbels hizo secuestrar "por seguridad" unas setecientas obras de arte moderno conservadas en treinta y dos museos alemanes[19]. Se condena así a la picota pública, en Múnich y más tarde en otras ciudades germanas, el arte abstracto de Kandinsky, la crítica social de Dix, la pintura poética impregnada de sabor judío de Chagall, la paleta de los expresionistas alemanes y las creaciones de los artistas de la Bauhaus. Junto a esta infame exposición, se inaugura a bombo y platillo, justo en el edificio de enfrente, la Haus der deutschen Kunst (Casa del arte alemán), destinada a albergar el llamado "nuevo arte popular y auténtico"[20].

Cuando Charlotte Weidler le relató lo que había sucedido en Múnich, Westheim reaccionó publicando mordaces artículos en tono sarcástico en el *Pariser Tageszeitung*[21], pero la lucha por la libertad del arte tiene lugar principalmente dentro de la Deutscher Künstlerbund (Unión de Artistas Alemanes), fundada el 20 de septiembre de 1937, que prepara una contraexposición de las mismas obras de estos autores supuestamente "degenerados" y, por ello, prohibidas por los nazis, para presentar ante el público internacional el arte de la otra Alemania, la Alemania del espíritu.

A partir de 1936, Max Ernst, Otto Freundlich, Heinz Lohmar, Hanns Kralik, Robert Liebknecht, Erwin Öhl, Horst Strempel, Paul Westheim y Eugen Spiro se reagruparon en París en el Kollektiv Deutscher Künstler (Colectivo de Artistas Alemanes). De esta organización surgió el Deutscher Künstlerbund, rebautizado el 20 de abril de 1938 —bajo la presidencia de Oskar Kokoschka— como Freier Künstlerbund (Unión de Artistas Libres) para no excluir a los creadores austriacos y checoslovacos[22]. Paul Westheim, que formaba parte de la dirección, fue uno de los principales organizadores del movimiento opositor que se estaba desarrollando contra la política artística nacionalsocialista.

"Twentieth Century German Art" en Londres y "L'Art allemand libre en París"

Sin embargo, la Unión de Artistas Libres atravesaba dificultades materiales. Se enfrentaba además a un proyecto competidor, una exposición programada inicialmente con el título de *Banned Art* (Arte prohibido) y organizada por el historiador del arte Herbert Read junto a la galerista suiza Irmgard Burchard y la marchante británica Noel Evelyn Hughes (conocida como Peter Norton). Paul Westheim, que había sido invitado a participar en este proyecto londinense, entró en contacto a través de Charlotte Weidler con coleccionistas de arte moderno alemán dispuestos a prestar obras para este evento, así como para otro previsto en París. Sin embargo, los londinenses se desdijeron posteriormente de su primera intención —denunciar la política oficial nazi— y, en nombre de un espíritu de contemporización, incluyeron obras de artistas reconocidos en la Alemania de Hitler, como el escultor Georg Kolbe. Se desató además una polémica en torno a un cuadro de Kokoschka cortado en cuatro piezas por la Gestapo, que los emigrantes parisinos exigieron colgar en el centro de la exposición[23]. Cuando los organizadores de Londres se decantaron por un título más neutral, *Twentieth Century German Art*, y eliminaron los nombres de Thomas Mann y Albert Einstein de la lista de patrocinadores para evitar vinculaciones con los exiliados y los judíos, Westheim puso fin a su colaboración e invitó a Kokoschka, entre otros, a boicotear el proyecto. Sin embargo, al final sí se exhibieron creaciones de Kokoschka en las galerías New Burlington de Londres, prestadas por coleccionistas privados contra la voluntad del artista. La exposición, inaugurada el 7 de julio de 1938, reunió más de trescientas obras de arte moderno alemán, firmadas por más de sesenta y cuatro autores[24].

En París, la Unión de Artistas Libres presentó su propia exposición, *Freie deutsche Kunst* (Arte alemán libre), en la Maison de la Culture, del 4 al 18 de noviembre de 1938 (fig. 6). Los exiliados parisinos estaban lejos de ostentar la misma situación económica que los londinenses, que tenían un presupuesto de ochenta mil francos suizos[25]. Su exposición reunió solo unas ciento veinte obras de setenta artistas, entre ellos Max Ernst, Georg Grosz, Eugen Spiro, Paul Klee, Bruno Krauskopf, Gert, Wollheim, Max Beckmann y Ernst Ludwig Kirchner[26]. Los principales documentos de la muestra no se han conservado, por lo que no podemos hacer más que una reconstrucción aproximada de la misma. No hubo catálogo, pero algunas imágenes tomadas por el fotógrafo exiliado Josef Breitenbach[27] documentan la inauguración, y las reseñas de Paul Westheim hablan de los artistas expuestos

Fig. 2

Fig. 3

Fig. 4

Fig. 5

Fig. 6

Fig. 7

Fig. 2 Paul Westheim, *Oskar Kokoschka*, Gustav Kiepenheuer, Potsdam y Berlín, 1918

Fig. 3 Varian Fry (abajo a la derecha), director del Comité de Rescates de Emergencia, rodeado por Jacqueline Breton, Max Ernst, André Masson y André Breton, en Marsella, febrero de 1941. Fotografía de Ylla

Fig. 4 Charlotte Weidler ca. 1925–30, fotografía de Lotte Jacobi

Fig. 5 Exposición *Arte degenerado* en Múnich, 1937, fotografía de Arthur Grimm

Fig. 6 Exposición *Freie deutsche Kunst* en la Maison de la Culture, París, 1938, con el cuadro *Robert Freund I* destrozado por los nazis en Viena. Fotografía de Josef Breitenbach

Fig. 7 Postal con el cuadro *Robert Freund I* de Oskar Kokoschka, destrozado por los nazis. Foto de Fred Stein, París

Fig. 8

Fig. 9

Fig. 8 Paul Westheim en Cassis tras su liberación de los campos franceses en 1940, vestido con un uniforme de soldado francés de la Primera Guerra Mundial que le entregaron las autoridades de los campos

Fig. 9 Hans Bellmer, *Les Milles en llamas*, 1941. Buril y punta seca, 40 × 57 cm. Collection CCI, Aix-Marseille-Provence

y subrayan el carácter político del evento. Los fragmentos del retrato del doctor Robert Freund realizado por Kokoschka y la reproducción de un dibujo de Auguste Renoir, también dañado en Viena, se ubicaron en el centro de la exposición para hacer hincapié en la destructiva política de los nazis[28]. La obra de Kokoschka se imprimió en una postal que recordaba, en tres idiomas, el acto vandálico de la Gestapo (fig. 7). La tarjeta se vendía por un franco a la prensa internacional, y los ingresos se destinaron a financiar las acciones culturales de los exiliados[29].

La prensa francófona reaccionó con enorme interés a la exposición de la Unión de Artistas Libres. Se hicieron eco de ella *Le Temps*, *L'Humanité*, *Le Populaire*, *Beaux-Arts*, *Messidor*, *Paris-Midi* y *La Dépêche de Toulouse*. La revista *Regards* declaró: "Hay que ir a ver esta conmovedora exposición [...], la obra de pintores alemanes que han huido de su desdichado país, donde, como todos sabemos, el arte y las ideas son víctimas de la tiranía, sufren persecución y han debido adaptarse a las exigencias de la causa más abominable"[30].

A pesar de estas resonancias positivas, poco a poco el compromiso político de los exiliados parisinos va dando paso a la resignación. Los artículos de la prensa exiliada no transmiten más que una ironía amarga, mientras los acontecimientos políticos del año 1938 confirman las apocalípticas predicciones de los artistas. Tras la entrada de los alemanes en Austria en marzo y la agudización de la crisis de los Sudetes, que culminó con el desmantelamiento de Checoslovaquia a principios de 1939, quedó claro que Hitler estaba concretando su política de guerra.

Atrapado en Praga, Kokoschka logró escapar a Londres en el último momento con su novia Olda Palkovskà[31].

El brutal fin del exilio francés

Las últimas colaboraciones de Paul Westheim en el *Pariser Tageszeitung*, en 1938 y 1939, no son más que meras constataciones de la furia destructora del nacionalsocialismo, en las que documenta en tono resignado el fin de la lucha periodística que ha librado desde su exilio francés contra el régimen del Tercer Reich. Gracias a las informaciones que le sigue facilitando Charlotte Weidler, cuenta las atrocidades cometidas durante la "noche de los cristales rotos", del 9 al 10 de noviembre de 1938, en la que cientos de judíos fueron asesinados y más de treinta mil internados en campos de concentración, y durante la que fueron saqueadas valiosas colecciones privadas pertenecientes a judíos alemanes. Westheim anuncia que se van a "liquidar los museos alemanes" tras las "operaciones de depuración" de los nazis, que habían confiscado en un centenar de museos del país más de veinte mil obras de arte moderno de más de mil cuatrocientos artistas. Algunas de ellas se destruyeron, pero muchas se vendieron[32].

En septiembre de 1939, poco después de estallar la guerra, los exiliados alemanes en Francia —la mayoría de ellos despojados ya desde hacía tiempo de su nacionalidad por los nazis— fueron considerados extranjeros hostiles y trasladados a campos de internamiento. Entre ellos se encontraban prácticamente todos los miembros de la Unión de Artistas Libres. A pesar de haber luchado contra la política de Hitler durante más de seis años a través del arte, tras la entrada de Francia en la guerra fueron tratados como "personas enemigas"[33].

Paul Westheim fue internado en varios campos, entre ellos el de Milles (fig. 9) y Gurs, durante diez meses —con interrupciones— hasta diciembre de 1940, en condiciones a menudo dramáticas[34]. Como ya se expuso al principio, logró huir (fig. 8) gracias a la intervención de Varian Fry, que le facilitó el viaje a México, donde pudo construirse una segunda carrera profesional como historiador del arte y especialista en arte prehispánico. No volverá a ver a su amiga Charlotte Weidler[35], que consiguió emigrar a Nueva York en 1939, ni a su amigo Oskar Kokoschka.

1. Carta de Oskar Kokoschka a Paul Westheim, probablemente enviada a principios de 1942 de Londres a México, Akademie der Künste, Paul-Westheim-Archiv, Berlín. Véase también Olda Kokoschka y Heinz Spielmann (eds.), *Oskar Kokoschka, Briefe III: 1934–1953*, Claassen, Düsseldorf, 1986, pág. 109; Hermann Haarmann (ed.), *Abschied und Willkommen. Briefe aus dem Exil (1933–1945)*, Bostelmann & Siebenhaar, Berlín, 2000, págs. 245–46.

2. Sobre el exilio francés y mexicano de Paul Westheim, véase Ines Rotermund-Reynard, *"Dieses ist ein Land, in dem ein Kunstmensch leben kann". Der Kunstkritiker Paul Westheim im Prozess der Akkulturation während der französischen und mexikanischen Emigration 1933–1963* [*"Este es un país donde un artista puede vivir bien". El crítico de arte Paul Westheim en el proceso de aculturación durante su exilio francés y mexicano 1933–1963*], tesis doctoral binacional, Freie Universität Berlin, Berlín; Ehess, París, 2007 (edición en microfichas, 2012).

3. Varian Fry, *Surrender on Demand*, Random House, Nueva York, 1945.

4. Paul Westheim, *Oskar Kokoschka*, Gustav Kiepenheuer, Potsdam y Berlín, 1918, pág. 9.

5. Ibíd., pág. 19.

6. Ibíd., págs. 20–21.

7. Bernadette Reinhold, *Oskar Kokoschka und Österreich. Österreichische Kulturpolitik und Identitätskonstruktion im Spiegel einer wechselvollen Biografie*, tesis (no publicada), Universidad de Viena, 2017, pág. 140.

8. Barbara Vormeier, "Frankreich", en Klaus-Dieter Krohn, Patrik von zur Mühlen, Gerhard Paul y Lutz Winckler (eds.), *Handbuch der deutschsprachigen Emigration 1933–1945*, Wissenschaftliche Buchgesellschaft, Darmstadt, 1998, págs. 213 y ss. Leemos en Vormeier: "La mayoría de los refugiados que permanecieron en Europa durante el régimen de Hitler se quedaron en Francia, que tradicionalmente se consideraba un país de acogida por sus liberales prácticas de asilo en el siglo XIX […]. De los cien mil que llegaron a Francia entre 1933 y 1939, cada año entre dieciocho mil y veintitrés mil (incluidos los ilegales) permanecieron en el país […]. Este cambio en el número de refugiados debe relacionarse con las nuevas migraciones allende el Atlántico o a otros países europeos de acogida, así como con el regreso a Alemania, las expulsiones, el aplazamiento en la obtención o la denegación de permisos de residencia".

9. Jean-Michel Palmier, *Weimar en Exil. Le destin de l'émigration intellectuelle allemande antinazie en Europe et aux États-Unis*, Payot, París, 1988, pág. 9.

10. Lieselotte Maas, *Handbuch der deutschen Exilpresse 1933–1945*, vol. 4: *Die Zeitungen des deutschen Exils in Europa von 1933 bis 1939 in Einzeldarstellungen*, Carl Hanser, Múnich y Viena, 1990.

11. Ines Rotermund-Reynard, "Auf den Spuren des Kunstflaneurs Paul Westheim", en Hélène Roussel y Lutz Winckler (eds.), *Rechts und links der Seine. Pariser Tageblatt und Pariser Tageszeitung 1933–1940*, Max Niemeyer Verlag, Tubinga, 2002, págs. 261–67; íd., "Topographie et réseaux du marché de l'art parisien pendant la première moitié du XXᵉ siècle", en Hélène Ivanoff y Denise Vernerey-Laplace (ed.), *Les Artistes et leurs galeries. Paris-Berlin. 1900–1950*, Presses universitaires de Rouen et du Havre, Ruán, 2018, págs. 62–80.

12. Ines Rotermund-Reynard, "The Art Historian Charlotte Weidler, a Lost Voice Speaks from the Moscow Special Archive", en I. Rotermund-Reynard (ed.), *Echoes of Exile. Moscow Archives and the Arts in Paris 1933–1945*, De Gruyter, Berlín, Múnich y Boston, 2015, págs. 105–22.

13. H. Roussel y L. Winckler, *Rechts und links der Seine…, op. cit.* Westheim fue contratado como crítico de arte en el *PTB/PTZ*, pero también escribió para otros diarios del exilio, como *Die neue Weltbühne*.

14. Se habla aquí de los marchantes de arte Walter Feilchenfeldt y, probablemente, Moritz Gutmann.

15. Oskar Kokoschka en una carta a Paul Westheim, en París, coescrita con Charlotte Weidler, Praga, 5 de marzo, 1937 (membrete del Hotel Juliš Prague), Sonderarchiv/RGVA, Fonds Paul Westheim, dossier 602-1-2, f. 96r–97r.

16. En Praga, Kokoschka asistió con entusiasmo en 1933–34 a las representaciones del teatro de vanguardia "D", fundado por Emil František Burian, quien después de la letra "D" añadía el año hasta la disolución de la compañía en 1939.

17. B. Reinhold, *Oskar Kokoschka und Österreich…, op. cit.*, pág. 142.

18. Véase al respecto la contribución de Régine Bonnefoit en este volumen.

19. Meike Hoffmann, "'Deutsches Volk, gib uns die Zeit von 4 Jahren'. Die nationalsozialistische Kunstpolitik in ihrer Konsolidierungsphase von 1933 bis 1937", en Lucy Wasensteiner y Martin Faas (eds.), *London 1938. Defending "Degenerate" Art. Mit Kandinsky, Liebermann und Nolde gegen Hitler*, cat. expo., Liebermann Villa am Wannsee, Berlín; The Wiener Library for the Study of Holocaust & Genocide, Wädenswil, Nimbus Kunst und Bücher, Londres, 2018, pág. 22.

20. I. Rotermund-Reynard, *"Dieses ist ein Land, in dem ein Kunstmensch leben kann"…, op. cit.*, págs. 156–62.

21. Paul Westheim, "Der Himmel lacht so blau, so blau", *Pariser Tageszeitung (PTZ)*, n.º 421, 2.º año, 1937 (8/8), pág. 4; íd., "Kultur-Nazismus", *PTZ*, n.º 45, 2.º año, 1937 (13/9), pág. 4.

22. Hélène Roussel, "Die emigrierten deutschen Künstler in Frankreich und Freie Künstlerbund", en Thomas Koebner *et al.* (eds.), *Erinnerungen ans Exil – kritische Lektüre der Autobiographien nach 1933 und Andere Themen, Ein international Jahrbuch*, vol. 2, publicado a petición de la Gesellschaft für Exilforschung, edition text+kritik, Múnich, 1984, págs. 173–74.

23. El retrato del editor vienés Robert Freund pintado por Kokoschka, cortado por la Gestapo en Viena, sin duda se presentó a los periodistas en Londres solo de manera marginal y a petición suya, porque oficialmente no formaba parte de la exposición.

24. La muestra de Londres *Twentieth Century German Art* ha sido objeto de investigaciones y estudios desde hace décadas. La más reciente la firma Lucy Wasensteiner, *The Twentieth Century German Art Exhibition. Answering Degenerate Art in 1930s London*, Taylor & Francis, Londres, 2018. Véase también L. Wasensteiner y M. Faas (eds.), *London 1938. Defending "Degenerate" Art…, op. cit.*

25. Christina Feilchenfeldt, "'[…] meine Bilder zerschneidet man schon in Vienna'. Das Porträt des Verlegers Robert Freund von Oskar Kokoschka", en Uwe Fleckner (ed.), *Das verfemte Meisterwerk. Schicksalswege moderner Kunst im Dritten Reich*, Akademie Verlag, Berlín, 2009, pág. 269.

26. Ibíd., pág. 273. Véanse también las reseñas de Paul Westheim: "Die Ausstellung des Freien Künstlerbundes in der Maison de la Culture", *PTZ*, n.º 835, 3.ᵉʳ año, 1938 (6-7/11), pág. 2 y "Der Rundgang durch die Deutsche Kunstausstellung in der Maison de la Culture", *PTZ*, n.º 837, 3.ᵉʳ año, 1938 (9/11), pág. 3.

27. Keith Holz y Wolfgang Schopf, *Allemands en exil, Paris 1933–1941. Écrivains, hommes de théâtre, compositeurs, peintres photographiés par Josef Breitenbach*, Autrement, París, 2003.

28. P. Westheim, "Die Ausstellung des Freien Künstlerbundes in der Maison de la Culture", *art. cit.*

29. Christina Feilchenfeldt, "[…] meine Bilder zerschneidet man schon in Vienna"…, *op. cit.*, pág. 273.

30. "L'exposition des peintres libres allemands à la Maison de la culture", *Regards*, n.º 253, 17 de noviembre, 1938, pág. 16; citado en "Die französische Presse über die Ausstellung of the FKB", *Freie Kunst und Literatur*, n.º 3, 1938. Paul Westheim fue el director editorial de esta publicación mensual, "el órgano de comunicación del cartel cultural alemán, París".

31. Gloria Sultano, "Artists in Exile – Streiflichter aus dem Exil", en G. Sultano y Patrick Werkner, *Oskar Kokoschka. Kunst und Politik 1937–1950*, Böhlau Verlag, Viena, Colonia y Weimar, 2003, pág. 140.

32. *Die Beschlagnahme der "entarteten Kunst" 1937 und ihre Folgen* (www.geschkult.fu-berlin.de/e/db_entart_kunst/geschichte/Beschlagnahme/index.html). Véase también Paul Westheim, "Zerstörungen von Kunstwerken. Rembrandt, Rubens, van Dyck, Renoir vernichtet", *PTZ*, n.º 910, 4.º año, 1939 (3/2), pág. 2; íd., "Deutscher Kultur-Ausverkauf", *PTZ*, n.º 947, 4.º año, 1939 (18/3), pág. 4; e íd., "Die Versteigerung in Luzern. Großer Erfolg der 'entarteten'", *PTZ*, n.º 1039, 4.º año, 1939 (4/7), pág. 2.

33. Decreto de 1 de septiembre de 1939 sobre prohibiciones de relaciones con el enemigo (*Journal officiel* del 4 de septiembre de 1939, pág. 11.091); véase también Barbara Vormeier, "La situation des réfugiés en provenance d'Allemagne (septembre 1939–juillet 1942)", en Jacques Grandjonc y Theresia Grundtner (eds.), *Zone d'ombres 1933–1944. Exil et internement d'Allemands et d'Autrichiens dans le sud-est de la France*, Alinea, Aix-en-Provence, 1990.

34. I. Rotermund-Reynard, *"Dieses ist ein Land, in dem ein Kunstmensch leben kann"…, op. cit.*, págs. 169–225.

35. Descubrí en 2008 en los Archivos Especiales de Moscú las cartas enviadas por Charlotte Weidler a Paul Westheim, en París, entre 1933 y 1940. Como parte de un proyecto posdoctoral financiado por el Instituto Histórico Alemán de Moscú, en cooperación con el Centro Alemán de Historia del Arte (DFK) de París, se iban a publicar en una edición epistolar crítica. Por razones legales, este proyecto se suspendió. Mientras tanto, Charlotte Weidler había sido objeto de una campaña de prensa orquestada para acusarla de desviar la colección de arte de Westheim. El contexto fue una demanda en Nueva York entre los herederos de Paul Westheim y los de Charlotte Weidler por la propiedad de dichas obras. El proceso judicial, que se prolongó durante años, desembocó en 2019 en una decisión favorable a los herederos de esta última (www.pryorcashman.com/news-and-insights/pryor-cashman-s-art-law-group-secures-victory-on-bemid-of-good.html).

EXILIO EN
INGLATERRA

1938–1946

En su exilio en Inglaterra, adonde llega en 1938, Oskar Kokoschka no permanece inactivo. En primer lugar, tiene que rehacer su vida en un país donde su arte aún no goza de prestigio. Tanto él como su esposa Olda viven con pocos medios, entre Londres y Polperro, en Cornualles, donde el pintor comienza una serie de obras alegóricas sobre la entrada de Europa en la guerra. Estos lienzos de formato pequeño (debido a los problemas de suministros) constituyen un testimonio único de aquel dramático periodo. Kokoschka se vale de una multiplicidad de registros artísticos que van de lo mitológico a lo satírico o lo popular. Los cánones tradicionales saltan por los aires, y la nobleza de la pintura histórica degenera en representaciones vulgares aderezadas con desesperados toques de humor. Kokoschka no solo denuncia la situación, sino que además diseña carteles para que se peguen por las calles y publica artículos en los que reafirma tanto su pacifismo como la necesidad de reconciliación.

1938–39

Una vez instalado en Londres, Kokoschka no tarda en entrar en contacto con otros artistas refugiados. El 1 de marzo de 1939 funda la Freier Deutscher Kulturbund in Großbritannien (FDKB, Asociación Cultural Alemana Libre en Gran Bretaña). La entidad cuenta pronto con más de mil miembros, entre ellos el artista John Heartfield, el crítico Alfred Kerr y el escritor Stefan Zweig. Como miembro del consejo directivo, Kokoschka participa en todas las actividades del grupo, como la publicación de su revista, exposiciones y otros actos. Al mismo tiempo, se incorpora al Austrian Center-Association of Austrians (Centro Austríaco-Asociación de Austríacos). En junio, la galería Theodor Fischer de Lucerna saca a subasta una gran cantidad de piezas suyas incautadas de las colecciones públicas alemanas. En agosto, Kokoschka se instala con Olda en Polperro, Cornualles, donde inicia con la obra *El cangrejo* (*Die Krabbe*) una serie de lienzos alegóricos que critican la situación política europea. El 3 de septiembre, el Reino Unido entra en guerra contra Alemania.

1940

Gracias a que tiene la ciudadanía checoslovaca, Kokoschka se libra de ser internado, como el resto de refugiados alemanes y austríacos, que pasan automáticamente a ser considerados enemigos del Reino Unido. En julio regresa a Londres y apoya las acciones de la FDKB y del Centro Austríaco en favor de la liberación de los prisioneros de los campos de internamiento. A finales de año comienza el cuadro político *El huevo rojo* (*Das rote Ei*), que denuncia el Pacto de Múnich y el desmantelamiento de Checoslovaquia en 1938.

1941

El 15 de mayo, Oskar y Olda se casan en un refugio antiaéreo dedicado en aquel momento a albergar servicios administrativos. Kokoschka llega a la presidencia de la FDKB, cargo que ocupa hasta 1946. Inaugura la exposición de la FDKB *Children's Art from All Countries* (Arte infantil de todos los países), con más de cuatrocientas obras realizadas por niños —muchos de ellos refugiados— de quince naciones. Su discurso de apertura apela al humanismo de Comenio y defiende el acceso a la educación como garantía de la libertad de los pueblos. Kokoschka también se une al Free Austrian Movement (Movimiento de Austria Libre), que aboga por la restauración de una Austria libre e independiente. Pinta la obra *Loreley*, con la que se mofa de la estrategia militar británica, que estaba centrada en su flota. En otoño viaja con Olda al suroeste de Escocia y hace dibujos en color de numerosos paisajes de la zona.

1942

En enero, con el artículo "Die Wahrheit ist unteilbar" (La verdad es indivisible), publicado en la revista de la FDKB, Kokoschka exhorta a los refugiados alemanes a luchar contra el fascismo y a favor de una nueva democracia. Este periodo también marca su acercamiento al poder soviético, al que el artista restará importancia tras la guerra. Pinta el retrato de Iván Maiski, el embajador soviético en Londres, y dona sus honorarios para atender a los heridos del frente de Stalingrado. En octubre, con ocasión del vigésimo aniversario de la creación de la URSS, hace un panegírico sobre el nuevo sistema social soviético en un polémico discurso que pronuncia en el Conway Hall. Continúa su ciclo de pinturas políticas: *Mariana – Maquis – "El segundo frente"* (*Marianne – Maquis – "Die zweite Front"*) y *Anschluss – Alicia en el País de las Maravillas* (*Anschluss – Alice im Wunderland*).

1943–44

Entre otras actividades pacifistas, Kokoschka impulsa múltiples iniciativas benéficas. En la FDKB, participa en la organización de la exposición *The War as Seen by Children* (La guerra vista por los niños), en la que los ingresos por las obras se destinan a diversas asociaciones. También crea un fondo para los huérfanos checoslovacos de guerra con los beneficios de la venta en Nueva York del retrato de Tomáš Masaryk, expresidente de la República Checoslovaca. Realiza la obra alegórica *Por lo que estamos luchando* (*What We Are Fighting For*) para la exposición *Pour la liberté*, que organiza en un solar bombardeado la Artists' International Association (Asociación Internacional de Artistas).

1945

El 7 de mayo se produce la capitulación incondicional de la Alemania nazi. Un mes antes de Navidad, Kokoschka diseña el cartel *En memoria de los niños de Europa que morirán de hambre y frío esta Navidad* (*In Memory of the Children of Europe who Have to Die of Cold and Hunger this Xmas*), del cual manda pegar cinco mil copias por todo el metro de Londres. Para el volumen que prepara Edith Hoffmann sobre su obra, escribe un prólogo en el que advierte de la pérdida de valores culturales y morales en un mundo dominado por el progreso tecnológico, así como de los peligros de la bomba atómica.

1946

Kokoschka comienza a pintar el último cuadro alegórico de esa época, *Liberación de la energía atómica* (*Entfesselung der Atom-Energie*), que denuncia la guerra nuclear latente. Con ocasión del sesenta cumpleaños del artista, el futuro presidente austríaco Theodor Körner le envía un largo telegrama en el que le ofrece que regrese a Viena para ayudar a reorganizar la Kunstgewerbeschule (Escuela de Artes y Oficios). En noviembre, cuatro obras de Kokoschka se muestran en la exposición internacional de arte moderno organizada por la Unesco en el Museo de Arte Moderno de París.

Fig. 2

Fig. 1

Fig. 3

Fig. 4

Fig. 1 *Freie Kunst und Literatur* [*Libertad para el arte y para la literatura*], número 1 de la revista mensual publicada por la Freier Künstlerbund (Unión de Artistas Libres) y dirigida por Paul Westheim, París, 1938–39. Bibliothèque Kandinsky, Centre Pompidou, MNAM / CCI

Fig. 2 Oskar Kokoschka y Olda Palkovskà en Londres, 1939. Fotografía de Trude Fleischmann

Fig. 3 Oskar Kokoschka en Polperro (Cornualles), 1939

Fig. 4 *Flores de verano* (*Sommerblumen*), 1941. Acuarela sobre papel, 64 × 47 cm. Musée Jenisch, Vevey — Fondation Oskar Kokoschka, inv. FOK 0112

Fig. 5

Fig. 6

Fig. 7

Fig. 8

Fig. 5 *Caballos junto a unas ruinas* (*Rote Ponies bei Ruine*), ca. 1943. Lápices de colores sobre papel, 25 × 35,5 cm. Musée Jenisch, Vevey — Fondation Oskar Kokoschka, inv. FOK 0081

Fig. 6 Oskar y Olda Kokoschka en Elrig (Escocia), 1941–42.

Fig. 7 *Ovejas junto a unas ruinas* (*Schafe bei Ruine*), 1942. Lápices de colores sobre papel, 24,5 × 35,5 cm. Musée Jenisch, Vevey — Fondation Oskar Kokoschka, inv. FOK 0082

Fig. 8 *INRI. Cristo socorriendo a los niños hambrientos* (*INRI. Christus hilft den hungernden Kindern*), 1945–46. Litografía sobre papel, 76 × 50,6 cm (cat. 96)

Fig. 9

Fig. 10

Fig. 11

Hoy en día, el mundo pertenece exclusivamente a los funcionarios y no a los hombres. No me importa, porque estoy cansado de huir de la lluvia y observar al *Civis Londonensis* común es demasiado emocionante como para perdérmelo. [...] Pronto pintaré la catedral de San Pablo y todos mis derechos de autor se destinarán a los bomberos de Londres. Son de un heroísmo inimaginable. En medio de un ataque con quinientos bombarderos nazis, en una ciudad en llamas, se ponen a trabajar y, además, ¡lo hacen cantando! Me consuela. A pesar de todo este absurdo desorden, todavía existe una humanidad real.

Carta de Oskar Kokoschka a Hugo Feigl, Londres, 25 de abril, 1941.

[...] Yo levanté mi voz en Londres durante la guerra porque la época y las circunstancias obligaban a ser humano de una vez por todas. Aquel mismo año, el cuadro *What We Are Fighting For* (*Por lo que estamos luchando*) fue expuesto, bajo un tejado provisional, en los almacenes John Lewis, de la Oxford Street, completamente destrozados por las bombas. Se había invitado a varios pintores a dar su versión de por qué había que luchar. Mis cuadros no fueron objeto de excesiva atención, pues no hablaban de prometidos idilios de paz. Por otro lado, me parecía asombroso que, estando en guerra como estábamos, no me decapitaran a mordiscos, en aquella época por la supervivencia. Algo así solo era posible en Inglaterra, donde podía aspirar a sobrevivir no solo como refugiado cuya presencia se tolera, sino como un hombre libre. ¡Toda una osadía! En otros países se había llegado incluso a prohibir la ejecución de las sinfonías de Beethoven.

Oskar Kokoschka, *Mein Leben* (1971). Ed. esp.: *Mi vida*, Tusquets Editores, Barcelona, 1988, pág. 247.

Era como un adiós a todo aquello en lo que él había creído: la humanidad, la paz y las bondades de la cultura. Veía a Europa en ruinas. Durante esos seis años de guerra, Kokoschka murió cada hora. Sufrió el fin del hombre europeo y el fin del espíritu barroco en el mundo. La cultura europea parecía condenada a su aniquilación sistemática. En aquella época, yo sentía que le era indiferente morir ese mismo día o al día siguiente.

Josef P. Hodin, *Oskar Kokoschka. Sein Leben, seine Zeit*, Florian Kupferberg, Maguncia y Berlín, 1968, pág. 303.

Fig. 09 Oskar Kokoschka ante su cuadro *Anschluss – Alicia en el País de las Maravillas* (*Anschluss – Alice im Wunderland*) en Londres, 1942–43

Fig. 10 *INRI. Xmas in Vienna!*, felicitación navideña y de año nuevo, 1945. Impresión en papel, 17,9 × 11,5 cm. Universität für angewandte Kunst, Oskar Kokoschka Zentrum, Viena

Fig. 11 Oskar Kokoschka en su mesa de trabajo ante a la litografía *INRI. Cristo socorriendo a los niños hambrientos* (*INRI. Christus hilft den hungernden Kindern*), Londres, 1945

Cat. 52 *Loreley*, 1941–42
Óleo sobre lienzo, 63,5 × 76,2 cm

Cat. 51 *El cangrejo* (*Die Krabbe*), 1939–40
Óleo sobre lienzo, 63,4 × 76,2 cm

Cat. 54 *Marianne – Maquis –*
"*El segundo frente*" (*Marianne –*
Maquis –"Die zweite Front"), 1942
Óleo sobre lienzo, 63,5 × 76,2 cm

Cat. 53 *Anschluss – Alicia en el País de las
        Maravillas* (*Anschluss – Alice
        im Wunderland*), 1942
        Óleo sobre lienzo, 63,5 × 73,6 cm

Cat. 55 *Liberación de la energía atómica*
(*Entfesselung der Atom-Energie*), 1947
Óleo sobre lienzo, 61 × 91,5 cm

Bajo el signo de la guerra
Anna Karina Hofbauer

En la obra de 1916 *El frente del Isonzo. La iglesia Selo* (*Isonzo-Front. Kirche Selo*, cat. 89), el primer plano queda ocupado por los restos de una valla completamente destruida, erigida en su día para evitar que el enemigo alcanzara el atrio de la iglesia. Pero la observación atenta de la barrera produce un efecto de tridimensionalidad, generando la impresión de que las tablas dibujan el espacio del espectador y penetran en él. A ambos lados de la escena —una vista de un pueblo—, dos árboles delimitan el campo visual. Dominada por tonos sombríos en marrón y negro, la paleta ayuda a definir el espacio y a dirigir la mirada hacia la iglesia. Al ponernos delante del cercado, a modo de pantalla, Kokoschka puede estar tratando —al menos simbólicamente— de ahorrarnos la atroz visión de la guerra. El dibujo no presenta el conflicto desde una perspectiva positiva, ni tampoco conforma un reportaje de guerra propiamente dicho. Más bien, la puesta en escena transmite un mensaje indirecto: mirad, pero no veáis lo que nos hace la guerra a cada uno de nosotros. Por lo tanto, el camino solitario y despejado que lleva a la iglesia puede interpretarse como un signo de redención, como la última salida. Lejos de inmortalizar victorias gloriosas, las obras que el artista realiza como pintor de guerra reflejan más bien la soledad y la destrucción, es decir, las consecuencias de la guerra. Kokoschka, que acepta este codiciado puesto por necesidad y por miedo a una nueva movilización, se siente en él menos expuesto[1]. No trata de mostrar la brutalidad del conflicto, sino más bien al contrario: los treinta dibujos que hizo desde mediados de julio hasta finales de agosto de 1916 ofrecen una representación muy atenuada de los horrores de la Primera Guerra Mundial.

El dibujo *El frente del Isonzo. La iglesia Selo* lo ejecuta justo después de la sexta batalla del Isonzo, que tiene lugar entre el 6 y el 16 de agosto de 1916 en las cercanías de Gorizia, a orillas del río Isonzo. En el momento de esta confrontación entre austrohúngaros e italianos, que se saldó con un peaje terrible (40.000 muertos), Kokoschka trabajaba como pintor para el departamento de prensa de la guerra (Kriegspressequartier, KPQ) dentro del centro de propaganda militar austrohúngaro. Obtuvo este puesto el 29 de marzo de 1916, tras su convalecencia en el hospital Pálffy, donde fue tratado por las graves heridas que le infligieron en la cabeza y el pulmón el 29 de agosto de 1915 cerca de Vladímir-Volinski (hoy Volodímir-Volinski), en el noroeste de Ucrania. El artista volverá de la guerra no solo herido

El frente del Isonzo, el Baka en las trincheras (Isonzo-Front, der Baka im Laufgraben), 1916
Pastel, acuarela y piedra negra sobre papel, 30,5 × 43 cm
Detalle (cat. 88)

físicamente, sino también muy afectado psicológicamente, como muchos soldados y otros participantes en el conflicto.

Kokoschka se enroló en la Primera Guerra Mundial el 3 de enero de 1915. Fue llamado a filas en Wiener Neustadt y, gracias a Adolf Loos, se unió al afamado 15.º Regimiento de Dragones, la caballería más prestigiosa de la monarquía[2]. En su autobiografía, *Mi vida* (*Mein Leben*), publicada en 1971, el artista refiere este episodio en los siguientes términos: "Como estaba en edad militar, lo más conveniente era que me presentase voluntario antes de que me obligaran a alistarme. No habría ni esposa ni hijos que esperasen mi feliz regreso. Es evidente que yo, en la guerra, no tenía nada que perder ni nada que defender"[3]. Aquí no muestra ni entusiasmo ni reacción positiva ante su participación en la lucha; y, varias décadas más tarde, contará en *Mi vida* los horrores vividos durante su breve paso por el frente.

A los pintores no se les permitía dar una visión crítica del conflicto, tal como atestigua el dibujo *El frente del Isonzo, el Baka en las trincheras* (*Isonzo-Front, der Baka im Laufgraben*, cat. 88). Las autoridades públicas, censoras implacables, tenían para ello un argumento de peso: podían enviar al frente a cualquier artista cuyas obras no sirvieran adecuadamente a la causa de la maquinaria bélica. A menudo tildados de "desinflados" (*Drückeberger*) o "cobardes" (*Feiglinge*) por las tropas, los artistas no tenían más remedio que hacer dibujos, grabados, esculturas o pinturas al servicio de la propaganda del ejército imperial y real[4]. Es el caso de esta obra, que a primera vista parece una imagen *romantizada* de la Antigüedad. En el centro destaca un edificio en ruinas con un amplio agujero que deja entrever el azul del cielo o de las lejanas montañas del fondo. A ambos lados de la casa se perfilan otras construcciones, junto con árboles. Si no fuera por las cinco siluetas de soldados del primer plano, el dibujo evocaría una escena romántica de principios del siglo XIX. La composición guarda similitud con *Ruinas de la abadía de Eldena, cerca de Greifswald*, pintada por Caspar David Friedrich en 1824–25 (fig. 2). En ambas obras, la disposición de los elementos arquitectónicos y vegetales constituye un paisaje de una belleza casi ideal, en el que los personajes se vuelven secundarios. Los árboles de *El frente del Isonzo, el Baka en las trincheras* parecen asemejarse incluso a palmeras, mientras que las flores de la derecha, en tonos azulados, dotan al dibujo de una nota mediterránea, aludiendo al lugar donde vivía Kokoschka en ese momento (Tolmin, Eslovenia). El artista, que consigue trasladar al observador a un mundo antiguo ya desaparecido, presenta —probablemente, sin proponérselo— tres temas fundamentales del Romanticismo: la nostalgia, el misterio y lo íntimo.

La naturaleza tiene también una importancia esencial en el dibujo *El frente del Isonzo. Tolmin* (*Isonzo-Front. Tolmino*), de julio de 1916 (cat. 90). De un verde brillante y con un cielo azul de fondo, el entorno natural envuelve el refugio provisional de cinco soldados, en el centro, en apariencia captados en un momento de descanso, o en plena discusión. A la derecha, las colinas y montañas pintadas por Kokoschka permiten identificar un lugar concreto. En todos sus dibujos de guerra, en efecto, aparecen un título, una fecha e indicaciones geográficas. Esta extrema precisión del artista responde a las instrucciones del alto mando del ejército imperial y real: "Se debe instar a los paisajistas, por ejemplo, a hacer dibujos de posiciones y campos de batalla, tomando nota escrupulosamente de la fecha, localización y demás datos pertinentes"[5]. En el dibujo no hay rastro

alguno de las atrocidades de la Primera Guerra Mundial y de los espantosos efectos que causó. Si tenemos en cuenta que el propio Kokoschka se hallaba entre los combatientes y que, por tanto, fue testigo de ciertos horrores —que, desde luego, siguieron produciéndose mientras él trabajaba como pintor de guerra—, resulta claro que sus dibujos contradicen la realidad. El pintor dará más tarde testimonio de la barbarie vivida, evocando en concreto a un compañero "colgado cabeza abajo, desnudo, de un tercer árbol"[6], y describirá otras terribles experiencias sufridas fuera de los campos de batalla: "Llevábamos a nuestros enfermos de cólera a un villorrio de destartaladas casas de madera con techo de paja, donde casi todos morían"[7].

Así pues, sus dibujos, pese a haber sido realizados sobre el terreno, en el campo de batalla, no reflejan en absoluto lo que vio y vivió en sus carnes como soldado, ni lo que sin duda experimentó como pintor de guerra. El trabajo de los artistas debía respetar las "instrucciones relativas a las imágenes de guerra", para servir a una "propaganda efectiva en Alemania y en el extranjero [...] con el fin de ilustrar adecuadamente los éxitos de [sus] fuerzas armadas"[8].

Con toda probabilidad, los dibujos de Kokoschka no se expusieron en esa época. En su autobiografía, el relato de este periodo de su vida se aleja de la realidad: afirma haber llevado "como oficial de enlace" a Laibach (Liubliana) "a un grupo de periodistas, pintores y dibujantes" para "dejarlos en manos de las autoridades militares"[9] locales, sin precisar que él mismo era también pintor de guerra. Régine Bonnefoit y Gertrud Held observan que las obras que terminó Kokoschka en el frente son las que hizo en pastel, acuarela y gouache[10], pero parece dudoso que el artista hubiera entregado nunca estos dibujos a las autoridades[11].

En cambio, los dibujos de 1917 presentan una suerte de revisión de los acontecimientos. Estas láminas, generalmente pequeñas, tienen en común la monocromía. Son representaciones simplificadas que muestran un instante concreto, como *Soldados saqueando* (*Plündernde Soldaten*, cat. 92), esbozados en rojo. La decisión de trabajar con un único color puede indicar que Kokoschka los consideraba apuntes para su propio recuerdo. Un personaje está tendido en la diagonal del dibujo, pero es difícil saber si está boca abajo o boca arriba. Tiene los brazos extendidos y un velo le cubre el rostro o la cabeza. Probablemente está muerto, y su postura evoca inevitablemente la figura de Cristo. En la parte superior del dibujo, un perro sigue a dos hombres que portan una cruz. Debajo, dos saqueadores están metiendo el botín en una bolsa. Esta escena bélica, pintada como otras parecidas con trazos rápidos, refleja la desesperación, la pena y la crueldad, sentimientos que se esconden tras la naturalidad y el romanticismo de sus dibujos al gouache, y que Kokoschka solo revelará una vez terminada su misión como pintor de guerra[12].

A continuación, el artista reside brevemente en Berlín, desde donde se trasladaría a Dresde en diciembre de 1916. Allí consigue en 1919 un puesto de profesor en la Kunstakademie (Academia de Bellas Artes). Tras siete años de docencia —que tuvieron enorme importancia en su evolución personal y artística—, Kokoschka se siente atrapado en la vida ordenada de la Academia y se toma una excedencia de dos años. Viaja por toda Europa y África del Norte, y también a Oriente Medio, y el 25 de septiembre de 1934 decide finalmente establecerse en Praga. El 17 de octubre de 1938, con su compañera Olda Palkovskà, huye

Fig. 1

Fig. 2

Fig. 1 Oskar Kokoschka, *Por lo que estamos luchando* (*What We Are Fighting For*), 1943. Óleo sobre lienzo, 116,5 × 152 cm. Kunsthaus Zürich, Zúrich, donación de Wilhelm Wartmann

Fig. 2 Caspar David Friedrich, *Ruinas de la abadía de Eldena, cerca de Greifswald*, 1824–25. Óleo sobre lienzo, 35 × 49 cm. Nationalgalerie, Staatliche Museen zu Berlin

del nazismo tomando el último vuelo que sale para Inglaterra. Aterrizan en el aeropuerto de Croydon, cerca de Londres.

Así pues, Kokoschka encaró la Segunda Guerra Mundial desde su exilio inglés. En Londres, realizó *Anschluss – Alicia en el País de las Maravillas* (*Anschluss – Alice im Wunderland*, cat. 53) en 1942: "Por aquella época pinté una serie de cuadros 'políticos', no porque yo estuviera comprometido políticamente, sino con la intención de abrir a otros los ojos a mi visión de la guerra"[13]. Alicia, una mujer desnuda situada a la derecha de la composición, está rodeada de alambre de espino y apunta con el índice de la mano derecha hacia el observador, al que mira fijamente con ojos acusadores, como diciendo: ¿Por qué permitió usted la anexión (*Anschluss*) de Austria? Esta encarnación de Austria, que lleva un brazalete de la Cruz Roja en el brazo derecho, es una personificación literal de la inocencia, acentuada por la hoja de parra que le oculta el sexo. Es la inocencia que querría ser salvada. La escena tiene lugar claramente en Viena, como atestigua la presencia al fondo de un edificio en llamas con la inscripción "Wien". A la derecha, detrás de Alicia, en un altar barroco hay una Virgen con el Niño, decapitados ambos. Es la manera que encuentra Kokoschka de privarles de su identidad, evocando la pérdida de poder y autoridad de la Iglesia. En cualquier caso, en estas condiciones, la santa madre de Dios ya no puede salvar a Austria. Junto a Alicia hay tres hombres con cascos de acero cuyas ropas delatan su nacionalidad: un francés con hábito de sacerdote, un soldado de la Wehrmacht armado con una granada y un inglés con traje, corbata y un paraguas. Imitan los gestos de los tres monos, los símbolos orientales de la sabiduría, cubriéndose los oídos, la boca y los ojos, respectivamente. También a ellos el artista les pide cuentas: ¿Por qué no hicisteis nada contra Adolf Hitler? En la esquina izquierda de la pintura, una mujer mira a Alicia; el niño en su regazo lleva puesta una máscara de gas. Han perdido toda esperanza y fe, como ilustra la Biblia que cae al suelo a su lado.

Este trabajo es, pues, una amarga crítica de Kokoschka hacia Austria y su gestión de la *Anschluss*, y también una denuncia de los asesinatos perpetrados por el nazismo. El pintor tampoco libera a los aliados de su responsabilidad, viendo que su país se hunde sin esperanza ni salvación. *Anschluss – Alicia en el País de las Maravillas* forma parte de una serie de cuadros pintados por Kokoschka con el objetivo de mostrar al mundo su postura frente a la Segunda Guerra Mundial. Es interesante señalar que en esta obra no se cuestiona en absoluto el papel de la Unión Soviética en el conflicto, como también comenta Régine Bonnefoit: "Durante su exilio londinense, las muestras de simpatía de Kokoschka hacia la Unión Soviética se inflaman, en una apología desprovista de todo sentido crítico"[14].

Por otro lado, el artista también acusa duramente a su país anfitrión, Inglaterra, como puede apreciarse en la obra *Loreley* (cat. 52), de 1941–42. Un mar agitado y un cielo surcado por relámpagos, plasmados con enérgicas y expresivas pinceladas, sirven de escenario a los protagonistas que aparecen en primer plano. En lugar destacado, a la izquierda, se representa a la reina Victoria, que convirtió Gran Bretaña en la primera potencia marítima del mundo. Su figura se define con trazos amplios y gruesas capas de color, que contrastan con la forma de pintar el mar y el cielo. En el centro de este infierno, parece que solamente la reina y la rana verde que busca representar a Irlanda sobrevivirán al apocalipsis[15]. Al fondo, un barco lucha contra el embate de las olas, y un pulpo esgrime un tridente probablemente arrebatado a la reina Victoria, símbolo de la supremacía naval de Inglaterra en esta alegoría política. Pese a ello, la reina arroja cuerpos de marineros al tiburón sanguinario que aparece junto a ella, reafirmando así su poder, que se mantiene intacto. A la derecha flota un cadáver y detrás, en medio de las olas, se perfila otra persona ahogada, sugerida por líneas de pintura blanca. En la interpretación de Kokoschka, la reina y Gran Bretaña serían responsables de un gran sufrimiento y numerosas muertes. Sin embargo, Gloria Sultano y Patrick Werkner consideran que esta obra también podría aludir al barco británico *SS Arandora Star*, torpedeado por los nazis en julio de 1940[16].

En la obra *Marianne – Maquis – "El segundo frente"* (*Marianne – Maquis – "Die zweite Front"*, cat. 54), de 1942, aparece otra crítica contra los aliados. Marianne —personificación de la República Francesa— está sentada en el centro de la escena, flanqueada por dos ingleses, el primer ministro británico Winston Churchill y el general Montgomery, bebiendo té en el Café de Paris, en el Soho londinense. Mientras las tropas soviéticas luchan contra los nazis en el frente oriental, las potencias occidentales, cómodamente instaladas, se toman su tiempo. Esta es justamente la acusación de Kokoschka: que los aliados no organizaran un segundo frente contra las fuerzas del Eje. Marianne expresa su simpatía por la abandonada Unión Soviética con dos símbolos comunistas: una estrella roja en su blusa amarilla y el pañuelo con los colores rojo y azul de la hoz y el martillo ondeando detrás de ella. Marianne también se asocia al "maquis", es decir, a la resistencia francesa, otra muestra de la crítica de Kokoschka.

Entre las obras realizadas en Inglaterra, especialmente durante la Segunda Guerra Mundial, los cuadros *Loreley*, *Anschluss – Alicia en el País de las Maravillas*, *Marianne – Maquis – "El segundo frente"*, pero también *El huevo rojo* (*Das rote Ei*), de 1940–41, nos muestran a un Kokoschka decidido a representar su visión del conflicto sin límites ni censura. Sin embargo, el artista afirma que estos lienzos no nacen de ninguna convicción política, sino que pretenden únicamente "contemplar por una vez la guerra desde el otro lado de las barricadas", desde la otra orilla del canal de la Mancha, eludiendo la censura[17] de la que fue víctima cuando fue tachado de "artista degenerado" por el régimen nazi. Kokoschka apreciaba la libertad que tenía en Inglaterra para poder expresar sin cortapisas sus opiniones a través de la pintura. Ofreciendo al mundo desde el exilio su punto de vista sobre la guerra, el artista se consideraba "una especie de *one man underground movement* (movimiento clandestino unipersonal)"[18].

Fig. 3 Oskar Kokoschka, *Paisaje, edificios y siluetas* (*Landschaft, Gebäude und Silhouetten*), 1914–15. Lápiz negro, lápices de colores y pastel graso sobre papel vitela teñido, 30,4 × 43 cm. Art Institute of Chicago

Fig. 3

1. Según Walter F. Kalina, en Nina Schedlmayer, "1. Weltkrieg: Propagandamalerei im Schützengraben", *Profil*, 7 de marzo, 2014 (www.profil.at/ gesellschaft/1-Weltkrieg-propagandamalerei-Schuetzengraben-373278).

2. Véase Alfred Weidinger, "Oskar Kokoschka. Träumender Knabe – Enfant terrible", en Agnes Husslein-Arco y Alfred Weidinger (eds.), *Oskar Kokoschka. Träumender Knabe – Enfant terrible, 1906–1922*, cat. expo., Österreichische Galerie Belvedere, Viena; Bibliothek der Provinz, Weitra, 2008, pág. 252.

3. Oskar Kokoschka, *Mein Leben* (1971). Ed. esp.: *Mi vida*, Joan Parra Contreras (trad.), Tusquets Editores, Barcelona, 1988, pág. 131.

4. Véase Walter Albrecht, "Nach der Schlacht", Heeresgeschichtliches Museum, 20 de agosto, 2019 (https:// blog.hgm.at/2019/08/20/ nach-der-schlacht-2/).

5. Régine Bonnefoit y Gertrud Held, "Oskar Kokoschka 1915–1917. Vom Kriegsmaler zum Pazifisten", en Uwe M. Schneede (dir.), *1914. Die Avantgarden im Kampf*, cat. expo., Bundeskunsthalle, Bonn; Snoeck, Colonia, 2013, págs. 249–50.

6. O. Kokoschka, *Mein Leben* (1971). Ed. esp.: *Mi vida, op. cit.*, pág. 138.

7. Ibíd., pág. 143.

8. R. Bonnefoit y G. Held, "Oskar Kokoschka 1915–1917. Vom Kriegsmaler zum Pazifisten", *op. cit.*, pág. 249.

9. O. Kokoschka, *Mein Leben* (1971). Ed. esp.: *Mi vida, op. cit.*, pág. 150.

10. Bonnefoit y G. Held, "Oskar Kokoschka 1915–1917. Vom Kriegsmaler zum Pazifisten", *op. cit.*, pág. 250.

11. Ibíd.

12. A finales de agosto de 1916, Kokoschka cayó enfermo, víctima de un "*shock* por obús": "[…] me aventuré a acercarme al puente que cruzaba el Isonzo, un puente de desfiladero como los que construían los romanos. De repente lo volaron, y esa vez salí del lance con un *shock*" [O. Kokoschka, *Mein Leben* (1971). Ed. esp.: *Mi vida, op. cit.*, pág. 151]. Este acontecimiento le provoca un estrés postraumático que le debilita y le impide continuar su actividad como pintor de guerra.

13. O. Kokoschka, *Mein Leben* (1971). Ed. esp.: *Mi vida, op. cit.*, pág. 245.

14. Régine Bonnefoit, "Kokoschkas Anerkennung in England und den USA", en Cathérine Hug y Heike Eipeldauer (eds.), *Oskar Kokoschka. Expressionist, Migrant, Europäer. Eine Retrospektive*, cat. expo., Kunsthaus, Zúrich y Leopold Museum, Viena; Kehrer Verlag, Heidelberg, 2018, pág. 212.

15. Véase Oskar Kokoschka, *Mein Leben* (1971). Ed. esp.: *Mi vida, op. cit.*, pág. 246.

16. Véase Patrick Werkner, "Allegorische Gemälde", en Gloria Sultano y Patrick Werkner (eds.), *Oskar Kokoschka. Kunst und Politik, 1937–1950*, Böhlau, Viena, 2003, pág. 178.

17. O. Kokoschka, *Mein Leben* (1971). Ed. esp.: *Mi vida, op. cit.*, pág. 247.

18. Ibíd., pág. 252.

UN ARTISTA EUROPEO

EN SUIZA

1946–1980

Las retrospectivas dedicadas a Kokoschka confirman su condición de artista internacional, lo que no impide que siga participando en numerosos proyectos y afrontando nuevos desafíos en su pintura. Apasionado detractor del arte abstracto, en 1953 abre en Salzburgo una Escuela de la Mirada para enseñar a través de la imagen y la observación, partiendo de los escritos del pedagogo Comenio (1592–1670). La escuela está financiada por Friedrich Welz (1903–1980), un galerista austríaco cercano al régimen nazi, con el que Kokoschka acepta trabajar llevado por su espíritu humanista y conciliador.

Sus obras de los últimos años muestran un radicalismo pictórico que remite a sus primeros trabajos por la crudeza de las representaciones y la urgencia del trazo, abriendo camino a una nueva generación de pintores. Su fe en el poder subversivo de la pintura se mantiene intacta hasta su muerte, en 1980.

1947

Kokoschka adopta la nacionalidad británica para viajar por Europa con mayor facilidad. En marzo se inaugura una retrospectiva en la Kunsthalle de Basilea que muestra cómo, pese a sus temores, la mayoría de sus obras se han salvado de la destrucción nazi. En octubre visita a su hermano e inicia los trámites para recuperar la casa familiar, que ha sido expropiada. Se publica en Londres la monografía de Edith Hoffmann *Kokoschka. Life and Work*.

1948

Una exposición en la Bienal de Venecia le permite pasar gran parte del año en Italia. Se celebra su primera gran retrospectiva en EE. UU., en el Institute of Contemporary Art de Boston, que después itinerará por Washington, San Luis, San Francisco, Wilmington y Nueva York.

1949

En abril, Kokoschka pinta en Viena un retrato del alcalde Theodor Körner, futuro presidente de Austria. Tras una estancia en Roma, dirige en Boston un curso de verano en la Tanglewood Summer School. A continuación, viaja a Mineápolis y a Nueva York, donde visita su exposición en el Museum of Modern Art.

1950

De enero a julio, Kokoschka trabaja en unas pinturas encargadas por el conde Antoine Seilern para los techos de su casa de Londres, un tríptico titulado *Prometeo* (*Prometheus*). Durante una estancia en Salzburgo, acaricia la idea de fundar una academia internacional de pintura de verano, para la que contaría con el apoyo del galerista Friedrich Welz. Kokoschka pinta el retrato de Theodor Heuss, presidente de la República Federal de Alemania entre 1949 y 1959.

1951–52

En Suiza, Kokoschka compra un terreno a orillas del lago Lemán, en Villeneuve, donde construirán la villa Dauphin, a la que se mudará con Olda en 1953. Realiza un retrato de Emil Bührle, industrial y comerciante de armas. En noviembre de 1952, el artista viaja a EE. UU. como profesor visitante en la Minneapolis School of Art.

1953

Kokoschka funda en Salzburgo la Escuela de la Mirada, una academia internacional de arte que inicia su andadura en julio y en la que el artista impartirá cursos de verano durante diez años.

1954–55

En agosto de 1954, Kokoschka termina su tríptico *Las Termópilas* (*Thermopylae*) para la Universidad de Hamburgo. La Escuela de la Mirada se amplía a sesenta estudiantes. En 1955, crea la escenografía de *La flauta mágica* de Mozart en el marco del Festival de Salzburgo. En otoño se inaugura una segunda Escuela de la Mirada en Sion (Suiza).

1956–57

Kokoschka hace un viaje a Grecia, durante el cual pinta en Corinto, Atenas y Delfos una serie de obras dedicadas a las ruinas. Publica varios de sus relatos en una colección titulada *Spur im Treibsand* (Huella en la arena).

1958–59

Kokoschka visita la retrospectiva que le dedica la Haus der Kunst de Múnich. El magnate Axel Springer le encarga una vista de la ciudad de Hamburgo desde el edificio que acoge la sede de su grupo mediático. En otoño de 1959, el artista viaja de nuevo a Londres para ser condecorado con el título de comandante del Imperio Británico.

1960–63

Kokoschka realiza numerosas escenografías y ciclos litográficos para el teatro. El 8 de noviembre de 1960 fallece su hermana Berta. En otoño de 1961, el artista emprende un largo viaje por Grecia, donde elabora una carpeta de litografías titulada *Homenaje a la Hélade*. En 1962 se celebra una retrospectiva de su trabajo en la Tate Gallery de Londres. En 1963, en Florencia, trabaja en el vestuario y decorados de la ópera *Un ballo in maschera*, de Giuseppe Verdi. Ese verano imparte clases por última vez en su Escuela de la Mirada.

1966

En abril, por encargo de Axel Springer, Kokoschka realiza un retrato del excanciller alemán Konrad Adenauer en Cadenabbia (Italia). En agosto, también a petición de Springer, pinta una vista del centro de Berlín, dividido por el Muro y aún parcialmente destruido, desde lo alto de un rascacielos perteneciente a su grupo de prensa.

1970–74

Kokoschka escribe su autobiografía, *Mi vida* (*Mein Leben*), que se publica en julio de 1971. Ese invierno, a la edad de 86 años, Kokoschka pinta *Time, Gentlemen Please*, su último autorretrato. Al año siguiente, con motivo de los Juegos Olímpicos de Múnich, diseña uno de los carteles oficiales, que representa un *kouros*, en homenaje a los orígenes griegos del acontecimiento deportivo. En 1973 el pintor viaja a Jerusalén, donde retrata a numerosas figuras políticas y religiosas. En 1974 es nombrado ciudadano honorífico de Austria. Su obra dramática *Comenius* se adapta para la televisión y se emite en 1975 por los canales ZDF y ORF.

1975–76

En enero de 1975, Kokoschka ingresa en el hospital de Lausana para operarse de cataratas, intervención que afectará a su trabajo. El 12 de enero de 1976 muere su hermano menor, Bohuslav, pérdida que le causará un enorme desconsuelo.

1980

El 4 de enero, Kokoschka sufre un derrame cerebral y, el 22 de febrero, fallece en Montreux. En 1988, Olda Kokoschka crea la Fondation Oskar Kokoschka, sita en el Musée Jenisch de Vevey (Suiza), a la que dona las obras que posee. También entrega su colección de manuscritos a la Zentralbibliothek de Zúrich y lega las fotografías biográficas y la biblioteca del artista al Oskar Kokoschka Zentrum de Viena. La ciudad de Pöchlarn, por su parte, ha convertido en museo la casa natal de Oskar Kokoschka.

Fig. 1

Fig. 2

Fig. 1 Oskar Kokoschka y Viktor Matejka, concejal de cultura de la ciudad de Viena, ante las ruinas del palacio del archiduque Alberto (sede del Albertina Museum tras su reconstrucción) y del Philipphof en Viena, 1947. Fotografía: Pressefoto Henisch Wien

Fig. 2 Caricatura de Oskar Kokoschka y Viktor Matejka, dibujo a tinta realizado por Nándor Kóra-Korber, 1949. En la parte inferior aparece la siguiente leyenda: "—Encantado de saludarle… ¿Qué tal el arte vienés?
—Gracias… Acaba de recibir 2000 chelines de ayudas del Estado…
—¡Qué bien! ¿Para cada artista?
—¡Nada de eso! ¡Para todos!"

Fig. 4

Fig. 3 Oskar Kokoschka pintando un interior
de la catedral de Colonia, septiembre–
octubre de 1956

Fig. 4 El pintor trabajando en el tríptico de *Prometeo*
(*Prometheus*) en el 56 de Prince's Gate.
Londres, 1950. Fotografía de Lee Miller

Fig. 5

Fig. 6

Fig. 7

Fig. 5 Oskar Kokoschka impartiendo un curso en la Minneapolis School of Art, 1952. Fotografía de Earl Seubert

Fig. 6 Oskar Kokoschka con los estudiantes de la Escuela de la Mirada durante un curso impartido en un bastión del Hohensalzburg (Salzburgo, ca. 1953–55). Fotografía de Fegosch. Impresión a la gelatina de plata, 20,8 × 23,5 cm. Universität für angewandte Kunst, Oskar Kokoschka Zentrum, Viena

Fig. 7 "Ich bin der Sauerstoff" ["Soy el oxígeno"], *Der Spiegel*, n.º 31, 1 de agosto, 1951. Retrato de Oskar Kokoschka en la portada

Fig. 8

Fig. 9

Fig. 10

Fig. 8 Oskar Kokoschka pintando el retrato de Konrad Adenauer en Cadenabbia, abril de 1966. Fotografía de Sven Simon

Fig. 9 El pintor realizando una vista de Berlín desde la torre del grupo de prensa Springer, 13 de agosto, 1956. Fotografía de Sven Simon

Fig. 10 Oskar Kokoschka trabajando en su taller de Villeneuve (Suiza, 1959–60). En la pared del fondo, *Teseo y Antíope* (*Theseus und Antiope*, cat. 68). Fotografía de Erich Lessing. Fotografía en color montada sobre cartón, 28,6 × 23 cm. Universität für angewandte Kunst, Oskar Kokoschka Zentrum, Viena

189

Fig. 11

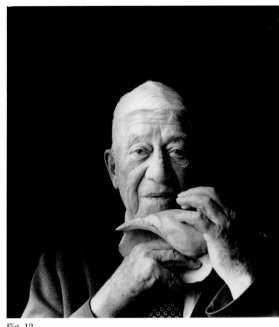

Fig. 12

La época de entreguerras la aproveché para viajar, para echar un vistazo a las obras maestras de los tiempos heroicos de algunas sociedades, a los restos de antiguos focos de cultura que los iconoclastas, los políticos, los generales y los planificadores sociales habían descuidado destruir. No viajo con la romántica intención de verter lágrimas por el pasado. Lo pasado, pasado está. No comparto el desencanto de mis contemporáneos, en especial de los artistas, que se expresa en la literatura, el teatro y el arte mediante la idea vigente de que la existencia carece de sentido. Tampoco me dedico a hacer collages con desperdicios sacados de los vertederos del industrialismo, aunque esa sea una forma actual del arte que refleja fidedignamente la realidad del presente. […] Para mí, la cultura europea no ha perdido su sentido. El testimonio de la vida de esos artistas permite concebir aún esperanzas; los sedimentos orgánicos penetran, aun en tiempos de sequía, el suelo infértil. Es posible levantarse por la mañana, abrir los ojos y sentirse parte de todo lo que existe.

Oskar Kokoschka, *Mein Leben* (1971). Ed. esp.: *Mi vida*, Tusquets Editores, Barcelona, 1988, págs. 291–92.

Fundé la Academia Internacional de Salzburgo inspirándome en la concepción europea de un mundo que nos acompaña toda la vida como un legado vivo y que, a la vez, renace en cada ser dotado de talento en sus momentos de creación. Toda enseñanza debe ser ni más ni menos que una lección sobre las cosas, con la humilde esperanza de que este o aquel joven reciba el mensaje de la obra de arte como su experiencia más íntima, aquella que le hará tomar consciencia de que posee el don de aprender a mirar con sus propios ojos.

Oskar Kokoschka, "Zur Eröffnung der Internationalen Akademie Salzburg 1953" ["Discurso de inauguración de la Academia Internacional de Salzburgo"]

Fig. 11 Cartel para los Juegos Olímpicos de Múnich de 1972, que reproduce el dibujo *Kouros I* (1968). Impresión sobre papel, 101 × 64 cm. Musée Jenisch, Vevey — Fondation Oskar Kokoschka

Fig. 12 Oskar Kokoschka en 1975. Fotografía de Derry Moore

Cat. 57 *La forma mágica del doctor Bassa*
(*Dr. Bassa's magische Form*), 1951
Óleo sobre lienzo, 100 × 75 cm

Cat. 56 *Autorretrato (Fiesole)*
    [*Selbstbildnis (Fiesole)*], 1948
    Óleo sobre lienzo, 65,5 × 55 cm

Cat. 98

Cat. 97

Cat. 100

Cat. 99

Cat. 98 *El palacio de Teseo (Palast des Theseus)*, dibujo para la escenografía de la obra de William Shakespeare *El sueño de una noche de verano*, 1956
Lápices de colores, lápiz gris y pastel sobre papel vitela, 63,5 × 101,5 cm

Cat. 97 *Bottom con cabeza de asno (Bottom mit Eselskopf)*, dibujo para el vestuario de la obra de William Shakespeare *El sueño de una noche de verano*, 1956
Lápices de colores y acuarela sobre papel, 30,5 × 19,8 cm

Cat. 100 *Escena de la ejecución II (sin figuras) [Hinrichtungsstätte II (ohne Figuren)]*, dibujo para la escenografía de la ópera de Giuseppe Verdi *Un ballo in maschera*, 1962
Lápices de colores, lápiz gris y pastel sobre papel, 51,5 × 69,5 cm

Cat. 99 *El palacio abandonado de Orfeo (Der verödete Palast des Orpheus)*, dibujo para la escenografía de la obra de Oskar Kokoschka *Orfeo y Eurídice (Orpheus und Eurydike)*, 1960
Pastel sobre papel, 37,5 × 54,5 cm

Cat. 63 *Ranas* (*Die Frösche*), 1968
Óleo sobre lienzo, 61 × 91,5 cm

Cat. 59 *Delfos* (*Delphi*), 1956
Óleo sobre lienzo, 81 × 116 cm

Cat. 61 *Berlín, 13 de agosto, 1966*
(*Berlin 13. August 1966*), 1966
Óleo sobre lienzo, 105,5 × 140 cm

Cat. 62 *Mañana y tarde (El poder de
la música II)* [*Morgen und Abend
(Die Macht der Musik II)*], 1966
Óleo sobre lienzo, 100 × 130 cm

Cat. 65 *Carletto Ponti,* 1970
Óleo sobre lienzo, 113,8 × 81,3 cm

Cat. 60 *Retrato doble de Oskar
y Olda Kokoschka (Doppelbildnis
Oskar und Olda Kokoschka)*, 1963
Óleo sobre lienzo, 89 × 115,5 cm

Cat. 64 *Autorretrato* (*Selbstbildnis*), 1969
Óleo sobre lienzo, 90,5 × 70,4 cm

Cat. 58 *Pablo Casals II,* 1954
Óleo sobre lienzo, 92 × 71 cm

Cat. 67 *Peer Gynt,* 1973
Óleo sobre lienzo, 115 × 89 cm

1

2

3

4

Cat. 101 Ciclo de litografías *Pan* inspirado en la
novela de Knut Hamsun, 1975–76
(publicado en 1978)
Litografía sobre papel, dimensiones
variables

1 *Pan*
2 *El perro Esopo y Glahn*
  (*Der Hund Äsop mit Glahn*)

3 *Glahn en las alturas mirando al mar*
  (*Glahn auf der Höhe vor dem Meer*)
4 *Glahn visita a Edvarda y a su padre*
  (*Glahns Besuch bei Edvarda und ihrem Vater*)

5

6

7

8

5 *Glahn preparándose la cena*
   (*Glahn bereitet sein Abendessen*)

6 *La última visita de Glahn a Edvarda*
   (*Glahns letzter Besuch bei Edvarda*)

7 *El viaje en barco* (*Die Bootsfahrt*)
8 *Glahn y Eva* (*Glahn und Eva*)

9

10

11

12

9   *Edvarda visita la cabaña de Glahn*
    (*Edvardas Besuch in Glahns Hütte*)
10 *Edvarda sorprende a Glahn con Eva*
    (*Edvarda überrascht Glahn mit Eva*)

11 *Eva advierte a Glahn* (*Eva warnt Glahn*)

12 *La muerte de Eva* (*Evas Tod*)

13

14

15

16

17

13 *La última visita de Glahn a Edvarda*
   (*Glahns letzter Besuch bei Edvarda*)
14 *Glahn mata a su perro*
   (*Glahn tötet seinen Hund*)

15 *Glahn envía a Edvarda el cadáver de su perro*
   Esopo (*Glahn schickt Edvarda Äsops Leiche*)
16 *Glahn recibe la carta de Edvarda*
   (*Glahn erhält Edvardas Brief*)

17 *La muerte de Glahn* (*Glahns Tod*)

Cat. 68 *Teseo y Antíope (El rapto de Antíope)* [*Theseus und Antiope (Raub der Antiope)*], 1958–75
Óleo sobre lienzo, 195 × 165 cm

Cat. 66 *Time, Gentlemen Please*, 1971–72
Óleo sobre lienzo, 130 × 100 cm

Oskar Kokoschka, precursor de una Europa unificada

Régine Bonnefoit

Tras la toma del poder por parte de Adolf Hitler, los acuerdos de Múnich y los estragos de la Segunda Guerra Mundial, y habida cuenta de la carrera armamentística a la que se entregaron las superpotencias en la Guerra Fría, Oskar Kokoschka estaba más convencido que nunca de la necesidad de una Europa unida y fuerte. En Praga, en Londres y más tarde en Alemania, buscó y mantuvo contactos con los defensores de una nueva comunidad europea, como Tomáš Garrigue Masaryk, Theodor Heuss y Konrad Adenauer. El pedagogo y reformador moravo Jan Amos Komenský (Comenio, 1592–1670), era a ese respecto una figura destacada por su idea de una comunidad pacífica de todas las naciones europeas, y hoy sigue siendo considerado uno de los "fundadores intelectuales de la Europa moderna"[1].

Del interés de Kokoschka por la génesis histórica de Europa continúa dando testimonio la biblioteca que dejó a su muerte, con libros como *The Making of Europe* (1932) de Christopher Dawson y obras de Richard N. Coudenhove-Kalergi[2], que en 1922 alumbró el Movimiento Paneuropeo en Viena, con sede en el Hofburg hasta la anexión de Austria[3]. En los primeros tiempos, este conde austríaco entendía el término "Pan-Europa" como "la unión política y económica de todos los estados europeos"[4]. Coudenhove-Kalergi habría querido ver a Masaryk a la cabeza de sus soñados Estados Unidos de Europa, el mismo Masaryk que también publicó en 1922 un texto crucial para el futuro del continente: *Das neue Europa. Der slavische Standpunkt* (La Nueva Europa, la visión eslava)[5]. A su vez, en una entrevista publicada por el *Prager Tagblatt* en 1935, Kokoschka habló en términos muy elogiosos sobre Masaryk, que presentó como perfecta encarnación de un "buen europeo"[6].

También los temas de algunas obras del artista atestiguan su esfuerzo por difundir la idea de la unificación europea. Lo comprobaremos tomando como ejemplo su monumental tríptico *Las Termópilas* (*Thermopylae*, fig. 1), que, según Olda, la esposa de Kokoschka, resume "su vida, su experiencia y su europeísmo"[7].

La perspectiva checa de Kokoschka sobre Europa

En una entrevista que mantuvo con Karel Čapek, Masaryk explicaba que Comenio fue el primer paneuropeo[8]. En el discurso que pronunció con motivo del 250º aniversario del fallecimiento del

Berlín, 13 de agosto, 1966
(*Berlin 13. August 1966*), 1966
Óleo sobre lienzo, 105,5 × 140 cm
Detalle (cat. 61)

pedagogo moravo, advertía: "Ciertamente, ha llegado el momento de que todas las naciones europeas tomen conciencia del programa comeniano de unidad universal de la raza humana, pues Comenio dejó dicho: 'Todos somos ciudadanos del mismo mundo; es más, de la misma sangre'"[9]. Edvard Beneš, sucesor de Masaryk en la presidencia de Checoslovaquia, también presentó a Comenio como europeo ejemplar[10]. En su obra *De rerum humanarum emendatione consultatio catholica*, este pedagogo y hombre de paz propuso la creación de una especie de cumbre mundial de la paz (*Consistorium oecumenicum*) y de un tribunal de la paz (*Dicasterium pacis*) al que los pueblos debían someter sus conflictos y sus disputas. Estas ideas no se retomaron hasta tres siglos después, a través de la Sociedad de las Naciones y las Naciones Unidas[11].

Kokoschka veía en Masaryk, cuyo retrato pintó en 1935 en el castillo de Lány (fig. 2), "a un digno descendiente de Komensky (Comenio)"[12]. Trabajando en este retrato, el pintor habló con el ya anciano jefe de Estado sobre la obra educativa de Comenio, a quien representó en la propia pintura y, no por casualidad, a la derecha de Masaryk. El artista comentó en una carta a su amigo el poeta Albert Ehrenstein que el retrato del presidente y de Comenio, su mentor, no merecía menos de una "pared del palacio de la Sociedad de las Naciones"[13]. En una primera versión escrita en 1935 para su ensayo sobre la cuestión de "¿Qué lecciones aprenderá la Liga de las Naciones de la aventura de Abisinia?", Kokoschka expuso lo que esperaba de la organización ginebrina: "La Sociedad de las Naciones tendrá a su lado a las gentes de buena voluntad que depositen sus esperanzas en ella si se somete a su control permanente la educación pública de la humanidad, una educación pública que responda a la tradición europea, a la humanidad y a su preservación psicológica"[14].

Reflexiones de Kokoschka sobre el futuro de Europa durante su estancia en Londres

En un volumen conmemorativo publicado en 1942 con motivo del tricentenario de la llegada de Comenio a Inglaterra, Kokoschka escribe: "La civilización industrial moderna exige que las personas de todas las naciones, pueblos y colores de piel aprendan a vivir y trabajar juntas, pues, de lo contrario, desaparecerán. Las fronteras de los países se han convertido en anomalías en una época en que un avión cruza el Atlántico entre la hora del desayuno y la de la cena"[15]. Kokoschka vuelve aquí sobre las reflexiones desarrolladas por Coudenhove-Kalergi en *Pan-Europa*: el "acercamiento temporal y espacial de los pueblos", merced a los avances tecnológicos en el transporte, debe necesariamente ir seguido por el "acercamiento político"[16], ya que "la división de Europa en veintiocho sectores aduaneros clama al cielo cuando en el momento presente es fácil sobrevolar en un solo día una docena de estas fronteras y zonas aduaneras"[17].

En Inglaterra, Kokoschka trabajó en una versión en inglés de una pieza teatral sobre Comenio que había empezado a escribir en Praga. En el texto, De Geert, discípulo de Comenio, expresando una visión esperanzada de medio de las desventuras de la Guerra de los Treinta Años, exclama: "A federal Europe will come into being!"[18]. Kokoschka hacía patente así, en pleno bombardeo de Londres, su esperanza de una coexistencia pacífica entre las naciones europeas. El artista frecuentaba la compañía de británicos que hacían

apasionada campaña por la adhesión de su país a la Comunidad Europea, como Edward Beddington-Behrens, su más fiel mecenas, que representó a Gran Bretaña en la Sociedad de las Naciones desde principios de los años veinte y que en 1954 fue nombrado presidente del Consejo Británico del Movimiento Europeo[19]. Con su apoyo económico, Kokoschka pudo llevar a cabo durante la Navidad de 1945 una campaña en la que empleaba carteles para concienciar a los londinenses sobre la miseria de los niños hambrientos en el continente europeo[20]. En la litografía aparecía Cristo crucificado, cuya mano derecha se ha desprendido del madero y se dirige a los niños pobres reunidos en torno a la cruz en busca de ayuda. La leyenda reza: "INRI / EN MEMORIA de los NIÑOS de VIENA / que MORIRÁN de HAMBRE y FRÍO este año 1946)". El cartel, que se pudo ver en muros, autobuses y estaciones de metro, no mencionaba ninguna operación de ayuda humanitaria ni cuenta bancaria para recaudar donaciones[21]. La única preocupación del artista era llamar la atención de los británicos, en plenas celebraciones navideñas, sobre la hambruna que asolaba las tierras europeas al otro lado del Canal[22].

Kokoschka no fue el único que hizo activismo en Londres por los niños hambrientos. Al mismo tiempo que él, Victor Gollancz, con su campaña "Save Europe Now", se afanaba en "dar a conocer al pueblo inglés las dimensiones del desastre"[23]. Este editor socialdemócrata británico contaba con el pleno apoyo de Kokoschka, que se lo había ofrecido en una reunión[24]. En una manifestación organizada en 1947 en defensa de "la idea de los Estados Unidos de Europa", Gollancz recordó los valores comunes de las culturas alemana y francesa: "Está la Francia cristiana y la Alemania cristiana, la Francia de Voltaire y la Alemania del Aufklärung. […] Y, conmemorando todo esto, franceses y alemanes terminarán dándose la mano en un gran acto de salvación y reconciliación del mundo". A ojos de Gollancz, una "Europa unificada"[25] sería la principal garante de la paz mundial.

La vuelta a los valores culturales comunes de Europa

En el panel central de su *Tríptico de Prometeo* (1950), Kokoschka pintó personajes mitológicos y bíblicos, desde Gaia, diosa de la Tierra, hasta la cruz radiante que figura en la esquina superior izquierda, pasando por Noé (fig. 3). El artista representa aquí una historia europea de la humanidad, que hunde sus raíces en la Antigüedad clásica y en el cristianismo. Sin embargo, desde la derecha avanzan los cuatro jinetes del Apocalipsis, símbolos de guerra y muerte[26]. En 1963, Josef P. Hodin, biógrafo de Kokoschka, distingue en esta obra "la visión de la cultura europea y de los peligros que la acechan"[27]. "Europa es la Biblia y la Antigüedad"[28], había proclamado Karl Jaspers en 1946 en Ginebra. Kokoschka también hizo de la herencia clásica y del cristianismo los dos pilares de un plan de educación humanista al que se dedicó después de 1945. Las tres palabras clave, "clasicismo", "cristianismo" y "humanismo", definían el programa, que se puso en marcha en la posguerra en las zonas de ocupación occidental de Alemania y Austria, con el objetivo de lograr la adhesión a Occidente y la vuelta de los pueblos europeos a la comunidad[29]. Theodor Heuss, retratado por Kokoschka en diciembre de 1950 en Bad Godesberg (fig. 4), proclamaba en 1956 en sus *Discursos a la juventud*: "Occidente nació a partir de tres colinas: el Gólgota, la Acrópolis de Atenas y el Capitolio de Roma.

215

Fig. 1

Fig. 2

Fig. 3

Fig. 1 Oskar Kokoschka, *Las Termópilas o la lucha por la salvación de Occidente* (*Thermopylae oder Der Kampf um die Errettung des Abendlandes*), 1954. Temple sobre lienzo, panel central, 225 × 300 cm. Kunsthalle, Hamburgo, depósito en la Universidad de Hamburgo

Fig. 2 Oskar Kokoschka, *Tomáš Garrigue Masaryk*, 1935–36. Óleo sobre lienzo, 97,5 × 130,8 cm. Carnegie Museum of Art, Patrons of Art Fund, Pittsburgh

Fig. 3 Oskar Kokoschka, *Apocalipsis* (*Apocalypse*), panel central del *Trípitco de Prometeo*, 1950. Temple sobre lienzo, 238 × 350 cm. The Courtauld Gallery, The Samuel Courtauld Trust, Londres

Fig. 4

Fig. 5

Fig. 4 Oskar Kokoschka, *Theodor Heuss*, 1950.
Óleo sobre lienzo, 105 × 80 cm. Wallraf-Richartz Museum, Colonia, préstamo permanente de la Haus der Geschichte, Bonn

Fig. 5 Oskar Kokoschka, *Konrad Adenauer*, 1966.
Óleo sobre lienzo, 132 × 102 cm. Deutscher Bundestag, Berlín

Este es el tejido intelectual de Occidente, y podemos o, mejor dicho, *debemos*, considerar las tres como una sola unidad"[30].

En una carta dirigida en 1951 al presidente de la Alemania Federal, Kokoschka defendió que fomentar el estudio de la filología clásica y la arqueología en la Alemania de posguerra sería más eficaz que "todos los 'esfuerzos de desnazificación' superficiales que, con la mejor voluntad del mundo, no serían capaces de borrar ningún elemento orgánico si la formación del espíritu europeo se erradica totalmente en Alemania"[31]. Kokoschka no veía Europa como un "continente geográfico, sino cultural"[32], cuyo vínculo común era la Antigüedad griega y romana. Ya anciano, lamenta en sus memorias que Europa esté "eliminando poco a poco de sus sistemas educativos el estudio de las lenguas antiguas, por considerarlo inútil para la sociedad, y también porque está en contradicción con el espíritu de la época, presidido por la ciencia, y por lo tanto solo representa un lastre para la juventud. A nadie le inquieta la posibilidad de que un día la juventud, desprovista de lastre, sin peso alguno, pueda verse expuesta, indefensa, a todas las corrientes"[33]. Con este alegato a favor del retorno al legado clásico, que generaba consenso cultural como base para una Europa unida tras la masacre de las dos guerras mundiales, Kokoschka respaldó plenamente la política educativa defendida por Heuss y Adenauer. Cualquiera que considerase como una "carga la enseñanza y formación surgidas de la época clásica" solo mostraba, como declaró Adenauer en 1964, "que no sabía nada de la época clásica". También a juicio de Adenauer "la Acrópolis en Atenas y el Capitolio en Roma" eran "símbolos intelectuales de la libertad y el orden"[34]. En 1966 Kokoschka hizo el retrato del excanciller federal en su residencia de verano de Cadenabbia, Italia (fig. 5). El abundante intercambio epistolar conservado entre el artista y Adenauer tras su encuentro en el lago de Como da testimonio de una sincera simpatía entre los dos, un sentimiento fundamentado en un sistema de valores compartido[35].

Un alegato desde la pintura en favor de la comunidad europea de defensa

El 1 de enero de 1954, en su nueva casa de Villeneuve, a orillas del lago Lemán, Kokoschka empezó a trabajar en el tríptico *Las Termópilas*, que se destinaría a la Universidad de Hamburgo. El mensaje que lanza la obra a los jóvenes tiene la particularidad de que en el centro no aparece el héroe, Leónidas, sino un guerrero aqueo que duda angustiado entre los dos frentes y a quien Kokoschka llama "el indeciso"[36] (fig. 1). Esta indecisión alude al comportamiento vacilante de los países de Europa occidental durante las negociaciones previas a la creación de una Comunidad Europea de Defensa, que fracasaron el 30 de agosto de 1954, un mes después de que el artista terminara el tríptico, debido a la renuencia de Francia[37]. Al dilema general que planteaba este importante paso hacia el fortalecimiento de Europa, Kokoschka respondió con una parábola clásica a modo de advertencia: igual que en el año 481 a. C. los divididos griegos se unieron en la liga panhelénica ante la presión de los invasores persas, los países de Europa occidental debían aunar fuerzas para repeler la amenaza del Este. El tema de la batalla de las Termópilas resultaba particularmente adecuado para defender la idea de una Europa unida. El libro de Coudenhove-Kalergi sobre *Pan-Europa* ya decía:

"La Hélade fue la primera Europa. Su conflicto con Persia creó una tensión entre Europa y Asia, y por lo tanto *la idea europea*"[38].

Kokoschka veía en Leónidas y sus trescientos espartanos a los representantes de la *humanitas*, y en los persas bajo el mando del rey Jerjes a los "bárbaros" que irrumpían desde el Este. El pintor toma esta visión de las *Historias* de Heródoto, el cronista griego que aparece representado a la izquierda del panel central del tríptico. Sobre él Kokoschka escribe, en un ensayo dedicado a esta obra: "Pero lo que Heródoto no podía prever es que este dilema entre *humanitas* y barbarie no ha cesado de librarse desde entonces en este campo de batalla que llamamos cultura occidental"[39]. Con esta frase, el pintor establecía un vínculo con el actual teatro de operaciones entre las potencias occidentales y Rusia. La batalla de las Termópilas se convirtió así en la metáfora de un recurrente conflicto Este-Oeste. A mediados de febrero de 1954, Kokoschka escribió a un amigo, hablando del mensaje político que contiene el tríptico: "Piensa en los rusos en Europa, y entenderás la actualidad"[40].

Pero Kokoschka no se consideraba solamente europeo, sino, de una manera más general, ciudadano del mundo. En una carta abierta publicada en el *Frankfurter Zeitung* unos meses después del ascenso de Hitler al poder, el artista lanzó esta advertencia sobre la radicalización del nacionalismo en Alemania: "No olvidemos que todas las patrias, todas las tierras de los padres, hunden sus raíces en el vientre de la Madre Tierra"[41].

Cuarenta y dos años después de la muerte de Kokoschka, sus reflexiones sobre la necesidad de una Europa unida en favor de la paz mundial y el mensaje de su tríptico sobre las Termópilas no han perdido ni un ápice de relevancia.

1. Walter Sparn, "Zur Einführung: Johann Amos Comenius und das Modern Europa", en Norbert Kotowski y Jan B. Lášek (eds.), *Johannes Amos Comenius und die Genese des modernen Europa*, actas del coloquio internacional sobre Comenio (Bayreuth, 26–29 de septiembre de 1991), Bayreuth y Praga, Studio GTS, 1992, págs. 20–22 (pág. 20).

2. La biblioteca legada por Kokoschka se encuentra en el Oskar Kokoschka Zentrum, en la Universität für angewandte Kunst de Viena.

3. Véase Anita Ziegerhofer-Prettenthaler, *Botschafter Europas. Richard Nikolaus Coudenhove-Kalergi und die Paneuropa-Bewegung in den zwanziger- und dreißiger Jahren*, Böhlau, Viena, Colonia y Weimar, 2004, pág. 18.

4. Richard N. Coudenhove-Kalergi, *Pan-Europa* (1923). Ed. esp.: *Pan-Europa*, Ediciones Encuentro, Madrid, 2010, pág. 31. Trad.: Félix de la Fuente.

5. Tomáš Masaryk, *Das neue Europa. Der slavische Standpunkt*, C. A. Schwetschke, Berlín, 1922. Sobre la relación entre Coudenhove-Kalergi y Masaryk, véase A. Ziegerhofer-Prettenthaler, *Botschafter Europas…, op. cit.*, pág. 79.

6. Kurt Juhn, "Kokoschka über das Bild", *Prager Tagblatt*, n.º 210, 8 de septiembre, 1935, Zentralbibliothek de Zúrich (ZBZ), Nachl. O. Kokoschka 60.10.

7. Carta de Olda Kokoschka a Carl Georg Heise, 1 de noviembre, 1954, ZBZ, Nachl. Olda Kokoschka 329.17.

8. Karel Capek, *Gespräche mit Masaryk*, Deutsche Verlags-Anstalt, Stuttgart y Múnich, 2001, pág. 281.

9. František Hýbl, "J. A. Comenius – Inspirator der Friedensbewegung in der tschechischen Lehrerschaft während der ersten Hälfte des 20. Jahrhunderts", en N. Kotowski y J. B. Lášek (eds.), *Johannes Amos Comenius und die Genese des modernen Europa, op. cit.*, págs. 191–97 (pág. 192).

10. Edvard Beneš, "The Place of Comenius in History as Good European", en Joseph Needham (ed.), *The Teacher of Nations. Addresses and Essays in Commemoration of the Visit to England of the Great Czek Educationalist Jan Amos Komenský*, The University Press, Cambridge, 1942, págs. 1–9.

11. Véase Walter Eykmann, "Friedenspädagogische Aspekte im Reformprojekt des Comenius", en Erwin Schadel (ed.), *Johann Amos Comenius. Vordenker eines kreativen Friedens. Deutsch-Tschechisches Kolloquium anläßlich des 75. Geburtstages von Heinrich Beck* (Universidad de Bamberg, 13–16 de abril, 2004), Peter Lang, Frankfurt, 2005, pág. 174.

12. Kurt Juhn, "Oskar Kokoschka erzählt: Erlebnis mit einem Gesalbten"; la fuente y la fecha de este recorte de prensa aparecen escritas a mano: *Zeit im Bilde*, 17 de enero, 1935, ZBZ, Nachl. O. Kokoschka 60.10.

13. Carta de Oskar Kokoschka a Albert Ehrenstein, verano de 1935, en Olda Kokoschka y Heinz Spielmann (eds.), *Oskar Kokoschka, Briefe III: 1934–1953*, Claassen, Düsseldorf, 1986, pág. 20.

14. Oskar Kokoschka, "Was wird der Völkerbund vom Abessinien-Abenteuer lernen?", galeradas corregidas y paginadas por Kokoschka, ZBZ, Nachl. O. Kokoschka 4.9, pág. 243.

15. Oskar Kokoschka, "Comenius, the English Revolution, and our Present Plight", en J. Needham (ed.), *The Teacher of Nations…, op. cit.*, págs. 61–69 (pág. 67).

16. R. N. Coudenhove-Kalergi, *Pan-Europa, op. cit.*, pág. 22.

17. R. N. Coudenhove-Kalergi, *Kommen die Vereinigten Staaten von Europa?*, Paneuropa Verlag, Glaris, 1938, págs. 24–25.

18. "Una Europa federal va a nacer". Manuscrito autógrafo de Kokoschka, trabajo previo a la versión inglesa de la obra, ZBZ, Nachl. O. Kokoschka 1.2.

19. Véase Edward Beddington-Behrens, *Look Back, Look Forward*, Macmillan, Londres, 1963, págs. 40, 50; E. Beddington-Behrens, *Is There Any Choice? Britain Must Join Europe*, Penguin Books, Londres, 1966, pág. 139: "Gran Bretaña debe agruparse con otros países europeos para crear una Europa unida…". Carta de Edward Beddington-Behrens a Oskar Kokoschka, 1 de diciembre, 1954, ZBZ, Nachl. O. Kokoschka 31.11.

20. En una carta dirigida a Kokoschka el 24 de mayo, 1961 (ZBZ, Nachl. O. Kokoschka 31.11), Beddington-Behrens recordaba su ayuda al proyecto: "En mi vida me ha dado tanto gusto gastar unos cuantos miles de libras. Fue idea tuya y quedé muy agradecido de tener la oportunidad de ayudar en algo que tanto nos importa a los dos".

21. Véase E. Beddington-Behrens, *Look Back, Look Forward, op. cit.*, pág. 167.

22. Véase carta de Oskar Kokoschka a Josef P. Hodin, 20 de noviembre, 1945, en O. Kokoschka y H. Spielmann (eds.), *Oskar Kokoschka, Briefe III: 1934–1953, op. cit.*, págs. 159–60.

23. Victor Gollancz, *Stimme aus dem Chaos*, Julius Braunthal (ed.), Nest, Núremberg, 1948, pág. 213.

24. El contacto entre Gollancz y Kokoschka queda patente en una carta del 12 de marzo de 1948 que lleva el título "SAVE EUROPE NOW" y que Gollancz inicia con estas palabras: "Mi querido Kokoschka, recuerde que cuando nos conocimos, en aquella deliciosa velada en Enoch's, dijo usted que siempre haría todo lo posible por ayudarnos en nuestra tarea" (ZBZ, Nachl. O. Kokoschka 371.7).

25. Victor Gollancz, "Ein freies Vereinigtes Sozialistisches Europa", en *Stimme aus dem Chaos, op. cit.*, págs. 23–28 (págs. 26–28).

26. Véase Régine Bonnefoit, "Der 'Apokalyptische' Prometheus – Neue Quellen zur Deutung von Kokoschkas Deckengemälde Die Prometheus Saga", en Brigitte Salmen (ed.), *Max Beckmann. Die Apokalypse. Visionen der Endzeit in Überlieferung und Moderne*, cat. expo., Schloßmuseum Murnau, Gotteswinter, Múnich, 2010, págs. 70–80.

27. Josef P. Hodin, *Bekenntnis zu Hellas. Erinnerungen und Deutungen*, Florian Kupferberg, Berlín y Maguncia, 1963, pág. 145.

28. Karl Jaspers, "Conférence du 13 septembre 1946", en Julien Benda *et al.*, *L'Esprit européen*, textos in extenso de las conferencias y entrevistas organizadas por los Rencontres internationales de Genève, Éditions de la Baconnière, Neuchâtel, 1946, pág. 296.

29. Véase Hubert Cancik, "Antike – Christentum – Humanismus. Ein Versuch zu Grundbegriffen von Heers europäischer Religions- und Geistesgeschichte", en Richard Faber (ed.), *Offener Humanismus zwischen den Fronten des Kalten Krieges. Über den Universalhistoriker, politischen Publizisten und religiösen Essayisten Friedrich Heer*, Königshausen & Neumann, Wurzburgo, 2005, pág. 151.

30. Citado a partir de la edición encontrada en la biblioteca del legado Kokoschka en el Oskar Kokoschka Zentrum de Viena: Theodor Heuss, "Dankbares Erinnern" (1956), en T. Heuss, *Vorspiele und Gestalten*, selección y prefacio de Fritz Fröhling, Fribourg-en-Brisgau, Hyperion, s. f. [1966], págs. 18–23 (pág. 20).

31. Carta de Oskar Kokoschka a Theodor Heuss, 31 de julio, 1951, ZBZ, Nachl. O. Kokoschka 25.12.

32. Oskar Kokoschka, "Die Prometheus Saga" (1952), en O. Kokoschka, *Das schriftliche Werk*, Heinz Spielmann (ed.), vol. III: *Aufsätze, Vorträge, Essays zur Kunst*, Hans Christians, Hamburgo, 1975, págs. 313–19 (pág. 318).

33. O. Kokoschka, *Mein Leben* (1971). Ed. esp.: *Mi vida*, Tusquets Editores, Barcelona, 1988, pág 274.

34. Konrad Adenauer, "Anfang 1964: Über die Rolle of the griechisch-lateinischen Geisteserbes in der Bildungsgesellschaft von morgen", reproducido en Rudolf Morsey y Hans-Peter Schwarz (eds.), *Adenauer. Die letzten Lebensjahre 1963–1967. Briefe und Aufzeichnungen, Gespräche, Interviews und Reden*, vol. I: *Oktober 1963–September 1965*, Ferdinand Schöning, Paderborn, 2009, págs. 103–04.

35. Las cartas están en ZBZ, Nachl. O. Kokoschka 301.18.

36. Walter Kern, en W. Kern (ed.), *Oskar Kokoschka, Thermopylae. Ein Triptychon*, BW-Presse, Winterthur, 1955, págs. 8–14 (pág. 11).

37. Véase Gerhard Brun, *Die Europäische Einigung von 1945 bis Heute*, Reclam, Stuttgart, 2002, págs. 93 y ss.

38. R. N. Coudenhove-Kalergi, *Pan-Europa, op. cit.*, pág. 55.

39. Oskar Kokoschka, "Zu meinem Triptychon 'Die Thermopylen' (1955)", en O. Kokoschka, *Das schriftliche Werk, vol. III: Aufsätze, Vorträge, Essays zur Kunst, op. cit.*, pág. 323.

40. Carta de Oskar Kokoschka a Leopoldo Zorzi, 15 de febrero, 1954, en O. Kokoschka y H. Spielmann (eds.), *Oskar Kokoschka, Briefe IV: 1953–1976*, Claassen, Düsseldorf, 1988, pág. 20.

41. Oskar Kokoschka, "Die fehlende Stimme. Für Max Liebermann", *Frankfurter Zeitung*, 8 de junio, 1933. Las galeradas del artículo están en el ZBZ, Nachl. O. Kokoschka 5.15.

Un lucio en el estanque de las carpas, o Kokoschka y la construcción de su personaje

Aglaja Kempf

"[…] Así es como me convertí en lo que podría llamarse un bien público o una propiedad privada. Personalmente, es lo único que quisiera que dijeran de mí"[1].

"El lucio en el estanque de las carpas"[2]: de este modo se llama a sí mismo Oskar Kokoschka en su autobiografía *Mi vida* (*Mein Leben*, publicada en 1971, fig. 5), hablando de la reacción a su obra *Asesino, esperanza de las mujeres* (*Mörder, Hoffnung der Frauen*), de tal violencia que cuando se representó en 1909 escandalizó a la burguesía, poco acostumbrada a algo así. Se asocia a sí mismo con el lucio, pez noble y dominante, un ser sobrenatural dotado de virtudes y poderes, en oposición a la carpa, común y sin brillo, que se mueve en aguas turbias, y con esta comparación sienta el tono desde el principio. No bien apareció en la escena artística, Kokoschka se posicionó como un artista cuyas singulares cualidades le diferenciaban llamativamente de sus pares. Por lo demás, no duda en extender la metáfora a sus creaciones expresionistas, a las que llama peces "piloto"[3], de carácter pionero.

Preocupado por su imagen pública desde su juventud, Oskar Kokoschka supo aprovechar muy pronto los mecanismos sociales para medrar y alcanzar notoriedad. Mucho antes que otros, consideraba esencial que se hablase de él aunque fuese mal[4]. Desde su primera participación en la Kunstschau (Muestra de Arte) de Viena, en 1908, se negó a que el jurado —que incluía a Gustav Klimt— juzgara unilateralmente su obra, según era costumbre, arguyendo que debían ser los medios quienes decidiesen sobre su trabajo[5]. Por descontado, la prensa conservadora austríaca no se privó del placer de masacrar al joven agitador, cubriéndole de epítetos poco amables[6] y consagrándole como *enfant terrible* y azote de los burgueses[7]. Kokoschka estaba encantado, había logrado su objetivo, y lo que podría llamarse estrategia del escándalo se reveló altamente eficaz: de todos los artistas jóvenes, era el único cuyo nombre aparecía en los papeles. De inmediato, Kokoschka asume plenamente su rol contestatario, no solo rapándose la cabeza como los proscritos[8], sino también posando en varias fotografías con el elegante traje de frac[9] burgués, en marcado contraste. En 1910, Kokoschka plasma el símbolo visual de esos momentos, al realizar para *Der Sturm* su célebre autorretrato como *Ecce Homo*, apuntando a la herida del pecho y con el rostro lívido y agresivo sobre un fondo rojo[10]. (fig. 7, pág. 30).

Desde el comienzo de su carrera, Kokoschka mostró un férreo deseo de independencia y de control, que expresa ya en sus primeras cartas[11]. Durante años se afanó en cultivar una imagen de artista inconformista y autónomo[12], empeñándose en evitar toda adscripción o etiqueta. Con ello perfeccionó poco a poco su leyenda de hombre a contracorriente, al margen. Tras la Segunda Guerra Mundial, no dudó en proponerse como heraldo del arte figurativo y en atacar implacablemente al arte abstracto, considerándolo síntoma de una sociedad en proceso de deshumanización. Esta reputación de creador aislado, estigmatizado[13], se construyó sobre la base de la provocación deliberada[14]. Ya en Viena, siendo todavía estudiante en la Kunstgewerbeschule (Escuela de Artes y Oficios), Kokoschka intentó contravenir los códigos burgueses[15], "desenmascarar a la sociedad vienesa"[16] por medio de la transgresión. Llevado por su radicalismo, quería ser reconocido como el único moderno, el incendiario que actuaba contra el entumecimiento[17]. Muchos años más tarde, en 1968, escenificará esos tempranos impulsos en un reportaje fotográfico que pretendía mostrar la forma en que el artista niño se veía como adulto: con una antorcha en la mano, Kokoschka afirmaba que habría querido ser "incendiario" (fig. 2)[18]. En la misma línea, defendió su papel como pionero en el trabajo con modelos que están en movimiento, cuando es sabido que Auguste Rodin —cuya obra conocía y admiraba— había empleado esa práctica mucho antes que él. Y no duda en fechar con dos o tres años de error algunas obras de juventud para sostener su condición de visionario[19].

La ambición es el hábitat de Kokoschka, que la reivindica no sin malicia, y también con verdadera afectación. En una carta de 1922 a su confidente Anna Kallin (fig. 9, pág. 80), expresa su pretensión de igualar en celebridad a personajes míticos como Alejandro Magno, César o Giuseppe Verdi[20]. Aunque se trata de un comentario efectista para impresionar a la mujer que ama, también es una señal muy reveladora (fig. 4). En 1941, en otra carta a la misma destinataria, el cincuentón llegó a designarse solemnemente como el "greatest living painter" (mejor pintor vivo)[21], molesto ante la fría acogida que le dispensaron los ingleses. En ese mismo sentido, en 1944 se lamenta de no ser lo bastante reconocido como artista singular y genial[22]. No obstante, solo unos años más tarde, en 1947, en una carta escrita a su hermana desde Basilea —donde se le dedica una importante retrospectiva—, afirma que su estatura y dimensión artística son indiscutibles para el mundo entero[23]. La misma misiva registra un natural giro hiperbólico hacia "el artista vivo más grande"[24]. Confiesa además que trabaja en pro de su gloria póstuma[25]. Estas poses narcisistas, aunque tomadas del contexto privado, nos revelan justamente la alta estima en que se tenía Kokoschka, que es lo que le permite reafirmar su confianza y seguridad en sí mismo frente al "gran mundo"[26]. En su autobiografía relata feliz cómo, durante la Segunda Guerra Mundial, cuando estaba en Inglaterra multiplicando los contactos para hacerse más conocido, se sintió reconfortado al ser reconocido como el "célebre Kokoschka"[27].

A finales de la década de 1910, ya establecido como profesor de la Academia de Bellas Artes de Dresde, Kokoschka continuó saboreando su condición de revolucionario[28] y manipulando a placer las situaciones para dar relieve a sus actos. En una carta que escribió a sus padres en 1918 desde Berlín, tras presenciar un levantamiento popular, estableció un paralelismo entre la insurrección y la inauguración de su exposición en la ciudad, encantado de la coincidencia[29]. A finales de marzo de 1920, de nuevo en Dresde, en un momento de estallidos sediciosos que provocaron daños colaterales a un lienzo de Pedro Pablo Rubens, sumó su propio nombre a la agitación al hacer un llamamiento público en los periódicos[30], una carta abierta a la ciudadanía, que también se encargó de colgar en todas las calles "a modo de sarcasmo", pidiendo que se abstuvieran de provocar nuevos disturbios frente a la Gemäldegalerie[31]. La utilización de la prensa para difundir sus ideas es recurrente en Kokoschka. Su correspondencia atestigua sus continuos esfuerzos en este sentido, insistiendo siempre en que sus textos se publicaran sin modificaciones ni censuras[32]. Conocía tanto a personas poderosas como a numerosos corresponsales[33] allende las fronteras, a los cuales el artista-activista recurría de manera regular para hacerles llegar sus insistentes peticiones, casi exigencias, con el fin de que le consiguieran aquí y allá una plataforma en los medios de comunicación de sus respectivos países[34].

Sus posicionamientos se intensificaron aún más tras la guerra, cuando el artista buscaba notoriedad de nuevo tras sus años de exilio en Gran Bretaña. El Kokoschka panfletario también multiplicó sus conferencias, dirigiéndose a audiencias de hasta varios cientos de personas[35]. Su insaciable sed de comunicación alcanzó igualmente el campo de la enseñanza. Este deseo de iluminar o incluso guiar a los jóvenes culminó con la fundación en 1953 de una academia internacional en Salzburgo, la llamada Escuela de la Mirada. Durante varios veranos impartirá allí sus enseñanzas y ofrecerá, junto con su visión del mundo, consejos para la vida, siendo punta de lanza de la renovación docente mediante la educación artística[36]. Kokoschka no podía separar su arte del hecho social y político, y su obra fue la correa de transmisión de su compromiso.

En su exposición monográfica de 1922 en el Pabellón alemán de la Bienal de Venecia, Kokoschka se definió a sí mismo como el legítimo "plato fuerte", ya que ningún artista podía competir con él[37]. En una amplia sala revestida de telas negras, presentó quince lienzos recién terminados que le granjearon la atención indiscutible de la crítica. También le entusiasmó ser percibido como el "Lenin de la pintura", nuevamente encantado de asociar su nombre a la terminología revolucionaria, convirtiendo así las críticas en una ventaja[38]. En resumen, para Kokoschka el caso era "serlo todo o no ser nada"[39].

Naturalmente, la construcción de su personaje también requería de un gran número de autorretratos, que realizó sobre todo durante sus años de Dresde[40] y, muy especialmente, en las décadas de 1910 y 1920, aunque también después seguirán ocupando un lugar central en su carrera. De hecho, constituyen uno de los temas clave de su obra pictórica, tanto por su número como —sobre todo— por su dimensión simbólica. Para representarse a sí mismo, el artista también recurre a otros medios, como el dibujo a lápiz, la acuarela, el grabado y la litografía, colocándose en primer plano en todas las series hechas antes de la Primera Guerra Mundial —que suman docenas de piezas— y poniendo de relieve su condición humana (cats. 86 y 87)[41]. En su primer autorretrato pintado, de 1911, figura como el mártir san Sebastián (fig. 1), insistiendo en la iconografía religiosa que había empleado en su cartel de 1910[42]. El carácter alegórico es una cuestión fundamental en su obra, tanto cuando se

Fig. 1

Fig. 2

Fig. 1 Oskar Kokoschka, *San Sebastián con un ángel* (*Heiliger Sebastian mit Engel*), 1911. Óleo sobre lienzo, 70,5 × 51,5 cm. Landessammlungen Niederösterreich, St. Pölten, inv. KS-23683

Fig. 2 Sven Simon, *Oskar Kokoschka el incendiario* (*Brandstifter Oskar Kokoschka*), 1967, fotografía publicada en *Eltern*, n.º 1, 1968

representa en su calidad de pintor[43] como cuando aparece atrapado en su turbulenta historia de amor con Alma Mahler[44] o incluso en escenas de género[45]. Aficionado a los mensajes alegóricos y apoyándose en su historia personal, Kokoschka se sitúa como guía artístico y político, en el sentido griego de la palabra. En su afán por trascender las alegrías y los dramas personales que vive[46] extrayendo enseñanzas más amplias sobre la condición del artista y sobre su entorno estético, social o político, desarrolla un vocabulario expresivo lleno de connotaciones simbólicas. Al situarse, en fin, como epítome del artista preocupado por las cuestiones de su tiempo[47], se propone como misión agudizar la mirada de sus conciudadanos.

El tema del autorretrato cristaliza en un manifiesto: Kokoschka como *"artista degenerado"*. El cuadro que tituló así en 1937 (cat. 47) se convirtió en estandarte contra las humillaciones y atrocidades cometidas por el régimen nacionalsocialista. A la vez, se inscribe en el contexto crítico definido por la prensa conservadora vienesa, que había convertido a Kokoschka en el blanco de sus ataques desde su primera aparición en la escena pública. Para el artista, estos dos momentos van estrechamente de la mano: "La tormenta que se desató en la prensa vienesa tras mi función teatral llegó a superar incluso a las injuriantes críticas que se volcaron sobre las pinturas que expuse en 1908 en lo que se llamó 'la sala de la vergüenza'. 'Artista degenerado', 'espantaburgueses', 'corruptor de la juventud, 'carne de presidio' fueron algunos de los apelativos que se me dieron; los diarios utilizaron expresiones que más tarde serían habituales durante la época hitleriana"[48]. El aniquilamiento de su reputación estaba detrás de la destrucción, por parte de la Gestapo vienesa, de uno de los primeros retratos de Kokoschka —*Robert Freund*—[49], despedazado en cuatro partes[50] e impreso posteriormente en formato de postal (fig. 7, pág. 161), antes de que, en 1949, el artista lo restaurara. En 1938, varias obras de Kokoschka se incluyeron en la exposición *Twentieth-Century German Art Exhibition*, organizada en Londres como mordaz reacción a la gran muestra de Múnich sobre arte degenerado de 1937.

El estallido de la Segunda Guerra Mundial llevó a Kokoschka a implicarse cada vez más en el pensamiento sociopolítico, como atestiguan sus numerosas tomas de posición, mediante la expresión oral o escrita, con las que se autodefine como artista humanista, comprometido y pacifista, volcado hacia su colectivo. Hiperconectado con la intelectualidad de su tiempo, Kokoschka mueve los hilos de su red mundial de contactos para apuntalar su imagen como artista bien informado[51] y preocupado por su tiempo. Hasta la fecha de su muerte, criticó la creciente tecnologización de la sociedad, irguiéndose con firme determinación en defensor del arte figurativo[52]. También se comprometió con los niños más seriamente afectados por el conflicto armado[53]. En varias ocasiones produjo obras destinadas a recaudar fondos, pegando miles de copias de algunas de ellas en las paredes del metro con fines propagandísticos[54].

Ya desde los años treinta, Kokoschka jugó sus cartas en el tablero político con renovada terquedad. Las imágenes alegóricas que pintó durante la guerra[55] son una de las herramientas que emplea para "abrir a otros los ojos a [su] visión de la guerra"[56]. También están ampliamente documentados sus retratos de personalidades eminentes, seleccionadas con sumo cuidado[57]. Los periódicos, principalmente los de mayor tirada, siguen con atención las diversas etapas de realización de estas pinturas, mediante reportajes profusamente ilustrados. Patrick Werkner habla de instrumentalización política del arte y pone el ejemplo de un artículo en la revista *Spiegel* (27 de marzo, 1951) que ensalza el retrato del presidente de la República Federal de Alemania Theodor Heuss pintado por Kokoschka[58], un encargo que parece deberse a una compensación pública por las humillaciones sufridas. El propio Kokoschka manifestó su encarecido deseo de reparación de su honor[59].

En 1966, la revista *Quick*[60] publicó numerosas fotografías del artista retratando al canciller alemán Konrad Adenauer (fig. 3), acompañadas de un comentario esclarecedor: "Es un encuentro inusual entre el célebre político y el célebre pintor. Pero lo demuestran las fotos, y lo ha dicho Konrad Adenauer: nos entendimos inmediatamente y somos de la misma opinión"[61]. El retrato fue un encargo de la popularísima revista —con una tirada de un millón setecientos mil ejemplares—[62] por cuenta del Parlamento, lo que permitió pagar a Kokoschka la cantidad récord de doscientos mil marcos alemanes, que él donó a los niños desfavorecidos[63]. Se puede comprender el prestigio que, ante todo, comportaban estas colaboraciones. Los estadistas se tomaban como un honor el ser pintados por el "mayor retratista vivo"[64] y, a cambio, el artista ganaba notoriedad y consideración.

La autoridad que busca Kokoschka pasa también por controlar las monografías dedicadas a su persona y publicadas en vida, como es el caso de las obras de Paul Westheim (1918, 1925), Edith Hoffmann (1947), Hans Maria Wingler (1956), Ludwig Goldscheider (1963) o Josef Paul Hodin (1966, 1968). En particular, los encuentros que mantuvo con su biógrafa Edith Hoffmann[65] —y que básicamente trató de dirigir— han sido objeto de un estudio de Régine Bonnefoit[66], que explica cómo Kokoschka intentaba imponer su propia verdad en el manuscrito de la historiadora del arte. Las reuniones se sucedieron durante varios meses en Londres, a lo largo de los cuales Kokoschka, sin alejarse nunca del vínculo amistoso, que reforzaba su postura autocrática, no se privó de transmitir al editor su deseo de controlar el manuscrito hasta que tuviera su visto bueno final para la impresión. Lo que efectivamente hizo: cuando revisa el proyecto en su última fase, se encoleriza y escribe a la investigadora para decírselo sin ambages. Después procede a reorganizar completamente el texto, para que "este trabajo pueda ver la luz sin gran peligro para [sí]"[67], dedicándole varios meses y lanzando de paso varias amenazas de querella. En total, hicieron falta diez años de gestación para llegar a la obra definitiva, cuya autoría, además, intenta adjudicarse Kokoschka por completo, afirmando públicamente que había dictado el manuscrito. En efecto, qué relato puede ser más objetivo que el que ofrece uno mismo...[68]

Kokoschka, que cultivó incansablemente su imagen pública, especialmente la fotográfica[69], utilizó para ello también la escritura. Así, la publicación en 1971 de *Mi vida* es una jugada maestra que permite al artista, ya al final de su carrera, tomar el control de su biografía. El libro está trufado de anécdotas, en ocasiones es propenso a las exageraciones y a las afirmaciones arriesgadas, y se extiende y se explaya cronológicamente en función de lo que Kokoschka quería legar a la posteridad. Los últimos capítulos le sirven asimismo para exponer consideraciones artísticas e intelectuales más generales, en las que el pintor insiste en la superioridad del modelo antiguo. Consecuentemente, el artista va moldeando su imagen para dotarse de un carácter legendario. También intervino

223

Fig. 3

Fig. 4

Fig. 5

Fig. 3 Sven Simon, *El pintor y su modelo.*
Konrad Adenauer y Oskar Kokoschka,
fotografía publicada en *Quick*, 1 de mayo,
1966, Universität für angewandte Kunst,
Oskar Kokoschka Zentrum, Viena

Fig. 4 Oskar Kokoschka disfrazado de mago, 1967.
Fotografía de Sven Simon

Fig. 5 Oskar Kokoschka, *Mein Leben*, Bruckmann,
Múnich, 1971 (fotografía de Sven Simon).
Ed. esp.: *Mi vida*, Tusquets Editores,
Barcelona, 1988

concienzudamente en la elaboración de los cuatro volúmenes de sus escritos (1973–75), que se completan con la publicación póstuma (1984–88) de una selección de su abundante correspondencia en otros cuatro volúmenes. Por último, Kokoschka se dedicó, con la ayuda decisiva de su esposa, a organizar sus archivos de trabajo, clasificándolos por medio de listas y pronunciándose sobre las autentificaciones.

Era tentador poner frente al espejo a la misma persona que fue calificada como "desgarrador de almas" (*Seelenaufschnitzler*). Examinando las diferentes aristas que asoman en el forjado de su imagen, nos damos cuenta de hasta qué punto el pintor, tan calumniado como santificado, disfrutaba siendo su propio apologeta. Desde sus años de juventud, Kokoschka trabajó a conciencia en erigir su propio mito, basado en los *topoi* de la originalidad y el genio. En su ambición, quería construir tanto como ser construido.

Sin embargo, más allá de sus arranques narcisistas, estamos frente a un hombre apresado en la búsqueda de su identidad[70]: "Aún hoy [a principios de los años setenta], tiendo a veces a pensar —como en los momentos en que, al despertarnos de un sueño, nos frotamos los ojos con los nudillos— que aquel mundo de la infancia sigue siendo como un ancla, en tanto que la curiosidad, la ambición, las aspiraciones materiales y la sensualidad son el viento que hincha las velas que impulsan la nave de mi vida. Dos direcciones diferentes, de las que surgen mis conflictos internos"[71]. Ya en 1948 escribió: "Nunca tuve la intención de entretener a mis contemporáneos haciendo malabares para que me consideraran un ser especial. Solo trataba de crear mi propio mundo, en el que sobrevivir a las fracturas que gradualmente se extendieron al mundo entero. Si mi mundo no desaparece conmigo, será aún mejor. Pero yo no puedo *corregir a la fortuna*"[72].

1. Oskar Kokoschka, en Heinz Spielmann (ed.), *Oskar Kokoschka. Erzählungen. Das schriftliche Werk*, vol. III: *Vorträge, Aufsätze, Essays zur Kunst*, Hans Christians, Hamburgo, 1975, pág. 257.

2. Oskar Kokoschka, *Mein Leben*, Bruckmann, Múnich, 1971, pág. 66: "Intelektuelle, aber bloss auch Neugierige wollten sich nicht entgehen lassen, was der Hecht im Karpfenteich anstellen würde". En la edición española, la cita se tradujo así: "Había intelectuales —y también simples curiosos— que no querían perderse el escándalo que sin duda iba a causar aquel alborotador" [Oskar Kokoschka, Ed. esp.: *Mi vida*, Joan Parra Contreras (trad.), Tusquets Editores, Barcelona, 1988, pág. 48].

3. "Actualmente se considera que mis obras fueron para el expresionismo auténticos pilotos, en el sentido en que se aplica esa palabra a ciertos pequeños peces que suelen preceder a las ballenas. [...] Mi obra tampoco nació para ser leída, sino representada, realizada en la escena, y vivida como un remedio contra el letargo que hoy en día reina en el mundo del teatro". Kokoschka, *Mein Leben* (1971). Ed. esp.: *Mi vida*, op. cit., págs. 49–50.

4. Véase, por ejemplo, O. Kokoschka, *Mein Leben* (1971). Ed. esp.: *Mi vida, op. cit.*, pág. 59: "Por supuesto, tenía en mi contra —para mi gran suerte— a toda la prensa y a la sociedad, que me condenaba".

5. Sobre este episodio, véase O. Kokoschka, *Mein Leben* (1971). Ed. esp.: *Mi vida, op. cit.*, págs. 34–35.

6. Véase O. Kokoschka, *Mein Leben* (1971). Ed. esp.: *Mi vida, op. cit.*, pág. 52.

7. El término alemán *Bürgerschreck* ("fiera montaraz", en O. Kokoschka, *Mein Leben* (1971). Ed. esp.: *Mi vida, op. cit.*, pág. 35) se hace eco del de *Oberwildling* (el gran salvaje), una forma perfeccionada del salvaje, que el crítico Ludwig Hevesi asocia con él y no para disgusto de Kokoschka; citado en Werner J. Schweiger, *Der junge Kokoschka. Leben und Werk, 1904–1914*, Christian Brandstätter, Viena y Múnich, 1983, pág. 63.

8. "Como me sentía tratado igual que un criminal, me corté el pelo al cero e hice lo posible para parecer un proscrito". O. Kokoschka, *Mein Leben* (1971). Ed. esp.: *Mi vida, op. cit.*, pág. 47.

9. Varias fotografías tomadas en Viena en 1909 lo muestran solo o acompañado de Max Oppenheimer y Ernst Reinhold. Véase *Kokoschka. Das Ich im Brennpunkt*, cat. expo., Leopold Museum, Viena, 2013; Bernadette Reinhold y Patrick Werkner (eds.), *Oskar Kokoschka. Ein Künstlerleben in Lichtbildern/An Artist's Life in Photographs*, Ambra, Viena, 2013.

10. "El cartel me muestra con el cráneo rasurado, como un presidiario, y señalando con un dedo a una herida abierta en el pecho; era un reproche dirigido a los vieneses; pero el caso es que, algunos años más tarde, un soldado ruso me atravesó un pulmón con la bayoneta justo en ese lugar", O. Kokoschka, *Mein Leben* (1971). Ed. esp.: *Mi vida, op. cit.*, pág. 99.

11. Véase, por ejemplo, Olda Kokoschka y Heinz Spielmann (eds.), *Oskar Kokoschka, Briefe I: 1905–1919*, Claassen, Düsseldorf, 1984, pág. 6, donde en 1906 revela a su profesor Leon Kellner la importancia que concede a la afirmación de su individualidad.

12. Hablando de sus años de juventud en Berlín, dice: "No estaba dispuesto a que nadie recortase mi independencia, tan duramente conquistada", O. Kokoschka, *Mein Leben* (1971). Ed. esp.: *Mi vida, op. cit.*, pág. 105. También describió sus dibujos para la revista *Der Sturm* como "algo totalmente novedoso", en O. Kokoschka, *Mein Leben* (1971). Ed. esp.: *Mi vida, op. cit.*, pág. 44. añadía: "Prefería que fueran los otros los que se dejasen influenciar por programas y teorías. Sin duda, los nuevos fenómenos artísticos eran dignos de un profundo interés por su función de precursores, pero yo no quería que contasen conmigo para definir su quehacer plástico y resolver los problemas que el momento histórico, como a todos, les planteaba",

13. O. Kokoschka, *Mein Leben* (1971). Ed. esp.: *Mi vida, op. cit.*, págs. 185–86.

14. En 1911, en una carta a Herwarth Walden, menciona que la crítica vienesa le llamó "flagelo de Dios" (*Gottesgeissel*) y "hez de la sociedad" (*Räudiger der Gesellschaft*), en O. Kokoschka y H. Spielmann (eds.), *Oskar Kokoschka, Briefe I: 1905–1919, op. cit.*, pág. 19.

15. "Dos años más tarde, en 1919, puse en escena *Der brennende Dornbusch* (*La zarza ardiente*) y *Hiob* en Berlín, en el teatro de cámara de Max Reinhardt, lo cual dio lugar a un escándalo comparable al que en su día estallara en Viena. [...] Cuando, al final de la representación, se inició el tumulto, salí al escenario, hice una reverencia y, mostrando al público el cráneo vacío de Job, que yacía muerto en el suelo, lo golpeé con los nudillos y grité burlonamente hacia la sala: '¡Así de vacía tenéis la cabeza!'", O. Kokoschka, *Mein Leben* (1971). Ed. esp.: *Mi vida, op. cit.*, pág. 158.

15. Véase O. Kokoschka, *Mein Leben* (1971). Ed. esp.: *Mi vida, op. cit.*, pág. 47. Sobre esta cuestión del rechazo de los burgueses, a los que él califica de títeres, Véase también O. Kokoschka y H. Spielmann (eds.), *Oskar Kokoschka, Briefe I: 1905–1919, op. cit.*, pág. 7.

16. "El retrato de Karl Kraus, editor de la revista *Die Fackel* [La antorcha], temida en toda Viena, no era un intento de desenmascararlo a él, como dijo la crítica, sino a la sociedad vienesa", O. Kokoschka, *Mein Leben* (1971). Ed. esp.: *Mi vida, op. cit.*, pág. 55.

17. Celoso de Max Oppenheimer, le acusa de plagiar su trabajo, manifestando así su voluntad de aparecer como un precursor indiscutible. Véase O. Kokoschka y H. Spielmann (eds.), *Oskar Kokoschka, Briefe I, op. cit.*, págs. 19–20.

18. Citado por Patrick Werkner, "Zwischen Dokumentation und Medienprodukt. Bemerkungen zu den biografischen Fotos von Oskar Kokoschka und zur Rolle seiner Frau Olda", en B. Reinhold y P. Werkner (eds.), *Oskar Kokoschka.*

19. *Ein Künstlerleben in Lichtbildern...*, op. cit., pág. 58.

19. Véase Regine Bonnefoit, "Kunsthistoriker vom Künstler zensiert – am Beispiel der Kokoschka-Monography von Edith Hoffmann (1947)", en Beate Böckem, Olaf Peters y Barbara Schellewald (eds.), *Die Biography – Mode oder Universalie? Zu Geschichte und Konzept einer Gattung in der Kunstgeschichte*, De Gruyter, Berlín y Boston, 2016, págs. 177 y 179.

20. Véase O. Kokoschka y H. Spielmann (eds.), *Oskar Kokoschka, Briefe II: 1919–1934*, Düsseldorf, Claassen, 1985, pág. 53.

21. O. Kokoschka y H. Spielmann (eds.), *Oskar Kokoschka, Briefe III: 1934–1953*, Düsseldorf, Claassen, 1986, pág. 108.

22. Véase ibíd., pág. 130.

23. Ibíd., pág. 182.

24. Ibíd., pág. 183.

25. Ibíd., pág. 108.

26. Véase O. Kokoschka y H. Spielmann (eds.), *Oskar Kokoschka, Briefe IV: 1953–1976*, Claassen, Düsseldorf, 1988, pág. 30.

27. "[...] y por eso me enviaron a ver al editor vienés Walter Neurath, más tarde cofundador de la importante editorial Thames and Hudson. Para dar una idea del recibimiento que nos brindó después de que anunciáramos nuestra llegada en la antesala, sirvan estos apuntes de Olda: 'De repente Walter Neurath entró precipitadamente en la habitación, exclamando: "¿Cómo es esto? ¿Kokoschka viene a verme a mí, en vez de ser yo quien va a buscarlo a él?". Era la primera vez que OK volvía a recibir el trato al que antes estaba acostumbrado. Pues para Walter Neurath él no era un solicitante como otro cualquiera, sino nada menos que el célebre Kokoschka'", O. Kokoschka, *Mein Leben* (1971). Ed. esp.: *Mi vida, op. cit.*, pág. 245.

28. "El comité de estudiantes de la Academia de Artes Plásticas de Dresde me pidió que entrara en ese instituto para poner un poco de orden. [...] e inmediatamente me declaré dispuesto a complacer su demanda", O. Kokoschka, *Mein Leben*

(1971). Ed. esp.: *Mi vida, op. cit.*, pág. 167.

29. Véase O. Kokoschka y H. Spielmann (eds.), *Oskar Kokoschka, Briefe II: 1919–1934, op. cit.*, pág. 9.

30. Ibíd., pág. 12.

31. "No es que me hubiera indignado tanto porque un cuadro de Rubens —por lo demás, no muy importante— hubiera resultado dañado por una bala perdida; lo que pretendía era más bien salir al paso del odio con el sarcasmo", O. Kokoschka, *Mein Leben* (1971). Ed. esp.: *Mi vida, op. cit.*, págs. 169–70.

32. Véase, por ejemplo, O. Kokoschka y H. Spielmann (eds.), *Oskar Kokoschka, Briefe III: 1934–1953, op. cit.*, pág. 115, u O. Kokoschka, *Mein Leben* (1971). Ed. esp.: *Mi vida, op. cit.*, pág. 217. Kokoschka también dice lo importante que es para él, aquí en Nueva York, que los artículos sean largos para darles más peso [O. Kokoschka y H. Spielmann (eds.), *Oskar Kokoschka, Briefe III, op. cit.*, pág. 230]. Véase H. Spielmann (ed.), *Oskar Kokoschka. Erzählungen. Das schriftliche Werk*, vol. IV: *Politische Äusserungen*, Hans Christians, Hamburgo, 1976.

33. ¡Se han contado unos tres mil corresponsales! Sobre su correspondencia, véase Marlis Stähli, "Der schriftliche Nachlass Oskar Kokoschkas in der Zentralbibliothek Zürich", en *Oskar Kokoschka – aktuelle Perspektiven*, Hochschule für angewandte Kunst, Viena, 1998; Régine Bonnefoit y Ruth Häusler (eds.), *"Spur im Treibsand". Oskar Kokoschka neu gesehen. Briefe und Bilder*, Michael Imhof Verlag, Petersberg, 2010.

34. Véase, por ejemplo, O. Kokoschka y H. Spielmann (eds.), *Oskar Kokoschka, Briefe III: 1934–1953, op. cit.*, pág. 139.

35. Véase O. Kokoschka, *Mein Leben* (1971). Ed. esp.: *Mi vida, op. cit.*, pág. 259, y O. Kokoschka y H. Spielmann (eds.), *Oskar Kokoschka, Briefe III, op. cit.*, págs. 217–62.

36. Véase, por ejemplo, O. Kokoschka y H. Spielmann (eds.), *Oskar Kokoschka, Briefe III: 1934–1953, op. cit.*, pág. 137, y *Oskar Kokoschka, Briefe IV: 1953–1976, op. cit.*, pág. 28.

37. Véase O. Kokoschka y H. Spielmann (eds.), *Oskar Kokoschka, Briefe II: 1919–1934, op. cit.*, pág. 39.

38. Ibíd., pág. 44.

39. Ídem.

40. Véase Katharina Erling y Walter Feilchenfeldt, catálogo en línea (www.oskar-kokoschka ch), CR1916/9, CR1917/1, CR1917/6, CR1918/3, CR1918/4, CR1922/3, CR1922/4, CR1922/7, CR1922/8, CR1922/11, CR1922/13, CR1923/1, CR1923/9.

41. "[…] Pero mis series de litografías, siempre en contraste con el arte del *jugendstil*, del impresionismo y de toda la producción contemporánea, siguen siendo para mí un mito, la configuración de un símbolo, preñado de encuentro, engendramiento y separación", O. Kokoschka, *Mein Leben* (1971). Ed. esp.: *Mi vida, op. cit.*, pág. 123. Véanse las series *Die träumenden Knaben* (1906–08), *Die chinesische Mauer* (1913, publ. 1914), *Der gefesselte Columbus* (1913, publ. 1916), *O Ewigkeit, du Donnerwort* (1914, publ. 1916), *Allos makar* (1914, publ. 1915) y *Die Passion* (1916).

42. Los temas religiosos los desarrollará asimismo en autorretratos posteriores, especialmente en CR1922/8 (*Kokoschka como Lot*), CR1922/12 (*Kokoschka como Jacob*), CR1966/1 (*Kokoschka como Saúl*), CR1972/2 (*Kokoschka como Cristo crucificado*). El pintor también asocia su condición a la de varios personajes imaginarios emblemáticos: los antihéroes Peer Gynt, de Henrik Ibsen, y el teniente Glahn de la novela *Pan*, de Knut Hamsun.

43. CR1913/6, CR1914/11, CR1918/3, CR1922/3, CR1922/4, CR1922/11, CR1923/9, CR1937/8, CR1948/7, CR1951/3.

44. CR1912/12, CR1913/2, CR1913/10, CR1914/5, CR1915/2.

45. En particular, CR1916/9 y CR1917/6.

46. La soledad y el desánimo aparecen varias veces en sus autorretratos. Véase, por ejemplo, O. Kokoschka, *Mein Leben* (1971). Ed. esp.: *Mi vida, op. cit.*, págs. 167–89.

47. Pensemos también en la fuerte presencia de las manos en varias obras, señalando o significando algo, prontas a enviar un mensaje.

48. O. Kokoschka, *Mein Leben* (1971). Ed. esp.: *Mi vida, op. cit.*, pág. 52.

49. CR 1909/2.

50. Véase O. Kokoschka, *Mein Leben* (1971). Ed. esp.: *Mi vida, op. cit.*, pág. 109.

51. Véase, por ejemplo, Frauke Kreutler, "Vom Bürgerschreck zum Königsmaler. Die Inszenierung des Künstlers Kokoschka in Fotografien", en B. Reinhold y P. Werkner (eds.), *Oskar Kokoschka. Ein Künstlerleben in Lichtbildern…, op. cit.*, pág. 75, que describe cómo posaba el artista en su nutrida biblioteca y con su colección de objetos, sobre todo antigüedades, ayudando así a difundir su imagen como figura tanto intelectual como artística.

52. Véase O. Kokoschka y H. Spielmann (eds.), *Oskar Kokoschka, Briefe III: 1934–1953, op. cit.*, pág. 268.

53. Ibíd., pág. 167.

54. "Lo que me distinguía de los agitadores comunistas era que no me dirigía a las masas a través de una ideología, sino que pretendía única y exclusivamente apelar a la conciencia humana. Yo era una especie de *one man underground movement*", O. Kokoschka, *Mein Leben* (1971). Ed. esp.: *Mi vida, op. cit.*, pág. 252. Véase también el cartel de 1937 *Helft den baskischen Kindern!*, mencionado en O. Kokoschka, *Mein Leben* (1971). Ed. esp.: *Mi vida, op. cit.*, pág. 226.

55. CR1939/6, CR1940/2, CR1941/1, CR1942/1, CR1942/2, CR1942/3, CR1943/3.

56. O. Kokoschka, *Mein Leben* (1971). Ed. esp.: *Mi vida, op. cit.*, pág. 245.

57. CR1936/2 (Tomáš Garrigue Masaryk), CR1943/2 (Ivan Maiski), CR1949/3 (Theodor Körner), CR1950/6 (Theodor Heuss), CR1951/2 (Max Brauer), CR1959/2 (Ludwig Erhard), CR1960/5 (Israel Sieff), CR1966/2 (Konrad Adenauer). Otros retratos, como los de Lenin o Gandhi [Véase O. Kokoschka y H. Spielmann (eds.), *Oskar Kokoschka, Briefe III: 1934–1953, op. cit.*, pág. 192], se quedaron en meras intenciones.

58. P. Werkner, "Zwischen Dokumentation und Medienprodukt…", en B. Reinhold y P. Werkner (eds.), *Oskar Kokoschka. Ein Künstlerleben in Lichtbildern…, op. cit.*, págs. 48–69.

59. En una carta de 1951 al historiador del arte Will Grohmann, en O. Kokoschka y H. Spielmann (eds.), *Oskar Kokoschka, Briefe III: 1934–1953, op. cit.*, pág. 258.

60. *Quick*, 1.º, 8 y 15 de mayo, 1966.

61. F. Kreutler, "Vom Bürgerschreck zum Königsmaler…", en B. Reinhold y P. Werkner (eds.), *Oskar Kokoschka. Ein Künstlerleben in Lichtbildern…, op. cit.*, pág. 76.

62. P. Werkner, "Zwischen Dokumentation und Medienprodukt…", en ibíd., pág. 56.

63. Véase O. Kokoschka, *Mein Leben* (1971). Ed. esp.: *Mi vida, op. cit.*, pág. 281.

64. O. Kokoschka y H. Spielmann (eds.), *Oskar Kokoschka, Briefe IV: 1953–1976, op. cit.*, pág. 101.

65. Edith Hoffmann, *Kokoschka – Life and Work*, Faber and Faber, Londres, 1947.

66. R. Bonnefoit, "Kunsthistoriker vom Künstler zensiert […]", en B. Böckem, O. Peters y B. Schellewald (eds.), *Die Biographie […], op. cit.*, págs. 169–82.

67. O. Kokoschka y H. Spielmann (eds.), *Oskar Kokoschka, Briefe III: 1934–1953, op. cit.*, pág. 126.

68. Ibíd., pág. 140.

69. B. Reinhold y P. Werkner (eds.), *Oskar Kokoschka. Ein Künstlerleben in Lichtbildern…, op. cit.*

70. Véase O. Kokoschka, *Mein Leben* (1971). Ed. esp.: *Mi vida, op. cit.*, págs. 305, 312 y 313.

71. Véase O. Kokoschka, *Mein Leben* (1971). Ed. esp.: *Mi vida, op. cit.*, pág. 111.

72. Oskar Kokoschka, *Briefe III: 1934–1953, op. cit.*, pág. 205.

Listado de obra

La numeración al final de cada pie de foto indica la referencia de la obra en el catálogo razonado de pinturas *online* de Katharina Erling y Walter Feilchenfeldt, (www.oskar-kokoschka.ch). Marcadas con asterisco aparecen las obras no expuestas en el Museo Guggenheim Bilbao

PINTURAS

Cat. 1, repr. pág. 41
Paisaje húngaro (Ungarische Landschaft), 1908
Óleo sobre lienzo,
73 × 100,4 cm
Musée Jenisch, Vevey —
Fondation Oskar Kokoschka,
inv. FOK 0400 (CR1908/1)

*Cat. 2, repr. pág. 45
Verónica con el Sudario (Veronika mit dem Schweißtuch), 1909
Óleo sobre lienzo,
120 × 80 cm
Museo de Bellas Artes
de Budapest, inv. 542.B
(CR1909/03)

*Cat. 3, repr. pág. 42
Padre Hirsch (Vater Hirsch),
1909
Óleo sobre lienzo,
70,5 × 62,5 cm
Lentos Kunstmuseum Linz,
inv. 4 (CR1909/4)

Cat. 4, repr. pág. 44
Niños jugando (Spielende Kinder), 1909
Óleo sobre lienzo,
72 × 108 cm
Lehmbruck Museum,
Duisburgo, inv. 573/1956
(CR1909/14)

Cat. 5, repr. pág. 46
Bertha Eckstein-Diener, 1910
Óleo sobre lienzo, 78 × 88 cm
mumok – Museum moderner
Kunst Stiftung Ludwig Wien,
Viena, adquirida en 1962,
inv. B 58/0 (CR1910/2)

Cat. 6, repr. pág. 47
Auguste Forel, 1910
Óleo sobre lienzo, 70 × 58 cm
Kunsthalle Mannheim,
inv. M321 (CR1910/3)

*Cat. 7, repr. pág. 43
El administrador (Der Rentmeister), 1910
Óleo sobre lienzo, 74 × 59 cm
Belvedere, Viena
inv. 2448 (CR1910/9)

Cat. 8, repr. pág. 51
Herwarth Walden, 1910
Óleo sobre lienzo,
100 × 69,3 cm
Staatsgalerie Stuttgart,
adquirida con fondos de
la Lotería, 1966,
inv. 2749 (CR1910/11)

Cat. 9, repr. pág. 49
Carl Leo Schmidt, 1911
Óleo sobre lienzo, 98 × 68 cm
Colección Carmen
Thyssen-Bornemisza,
inv. (CTB.1998.27) (CR1911/3)

*Cat. 10, repr. pág. 54
Alexis af Ennehjelm, 1911
Óleo sobre lienzo, 60 × 50 cm
Hamburger Kunsthalle,
adquirida en 1954, inv.
HK-2965
(CR1911/10)

*Cat. 11, repr. pág. 55
La Anunciación (Verkündigung), 1911
Óleo sobre lienzo,
83 × 122,5 cm
Museum Ostwall im
Dortmunder U, Dortmund,
inv. SG92 (CR1911/11)

Cat. 12, repr. pág. 52
Paisaje alpino, Mürren (Alpendlandschaft bei Mürren), 1912
Óleo sobre lienzo, 70 × 90 cm
Franz Marc Museum, Kochel
a. See. Colección particular,
inv. DL-0057 (CR1912/10)

Cat. 13, repr. pág. 53
Paisaje de los Dolomitas, Tre Croci (Dolomitenlandschaft, Tre Croci), 1913
Óleo sobre lienzo,
80 × 120,1 cm
Leopold Museum, Viena,
inv. 624 (CR1913/4)

Cat. 14, repr. pág. 57
Retrato de muchacha (Mädchenbildnis), 1913
Óleo sobre lienzo,
67,7 × 54 cm
Colección Museum der
Moderne Salzburg,
inv. BU 1307
(CR1913/5)

*Cat. 15, repr. pág. 56
Carl Moll, 1913
Óleo sobre lienzo,
128 × 95 cm
Belvedere, Viena, Legado de
Carl Moll, 1945, inv. 4009
(CR1913/7)

Cat. 16, repr. pág. 48
Max Schmidt, 1914
Óleo sobre lienzo,
90 × 57,5 cm
Museo Nacional Thyssen-
Bornemisza, Madrid,
inv. 629 (1982.29) (CR1914/1)

Cat. 17, repr. pág. 50
El prisionero (Der Gefangene), 1914
Óleo sobre lienzo,
100,1 × 72,5 cm
National Heritage Institute,
República Checa (CR1914/4)

Cat. 18, repr. pág. 59
La princesa Mechtilde Lichnowsky (Fürstin Mechtilde Lichnowsky), 1916
Óleo sobre lienzo,
110,7 × 85,3 cm
National Heritage Institute,
República Checa (CR1916/7)

Cat. 19, repr. pág. 82
Autorretrato (Selbstbildnis),
1917
Óleo sobre lienzo, 79 × 63 cm
Von der Heydt-Museum
Wuppertal, inv. G 0682
(CR1917/1)

Cat. 20, repr. pág. 83
Katja, 1918
Óleo sobre lienzo,
75,5 × 100,5 cm
Von der Heydt-Museum
Wuppertal, inv. G 1328
(CR1918/3)

Cat. 21, repr. págs. 86–87
Hans Mardersteig y Carl Georg Heise (Hans Mardersteig und Carl Georg Heise), 1919
Óleo sobre lienzo,
100 × 144,6 cm
Colección Museum Boijmans
Van Beuningen, Róterdam.
Adquisición Stichting Fonds
Willem van Rede. Préstamo
permanente de la Agencia de
Patrimonio Cultural de los
Países Bajos, inv. 2419 (MK)
(CR1919/4 y CR1919/5)

Cat. 22, repr. págs. 84–85
El poder de la música (Die Macht der Musik), 1918–20
Óleo sobre lienzo,
100 × 151,5 cm
Colección Van Abbemuseum,
Eindhoven, inv. 194
(CR1920/1)

Cat. 23, repr. pág. 88
Madre e hijo (Mutter und Kind), 1921
Óleo sobre lienzo, 51 × 60 cm
Musée Jenisch, Vevey —
Fondation Oskar Kokoschka,
inv. 1988-032 (CR1921/5)

*Cat. 24, repr. pág. 89
Gitta Wallerstein, 1921
Óleo sobre lienzo, 85 × 60 cm
Albertinum, Dresde | Galerie
Neue Meister, Staatliche
Kunstsammlungen Dresde.
Adquirida en 2014 a la
Colección Willy Hahn con
la ayuda de la Ernst von
Siemens Kunststiftung y la
Kulturstiftung der Länder,
Albertinum. Préstamo
conjunto con la Ernst von
Siemens Kunststiftung,
inv. 2014/4 (CR1921/6)

Cat. 25, repr. págs. 94–95
Dresde, Neustadt V (*Dresden,
Neustadt V*), 1921
Óleo sobre lienzo, 71 × 111 cm
Israel Museum, Jerusalén.
The Sam Spiegel Collection,
legado a los American
Friends of the Israel Museum,
inv. B97.0068 (CR1921/7)

Cat. 26, repr. pág. 92
Pintor con muñeca (*Maler
mit Puppe*), 1922
Óleo sobre lienzo, 85 × 120 cm
Staatliche Museen zu Berlin,
Nationalgalerie, Berlín.
Adquirida por el Estado
Federado de Berlín, 1974,
inv. B 1058 (CR1922/3)

*Cat. 27, repr. pág. 93
Autorretrato ante el caballete
(*Selbstbildnis an der
Staffelei*), 1922
Óleo sobre lienzo,
180,5 × 110,3 cm
Colección Leopold II, Viena
(CR1922/4)

Cat. 28, repr. págs. 96–97
El pintor II (*El pintor y su
modelo II*) [*Der Maler II
(Maler und Modell II)*], 1923
Óleo sobre lienzo montado
sobre madera, 85,1 × 130,2 cm
Saint Louis Art Museum,
Legado de Morton D. May,
1983, inv. 910:1983 (CR1923/9)

Cat. 29, repr. pág. 117
Marsella, el puerto I (*Marseille,
Hafen I*), 1925
Óleo sobre lienzo, 73 × 100 cm
Musée Cantini, Marsella,
inv. C.05.01 (CR1925/4)

Cat. 30 repr. pág. 116
Marsella, el puerto II
(*Marseille, Hafen II*), 1925
Óleo sobre lienzo,
73,7 × 100,6 cm
Saint Louis Art Museum,
Adquisición del Museo en
1942, inv. 7:1942 (CR1925/5)

*Cat. 31, repr. págs. 112–13
*Londres, pequeño paisaje del
Támesis* (*London, kleine
Themse-Landschaft*), 1926
Óleo sobre lienzo,
60,5 × 91 cm
Albertina, Viena –
Colección Batliner,
inv. GE62DL (CR1926/7)

Cat. 32, repr. págs. 124–25
Tigón (*Tigerlöwe*), 1926
Óleo sobre lienzo,
96 × 129 cm
Belvedere, Viena,
inv. NR.6323 (CR1926/10)

*Cat. 33, repr. pág. 123
Ciervos (*Rehe*), 1926
Óleo sobre lienzo, 130 × 89 cm
Albertinum, Dresde | Galerie
Neue Meister, Staatliche
Kunstsammlungen Dresde.
Préstamo permanente de
Colección particular,
inv. L 280 (CR1926/11)

Cat. 34, repr. pág. 120
Leo Kestenberg, 1926–27
Óleo sobre lienzo,
127 × 102 cm
Staatliche Museen zu Berlin,
Nationalgalerie. Adquirida
por los Amigos de la
Nationalgalerie,
inv. FNG 129/07 (CR1926/16)

Cat. 35, repr. pág. 126
Tortugas gigantes
(*Riesenschildkröten*), 1927
Óleo sobre lienzo,
90,4 × 118,1 cm
Kunstmuseum Den Haag,
La Haya, Países Bajos, inv.
SCH-1953-0010 (CR1927/1)

Cat. 36, repr. pág. 115
El lago de Annecy I (*Lac
d'Annecy I*), 1927
Óleo sobre lienzo, 70 × 91 cm
Musée Jenisch, Vevey —
Fondation Oskar Kokoschka,
inv. FOK 0054 (CR1927/8)

Cat. 37, repr. págs. 118–19
*El morabito de Temacine
(Sidi Ahmet Ben Tidjani)*
[*Der Marabout von Temacine
(Sidi Ahmet Ben Tidjani)*],
1928
Óleo sobre lienzo,
98,5 × 130,5 cm
Musée Jenisch, Vevey —
Fondation Oskar Kokoschka,
inv. FOK 0055 (CR1928/5)

Cat. 38, repr. pág. 127
Peces en una playa de Yerba
(*Fische am Strand von
Djerba*), 1930
Óleo sobre lienzo,
70 × 101 cm
Stedelijk Museum
Amsterdam, Préstamo de
la Agencia de Patrimonio
Cultural de los Países Bajos,
inv. B 401 (CR1930/1)

*Cat. 39, repr. págs. 140–41
La sueca (*Die Schwedin*),
1930–31
Óleo sobre lienzo,
82 × 117 cm
Colección particular,
Cortesía Galerie Osper,
Colonia (CR1930/31)

Cat. 40, repr. págs. 142–43
Pan (Trudl con una cabra)
[*Pan (Trudl mit Ziege)*], 1931
Óleo sobre lienzo,
87 × 130 cm
Sprengel Museum
Hannover, Kunstbesitz der
Landeshauptstadt Hannover,
inv. KM 88,1955 (CR1931/12)

Cat. 41, repr. pág. 121
Constantin Brancusi, 1932
Óleo sobre lienzo,
100 × 81 cm
Centre Pompidou, París.
Musée National d'Art
Moderne/Centre de Création
Industrielle, legado de
Constantin Brancusi, 1957,
inv. AM 5025 P (CR1932/2)

*Cat. 42, repr. pág. 144
Dos muchachas (*Zwei
Mädchen*), 1934
Óleo sobre lienzo,
50,6 × 60,5 cm
Colección del Österreichische
Nationalbank, inv.
OeNB220002484
(CR1931/12)

Cat. 43, repr. pág. 147
En el jardín I (*Im Garten I*),
1934
Óleo sobre lienzo,
73,6 × 92,3 cm
Kunsthalle Emden, inv. 1
(CR1934/4)

*Cat. 44, repr. pág. 145
En el jardín II (*Im Garten II*),
1934
Óleo sobre lienzo,
96,5 × 103,5 cm
Albertina, Viena – Colección
Batliner, inv. GE64DL
(CR1934/5)

Cat. 45, repr. pág. 148
Autorretrato con bastón
(*Selbstbildnis mit Stock*),
1935
Óleo sobre lienzo, 95 × 75 cm
Landessammlungen
Niederösterreich, St. Pölten,
inv. KS-A 521/90 (CR1935/4)

Cat. 46, repr. pág. 149
Ferdinand Bloch-Bauer, 1936
Óleo sobre lienzo,
137,5 × 107 cm
Kunsthaus Zürich, Donación
de Ferdinand Bloch-Bauer,
1942,
inv. 2592 (CR1936/3)

Cat. 47, repr. pág. 151
*Autorretrato de un "artista
degenerado"* (*Selbstbildnis
eines "entarteten Künstlers"*),
1937
Óleo sobre lienzo, 110 × 85 cm
National Galleries of Scotland,
Edimburgo. Préstamo de
Colección particular,
inv. GML 285 (CR1937/8)

Cat. 48, repr. pág. 150
El manantial (*Die Quelle*),
1922–38
Óleo sobre lienzo,
149 × 165 cm
Kunsthaus Zürich, Donación
de Olda Kokoschka, 1988,
inv. 1988/0029 (CR1938/2)

Cat. 49, repr. pág. 154
Praga, nostalgia (*Prague,
Nostalgia*), 1938
Óleo sobre lienzo, 56 × 76 cm
National Galleries of
Scotland, Edimburgo.
Aceptada por el Gobierno de
SM en lugar del impuesto de
sucesiones y asignada a la
Scottish National Gallery of
Modern Art 2000,
inv. GMA 4322 (CR1938/3)

Cat. 50, repr. pág. 155
Verano II (Zrání) [*Sommer II
(Zrání)*], 1938–40
Óleo sobre lienzo,
68,3 × 89,2 cm
National Galleries of
Scotland, Edimburgo. Regalo
del Gobierno Checoslovaco
en el exilio, 1942, inv. GMA
21 (CR1940/1)

Cat. 51, repr. pág. 171
El cangrejo (*Die Krabbe*),
1939–40
Óleo sobre lienzo,
63,4 × 76,2 cm
Tate, Londres. Adquisición,
1984, inv. T03834 (CR1940/2)

Cat. 52, repr. pág. 170
Loreley, 1941–42
Óleo sobre lienzo,
63,5 × 76,2 cm
Tate, Londres. Donación de
la sra. Olda Kokoschka, viuda
del artista, en homenaje a la
labor de dirección de Sir Alan
Bowness 1988, inv. T05486
(CR1942/1)

Cat. 53, repr. pág. 173
*Anschluss – Alicia en el País
de las Maravillas* (*Anschluss –
Alice im Wunderland*), 1942
Óleo sobre lienzo,
63,5 × 73,6 cm
Wiener Städtische
Versicherung AG – Vienna
Insurance Group, en
préstamo permanente al
Leopold Museum, Viena,
inv. WS 02119 (CR1942/2)

Cat. 54, repr. pág. 172
*Marianne – Maquis – "El
segundo frente"* (*Marianne –
Maquis – "Die zweite Front"*),
1942
Óleo sobre lienzo,
63,5 × 76,2 cm
Tate, Londres. Donación de
la sra. Olda Kokoschka, viuda
del artista, en homenaje a la
labor de dirección de Sir Alan
Bowness 1988, inv. T05485
(CR1942/3)

Cat. 55, repr. págs. 174–75
*Liberación de la energía
atómica* (*Entfesselung der
Atom-Energie*), 1947
Óleo sobre lienzo, 61 × 91,5 cm
Israel Museum, Jerusalén.
Donación del artista,
inv. B52.11.2090 (CR1947/1)

Cat. 56, repr. pág. 191
Autorretrato (Fiesole)
[*Selbstbildnis (Fiesole)*], 1948
Óleo sobre lienzo,
65,5 × 55 cm
Musée Jenisch, Vevey —
Fondation Oskar Kokoschka,
inv. FOK 0130 (CR1948/7)

Cat. 57, repr. pág. 190
*La forma mágica del doctor
Bassa* (*Dr. Bassa's magische
Form*), 1951
Óleo sobre lienzo, 100 × 75 cm
Belvedere, Viena
inv. NR.7421 (CR1951/3)

Cat. 58, repr. pág. 203
Pablo Casals II, 1954
Óleo sobre lienzo, 92 × 71 cm
Musée Jenisch, Vevey —
Fondation Oskar Kokoschka,
inv. FOK 0136 (CR1954/4)

Cat. 59, repr. pág. 195
Delfos (*Delphi*), 1956
Óleo sobre lienzo,
81 × 116 cm
Sprengel Museum
Hannover, Préstamo
del Niedersächsisches
Landesmuseum, Hannover,
inv. PNM 758 (CR1956/2)

Cat. 60, repr. pág. 201
*Retrato doble de Oskar
y Olda Kokoschka
(Doppelbildnis Oskar und
Olda Kokoschka)*, 1963
Óleo sobre lienzo,
89 × 115,5 cm
Musée Jenisch, Vevey —
Fondation Oskar Kokoschka,
inv. FOK 2291 (CR1963/1)

Cat. 61, repr. págs. 196–97
Berlín, 13 de agosto, 1966
(*Berlin 13. August 1966*), 1966
Óleo sobre lienzo,
105,5 × 140 cm
Axel Springer SE, Berlín
(CR1966/4)

Cat. 62, repr. págs. 198–99
*Mañana y tarde (El poder de la
música II)* [*Morgen und Abend
(Die Macht der Musik II)*], 1966
Óleo sobre lienzo,
100 × 130 cm
Kunsthaus Zürich, Legado
de Gertrud von Wyss-
Ehinger, 1990, inv. 1990/0008
(CR1966/6)

Cat. 63, repr. pág. 194
Ranas (*Die Frösche*), 1968
Óleo sobre lienzo, 61 × 91,5 cm
Colección particular
(CR1968/2)

Cat. 64, repr. pág. 202
Autorretrato (*Selbstbildnis*),
1969
Óleo sobre lienzo,
90,5 × 70,4 cm
Musée Jenisch, Vevey —
Fondation Oskar Kokoschka,
inv. FOK 0200 (CR1969/1)

Cat. 65, repr. pág. 200
Carletto Ponti, 1970
Óleo sobre lienzo,
113,8 × 81,3 cm
Cortesía W&K –
Wienerroither & Kohlbacher,
Viena (CR1970/3)

Cat. 66, repr. pág. 211
Time, Gentlemen Please,
1971–72
Óleo sobre lienzo,
130 × 100 cm
Tate, Londres. Adquisición
1986, inv. T04876
(CR1972/1)

Cat. 67, repr. pág. 205
Peer Gynt, 1973
Óleo sobre lienzo,
115 × 89 cm
Musée Jenisch, Vevey —
Fondation Oskar Kokoschka,
inv. FOK 1464 (CR1973/1)

Cat. 68, repr. pág. 210
*Teseo y Antíope
(El rapto
de Antíope)* [*Theseus und
Antiope (Raub der Antiope)*],
1958–75
Óleo sobre lienzo,
195 × 165 cm
Musée Jenisch, Vevey —
Fondation Oskar Kokoschka,
inv. FOK 0201 (CR1975/1)

OBRAS SOBRE PAPEL

Cat. 69, repr. pág. 36
Autorretrato (*Selbstbildnis*),
1906
Lápiz sobre papel, 14 × 9 cm
Colección de Adriana Cioca

Cat. 70, repr. pág. 34
Pastor, venado y zorro (*Hirt,
Hirsch und Fuchs*),
ilustración para el teatro de
sombras *El huevo moteado
(Das getupfte Ei)*, presentado
en el Cabaret Fledermaus de
Viena, 1907
Litografía en color sobre
papel, 24,4 × 23,5 cm
Musée Jenisch, Vevey —
Fondation Oskar Kokoschka,
inv. FOK 0233

Cat. 71, repr. pág. 32
Jinete y velero (*Reiter und
Segelschiff*), tarjeta postal
para los Wiener Werkstätte
n.º 55, 1907
Litografía en color sobre
cartulina, 12,3 × 8,1 cm
Musée Jenisch, Vevey —
Fondation Oskar Kokoschka,
inv. FOK 0218

Cat. 72, repr. pág. 32
Cazador y animales (*Jäger
und Tiere*), tarjeta postal para
los Wiener Werkstätte n.º 72,
1907
Litografía en color sobre
cartulina, 12,4 × 8,4 cm
Musée Jenisch, Vevey —
Fondation Oskar Kokoschka,
inv. FOK 0220

Cat. 73, repr. pág. 32
Flautista y murciélagos
(*Flötenspieler und
Fledermäuse*), tarjeta postal
para los Wiener Werkstätte
n.º 73, 1907
Litografía en color sobre
cartulina, 13 × 7,8 cm
Musée Jenisch, Vevey —
Fondation Oskar Kokoschka,
inv. FOK 0221

Cat. 74, repr. pág. 33
*Mujer a la moda
Biedermeier en una pradera
(Biedermeierdame
auf Wiese)*, tarjeta postal para
los Wiener Werkstätte n.º 76,
1907
Litografía en color sobre
cartulina, 12,2 × 8,4 cm
Musée Jenisch, Vevey —
Fondation Oskar Kokoschka,
inv. FOK 0222

Cat. 75, repr. pág. 32
*Muchacha con cordero
amenazada por ladrones
(Mädchen mit Lamm,
von Räubern bedroht)*,
tarjeta postal para los Wiener
Werkstätte n.º 77, 1907
Litografía en color sobre
cartulina, 12,9 × 7,9 cm
Musée Jenisch, Vevey —
Fondation Oskar Kokoschka,
inv. FOK 0223

Cat. 76, repr. pág. 32
Músicos nocturnos
(*Nachtmusikanten*), tarjeta
postal para los Wiener
Werkstätte n.º 78, 1907
Litografía en color sobre
cartulina, 13,4 × 8,7 cm
Musée Jenisch, Vevey —
Fondation Oskar Kokoschka,
inv. FOK 0224

Cat. 77, repr. pág. 33
*Muchacha con oveja en los
pastos de montaña* (*Mädchen
mit Schaf auf Bergwiese*),
tarjeta postal para los Wiener
Werkstätte n.º 79, 1907
Litografía en color sobre
cartulina, 13,2 × 8,2 cm
Musée Jenisch, Vevey —
Fondation Oskar Kokoschka,
inv. FOK 0225

Cat. 78, repr. pág. 33
Lechera y vaca (*Sennerin
und Kuh*), tarjeta postal para
los Wiener Werkstätte n.º 80,
1907
Litografía en color sobre
cartulina, 13,2 × 8,5 cm
Musée Jenisch, Vevey —
Fondation Oskar Kokoschka,
inv. FOK 0226

Cat. 79, repr. pág. 32
Tres pastores, perro y ovejas
(*Drei Hirten, Hund und
Schafe*), tarjeta postal para
los Wiener Werkstätte n.º 116,
1907
Litografía en color sobre
cartulina, 13,4 × 8,5 cm
Musée Jenisch, Vevey —
Fondation Oskar Kokoschka,
inv. FOK 0227

Cat. 80, repr. pág. 33
*Los Reyes Magos (Die
heiligen drei Könige)*, tarjeta
postal para los Wiener
Werkstätte n.º 155, 1907
Litografía en color sobre
cartulina, 13,5 × 8,5 cm
Musée Jenisch, Vevey —
Fondation Oskar Kokoschka,
inv. FOK 0231

Cat. 81, repr. pág. 35
El loco furioso (*Amokläufer*),
1908
Acuarela, témpera y blanco
opaco sobre papel,
24,9 × 18,2 cm
Museum Ortner, Viena

Cat. 82, repr. pág. 38
*Muchacha desnuda bailando
(La hija del saltimbanqui)*
[*Tanzender Mädchenakt
(Tochter des Gauklers)*], 1908
Lápiz y acuarela sobre papel
kraft, 42 × 30 cm
Musée Jenisch, Vevey —
Fondation Oskar Kokoschka,
inv. FOK PP1

Cat. 83, repr. pág. 37
*Anciana de espaldas
(Alte Frau von hinten
gesehen)*, 1909
Lápiz sobre papel,
45 × 31,5 cm
Cortesía W&K –
Wienerroither & Kohlbacher,
Viena

Cat. 84, repr. pág. 39
*Muchacha desnuda de pie
(Stehender Mädchenakt)*,
ca. 1912
Carboncillo sobre papel,
45 × 32 cm
Doris y Gabor Rose

Cat. 85, repr. pág. 58
Alma Mahler, 1913
Tiza negra sobre papel,
39,2 × 31,5 cm
National Galleries of
Scotland. Adquisición, 1987,
inv. GMA 3037

Cat. 86, repr. págs. 60–61
Ciclo de litografías *Colón
encadenado* (*Der gefesselte
Columbus*), 1913 (publicado
en 1916)
Litografía sobre papel,
dimensiones variables
Musée Jenisch, Vevey —
Fondation Oskar Kokoschka,
inv. FOK 0244.01-12
*El rostro de la mujer (Das
Gesicht des Weibes)*
*El nuevo Colón y san Jorge
(Der Neue Kolumbus und der
Heilige Georg)*
*El Juicio Final (Das jüngste
Gericht)*
*El camino hacia la tumba
(Der Weg ins Grab)*
*Pareja a la luz de las velas
(Das Paar im Kerzenlicht)*
*La manzana de Eva (Der
Apfel der Eva)*
*En la encrucijada (Am
Scheidewege)*
*Hombre con los brazos
levantados y figura de la
Muerte (Der Mann mit
erhobenen Armen und die
Gestalt des Todes)*
Reencuentro (Begegnung)
*Mujer inclinada sobre
las sombras (Weib über
Schemen gebeugt)*
*Mujer triunfando sobre
la Muerte (Das Weib
triumphiert über den Toten)*
*El rostro puro (Das reine
Gesicht)*

Cat. 87, repr. pág. 62–63
Ciclo de litografías según la
cantata de Juan Sebastián
Bach *¡Oh, eternidad, palabra
atronadora!* (*O Ewigkeit, du
Donnerwort*), 1914
(publicada en 1916)
Litografía sobre papel,
dimensiones variables
Musée Jenisch, Vevey —
Fondation Oskar Kokoschka,
inv. FOK 0247.01-11
Autorretrato (Busto con lápiz)
[*Selbstbildnis (Brustbild mit
Zeichenstift)*]
*Dragón sobre una llama
(Drachen über einer Flamme)*
*Vagabundo en una tormenta
(Der Wanderer im Gewitter)*
*Mujer guiando a un hombre
(Das Weib führt den Mann)*
La suplicante (Die Flehende)
*El último campamento
(Das letzte Lager)*
*Miedo y esperanza (El
hombre consuela a la mujer)
[Furcht und Hoffnung (Der
Mann tröstet das Weib)*]
*Hombre y mujer camino
hacia la muerte (Mann und
Weib baud dem Sterbeweg)*

Águila ("Bienaventurados los muertos") [Der Adler ("Selig sind die Toten")]
Hombre saca la cabeza de la tumba sobre la que se sienta la mujer (Der Mann erhebt seinen Kopf aus dem Grabe, auf dem das Weib sitzt)
Pietà ("Es suficiente") [Pieta ("Es ist genug")]

Cat. 88, repr. pág. 64
El frente del Isonzo, el Baka en las trincheras (Isonzo-Front, der Baka im Laufgraben), 1916
Pastel, acuarela y piedra negra sobre papel,
30,5 × 43 cm
Musée Jenisch, Vevey — Fondation Oskar Kokoschka, inv. FOK 0030

Cat. 89, repr. pág. 65
El frente del Isonzo. La iglesia Selo (Isonzo-Front. Kirche Selo), 1916
Pastel sobre papel,
30,5 × 43 cm
Musée Jenisch, Vevey — Fondation Oskar Kokoschka, inv. FOK 0032

Cat. 90, repr. pág. 67
El frente del Isonzo. Tolmin (Isonzo-Front. Tolmino), 1916
Piedra negra y pastel sobre papel, 30 × 43 cm
Musée Jenisch, Vevey — Fondation Oskar Kokoschka, inv. FOK 0031

Cat. 91, repr. pág. 66
Escena de guerra (Kriegsszene), 1917
Lápiz anaranjado sobre papel, 48,5 × 34,2 cm
Musée Jenisch, Vevey — Fondation Oskar Kokoschka, inv. FOK 2290

Cat. 92, repr. pág. 66
Soldados saqueando (Plündernde Soldaten), 1917
Lápiz rojo-rosado sobre papel, 19 × 23 cm
Musée Jenisch, Vevey — Fondation Oskar Kokoschka, inv. FOK 0511

Cat. 93, repr. pág. 91
Muchacha con delantal verde (Mädchen mit grüner Schürze), 1921
Acuarela sobre papel,
68,7 × 51,2 cm
Musée Jenisch, Vevey — Fondation Oskar Kokoschka, inv. FOK 2286

Cat. 94, repr. pág. 90
Muchacha con caniche (Mädchen mit Pudel), 1926
Acuarela sobre papel,
68 × 52 cm
Doris y Gabor Rose

Cat. 95, repr. pág. 153
¡Ayuda a los niños vascos! (Pomozte baskickým Detěm!), 1937
Litografía sobre papel,
114,3 × 82,5 cm
Museo de Bellas Artes de Bilbao

Cat. 96, repr. pág. 168
INRI. Cristo socorriendo a los niños hambrientos (INRI. Christus hilft den hungernden Kindern), 1945–46
Litografía sobre papel,
76 × 50,6 cm
Musée Jenisch, Vevey — Fondation Oskar Kokoschka, inv. FOK 0295

Cat. 97, repr. pág. 192
Bottom con cabeza de asno (Bottom mit Eselskopf), dibujo para el vestuario de la obra de William Shakespeare El sueño de una noche de verano, 1956
Lápices de colores y acuarela sobre papel, 30,5 × 19,8 cm
Musée Jenisch, Vevey — Fondation Oskar Kokoschka, inv. FOK 0145

Cat. 98, repr. pág. 192
El palacio de Teseo (Palast des Theseus), dibujo para la escenografía de la obra de William Shakespeare El sueño de una noche de verano, 1956
Lápices de colores, lápiz gris y pastel sobre papel vitela,
63,5 × 101,5 cm
Musée Jenisch, Vevey — Fondation Oskar Kokoschka, inv. FOK 0147

Cat. 99, repr. pág. 193
El palacio abandonado de Orfeo (Der verödete Palast des Orpheus), dibujo para la escenografía de la obra de Oskar Kokoschka Orfeo y Eurídice (Orpheus und Eurydike), 1960
Pastel sobre papel,
37,5 × 54,5 cm
Musée Jenisch, Vevey — Fondation Oskar Kokoschka, inv. FOK 0166

Cat. 100, repr. pág. 193
Escena de la ejecución II (sin figuras) [Hinrichtungsstätte II (ohne Figuren)], dibujo para la escenografía de la ópera de Giuseppe Verdi Un ballo in maschera, 1962
Lápices de colores, lápiz gris y pastel sobre papel,
51,5 × 69,5 cm
Musée Jenisch, Vevey — Fondation Oskar Kokoschka, inv. FOK 0173

Cat. 101, repr. págs. 206–09
Ciclo de litografías Pan inspirado en la novela de Knut Hamsun, 1975–76 (publicado en 1978)
Litografía sobre papel, dimensiones variables
Cortesía W&K - Wienerroither & Kohlbacher, Viena
Pan
El perro Esopo y Glahn (Der Hund Äsop mit Glahn)
Glahn preparándose la cena (Glahn bereitet sein Abendessen)
La última visita de Glahn a Edvarda (Glahns letzter Besuch bei Edvarda)
El viaje en barco (Die Bootsfahrt)
Glan y Eva (Glahn und Eva)
Edvarda sorprende a Glahn con Eva (Edvarda überrascht Glahn mit Eva)
Eva advierte a Glahn (Eva warnt Glahn)
La muerte de Eva (Evas Tod)
Glahn mata a su perro (Glahn tötet seinen Hund)
Glahn recibe la carta de Edvarda (Glahn erhält Edvardas Brief)
La muerte de Glahn (Glahns Tod)

OBJETOS

Cat. 102
Cabeza de Atenea con casco, copia romana a partir de un original griego del siglo V a.C., de la colección personal de Oskar Kokoschka
Mármol
Cabeza: 37,5 × 25 × 29 cm, base: 18,5 × 20 cm
Musée Jenisch, Vevey — Fondation Oskar Kokoschka, inv. CCOK 126

OSKAR KOKOSCHKA

VIENAKO ERREBELDEA

Egin diezaiogun ongietorria artista europarretan europarrenari: Oskar Kokoschkari. Artista handi hau austriarra zen sortzez, baina XX. mendeko asaldura politiko eta sozialen ondorioz eraman behar izan zuen bizitza nomada zela-eta, txekiar eta britainiar nazionalitateak ere bereganatu zituen aurrerago. Guggenheim Bilbao Museoak haren obrari buruzko atzera begirako erakusketa bat antolatu du. Horri esker, Museora hurbiltzen diren ikusleek bertatik bertara ezagutu ahalko dituzte Kokoschkak artista plastiko gisa landu zituen alderdi guztiak. Horien artean erretratu-pinturarena nabarmentzen da batez ere —Kokoschkak ikuspegi psikologiko eta espresibo berezi batez landu zuena—, baina baita paisaia-pinturarena eta alegoria politikoena ere.

Kokoschkaren ibilbide artistikoak aurreko mendearen zati handi bat hartzen du. Izan ere, artearen historia errotik aldatu zuten mugimendu eta joera askoren lekuko izan zen artista; abstrakziorako joeraren lekuko, esaterako. Hala ere, loturarik gabeko lengoaia adierazkorra garatzen eta lantzen saiatu zen, figurazioan oinarrituta: humanismoarekiko konpromisotik, giza irudiaren irudikapenaren aldeko hautua egin eta defendatu zuen, pertsona bakoitzaren itxuraren azpian dagoen espirituan sakontzeko asmoz.

Intelektual gisa, saiatu zen iritzi publikoa gerraren hondamendiez eta faxismoaren eta zenbait erabaki politikoren aurka kontzientziatzen, giza eskubideen alde eta bere lanetan islatu zuen Europa batu baten alde eginez. Guri dagokigunez, haren obren artean bada bat, Pragako kaleetan banatu zuten kartel bat, bereziki hunkigarria zaiguna: izan ere, Gernikako bonbardaketaren biktima izan ziren haurrak Bohemian hartzeko laguntza eskatzen zuen bertan artistak.

Haren memoriak erreferentzia literario, musikal eta artistikoz eta gizakiari buruzko gogoetaz zipriztindurik daude; eta haren erretratu-galeria bikaina, kulturako, gizarteko eta politikako pertsonaia garrantzitsuz osatua. Zalantzarik gabe, Kokoschkaren sormen polifazetikoaren beste alderdi batzuk ezagutzeak —arte-irakaslea, poeta eta antzerkigile ospetsu eta polemikoa ere izan zen— haren lan plastikoa ulertzen lagun diezaguke, eta hemen, kronologikoki antolatutako erakusketa honetan, zehatz eta sakon aztertzen da hori dena. Espero eta desio dut guztiok asko gozatzea erakusketa honekin, bai Kokoschkaren obra jada ezagutzen duzuenok, beste ñabardura batzuk aurkituko dizkiozuelako, bai lehen aldiz ikusteko zortea duzuenok.

Unai Rementeria Maiz
Bizkaiko Ahaldun Nagusia
Guggenheim Bilbao Museoaren Fundazioko Batzorde
Betearazlearen Presidentea

BBVA Fundazioak abangoardiako sormen kulturalari bultzada emateko konpromisoaren erakusgarri ezin egokiagoa da Guggenheim Bilbao Museoarekin behin baino gehiagotan izandako lankidetza. Gure Fundazioa erakunde horren Babesle Estrategikoa izan da, erakundea 1997an sortu zenetik bertatik. Gaur egun kulturaren, modernitatearen eta irekitzearen erreferente den erakunde hori hiriaren eraldaketaren ardatzetako bat izan zen, eta BBVAk ondo errotuta ditu hirian sustraiak, mende eta erdiz baino gehiagoz bertan jardun ondoren.

BBVA Fundazioarentzat atsegin handia da *Oskar Kokoschka. Vienako errebeldea* atzerabegirakoak adierazten duen bikaintasun artistikoa bultzatu ahal izatea. Europako ikusleek jadanik izan dute erakusketa horretaz gozatzeko aukera —eragin eta aitortza handia izan du erakusketak— Parisko Musée d'Art Modernen, zeina erakusketaren antolatzailekidea baita, eta orain Bilbora iritsi zaigu, XX. mendeko europar arte plastikoetako figura nagusietako baten gainbegirada zabal eta sakona eskaintzeko.

Kokoschkaren biografia ez da herrialde batera mugatzen, ia nomada izan baitzen, eta horrek izugarrizko garrantzia izan zuen haren eboluzio piktorikoan. Artistaren lehen margolanak, 1900eko hamarkada amaierakoak, zeharo berritzaileak izan ziren; zalaparta ikaragarria eragin zuten Vienako eszena artistikoan, eta artista errebeldearen ospea egotzi zioten.

Gerra Handian parte hartu ondoren (larri zauritu zuten frontean, 1915ean) eta Dresdenen egonaldi luze bat egin ondoren, Kokoschka bidaiatzen hasi zen Europan, Afrikako iparraldean eta Ekialde Hurbilean barrena, eta hala zabaldu zituen erretratuetan erabiltzen zituen teknikak eta adierazpideak paisaien pinturara, eta garai horretan hasi zen orobat berak "animalien erretratu" definitu zituenak egiten.

1930eko hamarkadan, Kokoschkak erresistentziaren tresna bihurtu zuen bere artea, goraldian zegoen nazismoarekin borrokan ari zen askatasun moral, sozial eta artistikoaren defentsa hertsia eginez. Haren pinturak alegoriko bilakatu ziren, haietariko lehenengoetako bat *Lagundu euskal haurrak!* izan zelarik, Espainiako gerra zibilaren aurkakoa. Austriatik ihes egin behar izan zuen erregimenak 400etik gora obra konfiskatu zizkionean, eta Pragan eta Londresen hartu zuen bizilekua; han areagotu egin zituen konpromiso politikoa eta soziala.

Erbestearen etapa horretan bera izan zen Europarentzat proiektu komun bat bultzatzen lehenengoetakoa, herrien arteko batasuna sustatuz eta giza kontzientziari dei eginez. Gainera, XX. mendearen bigarren zatiko arriskuetako batzuk igarri zituen, hala nola krisi ekonomikoak eta mehatxu nuklearra. Bigarren Mundu Gerraren ondoren, Kokoschka Suitzara joan zen, eta han heldutasun handiko obrak eta mugimendu piktoriko berriengan eragin handia izan zutenak ekoizten jarraitu zuen, 1980an hil zen arte.

Gaur hemen aurkezten dugun erakusketak artistaren ibilbidearen ikuspegi osoa eskaintzen du, eta aukera paregabea da gertutik ikusteko espainiar estatuan ia ezezagunak diren funtsezko hainbat obra, zeinak mailegatu baitituzte nazioarteko ospe handiko hainbat erakundek.

Egokia eta zuzena da zorionak ematea eta esker ona adieraztea erakusketa handi hau diseinatu, gauzatu eta ahalbidetu duten arte-arduradunei: Dieter Buchharti eta Anna Karina Hofbauerri, komisario independente gisa, Parisko Musée d'Art Moderneko Fabrice Hergottekin eta Fanny Schulmannekin koordinazioan aritu direnak, eta Marta Blàviari, Guggenheim Bilbao Museoan arte-ardura taldearekiko egin duen lotura lanagatik. Erakunde horri ematen dizkiogu era berean gure zorionak eta adierazten diogu gure esker ona, eta orobat haren Zuzendari Nagusi Juan Ignacio Vidarteri eta hark modu eredugarrian zuzentzen duen talde osoari, zeinaren lana eta ardura sumatzen baiten erakusketa berezi honen xehetasun guzti-guztietan.

Carlos Torres Vila
BBVA Fundazioaren Presidentea

Bizitza luzea izateak eta etengabeko bidaiek —Europan zehar, hiriz hiri, baina baita Afrikako iparraldean, Ekialde Hurbilean eta AEBn zehar ere— ia mende oso bateko gertaeren lekuko pribilegiatu bihurtu zuten Oskar Kokoschka (Pöchlarn, Austrohungariar Inperioa, 1886–Montreux, Suitza, 1980); bi mundu-gerrak eta hainbat gatazka eta iskanbilak asaldatutako aldi luze baten ezohiko lekuko, hain zuzen. Nolanahi ere, arte plastikoetan zein musikan, filosofian zein literaturan modernitatea sortu zeneko aldi bat ere izan zen hura. Margolaritzan hasi zen garaitsuan, antzerki-lanak estreinatzen ere hasi zen Kokoschka, eta jarduera batean zein bestean *enfant terrible* gisa agertu zen jendaurrean, konbentzioei bere subjektibotasun biziarekin aurre eginez.

Han-hemen egindako inaugurazio-ekitaldi polemikoak, Alma Mahler konpositorearekin izandako harreman oinazetsua, heriotza hurbiletik ezagutu izana (Lehen Mundu Gerran izandako zauri larrien ondorioz), *"Artista degeneratu" baten autorretratua* lanarekin naziei emandako erantzun ausarta, giza eskubideen alde erakutsi zuen konpromisoa edo faxismoaren aurka eta Europa batu eta baketsu baten alde erakutsi zuen jarrera dira Oscar Kokoschkaren bizitza eta lana zeharkatzen duten gertaera ugarietako batzuk.

Atzera begirako erakusketa honetako obren artean erretratuak gailentzen dira bereziki; izan ere, Kokoschka maisu handia izan zen genero horretan. Gizakiaren zerizanaren funtsa islatu nahian, intuizio eta zorroztasun psikologiko izugarriz, margolariak bere modeloen arima atzitzea lortzen du erretratuetan, haiek bizitasun ezohiko batez hornituz: batzuetan, hatzekin margotzen zuen, edo pinturaren gainazala harramazkatzen; beste batzuetan, zuzenean tututik aplikatzen zuen pintura. Subjektibotasuna atzemateko dohain berezi hori "animaliak erretratatzeko" orduan ere baliatzen zuen artistak, eta bai animaliak protagonista dituzten koadroak, bai paisaia-margoak —Kokoschkarentzat bizitza propioa dute paisaiek—, erakusketa honetan distira bereziz nabarmentzen diren generoak dira, adierazkortasun-indarragatik eta kolorearen eta keinu-marrazketaren erabilera oparoagatik.

Eskerrak eman nahi dizkiet Dieter Buchhart eta Anna Karina Hofbauer erakusketa-komisarioei, Kokoschkari Europan inoiz eskaini zaion atzera begirakorik interesgarrienetako bat prestatzeko egin duten lan apartagatik. Eskerrak eman nahi dizkiot, halaber, Parisko Musée d'Art Moderne-ri, eta haren zuzendari Fabrice Hergott jaunari bereziki, erakundeon arteko lankidetza berri honengatik, erakusketa Parisen egon baita ikusgai Bilbora lekualdatu aurretik. Bilduma publiko eta pribatuetatik datozen obra hautatu hauek aukera eman digute Oskar Kokoschkak utzitako ondare aberats eta askotarikoaren adibide adierazgarri bat osatu ahal izateko. Amaitzeko, bereziki aipatu nahi dut BBVA Fundazioaren etengabeko laguntza. Oraingo honetan ere, bere gain hartu du aurkezpen honen babesa, eta beraren eskuzabaltasun oparoak ahalbidetu du erakusketa-proposamen bikain hau Guggenheim Bilbao Museoan ikusi ahal izatea.

Uste osoa dut orain eta hemen aurkezten ditugun lan hauetan Kokoschkaren obra osoa zeharkatzen duten ezaugarri nagusiak antzeman ahal izango dituela bisitariak: askatasuna, benetakotasuna, autobaieztapena… Izan ere, Kokoschkaren obraren garrantzia hain da iraunkorra, ezen, bere garaiko artista batzuengan eragin handia izateaz gain, zenbait hamarkada geroago funtsezko erreferente izaten jarraitzen baitu egungo sortzaileentzat ere.

Juan Ignacio Vidarte
Guggenheim Bilbao Museoaren Zuzendari Nagusia

Hitzaurrea

Fabrice Hergott

Oskar Kokoschkari atzerabegirako bakarra eskaini zaio Parisen; 1974an izan zen, Musée d'Art Moderne-n, eta grabatuak eta akuarelak bakarrik erakutsi ziren. Garai hartan, artista bizirik zegoen, eta Jacques Lassaigne-k, instituzioaren zuzendaria bera, hau idatzi zuen katalogoaren hitzaurrean: "Gizona gugana etorri da. Gure hiriaren paisaia-erretratu zabalak margotu ditu, eta gauza bera egin du Venezian, Pragan eta Londresen, bihotz-bihotzez margotuz. Artistaren izaera zirraragarriak txundituta uzten ditu harekin topo egiten duten guztiak. Haren izena ospetsua da mundu osoan. Oso altua da, urrutitik nagusitzeko modukoa. Formula deigarrien bidez adierazten ditu bere pentsamenduak, eta polemika sortu izan dute; alabaina, haren obra ulertezinki ezezaguna da oraindik". Berrogeita hamar urte joan dira ordutik, eta Kokoschka, oraindik ere, Vienako Sezesioko artista nabarmenetako bat izan arren, Gustav Klimt eta Egon Schiele artisten parekoa, haren ospea murriztu egin da —bizi zela, oso famatua izan zen—, eta haren obrak "ulertezinki ezezaguna" izaten segitzen du.

1983an erakusketa handi bat antolatu zen, Kokoschkari eskainia, Bordeleko Arte Ederren Museoan: hori izan zen Frantzian artistari antolatu zaion azken atzerabegirakoa, egiazko atzerabegirako bakarra ere bai, eta ez zuen ezer aldatu. Kokoschka hil eta hiru urtera izan zen: beranduegi iritsi zen, edo agian goizegi. Egia da 1986an Centre Pompidou-n erakutsi zirela haren lanak, *Vienne 1880–1938. L'Apocalypse joyeuse* erakusketan, eta haren margolanek arreta handia piztu zutela, "ez baitziren errepresentazio objektibora mugatzen; [aitzitik] artistak bere gaien arima agerrarazteko duen gaitasun miragarriaren lekukotasuna ematen dute". Baina Frantzian zaila da Kokoschkaren margolanen originaltasun izugarria behar duen neurrian estimatzea, izan ere, nahiz eta haren obra oso garrantzitsua den eta hori ezin den ukatu, bilduma publikoetan ez dago ale bakar bat ere; ahaztu egiten dugu, artistak edo haien lana deskubritzeko orduan, erakusketa oso bat bezain eraginkorra dela artistaren piezak museo bateko paretan erakusgai egotea, aldi baterako bada ere. Batzuetan, absentzia bera da misterioaren jatorria, eta absentzia, zenbaitetan, obrarekin zerikusirik ez duten faktoreei dagokie.

Lehen Mundu Gerraren ostean, Kokoschkak artista aleman gisa aurkeztu zuen bere burua Veneziako Biurtekoan; horrek urrundu al zuen ikusle frantziarrengandik, kontuan hartuta Alemaniako prentsak artista "atzerritartzat" jotzen zuela? Ala, bestela, Frantzian lotura gutxi zituelako izan ote zen? Denboraldi luzeak egin zituen bertan hogeiko hamarkadan eta hogeita hamarrekoaren hasieran, eta Jules Pascin-en eta Brassaï-ren adiskidea izan arren, ez zuen lortu mundu artistikoan txertatzerik. John Berger arte-kritikari britainiarrak atsekabe-izpi batez dioenaren arabera, artistak "ez zuen mintzaira berririk eratu". Baina hori ez al da hautemate-kontua? Zer da mintzaira berri bat artean? Kokoschkak ikuspegi zabal-zabala zuen artearen inguruan —ondo erakusten dute hori bere idatziek eta, zehazki, 2021ean frantsesez argitaratutako saioek—, eta, hortik abiatuta, ez zuen uste arteak errotik alda zezakeenik gizartea. Hala, Antzinate klasikoaz geroztik margolaritza gutxi garatu zela iruditzen zitzaion.

Gainera, 1914. urtea baino lehen Vienan sortutako artea oso gutxi ezagutu zen Frantzian Bigarren Mundu Gerrara arte, eta hortik aurrera apurka-apurka eman zen ezagutzera. 1986an Centre Pompidoun egindako erakusketa izan zen Frantzian lorturiko aitortzaren gailurra; nolanahi ere, erakusketa eta bilduma nazionaletan ez dago garai horretako lanen funtsik. Egoera guztiz bestelakoa da beste herrialde batzuetan, hala nola Austrian, noski, baina baita Alemanian, Herbehereetan, AEBn eta Britainia Handian ere: herrialde horietan erakusketak antolatu dira, aldizka, Kokoschka hil eta gero, eta hango museoek, haren obraz ondo hornituta egoteaz gain, harro erakusten dute.

Hitlerren erregimenetik ihesi zihoala, Ingalaterran hartu zuten Kokoschka —Austrian gerra aurretik baino hobeto hartu zuten, egia esan— eta britainiar herritartasuna ere eman zioten. Ernst Gombrich historialariak hantxe ezagutu zuen, lagunak egin ziren, eta hainbat aldiz Kokoschkaren artea zein izaera goretsi zituen: artistak bazuen independentzia berezi bat, guztiz bat zetorrena ingelesen izaerarekin. Londresko Tate Gallery-n gordeta dago berrogeiko hamarkadan Kokoschkak egindako obra politiko guztia, eta han dago, orobat, artistaren azken autoerretratua, margolan txundigarria: *Time, Gentlemen Please*.

Kokoschkaren bizitza sutsua izan zen, alderdi pertsonalean zein ikuspuntu sozial eta historikotik begiratuta, eta oso nomada ere bai. Gertaera suntsigarriak bere hezur-haragitan pairatzea egokitu zitzaion, bai gerra bai amodioaren pasioa, eta, hala, soberan asetu zuen behaketarekiko eta ikuspegiarekiko zuen zaletasuna. Bizitza luzea izan zuen, eta, horri esker, XX. mendeko obrarik liluragarrienetako bat sortu zuen, baina haren lanaren muina bere gaztetako ekoizpenaren jarraipentzat hartu izan da; ziur aski hautemate-akats horrek zerikusia du errealismoarekiko zuen loturarekin.

Haren erretratuen antzekotasuna harrigarria da, eta halako lanek artistaren begirada zolia erakusten dute; arte modernoko erretraturik erakargarrienetakoak dira. Egiaren errepresentazioaren bilaketan, Kokoschkaren jarduna bat dator Karl Kraus-en formula honekin: artearen gezur handiak egia esatea lortzen du.

Natura hilen eta paisaien (hirikoak zein bestelakoak) erretratu nabarmenak egin zituen Kokoschkak, eta margolan historikoak ere sortu zituen; gainera, amodio-pasioaren margolaririk onenetako bat izan zen —ondo ikusten da hori Alma Mahlerri buruzko sailean—, eta artista politiko kementsua. Gizartea izan zen bere gai zentrala, baina margolan alegorikoak ere egin zituen, askatasun handiz. 1937an, *"Artista degeneratu" baten autorretratua* (*Selbstbildnis eines "entarteten Künstlers"*) margotu zuen, Hitlerrek arte modernoaren aurka antolatutako propaganda-erakusketari erantzunez, eta lan horrek erakusten du Kokoschkak ez zuela asmorik bere independentziari uko egiteko. Bere bizialdiaren erdian margotu zuen mihise hori, arrisku goreneko une batean; margolan horrek artista baten autokontzientzia baieztatzen du, modu baketsuan: norbanakoari eskainitako ereserki bat da, aldi berean sentikorra eta harria bezain sendoa, artistak margotzeko zein ikusteko zeukan artea bezalaxe.

Bere artelanak itzelak dira, bai, baina ezin dugu ahaztu erraldoi intelektual bat izan zela Kokoschka, eta oso presente egon zela era askotako konpromisoetan, bere existentziaren mailan: zurrunbilo bat amildegiaren gainean. Bere bizitza luzeak zalantzan jartzen du, ezbairik gabe, harako premisa hori, zeinaren arabera, hain maila gorenean hasita, artistaren obra ezin izango baitzen hain urrutira iritsi. Kokoschka, bizialdi bateko artista ez ezik, *bizitzaren* artista zen, eta existentziaren oparotasuna erakutsi nahi zuen kosta ahala kosta. Horrez gainera, pintura ez zen aski berarentzat. Margolanak eta lan grafiko ikaragarriak egiteaz aparte, antzerkigile emankorra, idazlea, hizlari nabarmena eta arte-irakasle bikaina izan zen. *Mein Leben* (Nire bizitza) eta *Spur im Treibsand* (Arrastoa harea mugikorretan) liburuak ditugu inoiz artista batek bere buruari buruz idatzitako testurik interesgarrienetako batzuk; gainera, Kokoschkaren zenbait idatzi frantsesera itzuli dira duela gutxi, eta horri esker are gehiago aberastu ahal izango dugu gizonaren eta obraren gainean dugun ikuspegia.

Bere pintzelkadak seguruak dira batzuetan, eta beste zenbaitetan, berriz, dardartiak; gainera, koloreen tratamendu aberatsa erakusten du, eta bi ezaugarri horiek direla medio bere garaiko artista barroko nagusitzat har genezake. John Bergerrek, adibidez, Peter Paul Rubens-ekin alderatu zuen, justizia osoz; munduari buruzko ikuspegi bera izanik, sinbolismoa sortzeko gai ziren biak, gaitik urrundu gabe. Bi artisten arteko antzekotasunak modu sinesgarrian zerrendatu zituen Bergerrek, eta, azkenik, zera gehitu zuen: Rubensek bezala Kokoschkak ere, "lorategi bat balitz bezala margotzen du giza haragia, eta pintzelkada bakoitza loratze bat balitz bezala".

Gaur egun, artistek eta publikoak etorkizunera begiratzen dute, eta artearen iraganean bilatzen dute norabide egokian jotzeko modua. Horretarako baliagarriak dira Kokoschkaren lanak. Zergatik? Bada, ziur aski, suntsipena gertutik bizi izan zuitela, pairatu ere pairatu zuitela, eta ondoren hura konjuratzeko modua izan zuitela. Haren lanek ausart eta aske izatea proposatzen digute, esatea eta ikustea, gutxitan lotzen diren bi ahalmen. Oso bat datoz autobaieztapenarekin: norberak munduan duen existentzia fisikoa baieztatzea dekadentziaren eta ahanzturaren aurka.

Erakusketa hau hainbat aldiz atzeratu da 2020an eta 2021ean, pandemiaren ondorioz, eta ezin izango genuen egin gure bazkide eta lagun ugarien egonarririk eta babesik gabe. Lehenik eta behin, Oskar Kokoschka Fundazioa, Vevey hirikoa, erreferentzia iraunkorra izan da erakusketa antolatu bitartean. Jakina, Europako eta AEBko museo nagusi gehienak ere aipatu behar ditugu, Kokoschkaren lan askoren jabe baitira, eta ia beti erakusgai izaten baitituzte; gogoan ditugu, halaber, hainbat bilduma garrantzitsu, egundoko artista honen margolaritza azkenean Parisen eta Bilbon erakusteko beharrezko urratsak eman dituzte-eta.

Erakusketa honen abiapuntua sinple-sinplea da: Paris Frantziako hiriburua izan arren, eta Kokoschka artista guztiz garrantzitsua, hari buruzko erakusketa gutxi egin dira hirian. Proiektuaren katalizatzailea, dena den, duela ia 10 urte Dieter Buchhart-ekin izan nuen elkarrizketa bat izan zen. Hark bi erakusketa gogoangarri sortuak zituen, elkarren segidan, Musée d'Art Modernen: bata Jean-Michel Basquiat-i buruzkoa, eta bestea, berriz, Keith Haring-en gainekoa. Bizi-bizi aritu ginen hizketan, erakusteko moduko beste artista interesgarri batzuen inguruan. Kokoschka aipatu nuenean —betidanik gustatu izan zait artista hori, baina Frantzian ez da oso ezaguna—, hau azaldu zidan Buchhartek: haurra zela, Kokoschkaren erakusketa bat ikustera joan zen bere gurasoekin, Vienan; horri esker deskubritu zuen arte modernoa, eta erakusketa-komisario izan nahi zuela konturatu zen.

Eskerrak eman behar dizkiot ideiari jarraipena emateagatik eta gauzatzen jarduteagatik, Anna Karina Hofbauer-ekin batera eta Cedric A. Huss-en laguntzarekin.

Erakusketa hau ez litzateke posible izango Parisko komisario Fanny Schulmann gabe —Musée d'Art Moderneko kontserbatzaile burua—, zeinari asko interesatzen baitzaizkio Europako abangoardiak: horren erakusgarri da 2016an Musée d'Art et d'Histoire du Judaïsme museoan antolatutako *Arnold Schönberg. Peindre l'âme* erakusketa bikainari egin zion ekarpena. Eskerrak eman nahi dizkiot, halaber, Anne Bergeaud-i, Hofbauerrekin batera proiektu zirraragarri hau kudeatzen aritu baita; orain, zenbat hilabete geroago, egitasmoaren bigarren etapa abiatu da, Guggenheim Bilbao Museoan. Eskerrak eman nahi dizkiet Parisko Musée d'Art Moderne, Paris Musées eta Guggenheim Bilbao Museoko lantalde guztiei, bai erakusketa antolatzeagatik bai katalogoa argitaratzeagatik; izan ere, katalogoak, kolaboratzaile guztien lanari esker —autoreak, diseinatzaile grafikoak, Paris Musées-eko argitalpen-zerbitzua—, begirada berri bat eskaintzen du obra gero eta biziago baten inguruan.

Fabrice Hergott
Parisko Musée d'Art Moderneren Zuzendaria

Oskar Kokoschka: errebelde, humanista eta europar
Dieter Buchhart

"Kokoschka berandu sortutako maisu zaharra da, prodijio ikaragarria"[1].

Else Lasker-Schüler, 1911ko abendua

Oskar Kokoschka erradikal bat zen. Hogeita hiru urte besterik ez zituela, Viena konkistatzera abiatu zen —Habsburgotarren monarkiaren hiriburu zen orduan Viena—, "basatietan basatien" (*Oberwildling*) eta kaskamotz abiatu ere (2. irud., 19. or.). Gustav Klimten babespean, gaztetatik nabarmendu zen Vienako eszena artistikoan, eragina izan zuen Egon Schiele gaztearengan, eta nazioarteko onespena lortu zuen bi mundu-gerra izugarrien ondoren. Bigarren Mundu Gerra amaituta, Europaren batasunaren alde mintzatu zen beti, eta haren beranduko lanak inspirazio-iturri izan ziren *fauve* berrien korronteko kideentzat, Austrian eta Alemanian. Hura hil ondoren —1980ko otsailaren 22an hil zen—, Kokoschkak pizten zituen pasioak baretzen joan ziren (hala ere, haren margolan bat, Konrad Adenauer kantziler ohiaren erretratua, Angela Merkelen bulegoan egon zen eskegita, hura boterean egon zen hamasei urteetan). Oskar Kokoschkaren izena laster lotu zen Gustav Klimt, Egon Schiele eta Koloman Moser artistenekin, 1900. urte inguruko Vienako

bizitza artistikoari buruzko azterlanetan. Hori aleman hiztunen eremutik kanpo da batez ere hala, 2005ean Parisko Grand Palaisko galeria nazionaletan antolatu zen erakusketak erakutsi zuen bezala[2]. Baina, zergatik da margolari hori, bere lehen urratsak Viena inperialean egin ondoren Dresdenera aldatu zena, hainbat urtetan bidaiatzen ibilia, Txekoslovakiara emigratua, Britainia Handira artista "degeneratu" gisa erbesteratua eta 1951tik aurrera Villeneuven (Suitzan, Leman aintziraren ondoan) finkatua, berriz diot, zergatik da margolari hori arteare historiako handienetako bat? Zein izan ziren haren lorpen aipagarrienak? Zer neurritan lagundu zuen arteare historia konfiguratzen? Nolako eta zenbaterainoko eragina izan zuen bere garaikideetan eta ondoko artisten belaunaldietan? Bada, orain, galdera horiei erantzuten saiatuko gara, zazpi hamarkadako ibilbide luzean egin zituen lan nagusietako batzuk aztertuz.

Vienako "basatietan basatiena", berritzaile erradikal bat

1907an, Art Nouveau-ren eraginpean, Kokoschka posta-txartelak diseinatzen hasi zen Wiener Werkstätte edo Vienako tailerra zeritzonean (kat. 71–80). Hala ere, haren *Mutiko ameslariak* (*Die träumenden Knaben*)

kontakizun-liburuan bertan, "Gustav Klimti, mirespen osoz" eskainia egon arren, gerora estilo horrekin haustera eraman zuten arrazoien zantzu batzuk suma daitezke. Urte horretan bertan, zenbait biluzi margotu zituen, baina lan horietako trazuek —kanpoko ingerada-lerroa eta barneko marra soil batzuk baino ez gehienetan, eta ertz askokoak batzuetan— kontraste handia egiten dute mentore izan zuenaren lerro bihurgunetsu eta sentsualekin. Soiltasun gordineko gorputz horiek (haurrak zein adin guztietako emakumeak eta gizonak) Klimten karga erotiko handiko biluzi lizunen beste muturrean kokatzen dira. Izan ere, Kokoschkaren *Neskatxa biluzia dantzan* (*Titiriteroaren alaba*) [*Tanzender Mädchenakt (Tochter des Gauklers)*, kat. 82] obrako lerro sendoak eta ur-kolore mehez azpimarratutako neskaren soineko zein gorputz-adar bihurrikatuek, edo are *Bi neskatxa gazte janzten* (*Zwei junge Mädchen beim Ankleiden*, 3. irud., 19. or.) obrako esku uzkurtuek ere ez dute ez edertasuna ez harmonia helburu; haien ingerada zorrotzak eta azpimarratutako keinu-lerroak, berriz, bere gordintasun osoan nabarmentzen dira paperaren zurian. Kokoschkak Art Nouveaurekin eta Klimtekin hausteak, emakumeak, haurrak eta etxe "proletarioak" marraztera bultzatu zuen

Schiele[3]. Baina Kokoschkaren arkatz-marra lodiekin eta margo soilekin kontrastean, Schielek, hasiera batean behintzat, zehaztasun garbiagoz moldatu zituen bere modeloen hazpegiak eta adatsak (4. irud., 19. or.). Denborarekin, Schielen marrazkietako irudien ingerada "paperaren zuriaren eta beren gutxieneko izatera murriztutako gorputzen arteko muga-lerro hutsa bilakatu zen", Kokoschkaren lehen marrazkietan bezala[4].

Carl Emil Schorske kultur historialariak "mende amaierako" Vienari buruz ondutako azterlanak Kokoschkaren garrantzi artistikoa eta eragina berresten ditu. Klimt eta Kokoschka —Vienako Sezesioaren eta espresionismoaren artista enblematikoak biak— abiapuntutzat hartuta, egileak Vienako 1900. urte inguruko krisia eta agitazioa izan zituen aztergai aipatu lan horretan. Haren iritziz, Klimtek —"bizitza publikoarekin konprometitutako gizon bat"— bere kanon estetikoei irmo eutsi izana —Vienako Unibertsitaterako haren "Fakultateko margolanak" errefusatuak izan ondoren— goi-mailako burgesiaren identitate-krisia estetikoki konpentsatzeko ahalegina izan zen[5]. Schorskeren arabera, Kokoschkak, espresionismoaren ordezkari gisa, egiaren postulatua gorpuzten du arte modernoan, eta lengoaia berri eta kontzesiorik gabeko batean adierazten ditu bizitzaren oldarra eta arimaren benetakotasuna[6]. Werner Hofmann arte-historialariaren ustez, Vienako mende-aldaketa "beren kontraesanak modu produktiboan erabiltzen jakin zuten banakoek markatuta egon zen. Ikuspuntu espiritual eta artistikotik begiratuta, haien intuizio-eskala, ahotsen aniztasunari zabalik egoteaz gain, aniztasun horren esanetara egon zen"[7]. Hofmannen eta Schorskeren gogoetak ez datoz bat bi puntutan: Hofmann-ek bereetan txertatzen du Schiele, eta, gainera, modernitatearen paradigma nagusi gisa garatzen du "polimorfismoa" delakoaren ideia[8]. Wolfgang Welsch-en ustez, berriz, Vienako mende-amaierako ahots-aniztasun hori "fenomeno postmoderno" bat izan zen[9]. Jean Clair eta Kirk Varnedoe arte-historialariek, berriz, modernitatea bera eta, batez ere, Vienako 1900. urtearen bueltako egoera berriro aztertu beharra aldarrikatu zuten[10]. Varnedoek bereziki arbuiatu zituen horri lotutako "gainbehera" eta "jenio" nozioak, baina baita "defentsa-abangoardia" kontzeptua bera ere, garai hari buruzko klixe zaharkituak zirela esanez[11]. 1990ean, Jacques Le Rider historialariak Vienako modernismoaren izaera "antimodernoa" ekarri zuen gogora; haren arabera, hura izan zen gizabanakoaren "nortasun-krisia" delakoaren jatorria, zeinak iragarri baitzuen "1970–80ko hamarkadetako postmodernitatea"[12]. Egile horiek 1980ko hamarkadan Vienako modernitatea berriz aztertu zutenean, aro hartan Kokoschkaren gaztetako obrak hartu zuen lekua ere aztertu zuten, batez ere "antimoderno", "identitate-krisi" eta "ahots-aniztasun" terminoez den bezainbatean. Schiele lehen lerrora igaro zen

orduan, "gertaera garaikideek beren ikurra aurkitu zuteneko foku-puntu" gisa[13].

Kokoschkak 1908an izan zuen bere lehen erakusketa, 1908an Vienan antolatutako Kunstschau arte-erakusketan, hain zuzen, eta orduz geroztik izendatu zuten "enfant terrible"[14] eta "basatietan basatiena"[15]; "Kokoschka eroa"[16] izengoitia ere jarri zioten. Bere lehen biluzi eta tintazko marrazkiekin, gero bere "erretratu psikologikoekin", modernotasunaren ikur eta berritzaile erradikal gisa hartua izan zen, baita bere trazu gordinarengatik eta ezohiko pintura-teknikarengatik ere. Emakumeen kontrako indarkeria hiltzailearen apologia egiten duen *Zoro hiltzailea* (*Amokläufer*, kat. 81) lanak —1908an margotua eta bere *Hiltzailea, emakumeen itxaropena* (*Mörder, Hoffnung der Frauen*) piezarekin lotua— hiltzailearen zantarkeria, oldarkortasun mugagabea eta odol-egarria erakusten du (5. irud., 19. or.). Ikuspegi formaletik begiratuta, obrak nolabaiteko lotura du *Mutiko ameslariak* lanarekin, baina Art Nouveaurekiko haustura erabatekoa da jada. Maorien estatua tradizionaletako tatuajeen eraginez[17], Kokoschkak, gero, altzairuzko lumaz egindako marra xeheetara mugatu zituen bere tintazko marrazkiak, eta "marradura hautsien, kaligrafiazko apaingarrien eta gorputz-deformazioen" arteko konbinazioaren bidez erakutsi zuen bere gaien basakeria gordina[18]. Kokoschkak bere lehen erretratuak egiteko ere baliatu zuen marraduraz betetako egitura hori. Hirurogeitik gora egin zituen, 1909–12 bitartean gehienak, Adolf Loos arkitekto itzal handikoaren bitartekaritzari esker[19]. Azken horren babesari eta nazioarteko artisten lanak aztertzeko aukerari esker (Vincent Van Gogh eta Edvard Munchen lanak, adibidez, 1909an ezagutu zituen, beranduen jota, Vienako Nazioarteko Arte Erakusketan), bere garaiko artista berritzaile handienetako bat izatera iritsi zen berehala.

Hans eta Erika Tietze-ren erretratu bikoitzean —1909ko abenduan datatua dago—, Kokoschkaren pintura-teknika bereziak goia jo zuen lehen aldiz. Erika Tietze-Conratek horri buruz adierazi zuenez: "Kokoschka pintzelarekin margotzen hasten zen, baina berehala pintzela alde batera utzi eta hatz-mamiekin margotzen jarraitzen zuen. Azazkalekin azpiko geruza urratu eta lerro bitxiak marrazten zituen"[20]. Bere tintazko marrazkien ildotik, Kokoschkak urradura xehez osatutako bilbe trinko bat gehitu zien orduan oihalei, kolore lausoko (gorrixka, hori-berdea, urdina) hondo aldakor baten gainean ezarritako mintz baten antzekoa. Egin-molde horrek erretratatutako pertsonak nabarmentzen zituen, eta paisaia moduko bat zirrimarratzen zuen haien inguruan. Aurpegien eta eskuen zati desberdinak bereizteko, toki batzuetan pintura geruza lodia gehitzen zuen, eta beste batzuetan mihisearen bilbea biluz uzten, pintura karrakatuz eta ezabatuz. Hans Tietzeren esku gorri nabarmenduek margolanaren erdigunea

hartzen dute diagonal bat osatuz eta erabat kontrastatzen dute Erikaren esku-aurpegien zurbiltasunarekin.

Izan ere, Kokoschkak pintzelaren puntarekin moldatu zuen margolana, baina baita hatzekin, azazkalekin edo oihal-zatiekin ere, azpian zegoena, hau da, "nerbioen ibilbidea, giharrak, tendoiak"[21], azalera fisikoki atera nahiz. Pinturarekin esperimentatzeko bere nahi hori agerikoa da, halaber, Auguste Forel zientzialari ospetsuaren erretratuan (kat. 6). Modeloaren alaba Martak azaldu zuen bezala, "Kokoschkak ia eskuekin bakarrik margotu zuen koadro osoa, eta pintura-geruza mehea azazkalekin urratuz moldatu zuen ilea"[22]. Materiarekin harreman zuzenean eta azkartasunez lan egiteko modu horregatik bereizten dira, hain zuzen, haren lehen lanak; eta ezaugarri komun hauek dituzte: ozta-ozta zirriborratutako gorputz-atalak, pinturaren erabilera xuhurra, norabide guztietan emandako pintzelkadak, hatzekin eta azazkalekin —modu arbitrarioan zein ordenatuan— margotutako zatiak. Kokoschkak gizakia eta haren psikea atzeman nahi zituen horrela, hark ezkutuan gordetzen zuena azaleratu. Albert Ehrenstein-ek oso modu egokian deskribatu zuen haren lana: "Ez da harakina, arima-urratzailea baizik. Jendearen eskuak eta buruak margotzean, haien eskeleto mentala azalarazten digu, modu fantasmagoriko batean. 'Psikotomia' ilun moduko horrek bibisekzio bat gogorarazten digu"[23]. Kokoschkak iragazkortasuna eta gardentasuna eman zizkion horrela Forelen gorputzari, eta aldi berean argiak zeharkatua eta desegiteko bidean margotu zuen hura. Modeloaren buruan jarri zuen bereziki arreta, espiritua sinbolizatzen duen neurrian, eskuak adierazpen-euskarri soiltzat hartuta. Bestelakoa da Julius Szeps kazetariaren kasua *Kudeatzailea* (*Der Rentmeister*, kat. 7) izeneko erretratuan: Kokoschkak oihalean harramazkak eginez eta hatz-mamiak inprimatuz moldatu zuen haren irudi sendoa eta aurpegi mamitsua.

Kokoschkak garai hartan erretratuekiko zuen interesa berresten duen obra bat *Hirsch aita* (*Vater Hirsch*, kat. 3) dugu, zeina Berlingo Paul Cassirer galeriako hormetan eskegi baitzen lehenbizikoz, 1910ean, *Berekoi basatia* (*Ein brutaler Egoist*) izenburupean. Kokoschkak Hirschen semea —Ernst Reinhold izengoitiz ezaguna— ere margotu zuen, haren esku mamitsu bat, bereziki espresiboa, eta begi urdin distiratsuak nabarmenduta. Margolan hori beste era batera izendatu zuten aurrerago: *Trantzelaria* (*Der Trancespieler*). Kokoschkak margotzeko modu asko eta askotarikoak saiatu zituen. *Herwarth Walden* (kat. 8) izeneko obran, adibidez, zuzenean hoditik aplikatutako pinturak halako dinamismo bat ematen dio konposizioari toki batzuetan, futurismoaren eraginpean moldatua izan balitz bezala. Paul Westheim arte-kritikariaren hitzetan, artistak "gizakiaren mekanismo konplexuaren ikuspegi azkar eta berehalako bat" eskaintzen du beti[24]. Kokoschkaren obra batzuek kristal arrokaren antzeko estetika zatikatua dute[25]; kubismoaren eta futurismoaren aurrean artistak izan zuen erreakzio guztiz pertsonalaren nolabaiteko isla dira. Horietako bat Egon Wellesz konpositorearen erretratua da (1911). Modeloak honela deskribatu zuen margolanaren sorkuntza-prozesua: "Kokoschka lanean hasi zen eta ni, bitartean, pianoa jotzen aritzen nintzen, edo idazmahaian lanean, edo gelan atzera-aurrera ibiltzen. Lehen egunean galdetu nion ea mugi nintekeen bera margotzen ari zen bitartean. 'Hain margolari txartzat naukazu —erantzun zidan—, eserita bakarrik margotu zaitzakedala uste duzula? Egin nahi duzuna'. Mihisearen markoa — hondoa jada margotua— besaulki batean jarri eta nire aurpegia eta nire eskuen mugimendua aztertzen jardun zuen. Gero, pintzelik gabe, eskuin eskuko hatz erakuslearekin pintatzen hasi zen"[26].

Werner Hofmannek dioen moduan, estetikaren berrikuntza erabakigarri bat gertatu zen garai hartan, bai musikan, bai arkitekturan, bai literaturan, bai arte plastikoetan. Hofmannek Adolf Loosen Vienako Michaelerplatzeko eraikinari buruz egindako hausnarketak Kokoschkaren obraren disonantziari ere aplikatu ahal zaizkio: "Aurrean daukagun osotasun horretako atal batzuek eta besteek, modu autonomoan jokatzeaz gain, elkar ukatzen dutela dirudite. Haien arteko loturek, batere loturarik baldin badago behintzat, etenda dirudite"[27]. Horrek guztiak "disonantziaren emantzipazioa" noziora eraman zuen Hofmann[28]. Eta nozio hori, Arnold Schönbergek sortua, "1910eko hamarkada-aldaketaren ezaugarritzat har daiteke". Artearen ideiaren hedapena, kontsonantziatik disonantziara zabaltzea, "askatze eta irekitze prozesu bat" iruditzen zaio egileari, 1910. urte inguruan pinturan eta musikan aldi berean gertatu zen prozesu bat[29]. Hala, Welleszek azken konposizioetan musika dodekafonikoaren disonantziari aurre egin behar izan zion bezala, Kokoschkak ere disonantzia hori bilatu zuen "gizakia berez den mekanismo konplexu horretan".

Margolariak kaskamotz probokatzaile gisa ere erretratatu zuen bere burua, bai *Der Sturm* aldizkarirako kartel baten diseinuan kristau ikonografiako Doloreetako Gizona gogora ekartzean (7. irud., 30. or.), bai Franz Liszt pianista erromantikoaren erliebedun erretratu baten gainetik bere profila margotzean. 1911tik aurrera, konposizio piktoriko gero eta konplexuagoak egin zituen —*Deikundea* (*Verkündigung*, kat. 11) ospetsua dugu horren adibide—, zeinak Alma Mahlerri eskaini baitzizkion (1912ko apirilaren 12an ezagutu zuen Alma), harekin izandako maitasun-harreman sutsuari eta harremanaren porrotari. Bere obraren fase "kristalinoan" tonu argiak erabili ondoren (kat. 12), 1913. urtea amaieran margo ilunagoen eta pintzelkada adierazkorren aldeko hautua egin zuen berriz ere. Carl Moll margolariaren erretratuan (kat. 15), adibidez, trazu kementsuak eta

testura oretsua dira nagusi. Lehen aldiz, Kokoschkak barrualde bat zirriborratu zuen eta irudikatutako ingurune horretan argiak hartzen zuen norabidea islatu. *Presoa* (*Der Gefangene*, 1914, kat. 17) obran ere, argiaren intzidentziak sortzen du aurpegi-eskuen zurbiltasunaren eta gelaren iluntasunaren arteko kontraste nabarmen hori. 1917. urtera arte koadroak ez zuen izenburu hori hartu. Izan ere, Albert Ehrenstein idazlearen poema bati egiten dio erreferentzia izenburuak[30], zeina, atzera begira, Lehen Mundu Gerraren hurbiltasun adierazpen gisa interpreta daitekeen. Kokoschkak boluntario gisa aurkeztu zuen bere burua armadan, 1915eko urtarrilaren hasieran, eta larri zauritua suertatu zen abuztuaren 29an, Ukrainako ipar-mendebaldean. Osatu zenean, gerrako pintore gisa jardun zuen lanean denboraldi batez[31] (kat. 88–92), baina gero borrokarako ezgai izendatu zuten, berriro zauritu zutelarik. 1916ko irailaren hasieran, egonaldia egin zuen Berlinen, eta Mechtilde Lichnowsky printzesaren (kat. 18) eta Nell Walden margolariaren erretratuak egin zituen. Margolan biek zenbait ezaugarri komun dituzte: estilo urduria, are nahasia ere batzuetan, argitasunaren eta iluntasunaren arteko kontrastea, eta bizitzaren eta heriotzaren, goren unearen eta gainbeheraren arteko disonantziak.

Dresdeneko urteetako espresionismo koloretsua

1916ko abenduan, Oskar Kokoschka Dresdenera iritsi zen, eta han bizi izan zen hurrengo zazpi urteetan, Vienan hilabeteetako egonaldiak egiten jarraitu bazuen ere. Dresdeneko urteak inflexio-puntu bat izan ziren haren arte-ibilbidean. Hans Tietzeren arabera, "azterketa psikologikoak" "bizitasun indartsu" bati eman zion bide, pixkana-pixkana[32].

1917ko autorretratuan (kat. 19), gerrak markatutako gizon bat da aurrez aurre begira duguna. Eskuin eskuko hatzarekin, bihotz-aldea seinalatzen du, Doloreetako Gizonaren irudi kristaua gogorarazten duen keinu batekin. Pintzel-ukituak Mechtilde Lichnowsky printzesaren erretratuari darionaren antzeko disonantzia-inpresioa ematen du. Gizona lur jota dago, fisikoki eta moralki; haren "kemena eta gaztetasuna galduak dira, [...] osasuna bezala", hilabete gutxi batzuk geroago Ehrensteini idatzi zionez[33]. 1910an *Der Sturm* aldizkarirako egin zuen karteleko Doloreetako Gizonak bere zauriak seinalatzen zituen bezala, oraingo honetan Kokoschkak ez ditu agerian jarri nahi bere zauriak (ezta gerrako zauriak ere, itxuraz ez behintzat), bere psikea baizik. Hondo urdin-beltz aldakor baten gainean, pintzelkada gordinek aurpegiaren, eskuen eta gorputzaren hondamendia iradokitzen dute; margolariaren begitarteak, berriz, abaildura, bakardadea eta etsipena erakusten ditu. Era berean, *Lagunak* (*Die Freunde*) talde-erretratuan, artista, eriondo, ia desagertu egiten da —lehen planoan, bizkarrez— Dresdeneko lagunen artean. Margolaneko konposizioari

dagokienez, bi lagun nabarmentzen dira: batetik, Käthe Richter antzezlea, ezkerrean eserita, zeinak "oso harreman estua" baitzuen Kokoschkarekin[34]; eta, bestetik, Walter Hasenclever poeta espresionista, erdian. Beste behin ere, Kokoschkaren obra horretan disonantzia da nagusi, bai kolorearen, argiaren eta iluntasunaren artean, bai bizitzaren eta heriotzaren artean, artistak Hans Tietzi idatzitako gutun batean adierazi zuenez: "Orain, giza aurpegiak itxuratzen aritzen naiz [...], haiekin konposizioak moldatzeko: izateak izateari egiten dio aurre eta kontraesan gogorrean kontrajartzen zaio, gorrotoa eta maitasuna bezala. Orain, espiritu indibidualak goragoko ordena batera batzen dituen akzidente dramatiko horren bila aritzen naiz koadro bakoitzean"[35].

Lehen Mundu Gerraren ondoren, Kokoschka ordura arte erabilitako tonu ilun eta kontrastatuak argiagotzen hasi zen, 1918–19ko neguan egin zuen *Katja* (kat. 20) margolanak erakusten duen bezala. Bertan, artista bere lagun Käthe Richter (Katja izenez ere ezaguna) gaztearen erretratua margotzen ageri da. Koadroaren barruko koadroaren protagonista ere Katja bera da, gainera. Neska gaztea —gaixorik, segur aski, txabusina urdina soinean, lo-txanoa buruan eta baso bat ur eskuan— margolariari begira ageri da, margolariak, haren aurrean belaunikatuta, hura margotzen duen bitartean. Pintzelkada biziek eta konposizio diagonalak dinamikoagoa egiten dute eszenatoki estatikoa, pintorearen eta modeloaren motibo klasikoa, Kokoschkak Dresdeneko egonaldian hainbatetan tratatu zuena. Egoera bera dugu 1923ko *Margolaria eta modeloa II* (*Maler und Modell II*, kat. 28) obran: margolanak pintzel-ukitu urduri batetik kolore lauak nagusi dituen espresionismorako trantsizioa erakusten du, eta aldi horren amaiera markatu zuen. Eszena bera asaldatzailea da: artistak, Arte Ederren Akademiako irakasle orain, bere burua irudikatzen du bere gaztetako erretratua margotzen, doloreetako gizon eta "basatietan basatien" gisa, begira ari zaion modeloari ez ikusia eginez. Bertan darabilen lengoaia piktorikoak atentzioa ematen du bere zurruntasunagatik. Erdian, hondo berde baten gainean, margolaria bera ageri zaigu: soingaineko urdin bat darama jantzita, haren aurpegia espresiorik gabekoa da, maskara bat bezain zurruna, eta esku erraldoiak ditu. Haren lagun Anna Kallin, kolore hori biziko soinekoz jantzia, eszenaren bazter batera zokoratua dagoela dirudi. Artistaren eta modeloaren arteko harreman horretan, Kokoschka bakarrizketa batean murgilduta ageri da, bere baitan bilduta, eta modeloa, berriz, bazterrera utzita.

Katja margolaneko pintzelkada dardaratsuetatik hasi eta kolore espresionistek geldiarazita dirudien pintorea eta modeloaren irudikapen horretaraino, Kokoschkak askotariko lanak egin zituen urte horietan, estilo aldetik desberdinak; hori bai, "lan-erritmoa moteldu" behar izan zuen, "gehiegizko lanaren" ondorioz[36]. Eten sakon hori agerikoa da Kokoschkaren funtsezko lanetako batean: *Musikaren indarra* (*Die Macht der Musik*, kat. 22), 1918–20 bitartean margotuta. Lan horren jatorrizko izenburuak, *Indarra eta ahulezia* (*Kraft und Schwäche*)[37], argiaren eta ilunaren, hotzaren eta beroaren, zarataren eta isiltasunaren arteko —edo gaixotasunaren, eriondoaren eta osasunaren arteko— polaritate batera igortzen gaitu oraindik ere, egitura aldetik. Ezkerrean, emakume batek, berdez jantzita, tronpeta jotzen du, eskuinean makurtuta dagoen pertsonaia bat esnatzeko-edo. Eskuineko pertsonaiak, horiz eta gorriz jantzita, begiak ireki eta besoak altxatzen ditu protesta seinale gisa. Bi protagonisten artean lili morexka bat ageri da, eta atzealdean eskuinean, zaldi bat lauhazka. *Lagunak* eta *Katja* erretratuekin alderatuta, 1917tik 1919ko hasierara bitarteko aldiko pintzelkada urduria lasaitu egin da, eta Carl Georg Heise eta Hans Mardersteig-en erretratu bikoitzak ere (kat. 21), pintzelkada zabalek eta kolore-orbanek dinamizatuak, oso bestelako estilo batean moldatua dirudi. "Kolorearen musikaren indarra baino ez zen, berez"[38], esan zuen Kokoschkak, hiru hamarkada geroago margolana berrikusi zuelarik, era horretan bi pertzepzio modu desberdin batzuk saiatuz, sinestesiak bezala.

Dresdenen zegoela, Kokoschkak enkargu berezi bat egin zion Hermine Moos txotxongilo-egileari: tamaina naturaleko panpina bat, Alma Mahlerren irudira egina. Olio-pintura bat ere utzi zion artisauari, modelo gisa, harekin Alma Mahlerren irudirik ahalik eta errealena birsor zezan, Kokoschkak "hari begiratzean, hura ukitzean, bizi-bizirik"[39] sentitu zezan hura. Baina Moosen fetitxeak "ez zituen bete nonbait Kokoschkaren aurreikuspenak"[40], eta halaxe jakinarazi zion margolariak txotxongilo-egileari berari: "Zure panpinak osoki etsiturik utzi nau"[41]. Geroago, ordea, margolariak zurrumurruak zabaldu zituen "emakume isila" deitzen zuenaren inguruan, esanez, adibidez, "zaldi karroza bat alokatu [ziola] haizea hartzera ateratzeko egun eguzkitsuetan, eta palko bat Operan, jendaurrean erakusteko"[42], eta arte abangoardistako objektu bihurtu zuen panpina, bere hasierako asmoaren kontra. Ildo horretan, beraz, bat dator dadaismoarekin: "antiarte" gisa, "zentzuaren aurretiko" arte gisa[43] —hau da, "zentzurik gabekoa" baina ez "zentzugabekeria"[44]—. Dadaismoa oso kritikoa zen gizartearekin, eta gerraren aurka zegoen; aldi berean, goitik behera birdefinitu zituen artearen edukiak eta helburuak, eta arte-genero tradizionalen arteko mugak ezabatu zituen, lehen aldiz[45]. Vienako "basatietan basatiena" bere ibilbidearen hasieratik lotu zitzaion erradikalismo horri, eta berriro probokatu zuen orduan. Bestalde, berriro agerrarazi zuen panpinaren gaia hainbat lanetan: *Natura hila maskararekin* (*Maskenstillleben*), *Ama eta haurra* (*Mutter und Kind*, kat. 23), *Esklaboa* (*Die Sklavin*), *Paganoak* (*Die Heiden*), *Neskatxa panpinarekin* (*Mädchen mit Puppe*),

Neskatxa buztinezko panpinarekin (*Mädchen mit Tonpuppe*), *Margolaria panpinarekin* (*Maler mit Puppe*, kat. 26) eta *Autorretratua asto aurrean* (*Selbstbildnis an der Staffelei*, kat. 27).

Margolaria panpinarekin lanean, Kokoschkak pintzel-ukitu arinagoak erabiltzen ditu, eta eszena bera dinamikoagoa da: artista panpinaren gorputz potoloaren ondoan eserita ageri da, haren hankartea —gorriz markatua— seinalatuz. Ezker eskuarekin, panpinaren ezker izterra baztertzen du, haren jaun eta jabe eginda. Kokoschkak Pigmalion porrot eginaren papera ere jokatu zuen —bere sorkuntzaz maitemintzen den eskultoreari erreferentzia eginez— *Autorretratua asto aurrean* lanean: panpina —margolanaren ezker ertzean zangalatrau jarrita— haragi-koloreko izterra zimikatuz ageri da margolaria. Keinu horrek eta pintorearen jarrerak (gorputza konkortuta, eskuak uzkurtuta) kontrastea egiten dute haren estudio bikainarekin (Arte Ederren Akademian kokatua, Dresdeneko hiri berria, Neustadt, begipean duela); eta artista bere buruaz barre egiten ari dela pentsa liteke. 1919–23 bitartean, artistak hamar aldiz betikotu zuen Dresden gaineko txori-ikuspegi hori (kat. 25 eta 8. irud., 19. or). Kokoschkak bere buruaz eman zuen irudi horren beste muturrean, *Autorretratua besoak gurutzatuta* (*Selbstbildnis mit gekreutzen Armen*) izeneko lanak Dresdenen hasitako estiloaren garapenaren azken eta goren puntuan erakusten du artista, traje urdin dotorea eta gorbata gorria jantzita, koloretako pintura-orban handi batzuen aurrean. Haren aurpegiak argi-itzalek zizelkatua dirudi, baina haren begitarte serioak, haren galderazko begiradak Dresdeneko egonaldiaren amaiera iragartzen digula ematen du. Izan ere, 1922ko udazkenean jada, honela galdetzen zion Kokoschkak bere buruari: "Nola liteke batzuk Miarritzen bizitzea eta ni Dresdenen?"[46].

"Goi-goitik" ikusitako bidaiak eta animalien erretratuak

1923ko udan Dresden utzi ondoren, Kokoschka bidaiaz bidaia ibili zen Europan zehar, Afrikako iparraldean eta Ekialde Hurbilean, 1931. urtera arte. 1924tik 1925era bitarteko epe laburrean toki hauetan guztietan egon zen: Venezia, Bordele, Miarritze, Avignon, Marseilla, Monte-Carlo, Niza, Madril, Sevilla, Toledo, Lisboa, Haga, Paris, Londres, Amsterdam. Paisaia zabaletan, hiri-ikuspegietan eta animalien irudikapenetan, haren pintzelkada fin arinak Dresdeneko urteetako estiloaren guztiz kontrako norabidea hartu zuen orduan. "Eraikin altuenetatik edo mendietatik, *on the top*, goi-goitik" besterik ez zuen begiratu nahi, "hirietan zer gertatzen den, jendea nola bizi den ikusteko"[47]. Hain zuzen, haren begirada hiri gainean pausatzen da, literalki, goitiko ikuspegiak eginez beti. Batzuetan, ikuspegi beraren bi bertsio egin zituen —Parisko Tuilerietako lorategia, Marseillako portua (kat. 29, 30)—, koloreak

(argiagoak edo ilunagoak) eta enkoadraketa aldatuta. Bi kasuotan, artistak aurrez aurre jarri zuen hiriaren eta zeruaren ikuspegia hiriko bizitzaren ikuspegiarekin. Pintzelkada lasaiago baten bidez, koloretako gainazal trinkoak arindu eta konposizio dinamikoak lortu zituen, arintasun ia inpresionista dutenak.

Bestalde, animalien bost erretratu handi ere egin zituen 1926–27 bitartean. "Erretratu" hitza guztiz egokia da kasu honetan, Kokoschkak "animalia indibidualak, espresio jakin batekin" margotu baitzituen[48]. George izeneko mandrilaz gain, *Tigoia* (*Tigerlöwe*, kat. 32), lehoi baten eta tigre baten arteko Ranji izeneko gurutzatze arraroa, Kokoschkaren animalien margolan ikusgarrienetakoen artean dago. Lan horretarako, Londresko Regent's Parkeko zoologikoan margotzeko baimena lortu zuen artistak. Sekulako "zirrara" sentitzen omen zuen egunero, "katu erraldoia, kolore horiko bonba balitz bezala, iluntasunetik argirantz —askatasunerantz— jauzi egin eta niregana oldartzen zelarik, kaiolako atetik hain gertu ikusten zuen gizona txiki-txiki egiteko asmoz"[49]. Tobias G. Natter arte-adituak ere erretratutzat dauka margolan hori: "Piztia bat margotu ordez, 'arima-pintore' ospetsuak fenomeno natural baten erretratu dotore eta basati bat egin du"[50]. Ilunpetik sortua, tigoiak koadroaren markoa apurtzeko zorian dagoela ematen du, bere soin gihartsua eta aurreko eta atzeko hankak elkarren ondoan ezarrita. Aurrekoek antilope bat zatikatu berri dute, agidanean, eta gorputzak, marra zeharrargiz margotua eta hondo ilunaren gainean nabarmendua, une batetik bestera ikuslearen gainera oldartuko dela iradokitzen du.

Artista degeneratua, erbesteratua eta humanista

Urte askotako bidaien ondoren, Kokoschka Vienara itzuli zen, 1931ko udazkenean, eta hurrengo urteko udaberrira arte egon zen han. Garai hartakoak dira Trudl izeneko neskatxa bati —auzoko gazte bati— eskainitako pinturak, hala nola *Pan (Trudl ahuntz batekin)* [*Pan (Trudl mit Ziege)*, kat. 40], handik berehalako obra alegorikoenen konplexutasuna iragartzen bide duena. Parisen urtebete luzeko egonaldia egin ondoren —ordukoa da Constantin Brancusiren erretratua (kat. 41)—, Kokoschka Vienara itzuli zen, 1933ko udan, eta orduko asaldaketa politikoek izugarri ikaratu eta hunkitu zuten. 1934ko uztailaren 4an, ama hil zitzaion. Gauza bat eta beste, jada ez zuen arrazoirik ikusten Vienan geratzeko —erregimen austrofaxistak ezarritako Estatu korporatiboan, gerra zibilak urratutako hiri batean—, eta Pragara emigratu zuen, hangoa baitzuen aitaren aldeko familia. Pragan egon zen lau urteetan, hiriaren hainbat ikuspegi margotu zituen —berak "hiri-organismoak"[51] eta "bizidunak"[52] deitzen zituenak—, baita zenbait erretratu ere. Pragan ezagutu zuen emazte izango zuen Olda Palkovskà ere. Urte horietan, artistak konbentzimendu osoz ohartarazi zuen estremismoa Europan izaten ari zen hazkundeaz.

1936an, Bakearen aldeko Batzar Unibertsalean parte hartu zuen, Bruselan, txekiar ordezkaritzaren kide gisa, eta indarkeria politikoa salatu zuen, faxismoari berariaz zuzendutako hitzaldi batean. "Arriskuan dagoen paradisu"[53] horren harira, margolan alegoriko batzuk ondu zituen berehala. Urtebete geroago, laurehun eta hamazazpi lan konfiskatu zizkioten Alemaniako bilduma publikoetatik[54]. Hor hasi zen haren jarrera-hartze politiko eta artistikoa: *Lagundu euskal haurrak!* (*Pomozte baskickým dětem!*, kat. 95) izeneko litografia, adibidez, Espainiako Gerra Zibilaren aurka zuzenduta dago. Ondoren, Municheko *Entartete Kunst* (Arte degeneratua) erakusketan bere bederatzi obra aurkeztu zituztela salatzeko, *"Artista degeneratu" baten autorretratua* (*Selbstbildnis eines "entarteten Künstlers"*, kat. 47) margotu zuen; margolana Londresko *Twentieth Century German Art* (Alemaniako XX. mendeko artea) erakusketan aurkeztu zuen, 1938an, Alemaniaren politika nazional-sozialistaren aurkako protesta gisa. Era berean, "herri-fronte" antifaxista baten sorreran parte hartu zuen, eta nazien kontrako zuzeneko borrokan sartu zen hala. 1938ko urriaren 19an, Adolf Hitlerrek "Txekiar Errepublikaren azken hondarrak" suntsitzeko isilpeko agindua eman baino bi egun lehenago, ozta-ozta lortu zuen ihes egin eta Londresera joatea, Oldarekin batera. Behin Ingalaterran, nazional-sozialismoaren kontrako borrokan jarraitu zuen, nekaezin, idazki eta hitzaldien bidez. Izaera politiko-satirikoko hainbat margolan alegoriko egin zituen orduan, hala nola *Loreley* (kat. 52), *Karramarroa* (*Die Krabbe*, kat. 51) eta *Anschluss – Alizia Lurralde Miresgarrian* (*Anschluss – Alice im Wunderland*, kat. 53), "gerrari buruzko bere ikuspegia besteei ikusarazteko"[55]. Obra horietan, paradisua galdua zen betiko. Gizateriaren hondamendia, artearen eta kulturaren desintegrazioa eta askatasunaren amaiera klase politiko nagusiaren diru-gosearen eta botere-nahiaren ondoriotzat tratatzen ditu haietan.

Europarra eta fauve *berrien aitzindaria*

1945eko Eguberrietan, Bigarren Mundu Gerra amaitu eta gutxira, Oskar Kokoschkak kartel bat egin zuen egoera ekonomiko larriaren kontzientzia harrarazteko jendeari. Kartel horretan, Kristo gurutziltzatu bat bere oinetan erreguka dituen haurrak kontsolatzera makurtzen da. Eta honela dio urkabeko idazkunak: "IN MEMORY of the CHILDREN of EUROPE / WHO HAVE to DIE of COLD and HUNGER this / Xmas" ("Eguberriotan gosez eta hotzez hilko diren Europako haurren omenez"). Kartel probokatzaile hori Londresko metro-geltokietako hormetan ezarri zen. Hau idatzi

zuen Kokoschkak horri buruz: "Propaganda komunistaren egileek ez bezala, nik ez neukan neure burua ideologia batez jantzi beharra jendearengana iristeko; nik giza kontzientziara jotzen nuen zuzenean, besterik gabe. Ni *one man underground movement* (kide bakarreko mugimendu klandestino) moduko bat nintzen"[56]. *Titiritero-familia* (*Gauklerfamilie*, 1. irud., 19. or.) izeneko lanean ere egoera ekonomikoaren larriaz ohartarazi zuen, eta 1947ko *Energia atomikoaren askapena* (*Entfesselung der Atom-Energie*, kat. 55) izenekoan, berriz, hastear zegoen garai berriaren arriskuak ekarri zituen gogora. Mehatxu nuklearraren alegoria gisa, gainbehera doan mundu horren une bat irudikatzea aukeratu zuen: lehoi handi bat (bere tigoia) titiritero irribarretsu batek ireki berri duen karabanako atetik jauzi egitear dago. 1948ko autorretratuak (kat. 56), berriz, erbesteak, gerrak, goseak eta miseriak markatutako Kokoschka bat erakusten digu, begitarte ilunekoa eta begi urdin bizikoa. Makila eskuetan, bi mundu-gerrek traumatizatuta, ikuslearengandik urruntzen da artista.

Garai hartan, Kokoschkak Europako Estatu Batuen ideia sustatu zuen[57], eta, aldi berean, Ameriketako Estatu Batuetako museo garrantzitsuenek (New Yorkeko Museum of Modern Art barne) antolatutako atzera begirako erakusketa handi batek haren lanak nazioarteko mailan zuen garrantzia berretsi zuen[58].

1951ko uztailaren 31n, Kokoschkak gaztaroko probokazioaren bidea berrartu behar zuela ematen zuen, esan zuelarik, ziurtasun handiz: "Ni naiz oxigenoa. Artea bizirik mantentzen duena"[59]. Beti ikusi zuen bere burua supiztaile gisa —oxigeno hori erasorako tresna eta bizi-baliabide zuela, ezinbestekoa bere salbatzaile-zeregin horretan—, baina baita mago gisa ere. Hain zuzen, paper horretan betikotuko zuen Sven Simon argazkilariak —Axel Springer prentsako magnatearen semeak— *Eltern* aldizkarirako egindako argazki batean; baita berak ere bere burua Bassa doktore gisa irudikatu zuelarik *Bassa doktorearen forma magikoa* (*Dr. Bassa's magische Form*, kat. 57) lanean. Azken margolan horretan, Kokoschka mago itxura hartua agertzen da, itzal-antzerkia egiten, azala zuri-zuri eta begiak odol-koloreko bi zirrikitu gorri. Pintzelkada nahasiak eszenaren deskonposizioarekin bat datozela dirudi. Titulua mihisearen behealdean agertzen da, letra larritan idatzita, berrogei urte lehenago margotu zuen Carl Leo Schmidten erretratuko hartako "1911 OK Vormittag [goiza]" (kat. 9) idazkun haren antzera. Handik aurrera, hainbat artistak txertatu zituzten hitzak eta esaldiak beren lanetan: Michel Basquiat, Martin Kippenberger eta *fauve* berrietako batzuek, besteak beste.

Antzeko erradikalismo piktorikoa darie Kokoschkak hiru urte geroago egin zituen bi erretraturi: Pablo Casals biolontxelo-jole,

konpositore eta orkestra-zuzendariaren bi erretratu dira (9. irud., 23. or., eta kat. 58). Angelu desberdinetatik, musikan erabat murgilduta —musikarekin bat eginda— erakusten digu margolariak konpositore katalana bi lan horietan. Musika da berriro *Goiz eta arrats* (*Morgen und Abend*, kat. 62) koadroaren gaia —Kokoschkak hainbat aldiz birmoldatu zuen *Musikaren indarra* lanaren bertsio berri bat da margolan hori—. Prozedura horrek agerian uzten du Kokoschkaren lan-metodoa, hainbat desegite, berrikuste eta berregite fase dituena, halako moldez non koadroaren gainazala koloretako magma bilakatzen baita, batzuetan oso lodia. Hala, geruzari geruza gehitu zion hamar urtez *Goiza eta arratsa* lanean, eta hogei bat urtez *Teseo eta Antiope* (*Theseus und Antiope*, kat. 68) lanean; zergatik, eta "oihal gaineko pinturak hazi" beharra duelako[60]. Ondoriozko erliebe koloreztatuek artistaren sorkuntza-prozesu luzearen aztarna gordetzen dute, urteak aurrera ahala. Pablo Picassoren "denboraren kontra margotze" hura ez bezala[61] —bere azken aldian Picassok margolan berri bat sortzen zuen bi ordutik behin—, Kokoschkak denboran eta iraupenean inskribatu zuen bere pintura, "absolutuaren", irits ezinaren bila, Alberto Giacomettiren ildotik[62].

1967an, Sven Simonek esan zuen Kokoschka "munduko pintore bizi ospetsuena" zela[63]. Izan ere, artistak nazioarteko ospea zuen ordurako: jende boteretsuaren erretratuak egiten zituen eta metropoli batetik bestera ibiltzen zen; munduko herritarra zen, britainiar eta txekiar nazionalitateen jabe, eta inoiz ez zen jarri bizitzen aleman hiztunen eremuan. Figurazioari zion atxikimenduak —are bere beranduko obra liluragarrian ere, haietan ere pintzelaren ukituak eta margoen testurak eboluzionatzen jarraitu baitzuten— aukera berriak ireki zizkion artista-belaunaldi gazte bati: Basquiat, Georg Baselitz, Kiki Smith, Maria Lassnig eta abar. Artista horiek pintura figuratiboa berreskuratu nahi zuten, arte kontzeptualaren urteetako nagusitasunaren ondoren.

Time, Gentlemen Please (kat. 66), 1971–72 bitartean margotua, Oskar Kokoschkaren azken aldiko funtsezko lanetako bat da, garrantzi handikoa une hartan sortzen ari ziren *fauve* berrientzat[64]. Izenburua, Ingalaterrako pubetan ixteko ordua iragartzeko botatzen duten oihua gogorarazten duena, oihalaren goi-ezkerreko aldean gehitua izan zen. Artistaren gorputz biluzi bihurritua bizitzaren eta heriotzaren arteko kinka horretan dago, argiaren eta ilunaren arteko mugan. Obrari darion indarrak Edvard Munchen 1930–40 hamarkadetako autorretratuak (10. irud., 23. or.) edo Baselitzen pinturak (11. irud., 23. or.) gogorarazten ditu. Rembrandtek 63 urte zituela egindako autorretratua (12. irud., 23. or.) hizpide hartuta, Kokoschkak esan zuen zirraragarria izan zitzaiola hura bezalako "jenio bat, ispilu aurrean, bizitzaren azkenari hainbesteko kemenez aurre egiten eta Ezereza, gizakiaren ezdeustasuna, hainbesteko indarrez deskribatzen ikustea"[65]. Baina horixe bera egin zuen berak ere *Time, Gentlemen Please* lanean, "Zer da gizakia funtsean?"[66] galderari erantzun bat aurkitzeko errebelde eta humanista gisa egindako bilaketa horretan.

1. Else Lasker-Schüler, *Werke und Briefe. Kritische Ausgabe*, Norbert Oellers, Heinz Rölleke et Itta Shedletzky (ed.), III. libk. 1, Frankfurt, Suhrkamp, 1998, 218–19. or.
2. Marie-Amélie zu Salm-Salm (zuz.), *Vienne 1900. Klimt, Schiele, Moser, Kokoschka*, erak. kat., Galeries Nationales du Grand Palais, Réunion des Musées Nationaux, Paris, 2005.
3. Wieland Schmied, *Berührungen. Von Romako bis Kokoschka*, Residenz Verlag, Salzburgo eta Viena, 1991, 87. or.
4. Dieter Buchhart, "Egon Schiele et la ligne existentielle", J. Torrent (itzul.), hemen: Dieter Buchhart (zuz.), *Egon Schiele*, erak. kat., Gallimard eta Fondation Louis-Vuitton, Paris, 2018, 18–19. or.
5. Carl E. Schorske, *Vienne fin de siecle. Politique et culture* (1980), Yves Thoraval (itzul.), Seuil, Paris, 1983, 277–356. or.
6. *Ibid.*, 413–469. or.
7. Werner Hofmann, "Ein Amerikaner zu Wiens Fin de siècle oder Kulturfinale als Dauerwerbung", *Die Presse. 25 Jahre freies Österreich*, 1980ko maiatzak 10–11, zenbakitu gabe.
8. Werner Hofmann, "Zur Postmoderne", Berlingo Akademie der Künste-n emandako hitzaldia, 1984. Hemen aipatua: Wolfgang Welsch, *Unsere postmoderne Moderne*, Akademie Verlag, Berlin, 1993, 193–94. or.
9. W. Welsch, *Unsere postmoderne Moderne*, *op. cit.*, 177. or.
10. Jean Clair, "Une modernité sceptique", hemen: Jean Clair (zuz.), *Vienne 1880–1938. L'apocalypse joyeuse*, erak. kat., Centre Pompidou, Paris, 1986, 46. or. eta hur. Kirk Varnedoe, *Vienne 1900. L'art, l'architecture, les arts décoratifs*, Jeanne Bouniort (itzul.), Taschen, Kolonia, 1989, 17. or.
11. *Ibid.*
12. Jacques Le Rider, *Modernité viennoise et crises de l'identité*, PUF, Paris, 1990, 39–40. or.
13. Werner Hofmann, "Oskar Kokoschka", hemen: W. Hofmann (zuz.), *Experiment Weltuntergang. Wien um 1900*, erak. kat., Hamburger Kunsthalle, Hanburgo; Prestel, Munich, 1981, 150. or.
14. Richard Mutter, "Die Kunstschau", *Die Zeit*, 2049. zk., 1908ko ekainak 6 (goizeko edizioa), 1. or.
15. Ludwig Hevesi, "Kunstschau 1908, 31. Mai 1908", hemen: L. Hevesi, *Altkunst – Neukunst. Wien 1894–1908*, Konegen, Viena, 1909, 313. or.
16. Karin Michaelis, "Der tolle Kokoschka", *Das Kunstblatt*, 2. urtea, 12. libk., 1918, 361. or.
17. Ikus Alice Strobl, "Kokoschka, der Klimttöter", hemen: Gerbert Frodl eta Tobias G. Natter (zuz.), *Oskar Kokoschka und der frühe Expressionismus* (konferentziako aktak), Österreichische Galerie Belvedere, Viena, 1997, 20. or.
18. Alfred Weidinger, "Oskar Kokoschka. Träumender Knabe – Enfant terrible", hemen: Agnes Husslein-Arco eta A. Weidinger (zuz.), *Oskar Kokoschka. Träumender Knabe – Enfant terrible*, erak. kat., Österreichische Galerie Belvedere, Viena; Bibliothek der Provinz, Weitra, 2008, 196. or.
19. Horri buruz ikus Werner J. Schweiger, *Der junge Kokoschka. Leben und Werk 1904–1914*, Christian Brandstätter, Viena eta Munich, 1983, 116–23. or.
20. Erika Tietze-Conrat, "Ein Porträt und nachher", hemen: Josef Paul Hodin (zuz.), *Bekenntnis zu Kokoschka. Erinnerungen und Deutungen*, Florian Kupferberg, Mayence eta Berlin, 1963, 70. or.
21. Oskar Kokoschka, *Mein Leben* (1971), hemen: Oskar Kokoschka, *Ma vie*, Michel-Francois Demet (itzul.), PUF, Paris, 1986, 66. or.
22. Hemen aipatua: Karl Gruber, "Zur Entstehung von Kokoschkas Forel-Bildnis", *Mannheim heute*, 1. urtea, 3. libk., 1949, 1. or.
23. Hemen aipatua: Otto Breicha (zuz.), *Oskar Kokoschka. Vom Erlebnis im Leben. Schriften und Bilder*, Verlag Galerie Welz, Salzburgo, 1976, 46. or.
24. Hemen aipatua: W. J. Schweiger, *Der junge Kokoschka* […], *op. cit.*, 9. or.
25. Horri buruz ikus T. G. Natter, "Kubismus, wenn er richtig verstanden wird", hemen: G. Frodl eta T. G. Natter (zuz.), *Oskar Kokoschka und der frühe Expressionismus*, *op. cit.*, 45–53. or.
26. Egon eta Emmy Wellesz, *Egon Wellesz. Leben und Werk*, Franz Endler (ed.), Paul Zsolnay, Viena eta Hanburgo, 1981, 81–82. or.
27. Werner Hofmann, "Die Emanzipation der Dissonanz", hemen: Dietrich Worbs, *Adolf Loos, 1870–1933. Raumplan – Wohnungsbau*, erak. kat., Akademie der Künste, Berlin, 1983, 103. or.
28. Arnold Schönberg, *Traité d'harmonie* (1911), Gérard Gubisch (itzul.), Jean-Claude Lattès, Paris, 1983, 27–28. eta 480. or. Hofmann-ek *Körner Musiklexikon* (Körnerren Musika Hiztegia) ere aipatzen du. Bertan honela definitzen da disonantzia zer den: "hotsak elkarrengandik urrundu edo bat egiteko joera gutxi duten bitartean soinu-ezaugarria, elkarren antzik ez dutelarik eta bibrazio-erlazio konplexuen mende daudelarik gertatzen dena".
29. W. Hofmann, hemen: D. Worbs, *Adolf Loos, 1870–1933*, *op. cit.*, 106 eta 107. or.
30. Ikus Johann Winkler eta Katharina Erling, Osk*ar Kokoschka. Die Gemälde 1906–1929*, Galerie Welz, Salzburgo, 1995, 63. or.
31. Ikus Anna Karina Hofbauer-en testua liburu honetan.
32. Hans Tietze, "Oskar Kokoschka", hemen: Ulrich Thieme eta Felix Becker (zuz. et sortz.), baita Hans Vollmer ere (zuz.), *Allgemeines Lexikon der bildenden Künstler von der Antike bis zur Gegenwart*, XX. libk., W. Engelmann, Leipzig, 1927, 216. or.
33. Oskar Kokoschkak Albert Ehrensteini idatzitako gutuna, 1917ko urria, hemen: Olda Kokoschka eta Heinz Spielmann (ed.), *Oskar Kokoschka, Briefe I : 1905–1919*, Claassen, Düsseldorf, 1984.
34. O. Kokoschka, *Ma vie, op. cit.*, 167. or.
35. 1917 edo 1918ko gutuna, hemen aipatua: M.-A. zu Salm-Salm (zuz.), *Vienna 1900* […], *op. cit.*, 158. or.
36. T. G. Natter, hemen: G. Frodl eta T. G. Natter (zuz.), *Oskar Kokoschka und der frühe Expressionismus, op. cit.*, 37. or.
37. Ikus Katharina Erling, "Die Macht der Musik", hemen: Werner Schmidt eta Birgit Dalbajewa (zuz.), *Kokoschka und Dresden*, erak. kat., Albertinum, Dresden; Österreichische Galerie Belvedere, Viena; E. A. Seemann, Leipzig, 1996, 114. or.
38. Oskar Kokoschkak Josef Paul Hodini idatzitako gutuna, 1958ko maiatzaren 12koa. Hemen aipatua: J. P. Hodin, *Oskar Kokoschka. Sein Leben, seine Zeit*, Florian Kupferberg, Mayence eta Berlin, 1968, 245. or.
39. Oskar Kokoschkak Hermine Moosi idatzitako gutuna, 1918ko uztailaren 22koa. Hemen: *Oskar Kokoschka, Briefe I, op. cit.*, 291. or.
40. Ikus Bernadette Reinholden testua liburu honetan.
41. O. Kokoschkak H. Moosi idatzitako gutuna, 1919ko apirilaren 6koa. Hemen: Oskar Kokoschka, *Briefe I, op. cit.*, 312. or.
42. O. Kokoschka, *Ma vie, op. cit.*, 189. or.
43. Gottfried Boehm, "'Die Härte der Großen Dinge'. Arp und Schwitters in ihren frühen Jahren", hemen: Hartwig Fischer (zuz.), *Schwitters / Arp*, erak. kat., Kunstmuseum, Basilea; Hatje Cantz, Ostfildern, 2004, 12–13. or.
44. Hans Arp, *Unsern täglichen Traum… Erinnerungen, Dichtungen und Betrachtungen aus den Jahren. 1914–1954*, Zurich, Arche, 1955, 50. or.
45. Ikus Leah Dickerman (zuz.) *DADA*, erak. kat., Centre Pompidou, Paris, 2005; Astrid von Asten, "Zum Œuvre von Hans Arp und Sophie Taeuber-Arp", hemen: Klaus Gallwitz, *Arp Museum Bahnhof Rolandseck. Ein Museum und seine Geschichte*, Landesstiftung Arp Museum Bahnhof Rolandseck, Remagen, 2008, p. 79–80. or.
46. Oskar Kokoschkak Anna Kallini idatzitako gutuna, 1922ko iraila/urria. Hemen: *Oskar Kokoschka, Briefe II: 1919–1934*, Claassen, Düsseldorf, 1985, 59. or.
47. Hemendik hartua: Heinz Spielmann, "Kokoschkas Bilder der europäischen Städte", hemen: Gabriel Koller eta Oswald Oberhuber (zuz.), *Oskar Kokoschka. Städteportraits*, erak. kat., Österreichisches Museum für Angewandte Kunst, Viena; Locker, Viena eta Munich, 1986, 8. or.
48. Beatrice von Bormann, "Tierporträts", hemen: Markus Brüderlin (zuz.), *Oskar Kokoschka. Humanist und Rebell*, erak. kat., Kunstmuseum, Wolfsburg; Hirmer, Munich, 2014, 212. or.
49. O. Kokoschka, *Ma vie, op. cit.*, 206. or.
50. T. G. Natter, "Tigerlöwe", hemen: *Kokoschka und Wien*, erak. kat., Österreichische Galerie Belvedere, Viena, 1996, 64. or.
51. Klaus Albrecht Schröder, "Alles floriert, nur ich sterbe aus. Anmerkungen zu Oskar Kokoschka aus Anlass der retrospektive im Kunstforum Länderbank", *Kunstpresse*, 4. urtea, 2. zk., 1991ko apirila, 32. or.
52. Edwin Lachnit, "Kein Gesicht, bloß Dynamik. Die Städtebilder ab 1934", hemen: Antonia Hoerschelmann (zuz.), *Oskar Kokoschka. Exil und neue Heimat 1934–1980*, erak. kat., Albertina, Viena; Hatje Cantz, Ostfildern, 2008, 31. or.
53. Katharina Erling, "Das bedrohte Paradies – Kunst als Gegenentwurf. Zu den figürlichen Bildern der Dreissigerjahre", hemen: Cathérine Hug eta Heike Eipeldauer, Osk*ar Kokoschka – Expressionist, Migrant, Europäer. Eine Retrospektive*, erak. kat., Kunsthaus, Zurich, eta Leopold Museum, Viena; Kehrer Verlag, Heidelberg, 2018, 200–06. or.
54. Ikus Gunhild Bauer, "Biografie Oskar Kokoschka", hemen: A. Hoerschelmann (zuz.), *Oskar Kokoschka* […], *op. cit.*, 302. or.
55. O. Kokoschka, *Ma vie, op. cit.*, 253. or.
56. *Ibid.*, 261. or.
57. Ikus Régine Bonnefoiten testua liburu honetan.
58. Ikus *Oskar Kokoschka, A Retrospective Exhibition*, erak. kat., The Institute of Contemporary Art, Boston, The Museum of Modern Art, New York, Phillips Memorial Gallery, Washington, City Art Museum, Saint Louis, M.H. De Young Memorial Museum, San Frantzisko; Chanticleer Press, New York, 1948.
59. Aldizkariko lerroburu batetik hartutako aipua: *Der Spiegel*, 31. zk., 1951ko uztailak 31.
60. T. G. Natter, *Kokoschka und Wien, op. cit.*, 74. or.
61. Werner Spies (zuz.), *Picasso. Malen gegen die Zeit*, erak. kat., Albertina, Viena; Kunstsammlung Nordrhein-Westfalen (K20), Dusseldorf; Hatje Cantz, Ostfildern, 2006, 3. or.
62. Ikus Jean-Paul Sartre, "Penser l'art. Entretien". Berriz inprimatua: Michel Sicard, *Essais sur Sartre. Entretiens avec Sartre (1975–1979)*, Galilée, Paris, 1989, 231. or.
63. Sven Simon, argazkiaren atzealdeko esaldia: *Oskar Kokoschka bemalt ein Osterei, Villeneuve 1967*

(Oskar Kokoschka Pazko arrautza bat margotzen 1967). Hemen erreproduzitua: Tobias G. Natter eta Franz Smola, *Kokoschka. Das Ich im Brennpunkt*, erak. kat., Leopold Museum, Viena; Brandstatter Verlag, 2013, 310. or.

64. Horren harira, erakusketa hau aipatu behar da: *Junge Wilde. Arbeiten auf Papier. Kunst der 1980er Jahre aus der Sammlung*, Lentos Kunstmuseum, Linz, 2010eko azaroak 26–2011ko urtarrilak 9 (katalogorik gabe).

65. Hemen aipatua: *Kokoschka. Ein Selbstportrait*, Hannes Reinhardtek idatzi eta zuzendutako dokumentala, Norddeutscher Rundfunk, 1966, 53 min.

66. *Ibid.*

Pintzela eta luma. Kokoschka: Adolf Loos eta Karl Kraus-enetik

Jacques Le Rider

Oskar Kokoschka, bere garaiko beste bi margolari austriar bezala —Alfred Kubin eta Albert Paris Gütersloh—, leku onean dago literaturaren historian (Egon Schiele-ren idatzi apurrek, berriz, ez dute halako aitortza ahobatezkorik jaso). Antzerki espresionistaren hastapenak aurkitzeko, derrigor ekarri behar dugu gogora *Hiltzailea, emakumeen itxaropena* (*Mörder, Hoffnung der Frauen*): obra hori 1909ko Internationale Kunstschau erakusketaren harira sortu zen, eta ekitaldi burrunbatsua izan zen. 1916an, belaunaldi espresionistako autore vienar nagusietako batek, Albert Ehrenstein-ek, Kokoschkaren adiskidea bera, hau esan zuen, artikulu baten hasieran, belaunaldi berriaren antzerkiari buruz: "Hasieran, Kokoschka izan zen. Badirudi hark, margolariak, irakatsi behar izan diela idazten autore gazteei"[1]. Ehrensteinek zalantzarik egin gabe jartzen du Kokoschkaren teatroa Walter Hasenclever eta Georg Kaiser-en lanaren parean.

Kokoschkaren talentu literarioa *Mutiko ameslariak* (*Die träumenden Knaben*, 2. irud., 71. or.) obran agertu zen lehendabiziko aldiz. 1907aren amaieran, Wiener Werkstätte edo Vienako tailerra zeritzoneko kideek ipuin-liburu baterako ilustrazioak egiteko eskatu zioten Kokoschkari —garaian, Kokoschka ikasten zebilen Kunstgewerbeschule edo Arte Aplikatuen Eskolan—. "[…] haurrentzako liburu bat izan behar zuen, koloretako litografiekin", dio Kokoschkak bere memorietan. "Lehen marrazkian bakarrik eutsi nion nire buruari. Hurrengoak, aldiz, nire bertsoekin jaio ziren, irudi bidezko poema

libreak balira bezala. Liburuak, nolabait ere, nire arimaren aldartea jasotzen zuen hitzez eta irudiz, garai hartako aldartea noski, eta horregatik jarri nion izenburu hori"[2]. *Mutiko ameslariak*, lehen begiratuan, haur eta gazteentzako liburu bat baino ez da. Helduei zuzenduta dago, ordea; konnotazio sexual gehiegi biltzen du "burges filistiarren umeen"[3] eskuetan jartzeko. 1908ko ekainaren amaieran argitaratu ziren bostehun ale (batzuk baino ez daude koadernatuta; besteak sorta gisa aurkezten dira): koloretako zortzi litografia dira, eta ez zuten arrakasta komertzialik izan. Wiener Werkstättek ez zuen Kokoschkaren hurrengo liburu ilustratua argitaratu: *Animalia-hiltzaile zuria* (*Der weisse Tiertöter*). Aldiz, 1909ko abenduan, Karl Krausen aldizkarian —*Die Fackel* izena zuen—, ezohiko iragarki bat agertu zen: "Oskar Kokoschkaren *Animalia-hiltzaile zuria* editatuko duenaren bila gabiltza. Bidali eskaerak *Die Fackel* argitaletxera"[4].

Kokoschkaren testua —bertso librean idatzitako poema bat, letra larririk gabe eta barra zeiharra puntuazio gisa—, sehaska-kanta baten moduan abiatzen da, indarkeria-, heriotza- eta mutilazio-irudi artegagarriz beteta; horrela, narratzailearen "nia" amesgaiztoz jositako loan murgiltzen du.

"arrain txiki gorria / arrain gorri txikia, / zula hadi hiru ahoko aiztoarekin, eta hil zatitu hadi bitan nire hatzekin / amai dadin zurrunbilo mutu hau / […] erori nintzen zorura eta

amestu nuen / hainbat patrika ditu patuak / zain nago arbola perutar harritu baten alboan / haren hostozko beso hatz-ugariek oratu egiten dituzte beso eta hatz kezkatuak nola figura horixka / meheak /"[5]

Irudiak bata besteari kateatzen zaizkio ametsaren logika itxura irrazionalaren arabera. Apur bat geroago, "nia" eraldatu egiten da, eta gizotso bihurtzen: gizon-emakumeak irensten ditu. Ondoren, beste estrofa batean, autoanalisi baten hasiera zirriborratzen da:

"amets egiten du nire baitan eta nire ametsak Iparraren modukoak dira / non mendi elurtuek ezkutatzen dituzten antzinako ipuinak / nire burmuinean barna dabiltza nire pentsamenduak, haiei esker hazten naiz / inork ez daki inork ez du ulertzen /"[6]

Iparraldea aipatzen duenean, Lilith Lang (3. irud., 71. or.) suediar gazteari buruz ari da; gerora, poeman bertan "Mädchen Li" deitzen dio. Kunstgewerbeschuleko ikaskide baten arreba zen Lang, eta Kokoschka maiteminduta zegoen harekin. *Mutiko ameslariak* izan zen "nire lehen maitasun-gutuna", *Mein Leben* (Nire bizitza) liburuan dioen bezala "baina neska hura jada nire bizitzaren zerumugatik alde eginda zegoen liburua plazaratu zenerako"[7]. Jarraian, honela zehazten da poemaren gaia:

"nire baitatik igarotzen diren hauek
ez dira haurtzaroko gertaerak /
ezta nerabezarokoak ere /
mutil bat zer da ba /
desira zalantzakor bat /
hazten den horren lotsa arrazoirik gabea /
eta gaztetasuna /
gainezkatzea eta bakardadea /
ni neu eta nire gorputza ezagutu nituen /
maitemindu nintzen, eta maitasuna
amestu"[8]

Mutiko ameslariak liburuan, testuak ez dira iruzkinak edo litografiei buruzko azalpenak; aldiz, beren autonomiari eusten diote. Poema horretan, kontraste handia dago ikuspegi oniriko nahiz ametsetako irudien iradokizun-indarraren eta pasarte "autoanalitikoen" artean, zeinak misteriotsuagoak baitira, baita ilunagoak ere. Kokoschka gaztea ez da, inondik ere, hitzen birtuosoa. 1912ko urtarrilaren 26an, "Ikuspegien kontzientzia" izeneko hitzaldia eskaini zuen Kokoschkak Vienan, Literaturaren eta musikaren elkarte akademikoak eskatuta (erakunde hori 1908an sortu zen; 1910eko urtarrilean Adolf Loos gonbidatu zuten, *Ornament und Verbrechen* (Apaindura eta krimena) saiakera lehen aldiz jendaurrean irakurtzera, eta urte bereko maiatzean, berriz, Karl Kraus gonbidatu zuten, lehen aldiz jendaurrean irakurtzera); bada, Kokoschkaren hitzaldiko entzuleek argi ikusi zutenez, haren esaldi bakoitzak isiltasunaren kontrako borroka latzen ostean konkistatua zirudien.

Eugenie Schwarzwald pedagogoak abiatu zuen neska gazteentzako lehen lizeoa Vienan, eta eskola horretan pintura- eta marrazketa-eskolak eman zituen Kokoschkak 1911–12 ikasturtean; bada, Schwarzwaldek gogoan duenez "adeitasunez adi zegokion publiko isilaren aurrean, koloreari, amodioari eta arteari buruzko pentsamendu sakon ugari jaurti zituen Kokoschkak. Bi aldiz, hitz-jarioa eten, eta ezin izan zuen segitu. Behin, aretotik irten zen, azalpenik eman gabe. Bere hitzen desordenean, lanak izan genituen zer esan nahi zuen ulertzeko"[9]. Lekukotasun horrek iradokitzen duen moduan, Kokoschkaren zailtasun erretorikoek txundutu egiten zituzten entzuleak, hala nola gertatzen zaigun liluragarria haren testu poetikoen trinkotasun lakonikoa eta apaindurarik gabea, izan ere, artistaren barne-premiei erantzuten diote. 1912ko urtarrilaren 16ko hitzaldiaren laburpen batek agerian jartzen du Kokoschkaren ideiak oso originalak direla, kostata adierazi zituen arren: "Arimaren espazioa arakatu nahi du. Aski izan behar dugu, material artistiko minimoarekin, gure baitan halako barne-ikuspegiak dauzkagulako kontzientzia pizteko. Gizateria nahikoa asetu da Leonardo da Vincik erakutsi digun gorputz-espazioarekin; hortaz, espazio psikikoa erakutsi behar diogu"[10].

Ikuspegi horren arabera, Kokoschka gaztearen anbizioa bere barne-bisioak adieraztea zen, hitzen, formen eta koloreen bidez adieraztea, zehazki. 1912ko hitzaldian, kontzientziaren terminoak inkontzientea esan nahi zuen, paradoxikoa iruditu arren: bisioak, Kokoschkarentzat, artistaren, margolariaren, marrazkilariaren eta poetaren amets itzarriak ziren. Era berean, erretratugileak bere senari jarraituz margotzen zuen, pertsonaren atzean ezkutatzen den subjektibotasuna erakusteko, gorputzaren barnealdea ikusarazten digun erradiografia bezala, pertsonaiaren intimitatean barneratzen den idazlea bezala.

Adolf Loosek (5. irud., 74. or.) garrantzia handia izan zuen Oskar Kokoschkaren ibilbidean, gauza jakina da hori. "1908ko erakusketan ezagutu nuen" dio Kokoschkak bere memorietan, "eta erabakigarria izan zen, ez soilik nire ibilbidearentzat, nire bizitza osoari dagokionez ere bai. Ez nuke handinahia izan nahi, baina Dantek Virgiliori buruz esan zuena, neronek ere esan dezaket niri eta Loosi buruz. Lagun fidela, bizitzako paradisu eta infernu guztietara jarraitu nau"[11]. Dante eta Virgiliorekiko konparazioa —konparazio handinahia, dudarik gabe— oso esanguratsua da. Loosek, Kokoschkaren ibilbide artistikoa hauspotu eta hartan eragiteaz gainera, zirkulu literarioetan sartu zuen: Vienan, Karl Krausen (4. irud., 74. or.) zirkuluan, eta Berlinen, berriz, *Der Sturm* abangoardiako aldizkari espresionista eta laster futuristaren zirkuluan (1909ko urrian bertan Loosek Kokoschkaren izena gomendatu zion Herwarth Walden-i)[12]; gainera, erreparorik gabe defendatu zuen Kokoschkaren literatur ekoizpena, bereziki Karl Kraus adiskidearen aurrean; izan ere, Krausek, *Allos Makar* poema argitaratu zenean, zera esan zuen —Altzeste misantropoak Oronteren sonetoaren aurrean erantzun zuen antzera—: "Egia esan, komunetik behera botatzeko egokia da".

Bestalde, Adolf Loos famatua zen arte modernoari buruzko saiakerak idazten zituelako, zeinetan ideia antikonformistak eta gogotik probokatzaileak adierazten baitzituen forma originalak baliatuz, eta bere arkitektura-lanengatik —ez ziren asko—. *Der Sturm* aldizkariaren lehen zenbakirako, 1910eko martxoaren 3an argitaratua, Loosek fabula bat eman zuen, "Gizon aberats gajoa" izenekoa[13]: fikzio narratibo horretan biltzen ziren *Ornament und Verbrechen* entseguko tesiak. Vienarrek presentzia nabarmena zuten *Der Sturm* aldizkarian: horren erakusgarri, aldizkariaren 1. zenbakian, Loosen fabularen aldamenean Karl Krausen saio bat kaleratu zen, "Opereta". Loosek, bere fabulan, etxearen dekorazioa arkitekto xehetasun-zale baten eskutan utzia zuen gizon aberats baten istorioa kontatzen zuen. Narrazioan, altzari bakoitza da artelan total bat, eta etxeko nagusiak figurantea dirudi: azkar asko, hilkutxa batean itxita dagoela irudituko zaio. Loosek, hala, kritika egin zion Ringstrasseko estilo historikoari, zeinetan guztia baitzen neogotikoa, neoerrenazentista edo neobarrokoa, baina jomugan jarri zuen, orobat, Sezesioko Jugendstil apaindurazalea eta Wiener Werkstätteren estiloa (nahiz

eta esan genezakeen Wiener Werkstättek hautsi egin nahi izan zuela Jugendstileren apaintze-joerarekin eta, aldiz, materialaren forma purua eta berezko apaindura-balioa lehenetsi). Kokoschkarentzat, Loosen mezua argi askoa zen: "Nire talentuan sinetsi zuen, Kunstgewerbeschuletik askatzen lagundu zidan, eta, handik gutxira, Wiener Werkstättetik ere askatu nintzen"[14].

Karl Krausek guztiz eta zeharo bat egin zuen Adolf Loos lagunaren gurutzadarekin, artea apaindurara eta dekoraziora murrizten zuen korrontearen kontra. Esate batera, 1907ko azaroan argitaratutako artikulu batean, burla egin zion Wiener Werkstätteren sorkuntza bati: Cabaret Fledermaus (Saguzar Kabareta; arkitektoa: Josef Hoffmann; barneko dekorazioaren koordinatzailea: Carl Otto Czeschka). Krausen arabera, kabaret hori artelan total bat zen miniaturan, Vienako esnoben topaleku berri bihurtua[15]. Kabaret berri horren programazio-eskuorriko marrazkiak Kokoschkak egin zituen (kat. 70) eta, 1907ko urriaren amaieran, berriz, kabaret horretako oholtzan bi obra aurkeztu zituen: *Arrautza pikardatua* (*Das getupfte Ei*), figura artikulatuen teatro mekanikoa, ispilu batean islatua; eta *Esfingea eta txorimaloa* (*Sphinx und Strohmann*), fartsa grotesko bat.

Hiltzailea, emakumeen itxaropena pieza 1909ko uztailaren 4an sortu zuen Kokoschkak, aire zabaleko antzoki batean, zeina Franz Lebisch arkitektoak atondu baitzuen Internationale Kunstschauren lorategian; bada, pieza horretan gauzatu zuen Kokoschkak Sezesioko estilo dekoratiboarekiko eta Wiener Werkstätteren estiloarekiko haustura. Beste behin ere, sexuen arteko gerra eta libidoaren oldar suntsikorra dira piezaren gaia; gai hori lehenago ere agertu zen *Mutiko ameslariak* lanean, haurrentzako ipuinen ustezko goxotasunarekin kontrastea sortuz. *Hiltzailea, emakumeen itxaropena* lanean, beste obra batera hurbildu zen Kokoschka, *Pandoraren kutxa* izeneko obrara hain zuzen, Frank Wedekind-en *Lulu* lanaren bigarren zatira. Karl Krausek pieza horren emanaldi pribatu bat antolatu zuen Vienan 1905eko maiatzean, eta honela aurkeztu zuen Lulu: "guztiek bera suntsitu ostean guztia suntsitzera datorren emakume bat da"[16]. Libidoaren indar suntsitzailearen mende sexuek elkar birrintzearen gaia lantzen du, halaber, Karl Krausen saiakera honek: "Txinako harresia"[17]. 1909ko uztailaren 27an kaleratu zen, *Hiltzailea, emakumeen itxaropena* sortu eta egun gutxira.

"Txinako harresia" testua hilketa batean oinarritzen zen: New Yorken, klase altuko emakume gazte bat erail zuen bere amoranteak, zerbitzari txinatar batek hain zuzen. 1913an, Kokoschkak zortzi litografia osatu zituen "Txinako harresia"[18] janzteko, eta irudi-sorta horretako lehendabizikoak sekulako antza du 1910ean *Der Sturm* aldizkarian *Hiltzailea, emakumeen itxaropena* obraren ondoan kaleratutako marrazkiarekin[19]. Artistak hiltzaile gisa erakusten du bere burua, aiztoa ezker eskuan, oina emakumearen ezkerreko bularraren gainean, O K inizialak eskuineko besoan tatuatuta, eta eskuineko eskua emakumearen ezker masailean bermatuta.

Kokoschak afixa bat sortu zuen *Hiltzailea, emakumeen itxaropena* obraren emanaldiak iragartzeko, eta afixa horrek *pietà* baten tankera du: emakumeak, hilotza bezain zurbil, besoetan eusten dio gizon baten gorpu gorriari; gizona larrutu egin dutela ematen du (1. irud., 71. or.). *Hiltzailea, emakumeen itxaropena* ilustratzeko beste marrazki bat argitaratu zuen Kokoschkak *Der Sturm* aldizkarian[20], *pietà*ren motiboa alderantziz emanda: gizonak —margolariaren autoerretratu bat da— eusten dio besoetan emakume biluzi eta hilari.

Antzezlanean, konnotazio kristauak apenas nabaritzen diren. Kritikari garaikideek beste alderdi batzuen garrantzia nabarmendu dute: kolore biziak, argi-jokoak eta pantomima, sonoritate kirrinkaria lagun. Testua oso atzean geratzen da; hainbeste, non emanaldiari buruzko artikulu zenbaitetan "estasi-oihu ulertezinak", "garai arkaikora itzultzea" eta "onomatopeia eta adierazpen bitxiak"[21] aipatzen baitira. Joera primitibista hori sarri agertzen da Kokoschka gaztearen ekoizpenean: "Historia Naturalaren museoa zegoen [Artearen Historiako museoko] artelanen parean, eta obra haiek ulertu egin nitzakeen… […] Oraindik ez nintzen aski heldua Tizianoren edo Rembrandten obrak behar bezala estimatzeko […]. Aldiz, Polinesiako maskara bati begiratzen nionean, tatuajeen lekuan ebakiak zituena, hura guztia kolpetik ulertzen nuen […]"[22].

Kokoschkak ez zuen gogoko Paul Zinner-ek *Hiltzailea, emakumeen itxaropena* obrarako egin zuen musika. Halaber, Kokoschkak bere memorietan adierazten duenez, Paul Hindemith-ek gutun bat bidali zionean antzezlaneko testuari musika jartzeko baimena eskatuz, artistak ez zion batere sutsu erantzun, eta ez zuen sekula entzun Hindemithen ekitaldi bakarreko opera, *Hiltzailea, emakumeen itxaropena* izenburu berekoa, 1919an sortua. Kokoschkak hau gehitu zuen: "Aldiz, *Orfeo eta Euridize* piezaren estreinaldira joan naiz; nire pieza horri musika jarri dio Ernst Křenek-ek Kassel-en. Nolanahi ere, ez nago batere seguru nire lan literarioek interpretazio musikalei bide ematen dioten gaur egun"[23]. *Hiltzailea, emakumeen itxaropena* obra *Gesamtkunstwerk* bat dela esan nahi badugu (hau da, "artelan total" bat), nabarmendu genezake Kokoschkak, arteen sintesia bilatzen duenean, ez duela estilo postwagneriarrean bilatzen, hau da, ez du musikaren zeinuaren mende jartzen. Artistak, oroz gain, literatura dramatikoaren eta arte bisualen sintesia du amets.

Obra bost ataletez osatuta dago, tragediaren ekitaldi bakoitzeko bana (dena den, Kokoschkaren testuan, zeina 1910ean argitaratu baitzen, ez dira argi bereizten bost zati horiek). Pertsonaien hitzez gain, didaskalia xeheak ere erantsi zituen autoreak, eta, bereziki, dekoratuak deskribatzen zituen:

dorre bat (sinbolo falikoa); horren oinetan, kaxa bat, itxita, metalezko ate gorri batekin, sexu femeninoaren ikur. Ilunpetan garatzen da eszena, zuziak argi bakar. Piezaren hasieran, emakume ilehoria gorriz jantzita dago: odolaren, haragiaren eta bizitzaren kolorea; haren aurrean gizon bat agertzen da, aurpegia zuri, armadura urdina soinean, buruko zauriak lotuta, eta emakumeak garrasi egiten du haren aurrean, bi aldiz segidan (gizonak gerlari-koru bat du alboan, eta emakumeak, berriz, neska gazteen koru bat): "Nire arnasak dir-dir eginarazten dio eguzkiaren disko horiari, nire begiak gizonen bozkarioa dakusa ingurumarietan, haien desira zezela nire inguruan herrestaka dabil piztiaren antzera"[24].

Emakumea su goriz markatzeko agintzen du gizonak, eta, orduan, andreak mendeku hartzen du, eta aizto-kolpe batez zauritzen du. Gizona, ahul, kaxan giltzapetzen dute, eta emakumeak kaxa inguratzen du bueltaka, zauria lotzeari ekin aurretik. Gizonari irudritzen zaio emakumeak odola zurrupatu nahi diola; emakumeak, berriz, gizonaren desiraren preso dagoela dio. Hala dio, oihuka: "Ez dut nahi zu bizitzerik, nire odolaz elikatzen zaren banpiroa, ahuldu egiten nauzu, zoritxarra zuretzat, hil egingo zaitut — lotu egin nauzu. Harrapatu egin zaitut — eta zuk eusten didazu — burdinezko kateekin — ito egiten nauzu — aska nazazu — laguntza. Preso zintuen giltza galdu dut"[25]. Azken eszenan, gizona zutitu egiten da; emakumea, berriz, lurrera erori, eta hil. Ondoren, gizonak masakratu egiten ditu gerlariak eta neska gazteak, eta oholtzatik ateratzen da sugarren erdian. Antzezlanaren amaieran, gizonak kolore gorria hartu dio emakumeari, eta hortik aurrera emakumeari egokituko zaio heriotzaren zuritasuna.

Oskar Kokoschkak lau erretratu egin zizkion Karl Krausi. Lehena, olio-pinturaz egina, 1909an margotu zuen, eta 1944an suntsitu zen Kolonian, bonbardaketa batek Wallraf-Richartz-Museum kaltetu baitzuen. Kokoschkaren hitzetan, "Karl Krausen erretratua egin nuen bere apartamentuan". "Bere begiek dir-dir egiten zuten, sukarrez, oheburuko lanpararen atzean. Halako gaztetasun-itxura bat zerion, bere betaurreko trinkoen atzean lubakituta, gortina beltz baten atzean bezala, bere esku urduri eta finak astintzen. Bere ahotsa zorrotza zen. Loosek, entzumena galtzen hasia zen arren, hitz guztiak ulertzen zituen. […] Biek ahazten zuten ni margotzen ari nintzela"[26]. 1909ko erretratua erakusketa baterako zenez, ez zuen Karl Krausek jaso, eta Kokoschkak beste erretratu bat margotu zion 1925ean: gaur egun Vienako Museum moderner Kunst museoan dago ikusgai.

Kokoschkak, 1910ean, Krausen erretraturik famatuena egin zuen, gehien erreproduzitu dena: *Der Sturm*en argitaratu zen (6. irud., 74. or.), Else Lasker-Schüler autorearen "Karl Kraus" testuaren harira: "Apaiz onginahia, atzaparrez armatua, katar handia, aita santuaren moduko oinak, botekin, musukatuak izateko zain. Batzuetan bere

aurpegian dalai-lamaren katu-ezaugarriak agertzen dira, eta supituan hotza zabaltzen da gelan, beldurren nahasketa bat […]. Karl Kraus aita santu bat da. Bere justizia-zentzuak hotza hedatzen du gelan zehar, atsekabe-epidemia bat hedatzen du gizartean"[27]. Kokoschkak Krausi egindako azken erretratua 1912koa da: idazlearen eskuak nabarmentzen ez dituen erretratu bakarra. Krausek miretsi egiten zuen Kokoschka erretratugilea, baina *Pro domo et mundo* (1912) lanean kaleratutako aforismoa nahasgarri samarra da: "Kokoschkak nire erretratu bat egin du. Ezagutzen nautenek, beharbada, ez naute erretratuan ezagutuko. Baina ezagutzen ez nautenek, ordea, erretratuan ezagutuko naute ziur aski"[28].

Krausek indar handiz hauspotu zuen Kokoschka artista, 1911ren amaieratik hasita, eta leial agertu zitzaion 1920ko hamarkadan; nolanahi ere, ez zuen inoiz estimatu *Hiltzailea, emakumeen itxaropena* obraren autorea. 1910ean eta 1911n, *Die Fackel* aldizkarian, artikulu batzuk idatzi zituen Franz Grüner[29] eta Ludwig Erik Tesar[30] goresteko, eta Kokoschkaren alde jarri zen, su eta gar, plagio baten harira liskarra piztu zenean margolariaren eta haren arerio Max Oppenheimer-en artean[31]. Bestalde, Kokoschkak Krausen bitartez ezagutu zuen belaunaldi espresionistako margolaririk iaioenetako bat: Albert Ehrenstein. 1911n, *Tubutsch*, Ehrensteinen maisulan bat, argitaratu zen Jahoda & Siegel etxean, hau da, Karl Krausen aldizkariaren argitaratzaile vienarrean, eta argitalpen hartan Kokoschkaren hamabi marrazki biltzen ziren (7. irud., 74. or.).

Baina Krausek ez zituen inoiz estimatu Kokoschkaren ekoizpen literarioak. Luzaroan ez zuen ezer esan haren testuen harira, baina 1914tik aurrera sutsu adierazi zuen ez zitzaizkiola gustatzen. Lehenik, Albert Paris Gütersloh idazle eta margolariari eskainitako ohar labur batean aipatu zuen zeharka, bi artistei leporatu baitzien beren "bizitza bikoitz ez-baimendua" talentu bikoitz gisa aurkezten saiatzea[32]. Bien bitartean, *Der Sturm* aldizkaritik eta Herwarth Waldenen zirkulu berlindarretik urrundu zen Kraus (1912tik aurrera zirkulu hori futurismoarekin liluratu zen, eta Krausek gaitzetsi egiten zuen), baina orobat alde egin zuen abangoardia literario espresionistaren aldamenetik (Else Lasker-Schüler ez zuen baztertu, besteen gainetik zegoela iruditzen baitzitzaion). Gainera, Krausek Kokoschka idazlearekiko erakutsitako zorroztasuna, ziur aski, honako faktore honekin lotuta zegoen: Kokoschkak bere borondatez eman zuen izena armadan, eta gainera (Loosen esku-hartzearen bitartez) zalditeria-erregimentu ospetsu batera esleitu zuten; horrek guztiak inspirazio gisa balio izan zion Krausi gerraren kontra inoiz egindako adierazpenik itzelenetako bat idazteko: *Gizateriaren azken egunak*.

Krausek sumina agertu zuen berriro ere Gütersloh eta Kokoschkaren "poesia txarra"[33] jomugatzat hartuta 1919ko uztailean.

1920ko apirilean, *Das Tribunal* aldizkari espresionistako kideek testu bat eskatu zioten Krausi: Kokoschkaren aldeko zenbaki bat plazaratzeko asmoa zuten, izan ere, *Job* eta *Hiltzailea, emakumeen itxaropena* piezak Frankfurteko Neues Theater antzokian estreinatu eta biharamunean Kokoschkaren aurkako kritika gogor-gogorrak kaleratu ziren. Eskaeraren aurrean, Krausek erantzun zuen ez zuela *Job* ezagutzen, baina Kokoschkaren beste pieza zera iruditzen zitzaiola, "modako diletantismoak sortutako lardaskeria literariorik erdipurdikoena"[34].

Ulertzekoa da, beraz, zergatik aurkezten duen Kokoschkak bere burua, modu ironikoan, Karl Kraus maisuaren eskolako alferrontzi gisa; honela dio bere memorietan: "[bere aldizkariaren] zenbaki bakoitza argitaratu eta gero, mundu guztiak bere iritzia ematen zuen iluntzean bi adiskideen [Kraus eta Loos] mahaian, eskolako azterketa bereziki zorrotz bat balitz bezala […]. Ni izan nintzen hala ez egiteagatik barkamena eskatu zuen bakarra; esan nuen ez nuela zenbakia irakurri. […] Karl Krausek ez zuen gupidarik […]. Azken batean, margolari hutsa nintzen, eta Ekialdean ergelak sakrosantutzat jotzen dituzten bezalaxe, neuk ere besteekin batera mahaian esertzeko baimena neukan, 'Mutu' gisa"[35].

Kokoschkak idatzitako *Allos makar* (αλλος μαχαρ)[36] poemaren harira, Krausek muturreraino eraman zituen bere kritikak, ulergaitz gertatzeraino. Izan ere, Kokoschkaren testu hori bere obra literarioko lanik landuenetako eta pertsonalenetako bat dugu. 1914ko martxoan, artean ere beren maitasun-harremana berpiztea espero zuenean, Oskar Kokoschkak poemaren lehen bertsioa bidali zion Alma Mahlerri, *Wehmann und Windsbraut* izenburuarekin (*Sufritzailea eta urakana* edo *Sufritzailea eta haizearen andregaia*; izan ere, *Windsbraut* hitzak zentzu bikoitza du, eta Kokoschkak hitz horrekin izendatu zuen 1913ko azaroan Georg Trakl poetaren

begiradapean margotzen hasitako mihisea, zeinak "urakana besarkatzea" aipatzen baitzuen, orobat, *Gaua* izeneko poeman)[37]. Oskarrek 1914ko udazkenean osatu zuen behin betiko bertsioa, askoz ilunagoa, Almak abortatzeko erabakia hartu eta gero —maiatzean— ("klinika batean sartu zen, eta umea har zezaten utzi zuen, nire umea")[38]. *Allos makar* (αλλως μαχαρ) izenburuak —Alma eta Oskar izenen anagrama—, grekeraz, honelako zerbait esan nahi du: "Zoriontsu, beste zerbait da". Poemaren hasieran, maitale baten izena da αλλως, eta pasioa hain da fusiozkoa, non Oskar eta Alma nahasi egiten baitira, eta izate bakarra osatzen baitute, αλλως:

"Bai modu miragarrian aztoratu nauen,
lanbroetatik atera eta gero,
haren bila, hegazti zuri bat niri deika,
Αλλως.
Αλλως ez dut inoiz ezagutu. Zeren,
orduantxe,
bera nire izate bilakatzen da berehalako
batean
atzeko ate batetik."

Poemaren hurrengo ahapaldietan honakoak aipatzen dira: konkista ezinezkoa, krisia, maitaleen ontzia daroan urakana, sufrimendua eta dolua. Eta, azken bertsoan, Kokoschkak komatxo artean idazten du "Anders ist glücklich", αλλως μαχαρ esaldiaren itzulpena, geronek "Zoriontsu, beste zerbait da" gisa proposatzen duguna.

Kokoschkaren poema 1915ean argitaratu zen bost litografiako ziklo batekin batera[39]. Karl Krausi ez zitzaion batere gustatu; hain desatsegina gertatu zitzaion, non bere maitaleari —Sidonie Nádherný von Borutin— bidalitako gutun batean, seko birrintzen baitu Kokoschkaren testua: "Bertso hauen meritua ezagut dezadan saiatzen da L[oos]" dio Krausek. "Baina argi dago ez duela tutik

ulertzen. […] Nik, aldiz, esaldiz esaldi erakutsi diot, hitzez hitz, komaz koma, akatsak direla, egia esan akats sinpatiko samarrak; adierazteko ezgaitasuna eta artisau on baten abilezia dira, berak sormenaren markatzat hartzen duena. Dilentaterik irrigarriena dela erakutsi diot, eta, leku ulergarrietan, topiko poetiko bat, gauza guztiz arrunt bat, mila bider aditua"[40].

Krausek zergatik ez zituen onartu Oskar Kokoschkaren dohain literario ukaezinak, eta zergatik kritikatu zuen ia mespretxuraino? Egia esan, mintzaira poetikoaren bi ulerkera bateraezin kontrajartzen dira hemen. Karl Kraus bere lehen poema-bilduma ren argitalpena prestatzen ari zen: *Worte in Versen* (Hitzak bertsotan); 1916ko udaberrian argitaratu zuen, eta Goetheren tradizioari jarraitzen zion. Krausek gogoko zituen errima, metrika klasikoa eta muga formalak; inspirazioa hauspotzen ziotelakoan. Kokoschkak, berriz, nahiago zuen errima librea erabili, eta, bere emozioak zein afektuak adierazteko, lehen begi kolpean oinarrizkoa dirudien mintzaira baliatzen zuen (oinarrizko koloreak ere aipatu ohi ditugun zentzuan), nahiz eta *Allos makar* poemako joko bikoitza oso sotila den egiaz. 1918an, artearen historialari Paul Westheim-ek monografia bat eskaini zion artistari, eta, haren testu poetikoei buruz ari zela, *Sprechprache* kontzeptua erabili zuen: hizkuntza hitz egina[41]. Eta horrexen ondorioz heltzen zion Krausek posizio antimodernoari *Allos makar* poemaren harira. Haren zorrozkeria harrigarria egiten zaigu gaur egungo ikuspegitik.

Baina Kokoschkaren lan literarioei justizia egin nahi izatekotan, ez da aukera hobea haren lanak bihozberatasun onberaz hartzea, artista handi baten Ingresen biolinak sortzen duen moduko bihozberatasunarekin alegia. Obra horrek arreta handiagoz berrikus dezagun merezi du, ezbairik gabe.

1. Albert Ehrenstein, "Junges Drama", hemen: A. Ehrenstein, *Werke*, Hanni Mittelmann (ed.), 5. lib.: *Aufsätze und Essays*, Wallstein, Göttingen, 2004, 88–91. or. (88. or.).

2. Oskar Kokoschka, *Mein Leben* (1971), frants. ed.: *Ma vie*, Michel-François Demet (itzul.), PUF, Paris 1986, 52. or.

3. "Nicht für Philisterkinder" idatzi zuen Ludwig Hervesi kritikariak 1908ko Kunstchauri buruzko laburpenean, hemen aipatua: Werner J. Schweiger, *Der junge Kokoschka. Leben und Werk 1904–1914,* Brandstätten, Viena eta Munich 1983, 61. or.

4. *Die Fackel*, 292. zk., 1909ko abenduak 17, azaleko III. orrialdea.

5. Oskar Kokoschka, "Die träumenden Knaben", hemen: Ernst Fischer eta Wilhelm Haefs (ed.), *Hirnwelten funkeln. Literatur des Expressionismus in Wien*, Otto Müller, Salzburgo, 1988, 169–76. or., hemen: 169. or. (egilearen itzulpena).

6. O. Kokoschka, "Die träumenden Knaben", *op. cit.*, 172. or.

7. O. Kokoschka, *Ma vie, op. cit.*, 52. or.

8. O. Kokoschka, "Die träumenden Knaben", *op. cit.*, 172. or.

9. Eugenie Schwarzwald, "Der Redner Kokoschka", *Neue Freie Presse*, 1926ko abenduak 20, 10. or.; hemen aipatua: W. J. Schweiger, *Der junge Kokoschka* […], *op. cit.*, 219. or.

10. Otto Zoff, *Der Merker*, 3. urtea, 3. zk., 1912ko otsailak 1, 115. or. eta hur.; hemen aipatua: W. J. Schweiger, *Der junge Kokoschka* […], *op. cit.*

11. O. Kokoschka, *Ma vie, op. cit.*, 74–75. or.

12. Ikus Peter Sprengel eta Gregor Streim, *Berliner und Wiener Moderne. Vermittlungen und Abgrenzungen*, Böhlau, Viena, Kolonia eta Weimar, 1998, 599. or.

13. Adolf Loos, "Vom armen reichen Mann", *Der Sturm*, 1. urtea, 1. zk.,

1910eko martxoak 3, 4. or.

14. Kokoschkaren adierazpenak 1962an Ludwig Goldscheider-ekin egindako elkarrizketa batean, hemen: L. Goldscheider, *Kokoschka*, Phaidon, Kolonia, 1963, 13. or.; hemen aipatua: W. J. Schweiger, *Der junge Kokoschka*, *op. cit.*, 116. or.

15. Karl Kraus, "Eine Kulturtat", *Die Fackel*, 236. zk., 1907ko azaroak 18, 1–9. or.

16. Hemen aipatua: Jacques Le Rider, *Karl Kraus. Phare et brulot de la modernité viennoise*, Seuil, Paris, 2018, 146. or.

17. Karl Kraus, "Die Chinesische Mauer", *Die Fackel*, 285–286. zk., 1909ko uztailak 27, 1–16. or. "La muraille de Chine", Éliane Kaufholz (itzul.), hemen: Karl Kraus, *Cette grande époque*, Petite bibliothèque Rivages, Paris, 1990. Krausen testu honen harira, ikus halaber: J. Le Rider, *Karl Kraus* […], *op. cit.*, 179–82. or.

18. Karl Kraus, *Die Chinesische*

Mauer, Oskar Kokoschkaren zortzi ilustraziorekin, Kurt Wolff, Leipzig, 1914.

19. Oskar Kokoschka, *Mörder, Hoffnung der Frauen*, hemen: *Der Sturm*, 1. urtea, 20. zk., 1910eko uztailak 14, 1–2. or. (Kokoschkaren marrazkia 1. or.).

20. Oskar Kokoschka, *Mörder, Hoffnung der Frauen* ilustratzeko marrazkia, hemen: *Der Sturm*, 24. zk., 1910eko abuztuak 10, 2. or.

21. Hemen aipatua: W. J. Schweiger, *Der junge Kokoschka* […], *op. cit.*, 111., 113. or. eta hur.

22. O. Kokoschka, *Ma vie, op. cit.*, 51. or.

23. *Ibid.*, 280. or.

24. O. Kokoschka, *Mörder, Hoffnung der Frauen*, hemen: E. Fischer eta W. Haefs (ed.), *Hirnwelten funkeln* […], *op. cit.*, 176-182. or., hemen 177–78. or. (egilearen itzulpena).

25. *Ibid.*, 181. or.

26. O. Kokoschka, *Ma vie, op. cit.*, 81. or.

27. Else Lasker-Schüler, "Karl Kraus", Jacques Legrand (itzul.), *Europe*, 1021. zk., 2014ko maiatza (Karl Kraus dosierra), 48. or. eta hur. (49. or.).

28. Karl Kraus, *Pro domo et mundo. Aphorismes et réflexions II*, Pierre Deshusses, Bibliotheque Rivages, Paris, 2015, 110. or.

29. Franz Grüner, "Oskar Kokoschka", *Die Fackel*, 317–18. or., 1911ko otsaila, 18–23. or.

30. Ludwig Erik Tesar, "Oskar Kokoschka. Ein Gespräch", *Die Fackel*, 298–99. or., 1910eko martxoak 21, 34–44. or. "Der Fall Oskar Kokoschka und die Gesellschaft", *Die Fackel*, 319–20. zk., 1911ko martxoak 31, 31–39. or.

31. Ikus Karl Kraus, "Kokoschka und der andere", *Die Fackel*, 339–40. or., 1911ko abenduak 30, 22. or.

32. *Die Fackel*, 391–92. zk., 1914ko azaroak 21, 23. or.

33. *Die Fackel*, 514–18. zk., 1919ko uztailaren amaiera, 16. or.

34. Hemen aipatua: Leo A. Lensing, "'Dies unbefugte Doppelleben'. Karl Kraus über die Doppelbegabung von Oskar Kokoschka", *Kraus-Hefte*, 47. zk., 1988ko uztaila, 7–12. or., Hemen: 9. or.

35. O. Kokoschka, *Ma vie, op. cit.*, 81. or.

36. Kokoschkak azenturik gabe idatzi zuen ἄλλως μάχαρ.

37. "Uharri beltzkaren gainean / lehertzen da, heriotz-hordi, / urakan besarkatua", *Gaua* poemako bigarren estrofako 3–5 bertsoak; Georg Traklen poema hori *Der Brenner* aldizkarian argitaratu zen, 1914ko uztailaren 15ean. Trakl 1913ko azaroan joan zen bisitan Kokoschkaren lantegira. Kokoschkak, hasieran *Tristan und Isolde* deitu zion; 1914ko udaberrian aukeratu zuen *Die Windsbraut* izenburua.

38. O. Kokoschka, *Ma vie, op. cit.*, 133. or.

39. Oskar Kokoschka, *Allos makar*, hemen: *Zeit-Echo. Ein Kriegs-Tagebuch der Künstler*, 1. urtea, 20. fasz., Graphik-Verlag, Munich, 300. or. eta hur.

40. Karl Kraus, *Briefe an Sidonie Nádherný von Borutin 1913–1936*, Heinrich Fischer eta Michael Lazarus (ed.), Friedrich Pfäfflin-ek berrikusitako eta zabaldutako edizioa, Wallstein, Göttingen, 2005, 1. lib., 398. or.

41. Paul Westheim, *Oskar Kokoschka*, Gustav Kiepenheuer, Potsdam eta Berlin, 1918, 39. or. eta hur.

IRUDIAK

71. or.:

1. irud. Oskar Kokoschka, "1909ko Nazioarteko Erakusketako Udako Antzerkia" ("Sommertheater der Internationalen Kunstschau 1909") ekimenerako afixa, 1909. Litografia paper gainean, 93 × 73,5 cm.

2. irud. *Mutiko ameslariak* (*Die träumenden Knaben*), Wiener Werkstätte, Viena, 1908. Paper gainean egindako koloretako litografiak biltzen dituen liburua, 24 × 29 cm. Bibliothèque nationale de France, Paris.

3. irud. Lilith Lang 1919an. Argazkilaria: Peter Altenberg.

74. or.:

4. irud. Karl Kraus 1908an. Argazkilaria: Madame d'Ora (Dora Kallmus).

5. irud. Adolf Loos 1912an. Argazkilaria: Wenzel Weis.

6. irud. *Der Sturm*, 12. zk., Berlin, 1910eko maiatzak 19, 90–91. or. Kunsthaus Bibliothek, Zurich.

7. irud. Albert Ehrenstein, *Tubutsch*, Jahoda & Siegel, Viena eta Leipzig, 1911, Oskar Kokoschkaren marrazkiekin. Universität für angewandte Kunst. Oskar Kokoschka Zentrum, Viena.

Kokoschkaren panpina. Emakume artifiziala, fetitxe artistikoa, arte-proiektua

Bernadette Reinhold

"[…] baina ordutik aurrera kezka handiarekin irudikatzen nuen panpinaren iritsiera, zeinarentzat Parisko barruko arropa eta soinekoak erosiak bainituen, Alma Mahler-en afera behingoz ordenatu nahian, eta berriro ere ez nendin izan hainbeste oinaze eragin zidan Pandoraren kaxaren biktima"[1].

Oskar Kokoschkak, kontalari bikaina bera, bere autobiografian Pandora aipatzen du, jainkoek taxututako lehen emakumea, Alma Mahlerrekin (2. irud., 101. or.) izandako harreman sutsuaren berri emateko, harreman hori gertatu eta mende-erdi geroago. Zorigaiztoaren aipamen horrekin, badirudi autoreak bere buruarekiko erruki matxista adierazten duela maitasun-aferari dagokionez. Alabaina, Kokoschka ez litzateke Kokoschka izango baldin eta ez balu ironia erabiliko —Parisko barruko arropak hartzen ditu ahotan, fetitxismoz jositako taularatze baten sinbolo gisa— bere biografiako kapitulurik absurdoenetako baten inguruan mintzatzeko; artearen historiako atal absurdo bat ere bada "panpinaren komedia handia"[2], zeina 1918–19 urteen bueltan garatu baitzen (6. irud., 105. or.)[3].

"Haizearen andregai" vienarra

Jarrai diezaiogun Oskar Kokoschka artista eta antzerkigileari, eta barneratu gaitezen panpinaren komedian. Ekitaldi nagusia Dresdenen jokatu zen; preludioa, berriz, Vienan. 1912ko apirilean, Kokoschkak Alma Mahler ezagutu zuen, goi-gizarteko emakume ezagun eta aberatsa, bera baino zazpi urte zaharragoa, Carl Moll margolariaren etxean: Mahlerren aitaordea zen Moll, eta Kokoschka *enfant terrible* haren mentore nabarmena ere bai. Mollek zirkulu sozialetan sartu nahi zuen berriro Gustav Mahler konpositorearen alargun gaztea: "Bazkariaren ostean, emakumeak ondoko gelara eraman ninduen, non piano bat baitzegoen, eta adierazkortasun handiz kantatu zuen Isolderen heriotza; niretzat bakarrik abestu omen zuen"[4]. Lehen topaketa berezia izan zen, eta argiki erabakigarria bientzat[5].

Kokoschkaren maitasuna, bere obsesioa, bere jeloskortasuna eta Alma Malherren bi abortuk —gutxienez— eragin zioten etsipena sorkuntza artistiko ugaritan islatzen dira: marrazki eta akuarela asko egin zituen Kokoschkak, baita lau litografia-multzo ere, besteak beste *Kolon kateatua* (*Der gefesselte Kolumbus*, 1913). Sorta horretan arintasun dantzariz erakusten da bi maitaleen topaketa aldi berean samur eta serioa; maitale kezkarik gabeak dirudite, baina itxura hutsa da (3. irud., 101. or.). Era berean, Kokoschkak zazpi haizemaile margotu zituen bere kutunarentzat, amodio ero horren garraren erakusle[6]. Bigarren haizemailean, esate batera, maitaleak besarkada amorratu batean lotuta ikusten ditugu, su goriz inguratuta eta munstroak mehatxuka dituztela. Erosen eta Tanatosen arteko lotura arkaikoa nonahi agertzen zaigu, kasu honetan bezalaxe: heriotzari lotutako motibo asko agertzen dira, eta giroa, oro har, iluna izaten da. Oskar Kokoschkak itxaropen neurrigabeak ezarri zituen Alma Mahlerren gainean, eta emakumeak ezin zituen ase, ezta nahi ere. Artistak laurehun gutun bidali zizkion emakumeari, poema ilustratuak eta antzezlanak ere idatzi zizkion, eta horrek erakusten digu Alma Mahlerren jabea izan nahi zuela, hura kontrolatzeko premia sentitzen zuela eta hura galtzeko beldur zela. *Orfeo eta Euridize* (*Orpheus und Eurydike*, 1918, 1915etik aurrera sortua) draman —operarako egokitu zuen Ernst Křenek-ek 1923an—, Kokoschkak antzinako mitologiako poetari buruzko interpretazio ilun bat adierazten du, hura maitale desleialaren biktima bihurtuta.

Kokoschkaren margolanen artean, sei behintzat Alma Mahlerren erretratuak edo erretratu bikoitzak dira zentzu hertsian; aipagarria da *Haizearen andregaia* (*Windsbraut,* 1913) margolan itzela, Kokoschkaren lanik famatuenetako bat hain zuzen (1. irud., 101. or.). Ezkon-hitza emateko margolan gisa sortua, mihisean bikotea ikusten dugu, itsasoan galdu izanaren itxurarekin, itsaso biziaren aurrean; motibo hori lehenago ere margotu zuen artistak, Alma Mahlerri eskainitako hirugarren haizemailean zehazki, biak batera Napolira bidaiatu eta gutxira. Alma lo sakonean dago Oskarren sorbalda gainean; Oskar, berriz, esna dago, begirada serioarekin, eta nahasmen afektibo betean dagoela ematen du: etsipen hori plano piktoriko formalean ere islatzen da, keinu nabarmen eta sutsuen bidez.

Orfeotik Pigmalionera…

Kokoschka eta Alma Mahler elkarrekin egon ziren 1914ko urte zahar gauean; Alma Mahlerrek gerora idatzi zuenez, ordea, ordurako "ihes egina zion [artistaren] eraginari"[7]. Udan atentatua gertatu zen Sarajevon, eta gerra piztu zen horren ondorioz; Danubioko monarkiak, lañoki, gatazkak labur joko zuela uste zuen. Adolf Loos adiskide eta babeslearen aholkuei segika, Kokoschkak armadan izena eman zuen bere borondatez, eta dragoi-erregimendu itzaltsua hautatu zuen. Ez zekienez zaldian ibiltzen eta ez zituenez menderatzen odol urdineko bere kideen jarrera-kodeak, *Haizearen andregaia* saldu behar izan zuen artistak, erloju bat eta neurrira egindako jantzi bat erosi ahal izateko. 1915ean, Errusiako frontean borrokatu zen, eta ozta-ozta atera zen bizirik, baioneta-zauri bat biriketan eta bala bat lepatzean jasota. Hurrengo urtean, gerrako margolari gisa ziharduela Isonzoko batailaren garaian, han hurbilean zubi bat lehertu, eta nahasmendu larria eragin zion.

1916an, frontera itzuli beharrarekin arduratuta, depresioak jota eta aldi berean bizi- eta maitasun-egarriz, Kokoschka Dresdenera herrestan ekarri zuen Walter Hasenclever poeta lagunak. Elbaren ertzeko hiria modernitatearen ostatua zen, han biltzen ziren abangoardiaren ordezkari ugari. Artistak eta bakezaleak adiskide zituela, ostatu bohemio batean bizi zen, Felsenburg-en hain zuzen; han sortu zen Alma panpinaren ideia. Kurt Pinthus idazleak, zeina margolariaren gelakidea izan baitzen bolada batez, hala oroitu zuen gerora: "Garai hartan, Kokoschka ez genuen sekula ikusten; Hasencleverrek haren gelara eramaten ninduen, eta edozein unetan iristen ginela ere, hantxe zetzan ohean, argal eta aurpegi luze ubelarekin, paper txikietan jo eta su idazten, bere onetik aterata bezala. Ezer galdetzen ez bagenion ere, hala esaten zigun: 'Hobe ez badakizue zer ari naizen idazten eta zer bihurtuko den'"[8].

… eta haren "konplizera"

Artistak modu frenetikoan zirrimarratzen zituen "paper txikiak", dudarik gabe, 1918ko udatik 1919ko udaberrira Hermine Moos-i bidali zizkion eskutitzak dira: emakume horren jarduna funtsezkoa izan zen panpina gauzatzeko garaian. Xehetasunik txikiena ere irudikatuz, Kokoschkak bere nahiak adierazi zizkion Hermine Moosi, edo, hobeto esanda, diktatu egin zizkion. Gutun-truke bizia garatu zuten, eta idatzi horietan zirriborroak, argazkiak eta maketak bidali zizkioten elkarri margolariak eta bere konplizeak (4. irud. 102. or.). Kokoschkak zehatz-mehatz deskribatu zuen buruaren forma, eta Municheko Pinakotekara joatea eta, batez ere, Pierre Paul Rubens-en margolanak aztertzea gomendatu zion Moosi; bestalde, xehe-xehe azaldu zion non eta nola txertatu behar zizkion ileak panpinari —ez zizkion brodatu behar— eta orobat esplikatu zion zer zati koloreztatu behar zituen eta nola; azkenik, panpinaren ahoa ireki egin behar zen, eta mihia eta hortzak izan behar zituen. Badirudi egonezinez adierazten zuela dena, sukarrez. Alabaina, Kokoschkaren tonuari erreparatuta, argi ikusten dugu errespetu eta konfiantza handia zizkiola Moosi, baita harengan itxaropen neurrigabe eta ametsezkoak zituela ere: "Arazo hau konpontzen badidazu, lortzen baldin baduzu magia-trikimailu itzel hau gauzatzea halako moduan non nire gogotik ateratako emakumea ukitzen dudanean bizirik dagoela uste izango dudan, Moos andereño maitea, orduan eskerrak emango dizkizut zure asmamenagatik eta sentikortasun femeninoagatik […]"[9].

"Moos andereñoa" itzalean gordeta egon da luzaro artearen historian[10]. Hermine Moos (1888–1928) margolaria zen eta Munichen bizi zen, Schwabing auzo bohemioan; figura guztiz bereziak ekoizten zituen trebezia handiz, eta, 1920ko hamarkadan museoetarako eszenografoa berritzaileak garatu zituen[11]. Emazte artifiziala gauzatzeko, Kokoschkak artista bat bilatzen zuen espresuki; ez zuen txotxongilo-egile arruntik nahi. Lehenik, bada, Lotte Printzel-engana jo zuen, emakume mundutarra bera, zeinak harreman-sare bikaina baitzuen inguru artistikoetan. Gaur egun adituek bakarrik ezagutzen duten arren, Printzel artista estimatua zen garai hartan; horren erakusgarri, Rainer Maria Rilkek liburu batean aipatu zituen Printzelen panpina lirainak[12]. Printzelek, gero, Kokoschkaren panpinaren berri eman zion Hans Bellmerri, zeina txundit-ta geratu baitzen, eta gero aholkuak eman zizkion *Panpina (La poupée)* saila sortzeko[13]. Kokoschkaren eskaerari uko egin arren, Printzelek Moos lankideari aipatu zion balizko txotxongiloaren proiektua. Panpinaren sei argazki gorde dira —argazkien erdietan panpinaren sortzailea ere agertzen da—, eta irudi horiek erakusten dutenez[14], Moosek arreta izugarriz lan egin zuen (5. irud., 105. or.). Nolanahi ere, Kokoschkak, 1919ko apirilean panpina jaso ostean, eskutitz batean esan zuen "egiazki izututa" zegoela[15]. Garaiko lekukoek, besteak beste lehen aipatutako Kurt Pinthusek, garrantzia kendu zieten hasierako zirraren eraginez artistak aipatutako akatsei: "Panpinak ez ziruditen 'izaki ideal' baten edo 'kide irreal' baten amets hezur-mamitua, baina ez zeukan poloetako hartzaren gorputzik eta haren gorputz-adarrak ez ziren belaxkak, Kokoschkak adierazi bezala; panpin bat zen, horixe baino ez, emakume baten itxura izateko ahaleginean"[16].

Panpina-antzerkiaren erakarmena

1919ko udaberrian, Alma Mahlerrek, apur bat ernegatuta, hau idatzi zuen bere egunkari intimoan: "[…] Dresdenen, Oskar Kokoschkak giza neurriko panpina bat eginarazi zuen, […] eta nire hazpegiak jarri zizkion. Haren sofan etzanda egoten zen beti panpina. Kokoschka panpinarekin giltzapetzen zen eta egun osoak pasatzen zituen hura zaintzen. Hala, eskura ninduen, nahieran: tresna otzan bat, inongo borondaterik gabea"[17].

Maitasunaren, umiliazioarekiko beldurraren eta neska-laguna —beste garaikide batzuek ere irrikatzen baitzuten— galtzeko beldurraren nahasketa hilgarri hori Kokoschkaren margolanetan eta idatzietan agertzen zaigu, eta Almari bidalitako eskutitzetan batez ere. Manikiak —"otzana, inongo borondaterik gabea"— objektu bilakatzen du emakume aldi berean gehiegizko eta beldurgarria. Nolanahi ere, panpina horretan galeraren mina[18], fetitxismo patologikoa edo "Almaren ordezkari sinboliko hutsa" baino ikusten ez baldin baditugu, ikuspegi murriztaileegia erakutsiko dugu, Peter Gorsen-ek panpinari buruzko estreinako ikerketetan jada adierazi zuen moduan[19].

Kokoschkak "Alma Mahlerren afera behingoz ordenatu" nahi zuen; ez dezagun ahaztu aferak hiru urte zituela jada. Gauza asko gertatu ziren anartean! Kokoschkak ondo zekien moduan, Alma, 1915ean, Walter Gropius-ekin ezkondu zen, etorkizunean Bauhaus-eko zuzendaria izango zenarekin alegia, eta haur bat izan zuten; ondoren, harreman bat hasi zuen Franz Werfel idazlearekin, zeinarekin ezkonduko baitzen gerora. Kokoschkak, bere aldetik, traumatismo fisiko larriak eta depresioa zituen. Alabaina, 1916. urtearen ostean, Dresdenera joan eta berehala suspertu zen: haren antzezlanak argitara eman eta oholtza gainean jokatzen ziren, eta arrakasta handia bildu zuten Alemanian; ez hori bakarrik, haren margolanak erosten zituzten museoek, eta arte-merkatari ospetsuek ere estimutan zituzten. 1918an kaleratu zen artistari eskainitako lehen monografia; 1919ko udazkenetik aurrera, berriz, Dresdeneko Kunstakademie arte-eskolan irakasle hasi zen. Haren bizitza pribatuan ere gorabehera handiak izan ziren: Dresdenen bizitzen jarri eta gutxira, Käthe Richter aktore famatuarekin harremanetan hasi zen, eta aldi berean ezin konta ahal afera izan zituen Dresdeneko zein Berlineko giro bohemioko emakumeekin.

Horrenbestez, maitearen galera gainditzeko ahalegin bat baino gehiago da panpina. Kokoschkak ideia argi bat zuen, bere eskuez emakume bat sortzea, eta batzuetan haur artifizial bat sortzearen ideiara ere zabaltzen zen —bere gogoan ernaldutako haurra—; bada, ideia horiek laztasunez agertzen dira gaztaroko bere obretan, bereziki drametan eta prosazko testuetan[20]. *Esfingea eta txorimaloa (Sphinx und Strohmann)* fartsa sadomasokista lehen aldiz 1909an erakutsi zuen, Vienan; 1917an, berriz, Alma panpinaren ideia piztu aurretik, Zuricheko Cabaret Voltaire-n aurkeztu zen, *Automatentzako komedia* (*Komödie für Automaten*) izenburuarekin, eta obra horrek Dada antzerkiaren gailur bat markatu zuen; orduko hartan, Tristan Tzara-k eta Hugo Ball-ek jokatu zituzten rol maskulino nagusiak[21].

Lastozko buru erraldoi bat buruan egokituta, emazte ninfomana eta arimarik gabeak engainatutako senarrak txotxongilo bat aurkezten du, kautxuzko hatzekin, irudizko haur baten gisan. 1910. urtearen inguruan, Berlinen, gosearen goseaz eldarnioak jota zegoela, Kokoschkak neskato bat asmatu zuen, Virginia, eta izen bereko kontakizun bat eskaini zion[22]. Bestalde, artistaren eskutitzetan ere oso goiz agertu ziren fantasia demiurgikoak, erotismoz josiak[23]. Sexuen arteko harreman gatazkatsuen gaiak hari gorri batek bezala zeharkatzen ditu Kokoschkaren lan guztiak, eta Dresdenen, "panpinaren komedia handian" iritsi zen paroxismora. Kokoschkak, aurrez azaldu dugun moduan, etengabe transkribatu zituen Alma Mahlerrekin izandako harremana eta bikotearen banaketa bere artearen bitartez, eta xede horretan hainbat bitarteko baliatu zituen, baita hainbat genero ere, baldin eta aintzat hartzen badugu *Orfeo eta Euridize*ren opera-bertsio musikatua, Ernst Křenekena. Hala, prozesu bat abiatu zuen, "emakumeetan emakumeenaren [...] irudi ideal inkontzientea" sortzeari eskainia[24].

Panpina, zeinak potentzial handia ematen baitzuen maila bisualean, ukimenean, antzerkian eta alderdi performatiboan ere, abiapuntu bat izan zen sorkuntza konplexu eta autonomo baterako. Lehen fasea, fase kontzeptuala, Hermine Moosi bidalitako gutunetan agertzen da: marrazkiak, Alma panpinaren neurri naturaleko zirriborro bat olio-pinturaz egina; maketak, etab. Kasu horretan, ukimena funtsezkoa zen; hala erakusten dute Kokoschkak xehetasun handiz proposatu zituen materialek eta sentsazio zehatzak eskuratzeko asmoek.

1919ko apirilean, azken emaitzaren aurrean, Kokoschkak desengainua eta "distantziamendu osasungarria" adierazi zituen[25]; ondorioz, fetitxea modelo bihurtu zen, modelo berezia halere. Lehen aipatu dugun olio-pinturaz aparte, beste hiru margolan, hogeita hamar marrazki inguru, eta elementu autobiografikoz jositako kontakizun-multzo bat sortu zituen artistak. Dresdeneko Kunstakademien irakasle izateko izendatu zutenetik, Zwinger pabiloian bizi zen Kokoschka; bizileku horretan, tarteka, neskame bat izaten zuen, Hulda izeneko emakume bat, zeinari "Reserl" esaten baitzion artistak, izen austriarragoa zelakoan. Neskamea, Hermine Moosekin batera, Alma panpinari buruzko komedia dadaista-surrealistaren protagonista nagusietako bat izan zen: "Reserlek eta biok 'emakume isila' deitzen genion. Reserlek 'emakume isilari' buruzko zurrumurruak zabaldu behar zituen,

haren xarma eta jatorri misteriotsua hizpidean hartuta; besteak beste halakoak azaltzen zituen: alokairuzko auto bat hartua nuela, egun eguzkitsuetan [panpina] egurastera eramateko, bai eta Operan palko bat hartu nuela ere, hura erakusteko"[26].

Ez dakigu *Margolaria panpinarekin* (*Maler mit Puppe*, 1922, kat. 26). koadroa Kokoschkaren autoerretratu bat den ala ez. Aldiz, panpinaren ezaugarriak argi eta garbi ikusten ditugu modeloaren gorputz biluzi eta neurrigabean, zeina posizio bihurrituan agertzen baitzaigu. Eskuak bularrean jarrita ditu, trakets, eta jarrera hori beldur-keinutzat har genezake[27], baina baita bere buruaren gaineko kontzientziaren baieztapentzat ere. Ikuslearengana zuzentzen du begirada bizia, eta mamu-maskara baten antzeko aurpegia du; hala, ahalegin voyeurzale orok huts egingo du, eta asmo hori zirriborro gisa baino ez da azalduko. Margolan honetan, gai batzuk, hala nola begirada, erakustaldia —sabelpea ere bai, kromatismo nabarmenez agertzen baitzaigu— eta ukitzea nahastu egiten dira, eta anbiguotasun zirraragarri bat eratzen dute. Segur aski, obra hori sortzeko unean Alma panpina jada ez zen existitzen. Gaur egun ere, ez dakigu zehazki noiz libratu zen Kokoschka bere fetitxeaz, baina nola egin zuen zehazki ezagutzen dugu. Izan ere, artistak berak —kontalari eta istorio-asmatzaile aparta— azaldu zigun, kontakizun umoretsu baten bidez: "Nire kidearen existentzia amaitu nahi nuen, zeinaren inguruan hamaika txutxu-mutxu bitxi zabaldu baitziren, eta hori egiteko festa handi bat antolatu nahi nuen [...]. Ganbera-orkestra bat eskatu nuen Operan; musikariak, zeremoniako jantziak soinean, lorategiko iturri barrokoko uraskan jarri ziren jotzen, eta urez betetako lubanarroek freskatzen zuten iluntze sargoria [...]. Poliziak atea jo zuen biharamunean, goizean goiz [...]: antza abisu eman zieten, lorategian hilotz bat zegoela-eta [...] eta han jaitsi ginen, lo-jantzitan denok, lorategira, non baizetzan panpina, odolez blai balego bezala, bururik gabe [...]. Garbiketa-zerbitzuak, goiz grisean, Euridiziren itzuleraren ametsa jaso zuen. Panpina esfinge bat zen, inongo Pigmalionek bizitzara ekarri ez zuena. Garai hartan, Dresdenen, benetan edozer gauza egiten nuen, edozer"[28].

1922ko *Autoerretratua asto aurrean* (*Selbstbildnis an der Staffelei*, kat. 27) margolanean, Kokoschkak muturreraino eraman zuen berriro ere bere buruaren gaineko iseka. Margolari itxuragabearen begirada mutu geratu da, halako irrika ergel bat erakusten duela, eta uki delikatua atximur amorratu bihurtu da. Bere "ametsetako printzesa", erotismoz kargatua, Hermine Moosi bidalitako gutun batean oraindik ere desiratzen zuen hori[29], lantegiko osagarri bat baino ez da orain, burusoila eta bizirik gabea. Bitarteko guztiak landu ostean, Kokoschka margolariak abandonatu egin du, pailazokeria samin eta zalapartari batekin, amodiozko desengainuaren eta sexuen arteko gatazkaren

gaia, "panpinaren komedia handiak" islatzen zuen gaia alegia. Trantsizio-objektuaren zeregina bete du panpinak, bere efektu terapeutiko eta guzti, eta hortik aurrera jada ez da beharrezkoa (7. irud., 105. or.). Alabaina, geroagoko adierazpen autoironikoetan, fikziozkoak zein autobiografikoak direla ere, Kokoschkak zutarriak jarri zizkion bere emakume artifizial liluragarriaren harira etorkizunean eratuko zen legendari.

1. Oskar Kokoschka, *Mein Leben* (1971), frants. ed.: Oskar Kokoschka, *Ma vie*, Michel-François Demet (itzul.), PUF, Paris, 1986, 188. or.

2. Oskar Kokoschka, "Dresden 1920", hemen: Heinz Spielmann (ed.), *Oskar Kokoschka. Erzählungen. Das schriftliche Werk*, II. lib., Hans Christians, Hanburgo, 1974, 153–206. or. (188.or.); lehen aldiz hemen argitaratua: Oskar Kokoschka, *Spur im Treibsand*, Atlantis, Zurich, 1956, 86–120. or.

3. Ikus Bernadette Reinhold, "L'art pour l'artiste ? Überlegungen zu Kokoschkas Puppe, ihrer Genese und Mythenbildung/L'art pour l'artiste ? Reflections on Kokoschka's Doll, Its Genesis, and Myth Making", hemen: Régine Bonnefoit eta Bernadette Reinhold (ed.), *Oskar Kokoschka. Neue Einblicke und Perspektiven/ New Insights and Perspektives*, De Gruyte, Berlin eta Boston, 2021, 244–71. or. (ingl.: 264–91. or.).

4. O. Kokoschka, *Ma vie, op. cit.*, 127. or.

5. Ikus Alfred Weidinger, *Kokoschka and Alma Mahler. Testimony to a Passionate Relationship*, Prestel, New York, 1996.

6. Ikus Heinz Spielmann, *Kokoschkas Fächer für Alma Mahler*, Die Bibliophilen Taschenbücher 462. zk., Harenberg, Dortmund, 1985.

7. Alma Mahler-Werfel, *Mein Leben* (1990), frants. ed.: Alma Mahler, *Ma vie*, Gilberte Marchegay (itzul.), Hachette, Paris,1985, 80. or.

8. Kurt Pinthus, "Frau in Blau". *Geschichte eines Bildes oder Oskar Kokoschka und die Puppe oder Magie der Wirklichkeit*, Deutsches Literaturarchiv Marbach, succession Kurt Pinthus, 715481, B. Reinhold-ek aipatua, "L'art pour l'artiste ? […]", *op. cit.*, 255. or. (ingl.: 283. or.).

9. Oskar Kokoschkak Hermine Moosi bidalitako gutuna, Dresden, Weißer Hirsch, 1918ko uztailak 22, hemen: Olda Kokoschka eta Heinz Spielmann (ed.), *Oskar Kokoschka, Briefe I : 1905–1919*, Claassen, Düsseldorf, 1984, 291. or. Ikus, halaber, Claude Jamain, *Le Regard trouble, précédé de Oskar Kokoschka, Lettres à Hermine Moos*, L'improviste, Paris, 2006, 44. or.

10. *La Poupée de Kokoschka* (Paris, Gallimard, 2010) eleberrian, Hélène Frédérick-ek ahotsa ematen dio txotxongilo sortzaileari, fikziozko eguneroko baten bitartez.

11. Ikus Justina Schreiber, "Hermine Moos, Malerin. Anlässlich eines bisher unbekannten Fotos von Kokoschkas Alma-Puppe/Hermine Moos, Painter. On the Occasion of Discovering a Hitherto Unknown Photograph of Kokoschka's Alma-Doll", hemen: Bernadette Reinhold eta Patrick Werkner (ed.), *Oskar Kokoschka – ein Künstlerleben in Lichtbildern/ An Artist's Life in Photographs. Aus dem Oskar Kokoschka-Zentrum der Universität für angewandte Kunst Wien/From the Oskar Kokoschka-Zentrum of the University of Applied Arts Vienna*, Ambra, Viena, 2013, 87–90. or. (ingl.: 91–95. or) ; ikus, halaber, Bernadette Reinhold, "'[…]

sonst wird es kein Weib, sondern ein Monstrum' Anmerkungen zu Mythos und Rezeption der Kokoschka-Puppe", hemen: Bernadette Reinhold eta Eva Kernbauer (ed.), *zwischenräume zwischentöne. Wiener Moderne. Gegenwartskunst. Sammlungspraxis. Festschrift für Patrick Werkner*, De Gruyter, Berlin eta Boston, 2018, 179–85. or.

12. Ikus Rainer Maria Rilke, *Puppen*, Lotte Pritzel-en marrazkiekin, Hyperion, Munich, 1921.

13. Ikus Sigrid Metken, "Pygmalions Erben. Von erdachten, gemalten, modellierten und genähten Puppen in den 20er Jahren", hemen: Klaus Gallwitz (ed.), *Oskar Kokoschka und Alma Mahler. Die Puppe. Epilog einer Passion*, erak. kat., Städtische Galerie in Stadel, Frankfurt, 1992, 79–83. or., hemen: 81. or.; Sara Ayres, "At The Uttermost Limit of Vision: the Wax Dolls of Lotte Pritzel (1887–1952)", hemen: Kamil Kopania (ed.), *Dolls and Puppets as Artistic and Cultural Phenomena (19th– 21th Centuries)*, Institute of Art History, University of Warsaw, Varsovia, 2016, 10–17. or. (online bertsioa: http:// www.takey.com/LivreE_12.pdf); B. Reinhold, "L'art pour l'artiste ? […]", *op. cit.*, 246. or., (ingl.: 274. or.).

14. Hemen erreproduzituak: J. Schreiber, "Hermine Moos, Malerin. […]", *op. cit.*, 86., 89., 93., 95. or., hemen: B. Reinhold eta E. Kernbauer (zuz.), *zwischenräume zwischentöne […]*, *op. cit.*, 183–85. or., eta hemen: B. Reinhold, "L'art pour l'artiste ? […]", *op. cit.*, 264–66. or.

15. O. Kokoschkak H. Moosi bidalitako gutuna, Dresden, Weißer Hirsch, 1919ko apirilak 6, hemen: O. Kokoschka eta H. Spielmann (ed.), *Oskar Kokoschka, Briefe I : 1905-1919, op. cit.*, 312. or., eta C. Jamain, *Le Regard trouble, op. cit.*, 71. or.

16. K. Pinthus, hemen aipatua: B. Reinhold, "L'art pour l'artiste ? […]", *op. cit.*, 260. or. eta hur. (ingl.: 289. or.).

17. A. Mahler, *Ma vie, op. cit.*, 140. or.

18. Panpina "trantsizio-objektu gisa" —Donald D. Winnicott-en adieran— hartzen duen ikuspegiari dagokionez, ikus B. Reinhold, "L'art pour l'artiste ? […]", *op. cit.*, 258. or. (ingl.: 287. or.).

19. Peter Gorsen, *Sexualästhetik. Grenzformen der Sinnlichkeit im 20. Jahrhundert*, Rowohlt, Reinbek bei Hamburg, 1987, 188. or.

20. Txotxongilo-antzerkiak Vienako modernitatean izandako garrantziaren harira, ikus Nathan J. Timpano, *Constructing the Viennese Modern Body. Art, Hysteria, and the Puppet*, Routledge, New York eta Londres, 2017; Kokoschkaren gaztaroari buruzko erreferentziazko lana hau da oraindik ere: Werner J. Schweiger, *Der junge Kokoschka. Leben und Werk 1904–1914*, Christian Brandstätter, Viena eta Munich, 1983.

21. Ikus Gerhard Johann Lischka, *Oskar Kokoschka : Maler und Dichter. Eine literarisch-ästhetische Untersuchung einer Doppelbegabung*, Peter Lang, Berna eta Frankfurt, 1972, 56. or.; Anna Stuhlpfarrer, "'Er war da, bevor

es einen Expressionismus gab'. Oskar Kokoschka – ein Pionier des expressionistischen Theaters'/'He was There before Expressionism Even Existed'. Oskar Kokoschka – a Pioneer of Expressionist Theater", hemen: R. Bonnefoit eta B. Reinhold (ed.), *Oskar Kokoschka […], op. cit.*, 294–317. or. (ingl.: 309–32. or.).

22. Oskar Kokoschka, "Geschichte von der Tochter Virginia", 1947–1956, hemen: H. Spielmann (ed.), *Oskar Kokoschka. Erzählungen. Das schriftliche Werk*, II. lib., *op. cit.*, 95–101. or.

23. Ikus Bernadette Reinhold, "Adolf Loos und Oskar Kokoschka – eine außergewöhnliche Männer- und Künstlerfreundschaft", hemen: Markus Kristan, Sylvia Mattl-Wurm eta Gerhard Murauer (ed.), *Adolf Loos. Schriften, Briefe, Dokumente aus der Wienbibliothek im Rathaus*, Metroverlag, Viena, 2018, 275–80. or., hemen: 277. or.

24. P. Gorsen, *Sexualästhetik. Grenzformen der Sinnlichkeit im 20. Jahrhundert*, *op. cit.*, 188. or.

25. *Ibid.*, 255. or.

26. O. Kokoschka, *Ma vie, op. cit.*, 189. or.

27. Voir K. Gallwitz (ed.), *Oskar Kokoschka und Alma Mahler […], op. cit.*, 36. or.

28. O. Kokoschka, *Ma vie, op. cit.*, 189–90. or.

29. O. Kokoschkak H. Moosi bidalitako gutuna, Dresden, Weißer Hirsch, 1918ko urriak 16, hemen: O. Kokoschka eta H. Spielmann (ed.), *Oskar Kokoschka, Briefe I : 1905–1919*, *op. cit.*, 298. or., eta C. Jamain, *Le Regard trouble, op. cit.*, 55. or.

IRUDIAK

101. or.:

1. irud. Oskar Kokoschka, *Haizearen andregaia (Die Windsbraut)*, 1913. Olio-pintura mihise gainean, 181 × 231 cm. Kunstmuseum Basel, Basilea.

2. irud. Alma Mahler Vienan 1909an. Argazkilaria: Madame d'Ora (Dora Kallmus). Universität für angewandte Kunst, Oskar Kokoschka Zentrum, Viena.

3. irud. Oskar Kokoschka, *Berriz elkartzea (Begegnung)*, *Kolon kateatua (Der gefesselte Kolumbus)* sailekoa, 1913 (1916an argitaratua), litografia paper gainean, 50 × 39,2 cm (kat. 86)

102. or.:

4. irud. Oskar Kokoschkak Hermine Moos-i bidalitako gutuna, 1918ko abenduak 10.

105. or.:

5. irud. Hermine Moos eta panpina Munichen, 1919an. Zilar-gelatinazko kopia, 17,8 × 24 cm. Universität für angewandte Kunst, Oskar Kokoschka Zentrum, Viena.

6. irud. Panpina etzanda, 1919. Zilar-gelatinazko kopia, 17,8 × 24 cm. Universität für angewandte Kunst, Oskar Kokoschka Zentrum, Viena.

7. irud. Hermine Moos eta panpinaren eskeletoa Munichen, 1918an. Alfred Mayer-en argazki-album batetik hartutako irudia. Schloßmuseum Murnau, Bildarchiv.

"Mundu erraldoia"[1].
Hamarkada bete bidaia
Fanny Schulmann

1923ko urrian, Oskar Kokoschkak Dresdenetik alde egin zuen korrika eta presaka —irakasle ziharduen hiri horretako Kunstakademie zentroan, 1919tik—, aita hil hurrenaren oheburura joateko; hala amaitu zuen, tupustean, Saxoniako egonaldia. Artistaren lanak aitortza handia zuen Alemanian, eta, bestalde, irakaskuntzaren alderdi administratiboak apur bat gogaitzen zuen; ondorioz, irakasle-jarduertatik urrundu zen. 1922an, Veneziako Biurtekoa berriro irekitzearen harira, bere lanak erakutsi zituen Max Liebermann, Max Slevogt eta Lovis Corinth artisten obren aldamenean, Alemaniako Pabiloian; areto oso bat eskaini zioten, margolanentzako errail beltzekin, eta haren hamabost mihise erakutsi zizkuten. Austrian ez zioten eskaintzen berak espero bezalako aitortzarik; Alemaniako museo-instituzio handiek, berriz, margolan asko erosi zizkioten. 1923. urtearen bukaeran beste etapa bat hasi zen artistaren bizitzan: bizi-erritmoa biziagotu zuen, eta hara-hona ibili zen Europan, Afrika iparraldean eta baita Ekialdean ere; lehen begi-kolpean, badirudi ibilbide horrek ez duela batere zentzurik, baina Parisera eta Londresera behin eta berriro joan zen.

Paisaiak, proiektu kultural eta politikoa

Garai hartan, Kokoschkaren margolanetan hirien eta paisaien erretratuak nagusitzen ziren, gutxi-asko neurri berekoak (batez beste, 70 × 100 cm): egun edo aste gutxi batzuen buruan sortzen zituen, bere lekualdaketen harira. Genero hori 1908an agertu zen lehen aldiz artistaren ibilbidean: *Hungariako paisaia* (*Ungarische Landschaft*, kat. 1) lanaren bidez; lan horren ezaugarriak behin eta berriro errepikatzen dira, modu nabarmenean: talaia altu batetik begira egindako margolanak dira, hegazti baten ikuspegia antzeratuz; bestalde, begia desbideratzen dute, ihespuntu bat baino gehiago baitaukate, eta ikuspegi atmosferiko eta mugikorra hobesten dute. Dresdenen, Elbaren hamaika ikuspegi margotu zituen 1919tik 1923ra bitarte, Kunstakademieko bere lantegitik; horrela, ibaiertzaren eta zeruaren arteko elkarrizketaren ñabardura guztiak erakusteko modua izan zuen. Alabaina, mihise horietan, enpaste plastiko batek estaltzen du margoaren geruza, eta kolore biziak eta kontrasteak lau-lau ageri dira; aldiz, geroagoko obretan, hala nola Venezia, Florentzia edo Parisen ikuspegietan (1924), modu deigarrian nabarmentzen dira. Materia fluidoa da, koloreen arteko harreman berriek paleta zabaltzen dute, eta ukituak altxatu egiten dira, lurraldeok azkar zeharkatzen dituen oihartzunaren antzera.

Nola ulertu behar dugu Kokoschkaren alderdi berri hori, margolari bidaiari eta paisajista bihurtua? 1962an, Andrew Forge kritikariarekin izandako elkarrizketa batean, artistak adierazi zuen harreman zuzena zegoela ihes egiteko desiraren eta Lehen Mundu Gerra bizi izanaren traumaren artean: "Garai hartan, zera pentsatu nuen: 'Inoiz lortzen baldin badut bizimodu nardagarri honetatik alde egitea, paisaiak margotuko ditut'. Oso gutxi ezagutzen nuen mundu zabala; beraz, joan nahi nuen nire kulturaren eta nire zibilizazioaren erroak dauden leku guztietara, eta grekoekin eta erromatarrekin hasi zirenez, hura guztia ikusi behar nuen"[2]. Deskubrimendu-egarria, bada, bat dator mundua ezagutzeko nahiarekin, eta, horren harira, aipagarria da *Orbis Sensualium Pictus* lanak margolariaren gainean izandako eragina. Jan Amos Komenský, ezizenez Comenius (2. irud., 131. or.), pedagogo moraviarrak sortu zuen ikasliburu hori; 1658an argitaratu zen, genero horretako lehendabiziko lanetako bat izan zen, eta hainbat gauza biltzen zituen aldi berean: abezedarioa, ilustrazioak, ikaspenak… Irudiek, izan ere, irakatsi nahi zena islatzeko helburua zuten. Kokoschkari haurra zela oparitu zion aitak, eta *Orbis Sensualium Pictus* hura obra fundatzailea izan zen margolariarentzat: lehendik ere, ikusmena zuen gauzak ulertzeko lehen iturria, eta liburuak harreman hori berretsi zuen. Dimentsio kontenplatibo hutsetik edo emozioaren bektore izatetik harago, mundua ikustea eta margolaritzaren bitartez haren berri ematea ezagutza-ekintza bat zen, eta artistari betekizun argiki politikoa eman zion; Kokoschkak, aurrerantzean, etenik gabe jorratu zuen bide hori.

Hans Tietze arte-historialari austriarrak (1880–1954) norabide horretan bideratu zuen artistaren bidaia-margoei buruzko analisia. 1909an, Tietzeren eta haren emaztearen erretratu bat egin zuen Kokoschkak, eta arte-historialariak, bestalde, hainbat artikulu idatzi zituen artistaren inguruan, margolari ezezagun hura Frantzian aurkezteko asmoz. Artikulu batean dioenez, Kokoschkak "uko" egin zion bere herentzia austriarrari, eta estilo aleman bati heldu zion 1918tik aurrera; aldiz, 1924tik aurrerako bidaia-margoek beste etapa bat markatzen dute: "Beste behin ere, zabaldu egin du interesgarri gertatzen zaizkion gauzen eremua; beste behin ere, bere estiloa aldatu du. Gaur egun, estilo alemanetik urruntzen ari da, europarrerantz jotzeko"[3]. Bat dator Paul Westheim (1886–1963) arte-kritikari eta Kokoschkaren biografoa ere, 1935ean, nazismotik ihesi Parisen errefuxiatua dagoela: "Espresionismo alemana Europako testuingurura eramaten

saiatzen da Kokoschka, eta hortxe datza haren lanaren garrantzia"[4]. Heinz Spielmann arte-historialariak ere ikuspegi europar horri eutsi zion, gerora, bidaia-margoen corpusa aztertu zuenean, artistaren bizitzaren amaieran harekin izandako elkarrizketetatik abiatuta. Spielmannen arabera, Kokoschkak kontinentea erakutsi nahi zuen, gerraren katastrofearen aurretik zen moduan, eta ikusgai jarri nahi zuen, irudien bidez jarri ere, bazegoela kultura europar bat[5]. Dena den, Spielmannek, artistaren garai hartako estrategiari buruz ari dela, garrantzia kentzen dio alderdi merkantilari, eta adierazten du ezen, bildumagileen artean zein erakundeetan izandako arrakastari esker, Kokoschkak independentzia finantzarioa eskuratu zuela.

Babes berrien bila, Pariserantz

Esan behar da, nolanahi ere, Kokoschkak harremanak izan zituela galeristekin, eta harreman horiek funtsezkoak izan zirela haren lekualdatzeen erritmoa ulertzeko. Bestalde, maiz joaten zen Parisera eta Londresera, eta horrek erakusten du margolariak babesak bildu nahi zituela nazioartean. Beraz, testuinguru horretan ulertu behar dugu 1924an Parisera estreinako aldiz joan zenekoa. Bidaiaren aurretik, Kokoschkaren erakusketa pertsonal bat antolatu zuen Otto Nirenstein-Kallir galeristak Vienako Neue Galerie-n[6]: Vienan egindako azkenengo erakusketatik 13 urte igaroak ziren ordurako. Urriaren 13an abiatu zen erakusketa, baina handik bi astera itxi behar izan zuten, izan ere, bisitari batek, haserre, mihisetako bat moztu zuen: *Haurrak jolasean* (*Spielende Kinder*, kat. 4). Ekintza bortitz horren aurrean, Kokoschkak gutun ireki bat plazaratu zuen *Neues Wiener Journal* egunkarian 1924ko urriaren 26an: "Ekintza hau sintomatikoa da gizarte honetan: gizarte hau, izan ere, gloria antzu eta debaldekoaren irrikaz bizi da, sormen-izpirik txikienaren kontra agertzen den prentsak elikatuta, zeinak, 1907an, pozoia jariatzeari ekin baitzion margolan hauexen gainean hain zuzen, eta publikoak, berriz, zikindu egin zituen; salatu egin ninduten, nahiz eta ni, kosta ahala kosta, nire irakasle-lanak betetzen saiatu eskola-haurren, aprendizen, arte-ikasleen eta agintarien artean"[7]. Urriaren 28an, egunkari berean, Hermann Menkes kritikariak zera adierazi zuen: "Oskar Kokoschkak […] apur bat bortizki uko egin dio Vienari eta bertako publikoari, gertaera deitoragarri baten ondotik kaleratutako gutunaren bidez"[8]. Kokoschkak, bada, Vienatik alde egin, eta Parisera jo zuen, Adolf Loos arkitektoarekin (1870–1933) eta Sebastian

Isepp margolariarekin (1884–1954). Idatzizko iturriak aztertuta —artistaren kontakizun autobiografikoak eta eskutitzak—, Kokoschkak halako mesfidantza bat erakusten zuen Parisekiko eta hiriak artistentzat esan nahi zuenarekiko. Horren aurkako jarrera argia agertzen zuen berak: "Ez nintzen joaten Café du Dôme-ra ezta Deux Magots kafetegira ere. Garai hartan, hantxe egoten ziren, zaleen erlauntza batek inguratuta, Ilja Ehrenburg eta Hemingway, beren nobelak idazten. Ez nuen atsegin jenioaren merkatu hura, zeinetan modako artistak bezero estatubatuarren zain egoten baitziren"[9]. Egonaldiari buruzko kontakizunean hamaika pasadizo azaltzen dira, egiazkoak, puztuak zein asmatuak, eta iniziazio-eleberri bateko pasarte petoak dirudite: Vienako liburutegi inperialeko zuzendari ohi Jan Śliwiński-ren Parisko apartamentu hondatuan ostatu hartuta, Kokoschkak errefuxiatu politikoak eta anarkistak ezagutu omen zituen, gaixotu egin zen gabezien eta hotzaren eraginez, Louis-Ferdinand Céline medikuak zaindu zuen —zeinak, txantxa gisa, eskeleto bat sartu baitzion ohe barruan—, etab. Esan behar da Opéra Garnier eraikinaren bi ikuspegi margotu zituela 1924an, zenbait hilabete lehenago Veneziako Danieli Hotelean erabilitako moldeari jarraituz: Grand Hôtel-eko azken solairuan instalatu zuen bere lantegia, hainbat leihotako gela batean, angeluak biderkatzeko xedez. Bi margolanetako batean Opera plaza ikus daiteke oso-osorik, perspektiban, kale anonimoen inurritegi eta guzti; beste margolana (3. irud., 131. or.), berriz, posizio beretik margotua den arren, *Poesia (La Poésie)* eskultura-multzoan zentratzen da: Charles-Alphonse Gumery-k zizelkatu zuen hori eraikuntzaren gailurrean, aurrealdearen eskuin-eskuinean.

Artista joria ala abenturazalea?

Familiari bidalitako eskutitzek erakusten dutenez, Kokoschkak, Parisko egonaldia baliatuta, erakusketa bat antolatu nahi zuen Bernheim-Jeune galerian —azkenean, ez zuen lortu[10]— eta, bestalde, Jakob Goldschmidt-ekin elkartu zen; merkatari horrek lotura zuen Kokoschkaren galerista berlindar Paul Cassirer-ekin (1871–1926), zeinarekin negozioak egiten baitzituen 1916tik. Azken horrek, 1925eko otsailean, kontratu bat eskaini zion artistari, oso kontratu eskuzabala garai hartarako: Europan barnako bidaiak ordainduko zizkion, gastu guztiak barne, eta urtean 30.000 markoko soldata bat ere bai, espedizio horretan margotutako mihiseen trukean. Kontratu hori aukera bikaina zen artistarentzat, izan ere, bere familiaren premiak bere gain hartu behar zituela iruditzen zitzaion, are gehiago aita hil eta gero. Jakob Goldschmidtekin batera bidaiatuko zela erabaki zuten, hartara merkataria arduratuko baitzen logistikaz eta margolanak bideratzeaz. Lehen etapa 1925eko otsailean hasi zuten, Monte-Carlon (1. irud, 131. or.);

segidan Nizara, Marseillara, Avignonera, Montpellierrera, Aigues-Mortesera, Vernet-les-Bainsera, Bordelera eta Miarritzera joan ziren; ondoren, Portugaleko eta Espainiako muga pasata, Lisboa, Madril, Toledo eta beste hainbat lekutara joan ziren.

Kokoschkak, bere mihiseetan, toki bakoitzeko monumenturik edo ikuspegirik aipagarrienak erakusten zituen, eta margolan haien bereizgarriak dira —*Marseilla, portua I (Marseille, Hafen I,* kat. 29) obrak ondo erakusten duen moduan— zeru adierazkorrak eta zeruertz-lerro zertxobait hanpatuak, zeinek perspektibari bizia ematen baitiete lanei; obra horiek, bada, gogora dakarte paisaia aleman historikoen lirismoa, bereziki Albrecht Altdorfer margolariaren lanena, zeinak maiz ikusi baitzituen Kokoschkak. "Altdorferren obra tarteko (4. irud., 131. or.), Mendebaldearen kapitulu bat salbatu zen: '*eppur si muove*', Lurra biraka ari da margolan horretan, Galileok Lurraren mugimendua deskribatu aurretik margotu bazen ere. Lehenik eta behin mugimendua nabaritzen dugu, eguzki-sugarraren zirimola, Lurraren errotazio-espazio astuna, munduari errealitatea ematen diona"[11].

1925eko maiatzaren 11n itzuli zen Parisera Kokoschka, eta ordurako hamasei margolan eginak zituen; Cassirerrek Berlinen aurkeztu zituen denak, eta arrakasta merkantila lortu zuten, baita ikusleen estima ere: erreakzio horrek halako harrotasun-sentipen bat eragin zion artistari, baina baita garraztasun-puntu bat ere. "Berlinetik esan didatenaren arabera, Bode eta Friedländer jaun txit agurgarriak samurtu egin dira, eta maiz begiratzen dituzte nire paisaia berriak. Beharbada horrek nire alde egingo du baldin eta beste pertsona batzuek —eta norbanako gero eta lasai eta patxadatsuagoek— interesa agertzen badute nire bidaia hauekiko, zeinak oso gogorrak gertatzen baitzaizkit, eta, hasiera batean, neure oinazea lokartzeko abiatu bainituen. Miseria bat irabazi dut; aldiz, bitartekariak automobil bat erosi du Alemanian goxo-goxo geratuta lortu duen dirutzari esker"[12]. Edonola ere, 1926ko urtarrilaren 6an Cassirerrek bere buruaz beste egin zuenean dibortzio-prozesu betean, Kokoschka astinduta geratu zen barrenean. Cassirer hil eta gero, haren lankide Grete Ring eta Walter Feilchenfeldt-ek hartu zuten galeriaren ardura, eta artista babesten segitu zuten.

Egiaz, Kokoschkaren bidaien erritmoa apenas moteldu zen hurrengo hilabete eta urteetan. "Garai hartan, ezizen gutxiesgarri bat jarri zidaten: 'ohe-bagoietako margolaria'. Etiketa horrek luzaro iraun zuen nirekin"[13]. Herbehereetara, Suitzara, Italiara eta Londresera joan zen; hiri horretan sei hilabete igaro zituen 1926an, eta Tamesis ibaiaren hainbat ikuspegi margotu zituen, baita animalien erretratu aipagarriak ere. Inoiz baino erritmo biziagoan bidaiatu bitartean, parez pare topatu zituen Regent's Parkeko Lorategi zoologikoan giltzapetutako bi animalia exotiko: mandril bat eta tigoi

bat (tigrearen eta lehoi-emearen arteko gurutzaketa), zeinek etsai-jarrera nabarmena erakusten baitzuten gizakien aurrean; margolaria, ordea, animaliekin identifikatuta sentitu zen (kat. 32). Alabaina, dekorazio natural batean margotu zituen, mihisearen bitartez ihesbide bat eskaini ahal balie bezala: bulkada hori bat dator, argi eta garbi, hasieran paisaiak egitera bultzatu zuen bulkadarekin. Kokoschkak dioenez, astoa non kokatuko, eta tigoiaren kaiola eta publikoarentzako hesia banatzen zituen tartean jarri omen zuen, piztiaren erpeak erraz irits zitezkeen lekuan. Bere obretarako ikuspegirik egokienak eta ikusgarrienak bilatu nahian, abentura arriskutsuetan abiatzen zen beti; hala, 1927ko urrian, Alpeak eskalatu zituen, margotzeko materiala aldean hartuta, Mont-Blanceko glaziarra margotzeko; gero, zenbait hilabete geroago, Atlaseko larretan berebeerekin elkartzen zen egunero, zaldiz, herri horretako kide batzuen erretratuak egin nahi zituen eta. Alderdi epiko horrek beste norabide bat hartu zuen 1928aren hasieran, Afrikako iparraldean barrena bidaiatu ahala: Tunez eta Aljeria zeharkatu zituen artistak, eta Transatlantique izeneko luxuzko hotelen kate kolonialean hartu zuen ostatu; bidaia horren harira, deskribapen orientalistak idatzi zituen, zeinek XIX. mendeko zenbait artistaren ildo berean kokatzen baitute, esate batera, Edgar Degas-en ildoan. Dena den, Rüdiger Görner-ek duela gutxi argitaratu duen biografian azpimarratzen denez, Kokoschkak, gerora, gerra-krimen kolonialei buruzkoak ezagutu nahi izan zituen, eta horren erakusgarri dira bere liburutegiko izenburuak, hala nola George Padamore panafrikanistaren idatziak eta Abd el-Krim kapitainak Rifeko gerraren inguruan idatzitako memoriak[14].

Krisiak astinduta

Ondoren, beste bidaia batzuk egin zituen, hala nola Palestinara (5. irud., 131. or.), Albert Ehrenstein adiskide eta poetarekin, eta Eskoziara, Walter Feilchenfedt galeristarekin; horien ostean, Kokoschkaren bidaiak ez ziren izan lehen bezain sistematikoki emankorrak, eta horrek kezka eragin zion galeristekiko harremanean: "Bihar etxera itzuliko naiz, eta han zain dauzkat zerga-auzibide bat eta finantzari batek zenbait margolanen harira aurkeztutako salaketa bat. Feilchenfeldtek eta Ringelnatter-ek berandu baino lehen jakingo dute ez dudala mihise berririk ekarri, eta lepoa bihurrituko didate"[15]. 1929ko burtsa-krisia azkar-azkar zabaldu zen artearen merkatura, eta artistaren finantza-egonkortasuna kolokan geratu zen apurka. 1929ko neguan, Parisen zegoen artista; ez zen margolanik sortzen ari, baina harremanak egin zituen artearen munduko zenbait pertsona itzaltsurekin: Jules Pascin margolariarekin eta Brassaï argazkilariarekin, zeina Berlinen ezagutu baitzuen hamar urte lehenago; Brassaïk, gainera, erretratu-sorta bat egin zion Kokoschkari (9. eta 10. irud., 111. or.).

251

"Espero nezakeenaren kontrara, Kokoschka nitaz oroitzen zen eta besoak zabalik hartu ninduen. Bai izaera liluragarria! Bizitasunez betea, bizipoz aseezin batekin, beti dago prest maitatzeko, ondo pasatzeko, edateko, parranda egiteko […]. Gizonak txundit11a nengoen; indar natural bat zen, eta, horretaz aparte, negozio guztiz atsegin bat"[16].

1920ko hamarkadaren amaieran Kokoschka sarri joan zen Parisera; hala ere, hirian ez zen haren obrarik erakutsi 1931. urtera arte. Urtarrilaren 17tik otsailaren 10era, Jacques Bonjean galeriak[17], Paul Strecker artistaren babesean, arte alemanaren erakusketa bat antolatu zuen: tartean ziren Kokoschkaren sei lan; ondoren, martxoaren 18an, artistari eskainitako erakusketa bat zabaldu zuten Georges Petit galerian. Erakusketa hori, zeinak oihartzun kritiko ederra jaso baitzuen, Cassirer eta Bernheim-Jeune galerien arteko elkarlanaren fruitua izan zen egiaz: 1920an, Georges Petit galeria berrerosi zuen Bernheim-Jeunek galeriak, eta haren kudeaketa Étienne Bignou-ren eskutan utzi[18]. Erakusketan berrogeita lau margo biltzen ziren, eta atzera begirako baten tankera zuen, 1908ko *Hungariako paisaia* lanetik 1930–31ko *Suediarra* (*Die Schwedin*, kat. 39) bitarteko lanak biltzen baitziren han. Edonola ere, azken bidaietako obrei erreparatu zitzaien bereziki, ez bakarrik asko zirelako, ezpada harrera ona izan zutelako erakusketari buruzko aipamenetan. Badirudi azken bolada horretako lanak bereziki egokiak zirela publiko frantziarraren espektatibak asetzeko: "Kokoschkak sentsualitatea gehitu dio espresionismoari. Horren erakusgarri da koloreekiko duen maitasuna […]. Izen bakarra aipa liteke honen harira, Van Goghen izena hain zuzen: haren margolaritza-magia txundigarriak eragina izan du, ezbairik gabe, Kokoschkaren gainean"[19], adierazi zuen Robert Valançay-k bere kronikan, *Revue d'Allemagne* egunkarian, 1931n.

Bestalde, Marie Gispert-ek, bere tesian, gerrarteetako garaian arte alemanak Frantzian izandako harrera aztertu du, eta, ikertzailearen arabera, 1931. urtea "izan zen arte alemanak Frantzian jasotako ordezkaritzaren gailurra, kopuru aldetik behintzat"[20]. Kokoschkaz gainera —austriarra izan arren, kultura germanikoaren ordezkaritzat hartzen zuten[21]—, lehen mailako beste bi margolari alemanen lanak erakutsi ziren Parisen: otsailaren 13tik martxoaren 10era Georg Grosz-en lanak erakutsi ziren N.R.F. galerian; martxoaren 15etik apirilaren 25era, berriz, Max Beckmann-en lanak izan ziren Renaissance galerian. Erakusketei buruzko kritikak alderatuz gero, haustura-lerro estetikoak zein politikoak nabaritzen dira, tentsio nazionalisten gainean. Esate batera, Waldemar-George kritikariak, zeinak jada esana baitzuen Benito Mussoliniren faxismoa miresten zuela, bereizi egin zituen, batetik, Beckmannen "Alemania europarra", eta, bestetik, Kokoschkaren "Alemania gaixotua", "bere baitara bildua, zalantzak xehatua, pesimismora emana *ad vitam æternam*. […] 'Arrisku alemana' da Kokoschka, hots, harmoniarik eskura ezin dezakeen nazio batek beretzat zein mundu guztiarentzat dakarren arriskua […]"[22]. Pierre Berthelot-ek, berriz, Grosz eta Kokoschkaren erakusketak alderatuz, guztiz bestelako ondorioak adierazi zituen: "Bi artista germaniko hauen eraldaketak hobeto zehaztu nahi baditugu, esan behar dugu Grosz, sekulako talentua izanda ere, tokiko artista bat dela, espezifikoki alemana; Kokoschka, ordea, eskola vienar zein berlindarretik askatuta, arte handian sartu da, zeinak ez baitu aberririk"[23].

Georges Petit galeriako erakusketak arrakasta handia bildu zuen kritikaren aldetik; alabaina, arte-erakundeek ez zuten alerik erosi. Aipamen batean baino gehiagotan esaten denez, Kokoschkaren margolan bat egon omen zen Jeu de Paume museoko hormetan 1933an[24], baina ez da inbentario bakar batean ere agertzen. Bizirik dauden artisten elkarteetako artxiboetan aipatzen denaren arabera, Kokoschkaren obrak erosteko aukerari buruzko proiektuak izan ziren 1931ko maiatzean eta ekainean, baina bertan behera utzi omen ziren, obren prezioak garestiegiak zirela iritzita[25]. 1931ko apirilean, artistaren arrakastatxoak behea jo zuen bortizki; garai hartan, Georges Petit galeriako erakusketa martxan zela, Kokoschkaren eta Cassirer galeriaren arteko harremana hautsi zen: Feilchenfeldtek artistaren kontratua berriro negoziatu nahi izan zuen, eta haren soldata nabarmen jaitsi[26]. Halatan, artista sosik gabe geratu zen bat-batean, eta bere existentzia birpentsatzeko premian, gainera. Pascin lagunaren lantegia alokatu zuen —Pascinek bere buruaz beste egin zuen apur bat lehenago—, eta Frantzian geratzea erabaki zuen. "Halakoxea da bizitza: hemen nago, berriro ere erbesteratuta, bakar-bakarrik eta adiskiderik gabe. Nire hirugarren erbestea da Austria utzi ostean; orain, Alemania ere utzi dut"[27].

Azkenean, 1931ko irailean Vienara itzuli zen, udal sozialistak lehiaketa publiko bat plazaratu baitzuen, hiriko harrera-aretoa dekoratzeko xedez, eta Kokoschkak parte hartu zuen. Wilhelminenberg jauregia (6. irud., 131. or.) irudikatu zuen, bere gurasoen etxetik gertu zegoen palazio habsburgtar bat, udal agintarien ekimenez haurrei harrera egiteko egoitza bihurtua. Egundoko paisaia bat margotu zuen, zeina ez zetorren bat bidaietan egindako lanen ildoarekin; hala ere, haurren jolasen bidez, askatasuna goretsi zuen, eta ezaugarri horrek islatzen duen eran, Kokoschkaren lanek kutsu argiki politikoagorantz jo zuten etorkizunean, Europa inarrosten zuten gertakarien oihartzun gisa: ondorioz, Kokoschkak konpromiso-modu berri bati heldu zion handik aurrera.

1. Oskar Kokoschka, *Mein Leben* (1971), frants. ed.: *Ma vie*, Michel-François Demet (itzul.), PUF, Paris, 1986, 94. or.
2. Hemen aipatua: Richard Calvocoressi eta Werner Hofmann (zuz.), *Oskar Kokoschka 1886–1980*, erak. kat., Tate Gallery, Londres, 1986, 114. or.
3. Hans Tietze, "Oskar Kokoschka", *L'Amour de l'art*, 10. zk., 1929, 363. or. Marie Gispert-en doktore tesian aipatua, *"L'Allemagne n'a pas de peintres". Diffusion et réception de l'art allemand moderne en France durant l'entre-deux guerres , 1918–1939*, Philippe Dagen (zuz.), Paris 1 unibertsitatea, 2006, 751. or.
4. Paul Westheim, "L'impressionnisme et l'expressionnisme en Allemagne", hemen: René Huygue (zuz.), *Histoire de l'art contemporain. La peinture*, Librairie Félix Alcan, Paris, 1935, 427. or. Hemen aipatua: M. Gispert, *"L'Allemagne n'a pas de peintres"* […], *op. cit.*, 758. or.
5. Ikus Heinz Spielmann, Oskar

Kokoschka. *Leben und Werk*, DuMont Buchverlag, Kolonia, 2003, 240. or.
6. Otto Kallir, jaiotza-abizenez Nirenstein (1894–1978), arte-historialaria, galerista eta editorea; 1923an, Neue Galerie zabaldu zuen Vienan, eta hiri horretako zein Europako abangoardia-lanak erakutsi zituen. 1939an, Estatu Batuetara joan zen, nazismotik ihesi; han, arte aleman eta austriarraren mugalari nagusietako bat izan zen St. Etienne galeriaren bitartez.
7. Hemen aipatua: Rüdiger Görner, *Kokoschka. The Untimely Modernist*, Debra Marmor eta Herbert Danner itzultzaileek alemanetik ekarria, Haus Publishing, Londres, 2020, 109. or.
8. Hermann Menkes, "Romako, Kokoschka, Masereel. Drei Austellungen", *Neues Wiener Journal*, 1924ko urriak 28, 4. or. (https://anno.onb.ac.at/cgi-content/anno?aid=nwj&datum=19241028&seite=4&zoom=33).

9. O. Kokoschka, *Ma vie, op. cit.*, 199. or.
10. Ikus Oskar Kokoschkak Romana eta Bohuslav Kokoschkari bidalitako eskutitza, 1924ko azaroaren 4koa, hemen: Olda Kokoschka eta Heinz Spielmann (ed.), *Oskar Kokoschka, Briefe II : 1919–1934*, Claassen, Düsseldorf, 1985, 10. or.
11. Oskar Kokoschka, "Das Auge des Darius", *Schweizer Monatshefte*, 36. urtea, I. koadernoa, Zurich, 1956ko apirila, 32–36. or.; hemen aipatua eta itzulia: Oskar Kokoschka, *L'Œil immuable*, L'Atelier contemporain, Estrasburgo, eta Fondation Oskar Kokoschka, 2021, 125. or.
12. Oskar Kokoschkak Anna Kallin-i bidalitako eskutitza, Hôtel Savoy, Paris, 1925eko maiatza edo ekaina, hemen: *Oskar Kokoschka Letters 1905–1976*, Olda Kokoschka eta Alfred Marnau-ren hautaketa, Thames and Hudson, Londres, 1988, 111. or. Wilhelm von Bode (1845–1929) eta Max Jakob Friedländer (1867–1958)

arte-historialari eta museo-gizon aleman nabarmenak izan ziren. Bitartekaria, kasu honetan, Paul Cassirer da.
13. O. Kokoschka, *Ma vie, op. cit.*, 224. or.
14. R. Görner, *Kokoschka. The Untimely Modernist, op. cit.*, 127. or.
15. O. Kokoschkak A. Kallini bidalitako gutuna, Zurich, 1929ko uztailak 29, hemen: *Oskar Kokoschka Letters 1905–1976, op. cit.*, 128. or.
16. Brassaï, *Les Artistes de ma vie*, Denoël, Paris, 1982, 184. or.
17. 1928tik 1936ra, Jacques Bonjean-ek (1899–1990), hasieran Christian Dior-ekin bat eginda, galeria bat izan zuen Boétie kaleko 34an, Parisen.
18. Étienne Bignou (1891–1950) arte-merkatariaren eta Bernheim-Jeune galeriaren arteko lankidetza zela medio, beste erakusketa monografiko handi batzuk antolatu ziren 1930ko hamarkadaren hasieran: Matisse 1931n eta Picasso 1932an; urte horretan itxi zen galeria.

19. Robert Valançay, "Kokoschka", *Revue d'Allemagne*, 43. zk., 1931ko maiatza, 461. or. Kokoschka beti urrundu zen bere margolaritza eta Van Goghena lotzen zituzten ikuspegietatik.

20. M. Gispert, *"L'Allemagne n'a pas de peintres"* [...], *op. cit.*, 595. or.

21. Ikus *ibid.*, 596. or.

22. Waldemar-George, "Les deux Allemagnes. Kokoschka et Max Beckmann", *La Revue mondiale*, 1931ko apirila, 312. or.

23. Pierre Berthelot, "Les expositions", *Beaux-Arts*, 3. zk. (8. urtea), 1931ko martxoa, 7. or.

24. Ikus M. Gispert, *"L'Allemagne n'a pas de peintres"* [...], *op. cit.*, 637. or.

25. Association des Artistes Vivants-en artxiboak, 1931ko aktak, Archives nationales, 20144707/42.

26. 1931ko apirilaren 4ko gutun luze batean, Kokoschkak xehe azaltzen du Cassirer galeriarekin izan duen harremana, eta zergatik ez zaizkion egokiak iruditzen kontratu berriaren baldintzak. Ikus O. Kokoschka eta H. Spielmann (ed.), *Oskar Kokoschka, Briefe II : 1919–1934, op. cit.*, 228–33. or.

27. O. Kokoschkak Alice Lehmann-i bidalitako gutuna, Paris, 1931ko ekainak 11, hemen: *ibid.*, 234. or.

IRUDIAK

131. or.:

1. irud. Oskar Kokoschka, *Montecarlo*, 1925. Olio-pintura mihise gainean, 73 × 100 cm. Musée d'Art moderne, Lieja.

2. irud. Jan Amos Komensky (Comenius), *Orbis Sensualium Pictus*, 1658. Graudenz.

3. irud. Oskar Kokoschka, *Parisko Operaren sabai gaineko eskultura multzoa* (*Skulpturengruppe auf dem Dach der Pariser Oper*), 1924. Olio-pintura mihise gainean, 65,2 × 50,5 cm. Kunsthalle Bremen.

4. irud. Albrecht Altdorfer, *Alexandroren bataila (Issoseko bataila)* [*Alexanderschlacht (Schlacht bei Issus)*], 1529. Olio-pintura ohol gainean, 158,4 × 120,3 cm. Munich, Bayerische Staatsgemäldesammlungen, Alte Pinakothek, Munich.

5. irud. Oskar Kokoschka, *Jerusalem*, 1929–30. Olio-pintura mihise gainean, 80 × 128,3 cm. Detroit Institute of Arts

6. irud. Oskar Kokoschka, *Wilhelminenberg jauregia Vienako ikuspegiarekin* (*Schloss Wilhelminenberg mit Blick auf Wien*), 1931. Olio-pintura mihise gainean, 92,5 × 136,2 cm. Kunsthistorisches Museum, Viena.

Erbestealdi artistikoa eta Hitlerren aurkako borroka. Paris, Praga eta Londres artean

Ines Rotermund- Reynard

1942. urtearen hasieran, Oskar Kokoschka margolariak gutun bat idatzi zion bere aspaldiko lagun Paul Westheim-i (1886–1963), zeina arte-kritikaria baitzen eta artistari buruzko lehen monografia idatzi baitzuen (2. irud., 161. or.); hala zioen eskutitzak:

"Paul Westheim bihotzekoa, oraintxe jakin dut berri ona, Fred [Uhlmann-en] bitartez: faxistei ihes egin diezu, onik zaude, eta onik iritsi zara Mexikora. Mirarietan sinesten hasi beharko dugu! Izan ere, arrazoiak ez garamatza inora mundu honetan (gure mundua, ai!) [...]

Zurekin biltzen saiatu nintzen Frantzian, gogotik saiatu ere, baina tamalez ezin izan nuen aurkitu zu zeunden kontzentrazio-esparrua Parisko polizia heroikoak zu naziei entregatu aurretik. Kalitatezko jendea, gero, kultura zaharrekoak! Eta esker ona, halabeharrez, boluntario espainiarrek eta Hirugarren Reichetik kanporatutako pentsalari eta poetek Frantziara ekarritako laguntzagatik, egiazko aitortza herrialde honetara ekarri zuten maitasunagatik [...]. Maitasunez, zure O. Kokoschka zaharra"[1].

Varian Fry-ri (3. irud., 161. or.) eta hark antolatutako Larrialdiko Erreskate Batzordeari (Emergency Rescue Committee, ERC) esker Mexikora ihes egitea lortu zuen Westheimek, eta ozta-ozta eskapu egin zion Europako gerrari[2]. 1940 eta 1941 bitartean, ERCk, Marseillako basetik, nazien aurka zeuden bi mila errefuxiatu baino gehiago askatu zituen Frantziako kontzentrazio-esparruetatik —intelektualak eta artistak, batez ere—, eta bisak lortu zizkieten Atlantikoaren beste aldera igarotzeko[3]. Haietako asko aspalditik ari

ziren Berlineko botere nazionalsozialistaren aurkako borrokan, beren idatzien eta obren bitartez. Izan ere, erregimenaren pean hildako lehendabizikoak artista, aditu, idazle eta kazetari alemanak izan ziren. Askok herrialdetik alde egin behar izan zuten 1933an, eta erbestean ere eutsi zieten beren iritzi kritikoei; halaber, nazioarteko publikoaren aurrean azaltzen saiatu ziren zertan zetzan politika nazionalsozialista. Horrela iritsi zen Alemanian zentsuratutako informazio ugari Parisera, Pragara eta Londresera.

Artista eta arte-kritikaria: adiskidetasun luzea

1930eko eta 1940ko hamarkadetan, Paul Westheim kritikariaren (1. irud., 158. or.) eta haren aspaldiko lagun eta begiko Oskar Kokoschkaren arteko harremana gutun bidez gauzatu zen: nazionalsozialistek bereizi zituzten.

Kokoschkaren konposizio ilun eta artegagarriak defendatu zituztenen artean, lehenengoetakoa izan zen Westheim, eta, ez hori bakarrik, bultzada erabakigarria eman zien: "Laguntzaile sortzailea izan nahi dut, idatzizko hitzak astintzeko balio dezakeen neurrian lagundu [...], munduari dagokionez, berak sor dezan, ororen gainetik [...]"[4], idatzi zuen Kokoschkari buruzko estreinako monografiaren hitzaurrean, zeina 1918an argitaratu baitzen. Artista —30 urte inguru zituen garai hartan— eta arte-kritikaria lagun minak ziren, baina ez hori bakarrik. Lehenak kimikaria izan nahi zuen hasieran, eta margolan dramatikoetan islatzen zuen alderdi bisualaren indarra, elementuen arteko gatazka. Bigarrenak, berriz, artistei beharrezko bitartekoak eskaintzen zizkien ikusiak eta adituak izan zitezen; 1917an sortu zuen *Das Kunstblatt* hilabetekariaren bidez

egiten zuen hori, 1933. urtera arte egin ere. Argitalpen horrek espresionismoa hauspotu zuen, eta publikoari ezagutzera eman zizkion abangoardia modernoaren espektro osoko sinesmen demokratikoak; hala, Europako kultur argitalpenik garrantzitsuenen artean nabarmendu zen.

Paul Westheimek psikoanalisiaren begiradatik aztertu zituen Kokoschkaren lanak: "Kanpoko mundua kontzientzian ikustea eta txertatzea izugarrizko esperientzia bilakatzen da, bizitako esperientzia", dio bere liburuan[5]. Artistak "X-izpiekin" behatuko balitu bezala margotzen zituen garaikideak (Adolf Loos), baina, hezurrak erakutsi ordez, pertsonen emoziorik sakonenak agerrarazten zituen, haien sentsazioak eta zauriak; margolariak, bada, pinturaren gainazalera ekarri nahi zituen borroka existentziala eta heriotzaren beldurra.

"Gauzak ez daude ordenatuta, kontua ez da gauzak konektatzea. Nahastuta daude, elkarri gainjartzen zaizkio, eta etenik gabe elkartzen dira [...]. Ez dago batasunik ez espazioaren ez denboraren aldetik", zioen Westheimek Kokoschkaren margolanen inguruan. "Testuinguru piktorikoak baztertzen baditugu", Kokoschkaren margolanak "gertaera disoziatuen berehalako idazketa gisa"[6] agertzen omen zaizkigu.

Kokoschka margolariari buruz hitz egiten dugunean, "idazketa" hitza modu literalean ulertu behar da. Pintzela ez baita Kokoschkaren ekintza-bitarteko bakarra. Lan piktorikoez gainera, hainbat eratako testuak idatzi zituen —batez ere bere ibilbidearen hasieran—: antzezlan espresionistak, hitzaldiak, testu pedagogikoak, saiakerak eta poemak. Artista gisa jazarpena pairatu zuen aldetik, hitza hartu zuen bere posizio estetikoak zein politikoak defendatzeko, 1933tik aurrera batez ere, nazionalsozialismoari aurre egiteko. Vienatik Pragara joan zen, eta hasiera batean "ihesaldi" bat izan zela esan zen, baina hura ez zen erbestealdi bat izan; gaur egungo ikerketek ideia hori ezeztatzen dute. "Iturrietan ikusten denaren kontrara, behin eta berriro errepikatzen da, temaz, 1934an Kokoschkak Pragara ihes egin zuela Austriako erregimen faxistari ihes egiteko. Argi eta garbi, bazituen lotura batzuk Viena gorriarekin, baina ez zen inoiz hain agerian jarri […], ez behintzat ihes egin behar izateko beste […]. Garai horretako gutunetan, zeinak iturri zuzentzat hartu ahal baititugu, ez zuen inoiz esan Pragara joatea ihesaldi bat zenik"[7].

Arrazoi pribatuengatik eta ekonomikoengatik atera zen Kokoschka Vienatik 1934an, eta Txekoslovakiako hiriburura aldatu —Pragan bere obrak saltzeko merkatu hobea topatzea espero zuen—.

Paris: erbeste liberalaren mitoa

Paul Westheimek, ordea, Alemaniatik atera behar izan zuen derrigor 1933an, beste hainbat intelektualek bezala. Judua zen, eta abangoardia modernoaren bozeramailea ere bai: Berlineko agintari berriek heriotza-arriskua zekarkioten. Arte-kritikariak Parisera ihes egin zuen 1933ko udan, Suitzatik pasatuta. Adolf Hitlerren agintaldiaren lehen hilabeteetan, aleman hiztunen erbeste-guneetako bat bilakatu zen Frantziako hiriburua. Baina menderakuntza naziaren hasieran, alderdirik harrigarriena ez zen izan errefuxiatu-kopurua, baizik eta haien maila intelektuala[8]. Alemaniar kulturaren defendatzaile eta ekintzaile askok jo zuten erbestera hilabete gutxiko epean: "Ehunka milaka ikertzaile, poeta eta idazlek ihes egin zuten diktadura nazitik 1933an. Reichstag eraikina erre eta gero, izualdia hasi zen, atxiloketa eta eraso basatiak; horrekin batera abiatu zen intelektual aleman aurrerakoien exodoa. Erbestearen bideak hartu behar izan zituzten, modu bortitzean, eta bien bitartean haien liburuak kiskaltzen zituzten […], SAk haien etxebizitzak arpilatzen zituzten […], eta haien lagunak zein senideak lintxatzen. Ezbairik gabe, baziren komunista, sozialista, judu, errepublikar, bakezale eta antifaxista ugari, baina denek ez zuten Alemania utzi soilik bizia salbatzeko. Batzuek nahita hautatu zuten erbestea, giro hartan ezin zelako arnasarik hartu. Konplize izateari uko egin zioten, omisioagatik izanik ere, eta beren herrialdeari uko egin zioten, izua eta sadismoa naturaltzat jotzen zituzten legeak bultzatzen zituzten neurrian. Heinrich Mann-ek esan bezala, kultura alemanaren ohorea eta duintasuna ez ezik, 'Alemaniarik onena' ere gorpuztu zuten, gogo eta bihotzarena"[9].

Literatura, prentsa eta arte alemaniera-hiztunak Frantzian

1933tik 1940ra, Parisen eta Frantziako hegoaldean hartu zuen babes literatura alemaniera-hiztunak. Garai hartan, lehen mailako literatur lan ugari idatzi ziren Frantziako lurraldean, baina gertakari hori hobeto ulertzen da aintzat hartzen badugu hainbat autorek herrialde horretan pasa zutela beren erbestealdiaren puska bat; hauek, besteak beste: Heinrich Mann, Klaus Mann, Lion Feuchtwanger, Joseph Roth, Walter Hasenclever, Franz Hessel, Carl Einstein, Gustav Regler, Alfred Döblin, Walter Benjamin, Anna Seghers eta Franz Werfel.

Hasieran, intelektual gehienek uste izan zuten erbestealdia ez zela asko luzatuko. 1933an, inork ezin zuen aurreikusi Hitlerren agintaldiak hamabi urte iraungo zituenik eta erbesteratu asko ez zirenik Alemaniara itzuliko inoiz. Migratzaileek hainbat egunkari sortu zituzten, idatzizko hitzaren bitartez Hitlerri aurre egiteko. Ikuspegi laño eta baikor batetik abiatuta, Weimarreko Errepublikako prentsa-giroa Parisera eramaten saiatu ziren. Hala, *Weltbühne* agerkariaren ordez *Die neue Weltbühne* sortu zuten, *Berliner Tageblatt*-en ordez *Pariser Tageblatt*, eta *Tage-Buch*-en ordez *Neue Tage-Buch*. Hasieran, migratzaileek nolabaiteko jarraipena eman nahi zioten Berlinen zuten jardunari, baina berandu gabe onartu behar izan zuten erbesteari datxekion salbuespen-egoeran ezin zutela prentsa liberal eta pluralistaren tradizioa elikatzen segitu[10].

1934ko maiatzaren 10ean, Alemanian liburuak erre baino urtebete beranduago, Deutsche Freiheitsbibliothek (Askatasunaren Liburutegi Alemana) sortu zen Parisen, Arago kaleko lantegi batean. Hantxe bildu zituzten Hirugarren Reichean zentsuratu, debekatu eta erretako obra guztiak. 1935ean, berriz, Freie Deutsche Hochschule (Unibertsitate Aske Alemana) eratu zen. Dena den, egitasmo horiek erbesteko erbestearen ekitaldi sinbolikoak izan ziren, eta ez askoz gehiago: Frantziako publikoari gutxi interesatzen zitzaizkion errefuxiatu alemaniera-hiztunak, eta errefuxiatuak, berriz, isolatu egin ziren, eta Alemaniara begira jarraitu zuten, Hitler noiz eroriko zain. Migratzaile gutxik egin zuten bat harrera-herrialdearekin: hizkuntzaren muga gaindiezina zen, batez ere kazetarien eta idazleen kasuan. Erbesteratu alemaniera-hiztun gehienentzat, Frantzia ez zen behin betiko harrera-herrialdea, itxarongela baizik.

Hasieran, margolariek eta artista plastikoek zalantza gehiago agertu zituzten Berlineko erregimen berriaren aurrean. Agintari naziek hasieratik gauzatu zituzten errepresio-neurriak, hori egia da: zenbait abangoardia-eskola itxi zituzten, hala nola Bauhaus, eta *arte degeneratu* izendatu zituzten dadaismoa, surrealismoa eta abstrakzioa; buru-gaixotasunen fruitutzat jo zituzten, alegia. Alabaina, une hartan borroka politikotik at sentitzen ziren artista asko, hasierako nazionalsozialismoaren politika artistikoa kontraesankorra izan baitzen: Joseph Goebbels-ek, hasieran, espresionismo alemana babestu zuen (Emil Nolde-rena, esaterako); ondoren, ordea, Alfred Rosenberg-en "edertasun-ideala" gailendu zen: arteak, beraz, natura islatu behar zuen fideltasunez, eta aberria goretsi. Margolari eta eskultore batzuek —hala nola Ernst Barlach, Käthe Kollwitz, Karl Schmidt-Rottluff, Karl Hofer eta Otto Dix— "barne-erbestea" aukeratu zuten, eta ez ziren herrialdetik joan. Dena den, artista askok alde egin zuten. Frantziara joan ziren, tarte baterako edo betirako, Robert Liebknecht (Karl Liebknechten semea), Käthe Münzer-Neumann, Gert Wollheim, Eugen Spiro, Anton Räderscheidt, Hans Hartung, Max Beckmann eta Hans Bellmer, eta Alemaniatik alde egin zuten, halaber, bertakoak izan ez arren ordura arte herrialdean bizi eta lan egindako zenbaitek, hala nola Vasili Kandiski-k eta César Domela-k.

Beste margolari batzuk, alemanak zein kultura alemanetik gertu zeudenak, esate batera Max Ernst, Otto Freundlich, Ferdinand Springer, Hans Reichel, Max Lingner, Sophie Taeuber-Arp eta Hans Arp, 1920ko hamarkadan joan ziren Parisera edo Frantziako beste leku batzuetara. Baldintza politikoak aldatu ostean, ezin ziren Alemaniara itzuli, eta, ondorioz, 1933an erbesteratu bilakatu ziren haiek ere. Baina margolari eta eskultore migratzaile gehienentzat oso zaila zen Parisen aurrera egitea, artearen meka nabarmena izanik, eta gutxik lortu zuten beren lanak erakustea[11].

Paris eta Praga artean

Diktadura- eta faxismo-garai hartan, Paul Westheimek jarrera politiko argia erakutsi zuen hautamen askearen alde, eta ironiaz eta zinismoz adierazi zuen hori bere testuetan[12]. Parisen zegoela, eta zazpi urteko epean, laurehundik gora arte-kritika idatzi zituen emigrazio alemanak zuen egunkari bakarrean: *Pariser Tageblatt/Pariser Tageszeitung*[13]. Gertutik jarraitu zuen Alemania naziaren garapen politikoa eta kulturala, eta, Charlotte Weidler (4. irud., 161. or.) Berlineko adiskidearen gutun klandestinoei esker, ondo baino hobeto zekien zer gertatzen zen herrialdean. Edonola ere, Frantzian erbesteratuta, askoz ekintza-marjina txikiagoa zuen Berlinen *Kunstblatt* aldizkaria kaleratzen zuenean baino.

Kokoschkak Westheimi 1937an bidalitako gutun batean, bigarrenaren frustrazioen oihartzuna agertzen zaigu: lau urte zituen jada Parisen, eta oraindik ez zuen lortu bere bizitza bideratzea. Charlotte Weidler arte-arduraduna zen Carnegie Institute of Art erakundean, eta, horren haritik, maiz ibiltzen zen bidaian, eta sarri joaten zen Pragara; hala, bi gizonen arteko lotura mantentzen lagundu zuen. "Harrituta nengoen ez neukalako zure berririk, eta azkenean Charlotteren bidez jakin dut neka-neka eginda zaudela Parisekin. Neuk ere oso bolada txarra izan nuen han, Feilchen, Guttman[14], etab. enpresak haizea hartzera bidali ninduenean manera ezin finagoekin

[…]. Pena da ezin zaitudala hona erakarri; horretarako, ordea, denbora behar da, eta, batez ere, arte-aldizkari bat, eta zaila da armekin dirutza egiten duten bankariak azkar konbentzitzea [finantzazioa eman dezaten]"[15].

Parisko errefuxiatu aleman hiztunen kontrakarrean, Kokoschkak, Pragan, arte-giro pizgarria[16] aurkitu zuen, bai eta bere obrentzako mezenasak ere. 1935ean, Txekoslovakiako presidente Tomáš Garrigue Masaryk-en (1850–1937) erretratua margotu zuen, eta, horri esker, Txekiako herritartasuna eskuratu zuen gerora[17]. Pragan igarotako urteetan, bere borroka politikoa honela gauzatu zen batik bat: ideia erreformazaleak garatu zituen, herri-eskolen eredu berri baten oinarriak finkatzeko, eta, horretarako, Jan Amos Komenský (Comenius, 1592–1670) filosofo eta pedagogo moraviarraren ildoak landu zituen[18].

"Arte degeneratua" delakoari buruzko 1937ko erakusketa eta Freier Künstlerbund

Kultur politika nazionalsozialistak 1937ko udan jo zuen goia. Liburuak erre eta lau urtera, uztailean, *Entartete Kunst* (Arte degeneratua) erakusketa antolatu zen Munichen: erregimenak abangoardia aske eta modernoa salatzeko antolatu zuen propaganda-agerraldirik nabarmenena (5. irud., 161. or.); horren ondorioz, Goebbelsek arte modernoko zazpiehun obra inguru kendu zituen Alemaniako hogeita hamabi museotatik, "babespean jartzeko"[19]. Ondoren, jendaurrean gaitzetsi zituzten, lehenik Munichen eta ondoren Alemaniako beste hiri batzuetan, Kandinskiren arte abstraktua, Dixen kritika soziala, Chagallen pintura poetikoa —kutsu judu nabarmenekoa—, espresionista alemanen paleta eta Bauhauseko artisten sorkuntzak. Erakusketa doilor horrekin batera, pareko eraikinean harrabots handiz zabaldu zuten Haus der deutschen Kunst delakoa (Arte Alemanaren Etxea), zeinetan biltzen baitzen "arte herrikoi berri eta egiazkoa"[20].

Charlotte Weidlerrek Municheko gertakarien berri eman ostean, Westheimek artikulu garratzak argitaratu zituen, sarkasmoz beteak, *Pariser Tageszeitung*[21] egunkarian, baina artearen arloko askatasunaren aldeko borroka Deutscher Künstlerbund (Artista Alemanen Batasuna) delakoaren barruan gauzatu zen batik bat: 1937ko irailaren 20an sortu zen talde hori, eta kontraerakusketa bat antolatu zuen, artista ustez "degeneratu" haien obra haiexek bilduz —naziek debekatutako obrak, alegia—; hala, nazioarteko publikoaren aurrean aurkeztu nahi zuten beste Alemaniaren artea, gogoaren Alemaniarena.

1936tik aurrera, Max Ernst, Otto Freundlich, Heinz Lohmar, Hanns Kralik, Robert Liebknecht, Erwin Öhl, Horst Strempel, Paul Westheim eta Eugen Spiro berriro elkartu ziren Parisen, eta hala sortu zuten Kollektiv Deutscher Künstler (Artista Alemanen Taldea). Ondoren, erakunde horretatik sortu zen Deutscher Künstlerbund, zeinari izena aldatu baitzioten 1938ko apirilaren 20an —Oskar Kokoschka presidente zela—, eta *Freier Künstlerbund* (Artista Askeen Batasuna) deitu zioten, Austriako eta Txekoslovakiako artistak kanpoan gera ez zitezen[22]. Paul Westheim, zuzendaritzako kidea izanik, arte-politika nazionalsozialistaren aurkako mugimenduaren antolatzaile nagusietako bat izan zen.

Londresko "Twentieth Century German Art" eta Parisko "L'Art allemand libre"

Dena den, Artista Askeen Batasunak zailtasun materialak zituen, eta, horretaz aparte, beste proiektu batekin lehian ari zen: Herbert Read arte-historialariak, Irmgard Burchard galerista suitzarrak eta Noel Evelyn Hugues arte-merkatari britainiarrak erakusketa bat antolatu zuten Londresen: hasieran, *Banned Art* (Arte debekatua) izena jarri zioten. Paul Westheim proiektu horretan parte hartzera gonbidatu zuten, eta hark, Charlotte Weidlerren bidez, arte moderno alemanaren bildumagileengana jo zuen, ekitaldi hartarako eta Parisko beste erakusketa baterako obrak laga zitzaketelakoan. Baina londrestarrek, gerora, alde batera utzi zuten beren hasierako asmoa —politika ofizial nazia salatzea—, eta, garaikidetasunaren izenean, Hitlerren Alemaniak onartutako artisten lanak ere bildu zituzten erakusketan, adibidez, Georg Kolbe eskultorearenak. Gainera, polemika handia piztu zen Kokoschkaren margolan baten harira: lau zatitan moztu zuten Gestapokoek, eta Parisko migratzaileek obra hura erakusketaren erdian jartzeko eskatu zuten[23]. Londresko antolatzaileek, bestalde, izenburu neutralago bat aukeratu zuten, *Twentieth Century German Art*, eta laguntzaileen zerrendatik ezabatu zituzten Thomas Mass eta Albert Einstein, erbesteratuekiko eta juduekiko loturarik ez egoteko; une hartan, Westheimek proiektua utzi zuen, eta Kokoschkari eta beste batzuei proposatu zien ekitaldi hura boikoteatzeko. Dena den, azkenean, Kokoschkaren lanak Londresko New Burlington galerietan erakutsi zituzten, bildumagile pribatuek utzita, artistaren borondatearen kontra. Erakusketa 1938ko uztailaren 7an zabaldu zuten; guztira, arte moderno alemaneko hirurehun obra baino gehiago erakutsi zituzten, hirurogeita lau autore baino gehiagorenak[24].

Parisen, berriz, Artista Askeen Batasunak erakusketa bat antolatu zuen bere aldetik, *Freie deutsche Kunst* (Arte aleman askea), Maison de la Culture izeneko zentroan, 1938ko azaroaren 4tik 18ra (6. irud., 161. or.). Parisko erbesteratuek ez zuten, inondik ere, Londreskoek adina diru —Londreskoek laurogeita hamar mila franko suitzar zeuzkaten[25]—. Parisko erbesteratuek, bada, ehun eta hogei obra inguru baizik ez zituzten bildu, hirurogeita hamar sortzailerenak,

besteak beste, Max Ernst, Georg Grosz, Eugen Spiro, Paul Klee, Bruno Krauskopf, Gert Wollheim, Max Beckmann eta Ernst Ludwig Kirchner artistenak[26]. Erakusketaren dokumentu nagusiak ez dira gorde, beraz, hura gutxi gorabehera berreraikitzea beste erremediorik ez dugu. Ez zen katalogorik argitaratu, baina Josef Breitenbach[27] argazkilari erbesteratuak zenbait irudi egin zituen irekiera-ekitaldian, eta, halaber, Paul Westheimen iruzkinetan erakusketako artistei buruz hitz egiten da, baita ekitaldiaren izaera politikoa azpimarratzen ere. Erakusketaren erdigunean Kokoshkaren obra zatitua jarri zuten —Robert Freund doktorearen erretratu bat zen—, Auguste Renoir-en marrazki baten erreprodukzioarekin batera, Vienan kaltetutakoa hura ere; horrela, nazien politika suntsikorra nabarmendu nahi zuten[28]. Kokoschkaren obra postal batean inprimatu zuten, Gestaporen basakeria-ekintza hiru hizkuntzatan azalduz (7. irud., 161. or.). Postala franko baten truke saltzen zioten nazioarteko prentsari, eta, irabaziekin, erbesteratuen kultur ekintzak ordaintzen zituzten[29].

Prentsa frankofonoak adi-adi jarraitu zuen Artista Askeen Batasunaren erakusketa. Honako argitalpen hauetan azaldu zen: *Le Temps*, *L'Humanité*, *Le Populaire*, *Beaux-Arts*, *Messidor*, *Paris-Midi* eta *La Dépêche de Toulouse*. *Regards* aldizkariak, berriz, zera adierazi zuen: "Erakusketa hunkigarri hori ikustera joan behar duzue […], beren zorigaiztoko herrialdetik alde egin duten margolari alemanen lanak; ondo dakigun moduan, herrialde horretan tiraniaren biktima dira artea eta ideiak, jazarpena pairatzen dute, eta kausarik izugarrienaren eskakizunetara moldatu behar izan dute"[30].

Oihartzun positiboak jaso arren, Parisko erbesteratuen konpromiso politikoa agortu egin zen apurka-apurka, eta horrek etsipenari bidea eman zion. Erbesteko prentsaren artikuluetan ironia garratza sumatzen da; 1938ko gertaera politikoek, berriz, artisten aurreikuspen apokaliptikoak berretsi zituzten. Martxoan, Austrian sartu ziren alemanak, eta, Sudeteetako krisia okertu ostean, Txekoslovakia desegin zen 1939aren hasieran; hala, Hitler bere gerra-politika zehazten ari zela argi geratu zen.

Pragan harrapatuta, Kokoschkak Londresera ihes egitea lortu zuen azken unean, Olda Palkovskä[31] lagunarekin batera.

Frantziako erbestearen amaiera basatia

Westheimek 1938an eta 1939an argitaratu zituen bere azken kolaborazioak *Pariser Tageszeitung* egunkarian, baina nazionalsozialismoaren suntsipen-oldarraren berri ematen zuten adierazpenak baino ez ziren izan: autoreak etsipenez azaltzen zuen amaitu egin zela bere erbestealditik Hirugarren Reicharen erregimenaren aurka gauzatu zuen kazetaritza-borroka. Charlotte Weidlerrek bidalitako informazioari esker, "kristal hautsien gaua" delakoan gertatutako basakeriak azaldu zituen: 1938ko azaroaren 9tik 10era, ehunka judu eral zituzten, eta kontzentrazio-esparruetara bidali hogeita hamar milatik gora; gainera, judu alemanen bilduma pribatu baliotsuak arpilatu zituzten. Westheimek iragarri zuen "museo alemanak likidatuko" zituztela nazien "garbiketa-operazioen" ostean; izan ere, naziek arte modernoko hogei mila obratik gora konfiskatu zituzten, mila eta laurehun artistarenak, herrialdeko ehun museotatik. Obra asko suntsitu egin zituzten; beste batzuk, aldiz, saldu[32].

1939ko irailean, gerra hasi eta gutxira, Frantziara erbesteratutako alemanak atzerritar etsaitzat jo zituzten —gehienek herritartasun alemana galdua zuten aspalditik, naziek kendu zietelako—, eta esparruetara bidali. Besteak beste, Artista Askeen Batasuneko ia kide guztiei gertatu zitzaien hori. Nahiz eta sei urte luzez Hitlerren politikaren aurka borrokatu ziren beren artearen bidez, Frantzia gerran sartu ostean "etsai" gisa tratatu zituzten[33]. Paul Westheim hainbat esparrutan sartu zuten, hala nola Milles (9. irud., 162. or.) eta Gurs esparruetan, hamar hilabetez —etenaldiekin—, 1940ko abendura arte, eta maiz baldintza oso kaskarretan[34]. Hasieran esan bezala, ihes egitea lortu zuen (8. irud., 162. or.) Varian Fryren esku-hartzeari esker: Mexikora joateko modua egin zion, eta han Westheimek bigarren ibilbide profesional bati ekin zion arte prehispanikoaren arloan, arte historiari eta aditu gisa. Ez zuen inoiz gehiago ikusi Charlotte Weidler adiskidea[35] —New Yorkera joan zen hura 1939an—, ezta Oskar Kokoschka laguna ere.

1. Oskar Kokoschkak Paul Westheimi bidalitako gutuna, ziur aski 1942ko hasieran, Londresetik Mexikora, Akademie der Künste, Paul-Westheim-Archiv, Berlin. Ikus, halaber, Olda Kokoschka eta Heinz Spielmann (ed.), *Oskar Kokoschka, Briefe III: 1934–1953*, Claassen, Düsseldorf, 1986, 109. or; Hermann Haarmann (ed.), *Abschied und Willkommen. Briefe aus dem Exil (1933–1945)*, Bostelmann & Siebenhaar, Berlin, 2000, 245–46. or.

2. Paul Westheimen Frantziako eta Mexikoko erbestealdiei buruz, ikus Ines Rotermund-Reynard *"Dieses ist ein Land, in dem ein Kunstmensch leben kann". Der Kunstkritiker Paul Westheim im Prozess der Akkulturation während der französischen und mexikanischen Emigration 1933–1963* ["Herrialde honetan, artistak ondo bizi daitezke". *Paul Westheim arte-kritikaria Frantziako eta Mexikoko erbestealdian (1933–1963) bizitako akulturazio-prozesuaz*], doktore-tesi binazionala, Freie Universität Berlin, Berlin; Ehess, Paris, 2007 (mikrofitxa–edizioa, 2012).

3. Varian Fry, *Surrender on Demand* (1945), frants. ed.: *La Liste noire*, Plon, Paris, 1999.

4. Paul Westheim, *Oskar Kokoschka*, Gustav Kiepenheuer, Potsdam eta Berlin, 1918, 9. or.

5. *Ibid.*, 19. or.

6. *Ibid.*, 20–21. or.

7. Bernadette Reinhold, *Oskar Kokoschka und Österreich. Österreichische Kulturpolitik und Identitätskonstruktion im Spiegel einer wechselvollen Biografie*, tesia (argitaragabea), Vienako Unibertsitatea, 2017, 140. or.

8. Barbara Vormeier, "Frankreich", hemen: Klaus-Dieter Krohn, Patrik von zur Mühlen, Gerhard Paul eta Lutz Winckler (ed.), *Handbuch der deutschsprachigen Emigration 1933–1945*, Wissenschaftliche Buchgesellschaft, Darmstadt, 1998, 213 or. eta hur. Vormeierren testuak hala dio: "Hitlerren erregimenaren garaian Europan geratutako errefuxiatu gehienak Frantzian geratu ziren, zeina harrera-herrialde gisa jo ohi baitzen, XIX. mendean asilo-praktika liberalak erakutsi zituelako [...]. Frantziara ehun mila errefuxiatu iritsi ziren 1933tik 1939ra, eta horietako hemezortzi mila eta hogeita hiru bitarte geratu ziren bertan (ilegalak ere aintzat hartuta) [...]. Errefuxiatu-kopuruaren aldaketak zerikusia du Atlantikoaren beste aldera edo Europako beste harrera-herrialde batzuetara joandakoekin, eta aintzat hartu behar da, halaber, batzuk Alemaniara itzuli zirela, beste batzuk kanporatu egin zituztela edo egoitza-baimenak berandutu zein ukatu zitzaizkiela".

9. Jean-Michel Palmier, *Weimar en Exil. Le destin de l'émigration intellectuelle allemande antinazie en Europe et aux États-Unis*, Payot, Paris, 1988, 9. or.

10. Lieselotte Maas, *Handbuch der deutschen Exilpresse 1933–1945*, 4. lib.: *Die Zeitungen des deutschen Exils in Europa von 1933 bis 1939 in Einzeldarstellungen*, Carl Hanser, Munich eta Viena, 1990.

11. Ines Rotermund-Reynard, "Auf den Spuren des Kunstflaneurs Paul Westheim", hemen: Hélène Roussel eta Lutz Winckler (ed.), *Rechts und links der Seine. Pariser Tageblatt und Pariser Tageszeitung 1933–1940*, Max Niemeyer Verlag, Tübingen, 2002, 261–67. or.; *idem*, "Topographie et réseaux du marché de l'art parisien pendant la première moitié du XXe siècle", hemen: Hélène Ivanoff eta Denise Vernerey-Laplace (ed.), *Les Artistes et leurs galeries. Paris-Berlin. 1900–1950*, Presses universitaires de Rouen et du Havre, Rouen, 2018, 62–80. or.

12. Ines Rotermund-Reynard, "The Art Historian Charlotte Weidler, a Lost Voice Speaks from the Moscow Special Archive", hemen: I. Rotermund-Reynard (ed.), *Echoes of Exile. Moscow Archives and the Arts in Paris 1933–1945*, De Gruyter, Berlin, Munich eta Boston, 2015, 105–22. or.

13. H. Roussel eta L. Winckler, *Rechts und links der Seine…, op. cit.* Westheim arte-kritikari gisa hartu zuten *PTB/PTZ* egunkarian, baina erbesteko beste egunkari batzuetan ere idatzi zuen, hala nola *Die neue Weltbühnen*.

14. Bi arte-merkatariri buruz ari da hemen: Walter Feilchenfeldt eta, ziur aski, Moritz Gutmann.

15. Oskar Kokoschkak Paul Westheimi Parisera bidalitako gutuna, Charlotte Weidlerrekin batera idatzia, Praga, 1937ko martxoak 5 (Juliš Prague Hoteleko idazpurua), Sonderarchiv/RGVA, Fonds Paul Westheim, 602–1–2 dosierra, f. 96r–97r.

16. Pragan zegoela, Kokoschka gogotsu joan zen, 1933–34 ikasturtean, "D" abangoardia-teatroaren emanaldietara, zeina Emil František Burian-ek sortu baitzuen. Hark, "D" letraren ostean, urtea gehitzen zuen, harik eta konpainia desegin zen arte: 1939an izan zen.

17. B. Reinhold, *Oskar Kokoschka und Österreich…, op. cit.*, 142. or.

18. Horren harira, ikus Régine Bonnefoit-en ekarpena liburu honetan.

19. Meike Hoffmann, "'Deutsches Volk, gib uns die Zeit von 4 Jahren'. Die nationalsozialistische Kunstpolitik in ihrer Konsolidierungsphase von 1933 bis 1937", hemen: Lucy Wasensteiner eta Martin Faas (ed.), *London 1938. Defending "Degenerate" Art. Mit Kandinsky, Liebermann und Nolde gegen Hitler*, erak. kat., Liebermann Villa am Wannsee, Berlin; The Wiener Library for the Study of Holocaust & Genocide, Wädenswil, Nimbus Kunst und Bücher, Londres, 2018, 22. or.

20. Ines Rotermund-Reynard *"Dieses ist ein Land, in dem ein Kunstmensch leben kann"…, op. cit.*, 156–62. or.

21. Paul Westheim, "Der Himmel lacht so blau, so blau", *Pariser Tageszeitung (PTZ)*, 421. zk., 2. urtea, 1937 (8/8), 4. or.; *idem*, "Kultur-Nazismus", *PTZ*, 45. zk., 2. ur, 1937 (13/9), 4. or.

22. Hélène Roussel, "Die emigrierten deutschen Künstler in Frankreich und Freie Künstlerbund", hemen: Thomas Koebner *et al.* (ed.), *Erinnerungen ans Exil – kritische Lektüre der Autobiographien nach 1933 und Andere Themen, Ein international Jahrbuch*, 2. lib., Gesellschaft für Exilforschung erakundearen eskakizunari erantzunez argitaratua, edition text+kritik, Munich, 1984, 173–74. or.

23. Robert Freund editore vienarraren erretratua, Kokoschkak margotua eta Gestapok Vienan zatitua, oso kazetari gutxiren aurrean aurkeztu zuten Londresen, kazetariek eurek eskatuta egin ere: maila ofizialean ez zen erakusketaren parte.

24. Londresko erakusketa, *Twentieth Century German Art*, asko ikertu eta aztertu da duela hainbat hamarkadatik. Azken azterketa Lucy Wasensteiner-ek egin du: *The Twentieth Century German Art Exhibition. Answering Degenerate Art in 1930s London*, Taylor & Francis, Londres, 2018. Ikus, halaber, L. Wasensteiner eta M. Faas (ed.), *London 1938. Defending "Degenerate" Art…, op. cit.*

25. Christina Feilchenfeldt, "'[…] meine Bilder zerschneidet man schon in Vienna'. Das Porträt des Verlegers Robert Freund von Oskar Kokoschka", hemen: Uwe Fleckner (ed.), *Das verfemte Meisterwerk. Schicksalswege moderner Kunst im Dritten Reich*, Akademie Verlag, Berlin, 2009, 69. or.

26. *Ibid.*, 273. or. Ikus, halaber, Paul Westheimen erreseinak: "Die Ausstellung des Freien Künstlerbundes in der Maison de la Culture", *PTZ*, 835. zk., 3. urtea, 1938 (6-7/11), 2. or. eta "Der Rundgang durch die Deutsche Kunstausstellung in der Maison de la Culture", *PTZ*, 837. zk., 3. urtea, 1938 (9/11), 3. or.

27. Keith Holz eta Wolfgang Schopf, *Allemands en exil, Paris 1933–1941. Écrivains, hommes de théâtre, compositeurs, peintres photographiés par Josef Breitenbach*, Autrement, Paris, 2003.

28. P. Westheim, "Die Ausstellung des Freien Künstlerbundes in der Maison de la Culture", *art. cit.*

29. Christina Feilchenfeldt, "[…] meine Bilder zerschneidet man schon in Vienna"…, *op. cit.*, 273. or.

30. "L'exposition des peintres libres allemands à la Maison de la culture", *Regards*, 253. zk., azaroak 17, 1938, 16. or; hemen aipatua: "Die französische Presse über die Ausstellung of the FKB", *Freie Kunst und Literatur*, 3. or., 1938. Paul Westheim izan zen "kartel kultural alemanaren komunikazio-organoa, Paris" omen zen hileroko argitalpen horren zuzendari editoriala.

31. Gloria Sultano, "Artists in Exile – Streiflichter aus dem Exil", hemen: G. Sultano eta Patrick Werkner, *Oskar Kokoschka. Kunst und Politik 1937–1950*, Böhlau Verlag, Viena, Kolonia eta Weimar, 2003, 140. or.

32. *Die Beschlagnahme der "entarteten Kunst" 1937 und ihre Folgen* (www.geschkult.fu-berlin.de/e/db_entart_kunst/geschichte/Beschlagnahme/index. html). Ikus, halaber, Paul Westheim, "Zerstörungen von Kunstwerken. Rembrandt, Rubens, van Dyck, Renoir vernichtet", *PTZ*,

910. zk., 4. urtea, 1939 (3/2), 2. or.; *idem*, "Deutscher Kultur-Ausverkauf", *PTZ*, 947. zk., 4. urtea, 1939 (18/3), 4. urtea; eta *idem*, "Die Versteigerung en Luzern. Großer Erfolg der 'entarteten'", *PTZ*, 1039. zk., 4. urtea, 1939 (4/7), 2. or.

33. 1939ko irailaren 1eko dekretua, etsaiarekiko harremanen debekuari buruzkoa (1939ko irailaren 4ko *Journal officiel*, 11091. or.); ikus, halaber, Barbara Vormeier, "La situation des réfugiés en provenance d'Allemagne (septembre 1939–juillet 1942)", hemen: Jacques Grandjonc eta Theresia Grundtner (ed.), *Zone d'ombres 1933–1944. Exil et internement d'Allemands et d'Autrichiens dans le sud-est de la France*, Alinea, Aix-en-Provence, 1990.

34. Ines Rotermund-Reynard *"Dieses ist ein Land, in dem ein Kunstmensch leben kann"…*, *op. cit.*, 169–225. or.

35. 2008an, Moskuko Artxibo Berezietan aurkitu nituen Charlotte Weidlerrek Paul Weisthemi 1933tik 1940ra Parisera bidalitako gutunak. Gutunak edizio kritiko batean argitaratzekoak ziren, doktoradutza-osteko proiektu baten barruan, Moskuko Historia Alemanaren Institutuak diruz lagunduta eta Arteen Historiaren Zentro Alemanarekin (DFK) lankidetzan —Parisen dago—. Lege-arrazoiak tarteko, proiektua bertan behera geratu zen. Bien bitartean, Charlotte Weidlerren aurkako prentsa-kanpaina bat abiatu zen: Westheimen arte-bilduma desbideratu izana leporatzen zioten. Garai hartan, auzibide bat izan zen New Yorken, Paul Westheimen eta Charlotte Weidlerren ondorengoen artean, obren jabetzaren harira. Epaiketa-prozesua hainbat urtez luzatu zen, eta, azkenean, 2019an, Weidlerren oinordekoen aldeko ebazpena izan zen (www.pryorcashman.com/news-and-insights/ pryor-cashman-s-art-law-group-secures-victory-on-bemid-of-good.html).

IRUDIAK

158. or.:

1. irud. Oskar Kokoschka, *Paul Westheim-en erretratua*, 1918. Litografia, 55 × 43 cm. Musée Jenisch, Vevey—Fondation Oskar Kokoschka

161. or.:

2. irud. Paul Westheim, *Oskar Kokoschka*, Gustav Kiepenheuer, Potsdam eta Berlin, 1918.

3. irud. Varian Fry (behean eskuinaldean), Larrialdietarako Erreskateen Batzordeko zuzendaria, inguruan: Jacqueline Breton, Max Ernst, André Masson eta André Breton, Marseillan, 1941ko otsaila. Argazkilaria: Ylla.

4. irud. Charlotte Weidler ca. 1925–30. Argazkilaria: Lotte Jacobi.

5. irud. *Arte degeneratua* erakusketa Munichen, 1937. Argazkilaria: Arthur Grimm.

6. irud. *Freie deutsche Kunst* erakusketa, Maison de la Culture, Paris, 1938, irudian naziek Vienan txikitutako *Robert Freund I* erretratua. Argazkilaria: Josef Breitenbach.

7. irud. Postala, naziek Vienan txikitutako *Robert Freund I* erretratuarekin. Argazkilaria: Fred Stein, Paris.

162. or.:

8. irud. Paul Westheim Cassis-en, 1940. urtean Frantziako atxilotze-esparruetatik irten ondoren. Lehen Mundu gerran gudari frantsesek eramandako uniformea darama soinean, esparruko arduradunek emandakoa.

9. irud. Hans Bellmer, *Les Milles sutan*, 1941. Gubila eta punta lehorra, 40 × 57 cm. Collection CCI, Aix-Marseille-Provence.

Gerraren zeinupean

Anna Karina Hofbauer

Isonzoko frontea. Seloko eliza (*Isonzo-Front. Kirche Selo*, 1916, kat. 89) obran, hesi bat ageri da lehen planoan, etsaiari eliz atarira iristea eragozteko altxatua bere garaian, orain erabat suntsituta. Baina hesiak, hari arretaz behatuz gero, tridimentsionaltasun-efektua eragiten du, eta oholek ikuslearen espazioa marrazten eta barrentzen dutelako inpresioa sortzen du. Eszenaren albo banatan —herri baten ikuspegia da—, bi zuhaitzek zedarritzen dute ikus-eremua. Tonu marroiak eta beltzak nagusi direla, paletak espazioa mugatzen eta begirada elizara bideratzen laguntzen du. Gu hesiaren aurrean jartzean, eta hesiak pantaila lana egiten duela kontuan hartua, Kokoschkak gerraren ikuspegi lazgarritik babestu nahi gaitu; modu sinbolikoan, behintzat. Marrazkiak ez du perspektiba positibo batetik aurkezten gatazka, ezta gerra-erreportaje bat osatzen ere. Aitzitik, eszena agertzeko moduak zeharkako mezu bat helarazten digu: begira ezazue, hala nahi baduzue, baina ez ikusi zer eragin duen gerrak gutako bakoitzarengan. Beraz, elizara daraman bide bakarti eta garbia erredentzio-zeinu gisa interpreta daiteke, azken irteera gisa. Garaipen loriatsuak betikotu beharrean, bakardadea eta suntsipena islatzen dituzte artistak gerra-margolari gisa egiten dituen lanek; hau da, gerraren ondorioak erakusten dituzte. Kokoschka, zeinak behar hutsagatik eta berriz mobilizatuko ote zuten beldurragatik onartu zuen postu gutiziatu hura, seguruago sentitzen zen horrela[1]. Ez zen saiatu bere lanetan gatazkaren basakeria erakusten, alderantziz baizik: 1916ko uztailaren erdialdetik abuztuaren amaierara arte egin zituen hogeita hamar marrazkiek Lehen Mundu Gerrako izugarrikerien irudi urardotu bat erakusten dute.

Isonzoko frontea. Seloko eliza marrazkia Isonzoko seigarren guduaren ondoren egin zuen Kokoschkak. Austrohungariarren eta italiarren arteko gudu hori 1916ko abuztuaren 6tik 16ra bitartean gertatu zen, Gorizia inguruan, Isonzo ibaiaren ertzean, eta hildako kopuru izugarria eragin zuen (40.000). Garai hartan, Kokoschkak gerrako prentsa-sailean (Kriegspressequartier, KPQ) ziharduen lanean, margolari gisa, Austria-Hungariako propaganda militarraren zentroaren barruan. 1916ko martxoaren 29an eskuratua zuen lanpostua, Pálffy ospitalean suspertzeko egonaldi bat egin ondoren. Izan ere, 1915eko abuztuaren 29an, larri zauritu zuten buruan eta biriketan, Volodimir-Wolinski inguruan, Ukrainako ipar-mendebaldean. Fisikoki eta psikologikoki hondatuta itzuli zen gerratik, gatazka hartan parte hartu zuten beste asko bezala.

Kokoschka 1915eko urtarrilaren 3an sartu zen Lehen Mundu Gerran. Wiener Neustadt hirian deitu zuten soldadutzara, eta, Adolf Loosen bitartekaritzari esker, 15. dragoi-erregimentu entzutetsuan sartu zen, monarkiaren zalditeria-erregimentu ospetsuenean[2]. Bere autobiografian —*Mein Leben* (Nire bizitza), 1917an argitaratua—, honela azaldu zuen une hura artistak: "Soldadu joateko adinean nengoenez, pentsatu nuen hobe nuela neure burua boluntario aurkeztu, armadan izena ematera behartua izan baino. Ez zen emazterik edo seme-alabarik izango nire itzulera zoriontsuaren zain. Bistan da ez nuela ezer galtzeko gerran, ezta defendatzeko ere"[3]. Hitz horietan ez zuen ez gogorik ez erreakzio positiborik erakutsi borrokan parte hartzeko aukerari buruz; eta, hamarkada batzuk geroago, *Mein Leben* autobiografian jaso zituen fronteko esperientzia laburrean bizitako izugarrikeriak.

Margolariei ez zitzaien uzten gerrari buruzko ikuspegi kritikoa ematen, *Isonzoko frontea, Baka lubakietan* (*Isonzo-Front. Der Baka im Laufgraben*, kat. 88) marrazkiak aditzera ematen duen bezala. Agintariek —errukirik gabeko zentsore— pisuzko argudio bat zuten horretarako: frontera bidal zezaketen edozein artista baldin eta haren lanak ez baziren behar bezain baliagarriak gerra-makineriaren kausari laguntzeko. Askotan, soldaduek "desertore" (*Drückeberger*) edo "koldar" (*Feiglinge*) moduan ikusten zituzten, eta beren marrazkiak, grabatuak, eskulturak edo pinturak armada inperial eta errealaren propagandaren zerbitzura jarri beste erremediorik ez zuten izaten artistok[4]. Kasu hori da obra onena; izan ere, lehen begiratuan, Antzinatearen irudi idealizatu bat ematen du. Erdian, erortzeko zorian dagoen eraikin bat nabarmentzen da; zulo handi bat dauka alderik alde, eta zuloan zehar hondoko zeru urdina edo urrutiko mendiak ageri dira. Etxearen alboetan, beste eraikin batzuk eta zenbait zuhaitz antzematen dira. Lehen planoko soldaduen bost siluetengatik ez balitz, marrazkiak XIX. mendearen hasierako eszena erromantiko horietako bat ekarriko liguke gogora. Konposizioak antzekotasunak ditu Caspar David Friedrichek 1824–25ean margotu zuen *Eldenako abade-etxearen hondakinak, Greifswald-etik gertu* obrarekin (2. irud., 179. or.). Bi margolan horietan, elementu arkitektoniko eta begetalen antolaketak edertasun ia idealeko paisaia bat osatzen du, eta pertsonaiak bigarren mailan geratzen dira. *Isonzoko frontea, Baka lubakietan* marrazkiko zuhaitzek palmondoen antz pixka bat ere badute; eskuineko lore urdinxkek, berriz, ukitu mediterraneo bat ematen diote marrazkiari, Kokoschka garai hartan bizi zen herria (Tolmin, Eslovenia) gogora ekarri nahiz bezala. Artistak behatzailea antzinako mundu desagertu batera lekualdatzea lortzen du, eta Erromantizismoko funtsezko hiru gai aurkezten ditu —nahi gabe, segur aski—: nostalgia, misterioa eta kutuntasuna.

Naturak funtsezko garrantzia du *Isonzoko frontea. Tolmin (Isonzo-Front. Tolmino,* kat. 90) marrazkian ere. Kokoschkak 1916ko uztailean marraztu zuen lan horretan, landarediaren berde distiratsuak eta hondoko zeruaren urdinak bost soldaduren behin-behineko babeslekua inguratzen dute. Soldaduak, eszenaren erdian, atseden hartzen —edo, akaso, eztabaidan— ari dira. Eskuinean, Kokoschkak margotutako muino eta mendiek tokia identifikatzen laguntzen dute. Haren gerra-irudi guztietan, izenburua, data eta argibide geografikoak agertzen dira. Zehaztasun muturreko horrek armada inperial eta erreraleko goi-agintaritzak emandako jarraibideei erantzuten die: "Paisaia-pintoreek, posizioen eta gudu-zelaien marrazkiak egiten dituztenean, data, kokalekua eta beharrezko gainerako datuak zehaztu beharko dituzte"[5]. Marrazkian ez da Lehen Mundu Gerrako basakerien eta ondorio izugarrien arrastorik ageri. Kontuan hartzen badugu Kokoschka bera ere soldaduen artean zegoela eta izugarrikeria haien lekuko izan zela —eta gerra-margolari gisa lan egin zuen bitartean ere izugarrikeriak gertatzen jarraitu zutela—, argi dago haren marrazkiak ez datozela errealitatearekin bat. Artistak bizitako basakerien testigantza eman zuen aurrerago. Gogora ekarri zuen nola topatu zuten lagun bat "zuhaitz batetik buruz behera zintzilik eta biluzik"[6]. Gudu-zelaietan bizitako beste esperientzia beldurgarri batzuk ere deskribatu zituen: "Kolerak jota zeuden gizonak baso-herrixka haietako batera eraman eta egurrezko etxe abandonatu batzuetan utzi zituzten; hantxe hil ziren gehienak"[7].

Hala, bada, Kokoschkaren marrazkiek, lekuan bertan —gudu-zelaian— eginak izan arren, ez dute inola ere islatzen margolariak, soldadu gisa, bere haragitan bizi izan zuena, ezta gerra-margolari gisa ikusi zuena ere. Artisten lanak "gerrako irudiei buruz emandako jarraibideak" errespetatu behar zituten, "Alemanian eta atzerrian […] propaganda eraginkorra izateko […], indar armatuen arrakastak behar bezala ilustratzeko"[8].

Kokoschkaren marrazkiak, garai hartan, ez ziren erakusgai jarri, segur aski. Bere autobiografian, bizitzako garai horri buruzko kontakizuna errealitatetik urruntzen da: azaltzen du "lotura-ofizial" gisa "kazetari,

margolari eta marrazkilari batzuk" Ljubljanara eraman eta "tokiko agintari militarren esku utzi" zituela, bera ere gerra-margolari zela zehaztu gabe[9]. Reguline Bonnefoit-ek eta Gertrud Held-ek oharatarazi dutenez, Kokoschkak frontean amaitutako lanak pastelekin, akuarelekin eta gouacherekin egindakoak izan ziren[10], baina, itxura guztien arabera, artistak ez zituen inoiz agintarien esku utzi marrazkiok[11].

Aitzitik, 1917ko marrazkiek gertaeren berrikuspen moduko bat erakusten dute. Irudi txikiak eta kolore bakarrekoak dira gehienak, une jakin bat erakusten duten irudikapen sinplifikatuak: arkatz gorriz zirriborratutako *Soldaduak arpilaketan (Plündernde Soldaten,* kat. 92) da horren adibide bat. Kolore bakarrarekin lan egiteko erabaki horrek esan nahi izan dezake Kokoschkak bere oroitzapenerako egindako apuntetzat hartzen zituela marrazkiok. Giza irudi bat ageri da marrazkiaren diagonalean luze etzanda, baina zaila da jakitea ahoz behera edo ahoz gora datzan. Besoak zabalik ditu eta belo batek aurpegia edo burua estaltzen dio. Segur aski hilda dago, eta haren jarrerak, ezinbestean, Kristoren irudia ekartzen digu gogora. Marrazkiaren goiko aldean, bi gizon ageri dira, gurutze baten garraioan, eta txakur bat haien atzetik. Azpian, bi soldaduk zaku batean sartzen dute harrapakina. Gerra-eszena horrek —marra azkarrekin moldatua, antzeko beste batzuk bezala— etsipena, atsekabea eta krudelkeria islatzen ditu; artistak gouachez egindako marrazkien naturaltasunaren eta erromantizismoaren atzean ezkutatzen diren sentimenduak dira horiek, Kokoschkak gerra-margolari gisa zuen eginkizuna amaitu ondoren bakarrik azaldu zituenak[12].

Horren ondoren, artista Berlinen bizi izan zen denboraldi labur batez, eta handik Dresdenera aldatu zen, 1916ko abenduan. 1919an, irakasle-postua lortu zuen Arte Ederren Akademian. Bere irakasle-jardunaren zazpigarren urte aldera —garrantzi handiko urteak izan zituen haiek bilakaera pertsonalean eta artistikoan—, Akademiaren bizitza ordenatuan harrapatuta sentitu zen Kokoschka, eta bi urteko eszedentzia hartu zuen. Bidaiak egin zituen Europan barrena eta Ipar Afrikara eta Ekialde Hurbilera, eta 1934ko irailaren 25ean Pragan jarri zen bizitzen. 1938ko urriaren 17an, Olda Palkovskà neska-lagunarekin batera, nazismotik ihes egin zuen, Ingalaterrarako azken hegaldia hartuta. Croydoneko aireportuan lurreratu ziren, Londrestik gertu.

Hala, Kokoschkak Ingalaterrako erbestetik egin zion aurre Bigarren Mundu Gerrari. Londresen, *Anschluss – Alizia Lurralde Miresgarrian (Anschluss – Alice im Wunderland,* kat. 53) margotu zuen, 1942an: "Garai hartan, koadro 'politiko' batzuk egin nituen, ez ni politikoki konprometituta nengoelako, baizik eta gerrari buruzko nire ikuspegia ezagutarazi nahi nuelako"[13]. Alizia, konposizioaren eskuinean biluzik ageri den emakumea,

alanbre arantzadunez inguratuta dago. Eskuin eskuko hatz erakuslea behatzaileari zuzenduta, tinko begiratzen dio, begi akusatzailez, esanez bezala: "Zergatik onartu zenuen Austriaren anexioa (*Anschluss*)?". Austriaren pertsonifikazio horrek Gurutze Gorriaren besokoa darama eskuin besoan, eta xalotasunaren beraren irudia da; hankartea ezkutatzen dion parra-hostoak areagotu egiten du irudi hori. Nork salbatu zain dagoen xalotasuna da, nolabait esateko. Eszena Vienan gertatzen da, atzean sutan dagoen eraikinaren idazkunak adierazten duenez: "Wien". Eskuinean, Aliziaren atzean, aldare barroko batean, Ama Birjina eta Haurra daude, burua moztuta biak. Hori du Kokoschkak ama-semeak beren nortasunaz gabetzeko modua, Elizaren botere- eta autoritate-galera gogora ekarriz. Nolanahi ere, egoera horretan, Jainkoaren ama santuak ez dauka Austria salbatzeko modurik. Aliziaren ondoan, hiru gizon ageri dira, altzairuzko kaskoz jantzita. Janzkerak salatzen du nor zein herritakoa den: abituz jantzitako apaiz frantses bat; Wehrmacht-eko soldadu bat, granada bat daramana; eta trajez jantzitako ingeles bat, bere gorbata, aterki eta guzti. Ekialdean jakinduriaren sinbolo diren hiru tximino jakintsuen keinuak imitatzen dituzte, belarriak, ahoa eta begiak estalita, hurrenez hurren. Artista kontu eske ari zaie haiei ere: zergatik ez zenuten ezer egin Adolf Hitlerren aurka? Margolanaren ezkerreko izkinan, emakume bat Aliziari begira dago; magalean daukan haurrak gas-maskara bat darama jantzita. Esperantza eta fede guztia galdu dute, haien ondoan lurrera erortzen den Bibliak erakusten duen bezala.

Kokoschkak Austriari eta *Anschluss*en kudeaketari egindako kritika zorrotza da, beraz, obra hori, baina baita nazismoak eragindako hilketen salaketa gogorra ere. Margolariak ez ditu beren erantzukizunetatik libratzen aliatuak, bere herria itxaropenik eta salbabiderik gabe hondoratzen ari dela ikusita. *Anschluss – Alizia Lurralde Miresgarrian* Kokoschkak Bigarren Mundu Gerraren aurrean hartu zuen jarrera ezagutarazteko asmoz margotutako margolan-sail bateko alea da. Aipatu beharra dago obra horretan ez dela zalantzan jartzen, inola ere, Sobietar Batasunak gatazkan jokatu zuen papera. Hori bera nabarmendu zuen Régine Bonnefoitek: "Londresko erbestean, Kokoschkak Sobietar Batasunaren aldeko adierazpen sutsuak egin zituen, inolako zentzu kritikorik gabeko apologia batean"[14].

Bestalde, artistak gogor salatu zuen bere adopzio-herria ere, Ingalaterra, *Loreley* (1941–42, kat. 52) obran ikus daitekeenez. Itsaso zakarrak eta tximistek urratutako zeruak —pintzelkada indartsu adierazkorrez margotuak biak— osatzen dute lehen planoan agertzen diren protagonisten eszenatokia. Ezkerraldean, nabarmen, Viktoria erregina ageri da, Britainia Handia munduko lehen itsas potentzia izatera eraman zuena. Haren irudia trazu zabalekin eta koloretako margo-geruza lodiekin moldatua dago, itsasoa eta zerua margotzeko moduarekin kontrastean. Inferu horren erdian, erregina eta igel berdea (Irlandaren sinboloa) dira, itxuraz, apokalipsitik bizirik aterako diren bakarrak[15]. Atzean, itsasontzi bat ageri da, enbataren aurka borrokan, eta olagarro bat hiruhortzeko batekin. Uste izatekoa da olagarroak Viktoria erreginari kendu diola hiruhortzekoa, hau da, alegoria politiko honetan Ingalaterrako ontzigintzaren nagusitasunaren sinbol denari. Hala eta guztiz ere, erreginak marinelen gorputzak jaurtitzen dizkio ondoan duen marrazo odol-goseari, era horretan bere boterea osorik eta indartsu berretsiz. Eskuinean, gorpu bat ageri da, uretan flotatzen, eta atzean, olatu artean, beste pertsona bat itota dagoela iradokitzen dute marra zuriak. Kokoschkaren interpretazioaren arabera, erreginak eta Britainia Handiak sufrimendu handia eta heriotza ugari eragin zituzten. Dena dela, beste batzuen ustez (Gloria Sultano, Patrick Werkner), obra horretako itsasontzia SS Arandora Star izan daiteke, naziek 1940ko uztailean torpedoz eraso eta hondoratu zuten bidaiari-ontzi britainiarra[16].

Marianne – Makiak – "Bigarren frontea" (*Marianne – Maquis – "Die zweite Front"*, 1942, kat. 54) obra ere aliatuen aurkako kritika bat da. Marianne —Frantziako Errepublikaren pertsonifikazioa— eszenaren erdian ageri da, ondoan bi ingeles dituela: Winston Churchill lehen ministro britainiarra eta Montgomery jenerala, tea edaten Café de Parisen, Londresko Soho auzoan. Ekialdeko frontean oste sobietarrak nazien aurka borrokan ari ziren bitartean, mendebaldeko potentziek lasai hartu zituzten gauzak, eta hori da, hain zuzen, Kokoschkak alaituei leporatzen diena: bigarren frontea antolatu ez izana Ardatzeko indarren aurka egiteko. Bakarrik utzi zuten Sobietar Batasun horrekiko bere begikotasuna erakusten duten bi sinbolo komunista daramatza Mariannek: izar gorri bat blusa horian, eta igitai-mailu gorri-urdinak zapian. Mariannek bat egiten du, halaber, makiekin, hau da, erresistentzia frantsesarekin, eta hori ere Kokoschkaren kritikaren adibide gisa ulertu behar da.

Ingalaterran egin zituen lanen artean, batez ere Bigarren Mundu Gerra bitartean, *Loreley, Anschluss – Alizia Lurralde Miresgarrian* eta *Marianne – Makiak – "Bigarren frontea"* margolanek, baina baita 1940–41eko *Arrautza gorria* (*Das rote Ei*) izeneko obrak ere, garbi erakuste dute Kokoschkak erabakita zuela gerrari buruzko bere ikuspegia mugarik eta zentsurarik gabe irudikatzea. Hala ere, Kokoschkak adierazi zuen margolan horiek ez zirela inolako konbikzio politikotik sortuak; aitzitik, helburu zuten "gerra, behingoz, barrikaden beste aldetik", Mantxako kanalaren beste ertzetik erakustea, nazien erregimenak "artista degeneratua" izendatu zuenean jasan behar izan zuen zentsuratik libre[17]. Kokoschkak asko preziatzen zuen Ingalaterran zuen askatasuna, pinturaren bidez bere iritziak eragozpenik gabe adierazteko libertate hura. Gerrari buruzko bere ikuspuntua munduari erbestetik eskainiz, "kide bakarreko mugimendu klandestino" bateko partaide modura ikusten zuen artistak bere burua[18].

1. Walter F. Kalina-ren arabera, hemen: Nina Schedlmayer, "1. Weltkrieg: Propagandamalerei im Schützengraben", *Profil*, 2014ko martxoak 7 (www.profil.at/gesellschaft/1-Weltkrieg-propagandamalerei-Schuetzengraben-373278).
2. Ikus Alfred Weidinger, "Oskar Kokoschka. Träumender Knabe – Enfant Terrible", hemen: Agnes Husslein-Arco eta Alfred Weidinger (ed.), *Oskar Kokoschka. Träumender Knabe – Enfant Terrible, 1906–1922*, erak. kat., Österreichische Galerie Belvedere, Viena; Bibliothek der Provinz, Weitra, 2008, 252. or.
3. Oskar Kokoschka, *Mein Leben* (1971). Gazt. ed.: *Mi vida*, Tusquets Editores, Bartzelona, 1988.
4. Ikus Walter Albrecht, "Nach der Schlacht", Heeresgeschichtliches Museum, 2019ko abuztuak 20 (https://blog.hgm.at/2019/08/20/nach-der-schlacht-2/).
5. Régine Bonnefoit eta Gertrud Held, "Oskar Kokoschka 1915–1917. Vom Kriegsmaler zum Pazifisten", hemen: Uwe M. Schneede (zuz.), *1914. Die Avantgarden im Kampf*, erak. kat., Bundeskunsthalle, Bonn; Snoeck, Kolonia, 2013, 249–50. or.
6. O. Kokoschka, *Mein Leben* (1971). Gazt. ed.: *Mi vida, op. cit.*, 138. or.
7. *Ibid.*, 143. or.
8. R. Bonnefoit eta G. Held, "Oskar Kokoschka 1915–1917. Vom Kriegsmaler zum Pazifisten", *op. cit.*, 249. or.
9. O. Kokoschka, *Mein Leben* (1971). Gazt. ed.: *Mi vida, op. cit.*, 150. or.
10. R. Bonnefoit eta G. Held, "Oskar Kokoschka 1915–1917. Vom Kriegsmaler zum Pazifisten", *op. cit.*, 250. or.
11. *Ibid.*
12. 1916ko abuztuaren amaieran, Kokoschka gaixotu egin zen, "obus-shockak jota": "[…] Isonzo ibaia zeharkatzen zuen zubira hurbiltzera menturatu nintzen. Haitzarteko zubi bat da, erromatarrek eraikitzen zituzten horiek bezalakoa. Bat-batean, leherrarazi egin zuten, eta shockak jota geratu nintzen" [O. Kokoschka, *Mein Leben* (1971). Gazt. ed.: *Mi vida, op. cit.*, 151 or]. Gertaera horrek estres postraumatikoa eragin zion, eta, ahuleziak jota, bertan behera utzi behar izan zuen gerra-margolari lana.
13. O. Kokoschka, *Mein Leben* (1971). Gazt. ed.: *Mi vida, op. cit.*, 245. or.
14. Régine Bonnefoit, "Kokoschkas Anerkennung in England und den USA", hemen: Cathérine Hug eta Heike Eipeldauer (ed.), *Oskar Kokoschka. Expressionist, Migrant, Europäer. Eine Retrospektive*, erak. kat., Kunsthaus, Zürich; Leopold Museum, Viena; Kehrer Verlag, Heidelberg, 2018, 212. or.
15. Ikus O. Kokoschka, *Mein Leben, op. cit.*, 253–54. or.
16. Ikus Patrick Werkner, "Allegorische Gemälde", hemen: Gloria Sultano eta Patrick Werkner (ed.), *Oskar Kokoschka. Kunst und Politik, 1937–1950*, Böhlau, Viena, 2003, 178. or.
17. Ikus O. Kokoschka, *Mein Leben, op. cit.*, 247. or.
18. *Ibid.*, 252. or.

IRUDIAK

179. or.:

1. irud. Oskar Kokoschka, *Honexen alde ari gara borrokan* (*What We Are Fighting For*), 1943. Olio-pintura mihise gainean, 116,5 × 152 cm. Kunsthaus Zürich, Zurich, dohaintza: Wilhelm Wartmann.
2. irud. Caspar David Friedrich, *Eldenako abade-etxearen hondakinak, Greifswald-etik gertu*, 1824–25. Olio-pintura mihise gainean, 35 × 49 cm. Nationalgalerie, Staatliche Museen zu Berlin, Berlin.

181. or.:

3. irud. Oskar Kokoschka, *Paisaia, eraikinak eta siluetak* (*Landschaft, Gebäude und Silhouetten*), 1914–15. Arkatz beltza), koloretako arkatzak eta pastel koipetsua bitela-paper gainean, 30,4 × 43 cm. Art Institute of Chicago.

Oskar Kokoschka, Europa bateratuaren aitzindari

Régine Bonnefoit

Adolf Hitlerren garaipenaren, Municheko akordioen eta Bigarren Mundu Gerrako triskantzen ondoren, eta are gehiago Gerra Hotzeko superpotentziek hasitako arma-lasterketaren ondoren, Oskar Kokoschkak garbi ikusi zuen Europa batu eta indartsu baten beharra zegoela. Pragan, Londresen eta geroago Alemanian, harremanak izan zituen europar erkidego berri baten beharra aldarrikatzen zuten politikariekin, hala nola Tomáš Garrigue Masaryk-ekin, Theodor Heuss-ekin eta Konrad Adenauer-ekin. Urteak lehenago, Jan Amos Komenský (Comenius, 1592–1670) moraviar hezitzailea pertsona garrantzitsua izan zen ahalegin horretan, Europako nazio guztien arteko batasun baketsu baten aldeko ideiarengatik, eta "Europa modernoaren sortzaile intelektualetako bat" izan zela uste da gaur egun ere[1].

Kokoschkak Europaren sorrera historikoarekiko zuen interesa argi ikusten da hil ondoren utzi zuen liburu-sortan, non Christopher Dawson-en *The Making of Europe* (Europaren eraikuntza, 1932) ezaguna eta Richard von Coudenhove-Kalergi austriar politikari eta pentsalariaren hainbat lan baitaude, beste liburu askoren artean[2]. Coudenhove-Kalergik, adibidez, Vienako Mugimendu Paneuroparra sortu zuen, 1922an, Austriaren anexioa gertatu arte egoitza Vienako Hofburg jauregian izan zuena[3]. Hasieran, austriar politikari horrek "Europako estatu guztien batasun politiko eta ekonomiko" gisa ulertzen zuen "Pan-Europa" terminoa[4]. Coudenhove-Kalergik Tomáš Masaryk nahiko zukeen bere ametsetako Europako Estatu Batuen buru gisa, 1922an kontinentearen etorkizunerako funtsezko testu bat —*Das neue Europa. Der slavische Standpunkt* (Europa berria, eslaviar ikuspegia)[5]— argitaratu zuen Masaryk hori bera. Era berean, *Prager Tagblatt* egunkariak 1935ean argitaratutako elkarrizketa batean, Kokoschkak biziki goraipatu zuen Masaryk, "europar on" baten eredu gisa aurkeztuta[6].

Kokoschkaren beraren obra batzuetako gaiak ere Europaren batasunaren aldeko ideia zabaltzeko ahaleginaren lekuko dira: *Termopilak* (*Thermopylae*, 1. irud., 215. or.) triptiko ikusgarriak, adibidez, margolariaren "bizitza, esperientzia eta europar zaletasuna" laburbiltzen du, haren emazte Oldaren hitzetan[7].

Kokoschka: Europari buruzko txekiar ikuspegia

Guztien arteko lehen paneuroparra Comenius izan zela azaldu zuen behin Masarykek, Karel Čapekekin izandako elkarrizketa batean[8]. Ohartarazpen hau egin zuen, moraviar hezitzailearen heriotzaren 250. urteurrenean egindako hitzaldi batean: "Bai, iritsi da unea Europako nazio guztiek giza arrazaren batasun unibertsalaren beharraz kontzientzia hartzeko. Izan ere, Comeniusek esan zuen bezala: 'Denok gara mundu bereko herritarrak; are gehiago, odol berekoak'"[9]. Edvard Beneš-ek ere —Masaryken ondorengo lehendakari Txekoslovakian— europar eredugarri gisa aurkeztu zuen Comenius[10]. Bere *De rerum humanarum emendatione consultatio catholica* lanean, moraviar hezitzaile eta bakegile horrek bakearen mundu-mailako gailur bat antolatzea (*Consistorium oecumenicum*) eta bake-auzitegi bat sortzea (*Dicasterium pacis*) proposatu zuen, herrien arteko gatazkak eta tirabirak konpontzeko. Baina hiru mende geroagora arte ez zitzaien berriro heldu ideia horiei, Nazioen Ligaren eta Nazio Batuen bidez heldu ere[11].

Kokoschkak "Komenskyren (Comenius) ondorengo duina" bezala ikusten zuen Masaryk. 1935ean egin zuen haren erretratua (2. irud., 215. or.), Lányko gazteluan[12]. Erretratu horretan lanean ari zela, margolariak Comeniusen hezkuntza-lanari buruz hitz egin zuen estatuburu zaharrarekin; are gehiago, erretratuan bertan irudikatu zuen Comenius bera ere, eta ez kasualitatez, Masaryken eskuinaldean. Margolariak Albert Ehrenstein lagun poetari gutun batean azaldu zionez, presidentearen eta haren bide-aurreko Comeniusen erretratuak "Nazioen Ligaren jauregiko horma" bat merezi zuen, gutxien-gutxienez[13]. 1935ean, "Zer ondorio atereako ditu Nazioen Ligak Abisiniako abenturatik?" gaiari buruzko saiakerarako idatzitako lehen bertsioan, honela azaldu zuen Kokoschkak zer espero zuen Genevako erakundetik: "Nazioen Ligak bere ondoan izango ditu itxaropena berarengan jartzen duten borondate oneko pertsonak, baldin eta beraren mende uzten bada, erabat, gizateriaren hezkuntza publikoa; Europako tradizioari, gizateriari eta bere buruaren zaintzari erantzungo dion hezkuntza publiko bat"[14].

Kokoschkak, Londresko egonaldian, Europaren etorkizunari buruz egindako gogoetak

1942an, Comenius Ingalaterrara iritsi zeneko hirugarren mendeurrena ospatzeko argitaratutako oroitzapenezko liburu batean, honela idatzi zuen Kokoschkak: "Zibilizazio industrial modernoak nazio, herri eta azal-kolore guztietako pertsona guztiek elkarrekin bizitzen eta lan egiten ikastea eskatzen du; bestela, desagertu egingo dira. Herrialdeen arteko mugak anomalia bihurtu dira, gosaltzeko eta afaltzeko orduen artean hegazkin batek Atlantikoa alderik alde zeharka dezakeen garaiotan"[15]. Coudenhove-Kalergik *Pan-Europa* liburuan egindako gogoetei heldu zien berriro Kokoschkak hemen: garraioan egin diren aurrerapen teknologikoei esker, "herrien arteko hurbilketa tenporal eta espazialari hurbilketa politikoak" jarraitu behar dio nahitaez[16]; izan ere, "Europa hogeita zortzi aduana-sektoretan banatuta egotea zentzugabekeria hutsa da, kontuan harturik, gaur egun, hegazkinez joanda, aise zeharkatu daitekeela muga eta aduana-eremu horietako dozena bat egun bakar batean"[17].

Ingalaterran, Comeniusi buruzko antzezlan baten —Pragan idazten hasia— ingelesezko bertsio bat lantzen jardun zuen Kokoschkak. Testuan, honela dio Comeniusen ikasle De Geertek, Hogeita hamar Urteko Gerraren zoritxarren erdian ikuspegi itxaropentsu bat zabaldu nahiz: "A federal Europe will come into being!"[18]. Kokoschkak agerian utzi zuen horrela, Londresko bonbardaketaren erdi-erdian, Europako nazioen arteko baterako existentzia baketsuan jarria zuen itxaropena.

Britainia Handia Europako Erkidegoari atxikitzeko kanpaina sutsuak egiten zituzten britainiarrekin ibiltzen zen sarritan artista. Horietako bat Edward Bedd-Behrens izan zen, haren mezenas leialena, 1920ko hamarkadaren hasieratik Nazioen Ligan Britainia Handiaren ordezkari izan zena eta 1954an Europar Mugimenduaren Kontseilu Britainiarreko lehendakari izendatu zutena[19]. Haren laguntza ekonomikoari esker, Londresko biztanleak Europan gose ziren haurren egoeraz kontzientziatzeko kanpaina bat egin ahal izan zuen Kokoschkak, kartelen bidez, 1945eko gabonetan[20]. Litografian, Kristo gurutziltzatu bat agertzen da, eskuineko eskua oholetik askatuta, bere aurrean laguntza bila bildutako haur pobreei hitz egiten. Testuak honela dio: "INRI / EN MEMORIA de los NIÑOS de VIENA que MORIRÁN de HAMBRE y FRÍO este año 1946 (INRI / 1946 honetan gosez eta hotzez hilko diren Vienako haurren omenez)". Kartela hormetan, autobusetan eta metro-geltokietan egon zen ikusgai, eta bertan ez zen laguntza humanitariorako kanpainarik aipatzen, ezta dirua biltzeko banku-konturik agertzen ere[21]. Artistaren kezka bakarra, Gabonetako ospakizunen erdian, britainiarren arreta bereganatzea zen, Kanalaren beste aldeko lurretan gosea pasatzen ari zen jendea zegoela ikusaraztea[22].

Ez zen izan Kokoschka Londresen haur gosetuen aldeko aktibismoa egin zuen bakarra. Victor Gollancz ere "ingeles herriari hondamendiaren dimentsioen berri" ematen saiatu zen "Save Europe Now" kanpainaren bidez[23]. Britainiar editore sozialdemokrata eta aktibista humanitario horrek Kokoschkaren babes osoa zuen, margolariak berak bilera batean jakinarazi zionez[24]. 1947an "Europako Estatu Batuen ideia" defendatzeko antolatutako manifestazio batean, Gollanczek Alemaniako eta Frantziako kulturen balio komunak gogoratu zituen: "Frantzia kristaua eta Alemania kristaua daude, Voltaireren Frantzia eta Aufklärungeko Alemania […] Eta hori guztia gogora ekarrita, frantziarrek eta alemaniarrek, azkenean, eskua emango diote elkarri, mundua salbatzeko eta adiskidetzeko ekitaldi handi batean […]". Gollanczen iritziz, "Europa bateratua" litzateke munduko bakearen berme nagusia[25].

Europako kultura-balio komunetara itzultzea

Prometeo (*Prometheus*, 1950) triptikoaren erdiko panelean, Kokoschkak pertsonaia mitologikoak eta biblikoak margotu zituen: Gaia Lurraren jainkosatik hasi eta ezker-goiko izkinako gurutze dirdiratsuraino, Noe bera ere ahaztu gabe (3. irud., 215. or.). Artistak gizateriaren historia europar bat irudikatzen du obra horretan, bere sustraiak Antzinate klasikoan eta kristautasunean dituena. Hala ere, eskuinaldean galopa bizian inguratzen zaizkigu Apokalipsiaren lau zaldizkoak, gerraren eta heriotzaren ikurrak[26]. 1963an, Josef P. Hodinek —Kokoschkaren biografoa— "Europako kulturari eta kultura hori mehatxatzen duten arriskuei buruzko ikuspegi bat" antzeman zuen obra horretan[27]. "Europa Biblia eta Antzinatasuna da" esana zuen Karl Jaspersek 1946an Genevan[28]. Kokoschkak ere hezkuntza humanistako plan baten bi oinarri nagusitzat hartu zituen herentzia klasikoa eta kristautasuna, 1945etik aurrera. Hiru gako-hitzek definitzen zuten programa hori (klasizismoa, kristautasuna, humanismoa), zeina gerraostean jarri baitzen abian, Alemaniako eta Austriako mendebaldeko okupazio-eremuetan, Mendebaldearekiko atxikimendua lortzea eta Europako herriak komunitatera itzultzea helburu[29]. Theodor Heussek [Kokoschkak 1950eko abenduan egin zuen haren erretratua (4. irud., 216. or.), Bad Godesberg hiri-barrutian] hau aldarrikatu zuen 1956an bere *Gaztediari hitzaldiak* lanean: "Mendebaldeak hiru mendi-muino ditu sorleku: Kalbario mendia, Atenasko Akropolia eta Erromako Kapitolioa. Hori da Mendebaldearen sare intelektuala, eta unitate bakartzat har ditzakegu hirurak, edo, hobeto esanda, unitate bakartzat hartu behar ditugu hirurak"[30].

1951n Alemania Federaleko presidenteari bidalitako gutun batean, Kokoschkak esaten zuen gerraosteko Alemanian filologia klasikoaren eta arkeologiaren azterketa sustatzea eraginkorragoa zela "azaleko desnazifikazio-ahalegin guztiak" baino, ahalegin horiek, "munduko borondate onenarekin ere, ez baitira gai izango elementu organikoak ezabatzeko, espiritu europarren eraketa erabat ezabatzen bada Alemanian"[31]. Kokoschkarentzat Europa ez zen "kontinente geografiko bat, kulturala baizik"[32], Antzinate grekoarekin eta erromatarrekin lotura zuena. Zahartzaroan, bere memorietan, biziki deitoratu zuenez, Europan "ezabatzen ari dira, pixkanaka, antzinako hizkuntzen ikasketa hezkuntza-sistemetatik, gizartearentzat alferrikakoa delakoan, bai eta garaiko espirituarekin —zientzia nagusi duen horrekin— kontraesanean dagoela eta, beraz, gazteriarentzat oztopo bat baino ez dela iritzita. Egunen batean, gazteak, lastarik gabe, inolako pisurik gabe, korronte guztien mende gera daitezkeela pentsatzeak ez du, nonbait, inor kezkatzen"[33]. Ondare klasikora itzultzearen aldeko alegatu horrekin, zeinak adostasun kulturala sortzen baitzuen bi mundu-gerretako sarraskiaren ondoko Europa batu baterako oinarri gisa, Kokoschkak erabat babestu zuen Heussek eta Adenauerrek defendatzen zuten hezkuntza-politika. "Aro klasikotik sortutako irakaskuntza eta prestakuntza zama bat" zela iritzen zionak gauza bakarra erakusten zuen, Adenauerrek 1964an adierazi zuenez, "aro klasikoaz ezer ez zekiela", alegia. Adenauerren iritziz ere, "Atenasko Akropolia eta Erromako Kapitolioa askatasunaren eta ordenaren sinbolo intelektualak" ziren[34]. 1966an, Kokoschkak kantziler federal ohiaren erretratua egin zuen, hark Cadenabbian (Italia) zeukan udako egoitzan (5. irud., 215. or.). Comoko aintzirako topaketaren ondoren artistak eta Adenauerrek beren artean izan zuten gutun-truke oparoak garbi erakusten du begikotasun-sentimendu zintzoa sortu zela bien artean, partekatutako balioen sistema batean oinarritutako sentimendu bat[35].

Europako Defentsa Erkidegoren aldeko alegatua pinturatik

1954ko urtarrilaren 1ean, Villeneuveko bere etxe berrian, Leman aintziraren ertzean, Kokoschka *Termopilak* triptikoa lantzen hasi zen, Hanburgoko Unibertsitaterako. Obrak gazteei helarazten dien mezuak badu berezitasun bat: erdian ez da heroia agertzen, Leonidas, baizik eta gudari akaiar bat, estu eta larri bi fronteen artean duda-mudan: Kokoschkak "zalantzatia" deitu zuen (1. irud., 215. or.)[36]. Zalantza horrek Europako mendebaldeko herrialdeek Europako Defentsa Komunitate bat sortu aurreko negoziazioetan izan zuten portaera zalantzagarriari egiten dio erreferentzia. Negoziazioek porrot egin zuten 1954ko abuztuaren 30ean, artistak triptikoa amaitu eta hilabetera, Frantziaren ukoa tarteko[37]. Europa indartzeko urrats garrantzitsu hori planteatzen zuen dilema orokorraren aurrean, Kokoschkak parabola klasiko batekin erantzun zuen, ohartarazpen gisa: K.a. 481. urtean greziarrak, inbaditzaile pertsiarren presioaren aurrean, liga panhelenikoan elkartu ziren bezala, orain Mendebaldeko Europako herrialdeek indarrak batu behar zituzten Ekialdeko mehatxua uxatzeko. Termopiletako guduaren gaia bereziki egokia zen Europa batuaren ideia defendatzeko. Honela zioen Coudenhove-Kalergik *Pan-Europa* liburuan:

"Helade izan zen lehenbiziko Europa. Heladeren eta Pertsiaren arteko gatazkak tentsioa sortu zuen Europaren eta Asiaren artean, *Europaren ideia* ernaraziz"[38].

Kokoschkarentzat, Leonidas eta haren hirurehun espartarrak *humanitas* delakoaren ordezkariak ziren, eta Xerxes erregearen mendeko pertsiarrak, berriz, ekialdetik heldu ziren "barbaroak". Margolariak Herodotoren *Historiak* obratik hartu zuen ikuspegi hori (triptikoaren erdiko panelaren ezkerraldean ageri da kronista grekoa). Obra horri eskainitako saiakera batean, hau idatzi zuen Kokoschkak Herodotori buruz: "Baina Herodotok aurreikusi ezin zuena zen *humanitas* eta basakeriaren arteko dilema horrek ez duela etenik izan geroztik, kultura deitzen diogun gudu-zelai honetan"[39]. Esaldi horrekin, margolariak lotura bat ezarri zuen mendebaldeko potentzien eta Errusiaren arteko egungo gatazka-lekuarekin. Termopiletako gudua, beraz, Ekialde-Mendebalde arteko behin eta berrizko gatazkaren metafora bihurtu zen. 1954ko otsailaren erdialdean, Kokoschkak lagun bati idatzi zion, triptikoak duen mezu politikoa azalduz: "Hartu gogoan Europako errusiarrak, eta hobeto ulertuko duzu gaurkotasuna […]"[40].

Baina Kokoschkak ez zuen bere burua europartzat bakarrik, baizik eta, modu orokorragoan, munduko herritartzat. Hitler boterera iritsi eta hilabete batzuetara *Frankfurter Zeitung* egunkarian argitaratu zioten gutun ireki batean, artistak ohartarazpen hau egin zuen Alemanian nazionalismoaren erradikalizazioari buruz: "Ez dezagun ahantz aberri guztiek, arbasoen lur guztiek, Ama Lurraren sabelean dituztela errotuta sustraiak"[41].

Kokoschka hil eta berrogeita bi urtera, munduko bakearen alde batutako Europa baten beharrari buruzko bere gogoetek eta Termopilei buruzko triptikoaren bere mezuak ez dute garrantzi izpirik galdu.

1. Walter Sparn, "Zur Einführung: Johann Amos Comenius und das Modern Europa", hemen: Norbert Kotowski eta Jan B. Lášek (ed.), *Johannes Amos Comenius und die Genese des modernen Europa*, Comeniusi buruzko nazioarteko mahai-inguruaren aktak (Bayreuth, 1991ko irailak 26–29), Bayreuth eta Praga, Studio GTS, 1992, 20–22. or.

2. Kokoschkak oinordetzan utzitako liburu-sorta Oskar Kokoschka Zentrum erakundean dago, Vienako Arte Aplikatuen Eskolan.

3. Ikus Anita Ziegerhofer-Prettenthaler, *Botschafter Europas. Richard Nikolaus Coudenhove-Kalergi und die Paneuropa-Bewegung in den zwanziger- und dreißiger Jahren*, Böhlau, Viena, Kolonia eta Weimar, 2004, 18. or.

4. Richard N. Coudenhove-Kalergi, *Pan-Europa* (1923). Gazt. ed.: *Pan-Europa*, Félix de la Fuente (itzul.), Ediciones Encuentro, Madril, 2010, 31. or.

5. Tomáš Masaryk, *Das neue Europa. Der slavische Standpunkt*, C. A. Schwetschke, Berlin, 1922. Coudenhove-Kalergiren eta Masaryken arteko harremanez, ikus A. Ziegerhofer-Prettenthaler, *Botschafter Europas…, op. cit.*, 79. or.

6. Kurt Juhn, "Kokoschka über das Bild", *Prager Tagblatt*, 210. zk., 1935eko irailak 8, Zentralbibliothek Zürich (ZBZ), Nachl. O. Kokoschka 60.10.

7. Ida Kokoschkak Carl Georg Heise-ri idatzitako gutuna (1954/XI/1), ZBZ, Nachl. Olda Kokoschka 329.17.

8. Karel Capek, *Gespräche mit Masaryk*, Deutsche Verlags-Anstalt, Stuttgart eta Munich, 2001, 281. or.

9. František Hýbl, "J. A. Comenius – Inspirator der Friedensbewegung in der tschechischen Lehrerschaft während der ersten Hälfte des 20. Jahrhunderts", hemen: N. Kotowski eta J. B. Lášek (ed.), *Johannes Amos Comenius und die Genese des modernen Europa, op. cit.*, 191–97. or. (192. or).

10. Edvard Beneš, "The Place of Comenius in History as Good European", hemen: Joseph Needham (ed.), *The Teacher of Nations. Addresses and Essays in Commemoration of the Visit to England of the Great Czek Educationalist Jan Amos Komenský*, The University Press, Cambridge, 1942, 1–9. or.

11. Ikus Walter Eykmann, "Friedenspädagogische Aspekte im Reformprojekt des Comenius", hemen: Erwin Schadel (ed.), *Johann Amos Comenius. Vordenker eines kreativen Friedens. Deutsch-Tschechisches Kolloquium anläßlich des 75. Geburtstages von Heinrich Beck* (Universität Bamberg, 2004ko apirilak 13–16), Peter Lang, Frankfurt, 2005, 174. or.

12. Kurt Juhn, "Oskar Kokoschka erzählt: Erlebnis mit einem Gesalbten"; prentsa-ebakinaren iturria eta data eskuz idatzita daude: *Zeit im Bilde*, 1935eko urtarrilak 17, ZBZ, Nachl. O. Kokoschka 60.10.

13. Oskar Kokoschkak Albert Ehrensteini idatzitako gutuna, 1935eko udazkoa, hemen: Olda Kokoschka eta Heinz Spielmann (ed.), *Oskar Kokoschka, Briefe III: 1934–1953*, Claassen, Düsseldorf, 1986, 20. or.

14. Oskar Kokoschka, "Was wird der Völkerbund vom Abessinien-Abenteuer lernen?", Kokoschkak berak zuzendutako eta zenbakitutako galeradak, ZBZ, Nachl. O. Kokoschka 4.9, 243. or.

15. Oskar Kokoschka, "Comenius, the English Revolution, and our Present Plight", hemen: J. Needham (ed.), *The Teacher of Nations…, op. cit.*, 61–69. or. (67. or.).

16. R. N. Coudenhove-Kalergi, *Pan-Europa, op. cit.*, 22. or.

17. R. N. Coudenhove-Kalergi, *Kommen die Vereinigten Staaten von Europa?*, Paneuropa Verlag, Glaris, 1938, 24–25. or.

18. "Europa federal bat sortuko da!". Kokoschkaren eskuizkribu autografoa, obraren ingelesezko bertsioaren aurreko lana, ZBZ, Nachl. O. Kokoschka 1.2.

19. Ikus Edward Beddington-Behrens, *Look Back, Look Forward*, Macmillan, Londres, 1963, 40. eta 50. or.; E. Beddington-Behrens, *Is There Any Choice? Britain Must Join Europe*, Penguin Books, Londres, 1966, 139. or.: "Britainia Handia Europako beste herrialde batzuekin elkartu behar da Europa bateratu bat sortzeko". Edward Beddington-Behrensek Oskar Kokoschkari idatzitako gutuna, 1954ko abenduak 1, ZBZ, Nachl. O. Kokoschka 31.11.

20. 1961eko maiatzaren 24an Kokoschkari bidalitako gutun batean (ZBZ, Nachl. O. Kokoschka 31.11), Beddington-Behrensek proiektuari emandako laguntza gogorarazten zuen: "Nire bizitzan inoiz ez ditut hain gustura gastatu milaka libra batzuk. Zure ideia izan zen, eta oso eskertuta nago zurekin, bioi hainbeste axola zaigun zerbaitetan laguntzeko aukera emateagatik".

21. Ikus E. Beddington-Behrens, *Look Back, Look Forward, op. cit.*, 167. or.

22. Ikus Oskar Kokoschkak Josef P. Hodini idatzitako gutuna (1945eko azaroak 20) hemen: O. Kokoschka eta H. Spielmann (ed.), *Oskar Kokoschka, Briefe III: 1934–1953, op. cit.*, 159–60. or.

23. Victor Gollancz, *Stimme aus dem Chaos*, Julius Braunthal (ed.), Nest, Nurenberg, 1948, 213. or.

24. Gollanczen eta Kokoschkaren arteko harremana agerian geratzen da 1948ko martxoaren 12ko gutun batean. "SAVE EUROPE NOW" izenburuan, honela hasi zuen gutuna Gollanczek: "Kokoschka maitea, gogoan izan, elkar ezagutu genuenean, Enoch's-eko gau zoragarri hartan, esan zenuela ahal zenuen guztia egingo zenuela gure zeregin honetan laguntzeko"(ZBZ, Nachl. O. Kokoschka 371.7).

25. Victor Gollancz, "Ein freies Vereinigtes Sozialistisches Europa", hemen: *Stimme aus dem Chaos, op. cit.*, 23–28. or. (26–28. or.).

26. Ikus Régine Bonnefoit, "Der 'Apokalyptische' Prometheus – Neue Queln zur Deutung von Kokoschkas Deckengemälde Die Prometheus Saga", hemen: Brigitte Salmen (ed.), *Max Beckmann. Die Apokalypse. Visionen der Endzeit en Überlieferung und Moderne*, erak. kat., Schloßmuseum Murnau, Gotteswinter, Munich, 2010, 70–80. or.

27. Josef P. Hodin, *Bekenntnis zu Hellas. Erinnerungen und Deutungen*, Florian Kupferberg, Berlin eta Mainz, 1963, 145 . or.

28. Karl Jaspers, "Conférence du 13 septembre 1946", hemen: Julien Benda *et al.*, *L'Esprit européen*, Genevako Nazioarteko Topaketetan antolatutako hitzaldi eta elkarrizketetako testuak, Éditions de la Baconnière, Neuchâtel, 1946, 296. or.

29. Ikus Hubert Cancik, "Antike – Christentum – Humanismus. Ein Versuch zu Grundbegriffen von Heers europäischer Religions- und Geistesgeschichte", hemen: Richard Faber (ed.), *Offener Humanismus zwischen den Fronten des Kalten Krieges. Über den Universalhistoriker, politischen Publizisten und religiösen Essayisten Friedrich Heer*, Königshausen & Neumann, Wurzburgo, 2005, 151. or.

30. Vienako Oskar Kokoschka Zentrumen Kokoschkak legatuan utzitako liburutegian aurkitutako ediziotik aipatua: Theodor Heuss, "Dankbares Erinnern" (1956), hemen: T. Heuss, *Vorspiele und Gestalten*, hautaketa eta hitzaurrea: Fritz Fröhling, Fribourg-en-Brisgau, Hyperion, d. g. [1966], 18–23. or. (20. or.).

31. Oskar Kokoschkak Theodor Heuss-i idatzitako gutuna, 1951ko uztailak 31, ZBZ, Nachl. O. Kokoschka 25.12.

32. Oskar Kokoschka, "Die Prometheus Saga" (1952), hemen: O. Kokoschka, *Das schriftliche Werk*, Heinz Spielmann (ed.), III. libk.: *Aufsätze, Vorträge, Essays zur Kunst*, Hans Christians, Hanburgo, 1975, 313–19. or. (318. or.).

33. O. Kokoschka, *Mein Leben* (1971). Gazt. ed.: *Mi vida*, Tusquets Editores, Bartzelona, 1988, 274. or.

34. Konrad Adenauer, "Anfang 1964: Über die Rolle of the griechisch-lateinischen Geisteserbes in der Bildungsgesellschaft von morgen", hemen errepikatua: Rudolf Morsey eta Hans-Peter Schwarz (ed.), *Adenauer. Die letzten Lebensjahre 1963–1967. Briefe und Aufzeichnungen, Gespräche, Interviews und Reden*, I. libk.: *Oktober 1963–September 1965*, Ferdinand Schöning, Paderborn, 2009, 103–04. or.

35. Gutunak hemen: ZBZ, Nachl. O. Kokoschka 301.18.

36. Walter Kern, hemen: W. Kern (ed.), *Oskar Kokoschka, Thermopylae. Ein Triptychon*, BW-Presse, Winterthur, 1955, 8–14 or. (11. or).

37. Ikus Gerhard Brun, *Die Europäische Einigung von 1945 bis Heute*, Reclam, Stuttgart, 2002, 93. or. eta hur.

38. R. N. Coudenhove-Kalergi, *Pan-Europa, op. cit.*, 55. or.

39. Oskar Kokoschka, "Zu meinem Triptychon 'Die Thermopylen' (1955)", hemen: O. Kokoschka, *Das schriftliche Werk, vol. III: Aufsätze, Vorträge, Essays zur Kunst, op. cit.*, 323. or.

40. Oskar Kokoschkak Leopoldo Zorziri idatzitako gutuna, 1954ko otsailak 15, hemen: O. Kokoschka eta H. Spielmann (ed.), *Oskar Kokoschka, Briefe IV: 1953–1976*, Claassen, Düsseldorf, 1988, 20. or.

41. Oskar Kokoschka, "Die fehlende Stimme. Für Max Liebermann", *Frankfurter Zeitung*, 1933ko ekainak 8. Artikuluaren galeradak, hemen: ZBZ, Nachl. O. Kokoschka 5.15.

IRUDIAK

215. or.:

1. irud. Oskar Kokoschka, *Termopilak edo Mendebaldea salbatzeko borroka (Thermopylae oder Der Kampf um die Errettung des Abendlandes)*, 1954. Tenple-pintura mihise gainean, erdiko panela, 225 × 300 cm. Kunsthalle, Hanburgo, gordailuan Hanburgoko unibertsitatean.

2. irud. Oskar Kokoschka, *Tomáš Garrigue Masaryk*, 1935–36. Olio-pintura mihise gainean, 97,5 × 130,8 cm. Carnegie Museum of Art, Patrons of Art Fund, Pittsburgh.

3. irud. Oskar Kokoschka, *Apokalipsia (Apocalypse)*, Prometeo (*Prometheus*) triptikoaren erdiko panela, 1950. Tenple-pintura mihise gainean, 238 × 350 cm. The Courtauld Gallery, The Samuel Courtauld Trust, Londres.

216. or.:

4. irud. Oskar Kokoschka, *Theodor Heuss*, 1950. Olio-pintura mihise gainean, 105 × 80 cm. Wallraf-Richartz Museum, Kolonia.

5. irud. Oskar Kokoschka, *Konrad Adenauer*, 1966. Olio-pintura mihise gainean, 132 × 102 cm. Deutscher Bundestag, Berlin.

Lutxo bat karpen urmaelean, edo Kokoschka eta bere pertsonaiaren eraikuntza

Aglaja Kempf

"[…] Horrela bihurtu nintzen ondasun publiko edo jabetza pribatu dei daitekeen zerbait. Pertsonalki, horixe besterik ez nuke nahi besteek nitaz esatea"[1].

"Lutxo bat karpen urmaelean"[2]: horrela deitzen zion Oskar Kokoschkak bere buruari 1971n argitaratutako *Mein Leben* (Nire bizitza) autobiografian (5. irud., 223. or), *Hiltzailea, emakumeen itxaropena* (*Mörder, Hoffnung Frauen*) antzezlanak eragindako erreakzioez ari zela; izan ere, 1909an estreinatu zenean, burgesia —horrelako lanetara gutxi ohitua— eskandalizatu zuen, gogorraren gogorraz. Kokoschkak lutxo bat bezala ikusten du bere burua, hau da, arrain noble eta menderatzaile, naturaz gaindiko izaki bat bezala, bertutez eta boterez jantzia, ur uharretan ibiltzen den karpa arrunt eta distirarik gabeko hori ez bezalakoa; eta, konparazio horrekin, hasieratik markatzen du tonua. Eszena artistikoan agertu bezain laster, bere ezaugarri bereziek kideengandik bereizten zuten artista gisa azaldu zuen bere burua Kokoschkak. Gainera, ez zuen zalantzarik izan arrainaren metafora bere sorkuntza-lan espresionistetara zabaltzeko: arrain "piloto"[3] deitzen zien bere lanei, bide-urratzaile izaera zutelako edo.

Gaztetatik bere irudi publikoaz arduratuta, Oskar Kokoschkak berehala aprobetxatu zituen eskura zituen mekanismo sozialak bere burua nabarmentzeko eta ospea lortzeko. Beste batzuek baino askoz lehenago, funtsezkotzat jotzen zuen jendeak berari buruz hitz egitea, gaizki-esaka jarduteko bazen ere[4]. 1908an Vienako Kunstschau edo Arte Erakusketan lehen aldiz parte hartu zuenez geroztik, ez zuen onartu epaimahaiak —besteak beste, Gustav Klimt zegoen epaimahaikideen artean— alde bakarrez epaitzea haren lana, erabakia inork hartzekotan prentsak hartu behar zuela argudiatuta[5]. Austriako prentsa kontserbadoreak ez zuen, jakina, bazter-nahasle gaztea masakratzeko aukera galdu, eta epiteto ez oso atseginak eskaini zizkion[6], baita *enfant terrible* eta burgesen zigor fama eman ere[7]. Kokoschka zoratzen zegoen, bere helburua lortuta. Eskandaluaren estrategia dei zitekeen hura oso eraginkorra suertatu zen: artista gazte guztien artean, harena zen berripaperetan agertzen zen izen bakarra. Kokoschkak berehala bereganatu zuen inkonformistaren rola: larru-arras moztu zuen ilea, baztertuen moduan[8], baina, aldi berean, eta horrekin kontrastean, frak burges dotorea jantzita posatu zuen hainbat argazkitan[9].

1910ean, une horiei buruzko sinbolo bisuala gauzatu zuen, *Der Sturm* aldizkarirako autorretratu ospetsua egin zuelarik, bere burua *ecce homo* gisa irudikatuta, bularreko zauria seinalatuz, aurpegia zurbil eta oldarkor, hondo gorriaren gainean (7. irud., 30. or.)[10].

Bere ibilbide artistikoaren hasieratik, Kokoschkak independentzia- eta kontrol-gogo bizia erakutsi zuen, bere lehen gutunetan jada adierazi moduan[11]. Urteetan, artista inkonformista eta autonomoaren irudia lantzen ahalegindu zen, eta adskripzio edo etiketa oro saihesten[12]. Horrela, apurka-apurka, berari buruz zabalduz zihoan kondaira perfekzionatu zuen, hau da, joeren kontra zihoan gizona eta bazterrekoa zela zioen kondaira. Bigarren Mundu Gerraren ondoren, ez zuen zalantzarik izan bere burua arte figuratiboaren heraldo gisa azaltzeko eta arte abstraktuari gupida gabe eraso egiteko, gizatasuna kentzeko prozesuan zegoen gizarte baten sintomatzat hartuta. Sortzaile bakartuaren, estigmatizatuaren ospe hori[13] nahitako probokazioaren gainean eraiki zen[14]. Vienan, Kunstgewerbeschule edo Arte Aplikatuen Eskolan ikasle zela, kode burgesak[15] urratzen saiatu zen, "Vienako gizartea agerian jartzen"[16], transgresioaren bidez. Bere erradikalismoak bultzatuta, sorgortasunaren aurka egiten zuen moderno bakartzat, iraultzaile bakartzat har zezaten nahi zuen[17]. Urte asko geroago, 1968an, argazki-erreportaje batean eszenifikatu zituen bulkada goiztiar horiek, artista haurrak bere burua heldu gisa nola ikusten zuen erakutsi nahiz: eskuan zuzi bat zuela, Kokoschkak zioen "su-emaile" izan nahiko zukeela (2. irud., 221. or.)[18]. Ildo beretik, mugimenduan zeuden modeloekin lan egiten aitzindari izan zela defendatu zuen, jakina denean Auguste Rodinek —Kokoschkak ondo ezagutzen zuen, baita miretsi ere, haren lana— praktika hori hark baino askoz lehenago erabili zuela. Eta ez zuen zalantzarik izan gaztetako lan batzuk oker datatzeko, bi edo hiru urteko errorearekin, aitzindari izaera hori mantentzearren[19].

Anbizioa zen Kokoschkaren berezko habitata, eta hori aldarrikatu zuen, ez maltzurkeriarik gabe, are eta benetako itxurakeriaz. 1922an Anna Kallin (9. irud., 80. or.) maitaleari idatzitako gutun batean, Alexandro Handia, Zesar edo Giuseppe Verdi pertsonaia mitikoen ospea izatera iristeko asmoa adierazi zuen[20]. Maite zuen emakumea txunditzeko iruzkin efektista baino izan ez arren, oso seinale adierazgarria da (4. irud.,

220. or.) 1941ean, Kallini idatzitako beste gutun batean, Kokoschkak, ingelesek egin zioten harrera hotzarekin minduta, "*greatest living painter*" (margolari bizi onena) izendatu zuen bere burua[21]. Ildo beretik, 1944an, bera bezalako artista berezi eta bikainak merezi zuen ezagutza jaso ez izana deitoratu zuen[22]. Hala ere, urte batzuk geroago, 1947an, Basileatik arrebari idatzitako gutun batean —atzera begirako erakusketa garrantzitsu bat eskaini zioten Suitzako hiri horretan—, esan zuen bere handitasun eta dimentsio artistikoa eztabaidaezinak zirela mundu osoarentzat[23]. Gutun horretan bertan, iraulketa hiperboliko natural bat egin zuen, "artista bizi handiena" zela aldarrikatzeraino[24]. Gainera, bere helburua hil ondorengo ospea lortzea zela aitortu zuen[25]. Haren jarrera nartzisistaren lekukotasun horiek, bizitza pribatutik hartuak izan arren, garbi erakusten digute zer estimu handitan zeukan Kokoschkak bere burua, eta horrek ematen ziola, hain zuzen, bere buruarenganako konfiantza eta segurtasuna, "mundu zabalaren" aurrean[26]. Autobiografian, pozik kontatzen du nola, Bigarren Mundu Gerran, Ingalaterran, bere burua ezagutzera emateko eginahalak eta bi egiten ari zela, indarberrituta sentitu zela "Kokoschka ospetsua" gisa ezagutu zutelarik[27].

1910eko hamarkadaren amaieran, Dresdengo Arte Ederren Akademiako irakasle zela, Kokoschkak bere iraultzaile-izaeraz gozatzen jarraitu zuen[28], eta egoerak nahierara manipulatzen, bere ekintzei nabarmentasuna ematearren. 1918an Berlindik gurasoei idatzi zien gutun batean, herri-altxamendu bat ikusi ondoren, paralelismo bat ezarri zuen matxinadaren eta hiriko bere erakusketaren inaugurazioaren artean, bat-etortze horrekin pozarren[29]. 1920ko martxoaren amaieran, berriro ere Dresdenen, besteak beste Peter Paul Rubensen mihise batean albo-kalteak eragin zituzten sediziozko altxamendu batzuk tarteko zirela, bere izena gehitu zion kaleko agitazioari, egunkarietan dei publiko bat egin zuelarik[30] —herritarrei zuzendutako gutun ireki bat, "sarkasmo moduan" kale guztietan zintzilikatu zuena—, jendeari eskatuz ez sortzeko istilu gehiago Gemäldegalerie aurrean[31]. Kokoschka askotan baliatzen zen prentsaz bere ideiak zabaltzeko. Bere korrespondentziak erakusten duenez, etengabe ahalegindu zen horretan, bere testuak aldaketarik eta zentsurarik gabe argitaratu zitezela eskatuz[32]. Pertsona boteretsu asko ezagutzen zituen, baita mugez bestaldeko korrespontsal ugari ere[33], eta maiz jotzen zuen haiengana, artista-aktibista gisa, bere eskaera tematiak —ia exijentziak— helarazteko, hau da, beren herrialdeetako hedabideetan plataforma bat lor ziezaioten eskatzeko[34].

Haren jarrera indartu egin zen gerra ondoren, Britainia Handiko erbestealdia amaituta artista berriz ere fama bila hasi zelarik. Kokoschka panfletarioa hitzaldi gehiago ematen ere hasi zen, batzuetan ehunka laguneko entzuleriaren aurrean[35]. Bere komunikazio-egarri aseezin hori irakaskuntzaren eremura ere iritsi zen. Gazteak argitzeko edo gidatzeko grina horrek 1953an iritsi zuen gailurra, Salzburgon nazioarteko akademia bat sortu zuelarik: Begiradaren Eskola. Hainbat udatan, eskolak eman zituen han, bai eta, munduari buruzko bere ikuspegiaz gain, bizitzarako aholkuak ere, eta arte-hezkuntzaren bidezko irakaskuntza-berrikuntzan aitzindari izan zen[36]. Kokoschkak ezin zuen bereizi bere artegintza gertaera sozial eta politikoetatik, eta bere konpromisoaren transmisio-uhaltzat zeukan bere lana.

1922an, Veneziako Bienalaren Alemaniako Pabiloian aurkeztu zuen erakusketa monografikoan, Kokoschkak "plater nagusi" gisa definitu zuen bere burua, ez zegoelakoan beraren pareko beste artistarik[37]. Oihal beltzez estalitako areto zabal batean, amaitu berriak zituen hamabost mihise aurkeztu zituen, bai eta kritikaren arreta bereganatu ere. "Pinturaren Lenin" gisa hartzen zutela jakiteak, hau da, bere izena terminologia iraultzailera lotuta ikusteak, izugarri poztu zuen. Nolabait esanda, kritika abantaila bihurtzen zuen[38]. Laburbilduz, Kokoschkarentzat "dena izatea ala ezer ez izatea" zen kontua[39].

Jakina, bere pertsonaiaren eraikuntzak autorretratu ugari ere behar zituen, eta asko egin zituen, hala Dresdengo urteetan[40], nola, batez ere, 1910eko eta 1920ko hamarkadetan. Baina gerora ere erretratugintzak garrantzi handiko tokia izaten jarraitu zuen haren obran. Hain zuzen, haren pintura-lanaren irudi-gai nagusietako bat izan ziren erretratuak, bai kopuruagatik, bai —batez ere— beren dimentsio sinbolikoagatik. Bere burua irudikatzeko, beste teknika batzuk ere erabili zituen artistak, hala nola, arkatzezko marrazkia, urmargoa, grabatua eta litografia. Lehen Mundu Gerraren aurretik egindako sail guztietan (dozenaka pieza), lehen planoan ageri da beti bera, bere giza izaerari nabarmentasuna emanez (kat. 86, 87)[41]. Bere lehen autorretratu margotuan (1911), San Sebastian martiriaren itxuran ageri da bera (1. irud., 221. or.), 1910eko kartelean erabili zuen ikonografia erlijiosoa azpimarratuz[42]. Izaera alegoriko hori funtsezkoa da haren obran, bai bere burua margolari gisa irudikatzen duenean[43], bai Alma Mahlerrekin[44] izan zuen maitasun-istorio iskanbilatsuan —edo are genero-eszenetan ere— nahasita agertzen denean[45]. Mezu alegorikoen zale izanik, eta bere historia pertsonalean oinarri hartuta, Kokoschkak gidari artistiko eta politiko gisa kokatu zuen bere burua, hitzaren jatorrizko zentzu grekoan. Bizi zituen pozak eta drama pertsonalak artistaren izaerari eta haren inguruneko estetiko, sozial edo politikoari buruzko irakaskuntza zabalagoak ateraz gainditzeko bere ahalegin horretan, konnotazio sinbolikoz betetako lengoaia adierazkor bat garatu zuen[46]. Azken finean, bere burua bere garaiko arazoekin kezkatua zegoen artistaren epitome gisa kokatzean[47], bere herrikideen begirada zolitzeko helburua hartu zuen bere gain.

Autorretratuaren gaia manifestu batean gauzatu zen: Kokoschka, "artista degeneratua". 1937an izen horrekin egin zuen koadroa (kat. 47) erregimen nazionalsozialistak eragindako umiliazio eta basakerien aurkako ikur bihurtu zen. Era berean, Vienako prentsa kontserbadoreak definitutako testuinguru kritikoaren barnean sartzen zen. Izan ere, prentsak bere erasoen jomuga bihurtu zuen Kokoschka, eszena publikoan lehen aldiz agertu zenetik. Artistaren ustez, bi une horiek eskutik helduta zetozen: "'Lotsaren aretoa' deitu zuten hartan 1908an aurkeztu nituen pinturei Vienako prentsak egin zizkien kritika iraingarriak hutsaren hurrengoak izan ziren nire antzerki-emanaldiaren ondoren sortu zen ekaitzaren aldean: 'artista degeneratu', 'burges-izutzaile', 'gazte-galtzaile', 'espetxe-bazka'… eta gisako hitz goxoak eskaini zizkidaten; Hitlerren garaian ohikoak izan ziren adierazpenak erabili zituzten berripaperek"[48]. Vienako Gestapok Kokoschkaren lehen erretratuetako bat —Robert Freund[49]— hartu eta lau zatitan txikitu[50] izanaren helburua margolariaren izen ona suntsitzea izan zen. Margolana postal-txartel formatuan inprimatu zen gero (7. irud., 161. or.), eta, 1949an, artistak berak zaharberritu zuen. 1938an, Londresen erakutsi ziren Kokoschkaren zenbait margolan, Twentieth-Century German Art Exhibition erakusketan. Munichen 1937an arte degeneratuari buruz antolatu zen erakusketa handiaren aurkako erreakzio gisa ulertu behar da Londresko erakusketa hori.

Bigarren Mundu Gerraren hasierak pentsamendu soziopolitikoan gero eta gehiago inplikatzera eraman zuen Kokoschka, bere adierazpen ugariek, ahoz zein idatziz, bere burua artista humanista, konprometitu eta bakezale gisa definituz egindako adierazpenek, erakusten duten bezala. Bere garaiko intelektualekin hiperkonektatuta zegoen Kokoscha, eta bere mundu-sareko hariak mugitu zituen ondo informatutako eta bere garaiaz kezkatutako artista gisa zeukan irudia indartzeko[51]. Hil zen egunera arte, gizartearen teknologizazio gero eta handiagoa kritikatu zuen, bere burua arte figuratiboaren defendatzaile irmo bihurtuta[52]. Gatazka armatuak gehien kaltetutako haurrekin ere konprometitu zen[53]. Zenbaitetan, dirua biltzeko lanak egin zituen; horretarako, lan horietako batzuen milaka kopia egin eta metroko hormetan jartzen zituen, propaganda egiteko asmoz[54].

Hogeita hamarreko hamarkadatik aurrera, Kokoschkak egoskorkeria are handiagoz jokatu zituen bere kartak taula politikoan. Gerran margotu zituen irudi alegorikoak[55] dira "besteen begiak gerrari buruzko [bere] ikuspegira zabaltzeko" erabili zituen tresnetako bat[56]. Pertsona ezagunei egiten zizkien erretratuak ere (ondo pentsatuta aukeratutako pertsonak izan ziren) zabal dokumentatuta daude[57]. Egunkariek, tirada handikoek batez ere, arreta handiz jarraitzen zituzten pintura horiek burutu arteko etapak, ilustrazio ugariz hornitutako erreportajeen bidez. Patrick Werknerrek artearen instrumentalizazio politikoaz hitz egiten zuen, eta Spiegel aldizkariko artikulu bat (1951ko martxoaren 27koa) jarri zuen horren adibide gisa, non Kokoschkak Alemaniako Errepublika Federaleko presidente Theodor Heussi egindako erretratua goraipatzen baitzen[58]. Erretratu hori Kokoschkak jasandako umiliazioaren kalte-ordain publiko gisa egindako enkargu bat izan zen, antza. Kokoschkak berak behin baino gehiagotan adierazia zuen bere ohorea lehengoratua izatea espero eta desio zuela[59].

1966an, Quick[60] aldizkariak artistaren argazki ugari argitaratu zituen, zeinetan Konrad Adenauer kantziler alemanaren erretratua margotzen agertzen baita (3. irud., 223. or.), iruzkin argigarri hau lagun: "Politikari ospetsuaren eta margolari ospetsuaren arteko ohiz kanpoko topaketa bat da. Baina garbi erakusten dute argazkiek, eta hala aitortu du Konrad Adenauerrek berak ere: berehala ulertu genuen elkar, iritzi berekoak gara"[61]. Erretratua aldizkari ezagun horren enkargu bat izan zen —milioi bat zazpiehun mila aleko tirada zuen orduan—[62], Parlamentuaren kontura egina. Kokoschkak berrehun mila marko alemanen kopuru errekorra jaso zuen lanaren truke, eta beharrean zeuden haurrei laguntzeko eman zuen dena[63]. Ulertzekoa da lankidetza horiek berekin zekarten prestigioa. Estatu-politikariek ohoretzat zeukaten "erretratugile bizi handienaren"[64] aurrean posatzea, eta, trukean, artistak ospea eta begirunea bereganatzen zituen estatuburuak margotuz.

Kokoschkak beretzat nahi zuen botere hori berari buruz idatzitako eta bizirik zela argitaratutako monografiak kontrolatzean ere bazetzan, hala nola Paul Westheimena (1918, 1925), Edith Hoffmannena (1947), Hans Maria Winglerrena (1956), Ludwig Goldscheiderrena (1963) edo Josef Paul Hodinena (1966). Edith Hoffmann[65] biografoarekin izan zituen —eta kontrolatzen saiatu zen— topaketak ikerketa-gai hartu zituen Régine Bonnefoitek[66], eta azaldu zuen Kokoschka nola saiatu zen artearen historialariaren eskuizkribuan bere egia inposatzen. Topaketak hainbat hilabetetan egin ziren, Londresen, eta denbora horretan, Kokoschkak, bere jarrera autokratikoa sendotzen zuen adiskidetasunezko loturatik inoiz aldendu gabe, behin eta berriz adierazi zion editoreari eskuizkribua kontrolatzeko nahia, inprimatzeko azken oniritzia eman arte. Esan eta egin: proiektuaren azken fasea berrikustean, ikusitakoak sumindu egin zuen, eta halaxe adierazi zion ikertzaileari, argi eta garbi, idatziz. Ondoren, goitik behera berrantolatu zuen testua, "lan honek argia ikus ahal dezan [niri] kalte handirik egin gabe"[67], hainbat hilabetean lanean jarduna, kereila-mehatxuak tarteko zirela. Azkenean, hamar urteko ernatze-prozesu luzea behar izan zuen lanak, erabat bukatutzat emateko. Hori gutxi balitz, Kokoschka obraren autoretza bereganatzen saiatu zen, esanez berak diktatu zuela eskuizkribua, hasi eta buka. Izan ere, ba ote kontakizun objektiboagorik nork bere buruaz eman dezakeena baino?[68]

Kokoschkak etengabe landu zuen bere irudi publikoa, argazki bidez bereziki[69], baina baita idatziz ere. Hala, 1971n, *Mein Leben* (Nire bizitza) argitaratu zuen, maisu-jokaldi bat, artistari balio izan ziona bere ibilbidearen amaieran bere biografiaren kontrola hartzeko. Liburua pasadizoz josita dago, batzuetan gehiegikerietara eta baieztapen arriskutsuetara emana da, eta edukia luze eta zabal azalduta dago, Kokoschkak etorkizunerako utzi nahi zuenaren araberako ordena kronologikoan. Azken kapituluek, halaber, kontsiderazio

artistiko eta intelektual orokorragoak azaltzeko balio izan zioten, non margolariak eredu zaharraren nagusitasuna azpimarratu baitzuen. Hala, artista bere irudia moldatuz joan zen, bere buruari halako izaera mitiko bat eman nahiz. Bere idazlanen lau liburukiak (1973–75) prestatzeko prozesuan ere gogotsu parte hartu zuen. Argitalpen hori haren korrespondentzia ugariaren gutun-sorta batekin osatu zen aurrerago, Kokoschka hil ondoren hain zuzen, beste lau liburuki gehiago gehituta (1984–88). Azkenik, Kokoschka, emaztearen laguntza erabakigarriarekin, bere laneko artxiboak antolatzen aritu zen, haiek zerrenden bidez sailkatzen eta egiaztapenei buruz iritzia ematen.

Tentagarria zen "arima-urratzaile" *(Seelenaufschnitzler)* gisa kalifikatu zuten pertsona hura ispiluaren aurrean jartzea. Kokoschkak bere irudia lantzeko egindako ahalegin horretan agertzen diren ertzak aztertuz, ohartzen gara zenbateraino gozatzen zuen margolariak, santifikatua bezain kalumniatua zenak, bere buruaren gorazarre eginez. Kokoschkak gaztetatik jardun zuen bere mitoa eraikitzen, gogotik jardun ere, originaltasunaren

eta apartekotasunaren *topoi* direlakoetan oinarri hartuta. Bere handinahi horretan, eraikitzaile izan nahi zuen, bai, baina baita eraikuntza ere.

Hala ere, oldarraldi nartzisistetatik haratago, bere identitatearen bilaketan harrapatuta zegoen gizon baten aurrean gaude[70]: "Gaur egun ere [hirurogeita hamarreko hamarkadaren hasieran], batzuetan pentsatzen dut —amets batetik esnatzean begiak hatz-koskorrekin igurzten ditugun uneetan bezala— haurtzaroko mundu hark aingura bat bezalakoa izaten jarraitzen duela niretzat; eta jakin-mina, goranahia, asmo materialak eta sentsualtasuna, berriz, nire bizitzaren ontzia bultzatzen duten belak puzten dituen haizea direla. Bi norabide desberdin, nire barne-gatazken sorburu bana"[71]. 1948an hauxe idatzi zuen: "Inoiz ez nuen asmorik izan nire garaikideak malabarismoak eginez entretenitzeko, izaki berezitzat har nintzaten. Neure mundua sortzen saiatzen nintzen, besterik gabe, mailaz maila mundu osora hedatu ziren hausturetatik bizirik irauteko. Nire mundua nirekin desagertzen ez bada, are hobea izango da. Baina nik ezin dut *patua zuzendu*"[72].

1. Oskar Kokoschka, hemen: Heinz Spielmann (ed.), *Oskar Kokoschka. Erzählungen. Das schriftliche Werk*, III. libk.: *Vorträge, Aufsätze, Essays zur Kunst*, Hans Christians, Hanburgo, 1975, 257. or.

2. Oskar Kokoschka, *Mein Leben*, Bruckmann, Munich, 1971, 66. or.: "Intelektuelle, aber bloss auch Neugierige wollten sich nicht entgehen lassen, was der Hecht im Karpfenteich anstellen würde". Gaztelaniazko edizioaren araberako itzulpena: "Baziren intelektual batzuk, baita kuxkuxero batzuk ere, bazter-nahasle hark sortuko zuen eskandalua galdu nahi ez zutenak". [Oskar Kokoschka, *Mi vida*, Joan Parra Contreras (itzul.), Tusquets Editores, Bartzelona, 1988, 48. or.].

3. "Gaur egun esaten da nire obrak benetako pilotuak izan zirela espresionismoarentzat, pilotu hitza baleen aurretik ibiltzen diren arrain txiki horiei aplikatzen zaien zentzuan erabilita. [...] Nire lana ez zen sortu irakurria izateko, antzeztua izateko baizik, eszenaratua izateko, gaur egun antzerkiaren munduan nagusi den lozorroaren aurkako erremedio gisa bizia izateko". Oskar Kokoschka, *Mein Leben* (1971). Gazt. ed.: *Mi vida*, *op. cit.*, 49–50. or.

4. Ikus, adibidez, O. Kokoschka, *Mein Leben* (1971). Gazt. ed.: *Mi vida*, *op. cit.*, 59. or.: "Jakina, prentsa guztia eta gizarte osoa kontra neuzkan —zorionez—, niregatik gaizki-esaka".

5. Gertaera honi buruz, ikus: O. Kokoschka, *Mein Leben* (1971). Gazt. ed.: *Mi vida*, *op. cit.*, 34–35. or.

6. Ikus O. Kokoschka, *Mein Leben* (1971). Gazt. ed.: *Mi vida*, *op. cit.*, 52. or.

7. Alemanezko *Bürgerschreck* hitzak ["basapiztia", hemen: O. Kokoschka, *Mein Leben* (1971). Gazt. ed.: *Mi vida*, *op. cit.*, 35. or.] *Oberwildling* (basatietan basatiena) esanahia ere (salbaia hezigabearen forma perfekzionatu bat) bereganatzen du, Ludwig Hevesi kritikariak Kokoschkarekin lotu zuena, eta ez preseski margolariaren atsekaberako; hemen aipatua: Werner J. Schweiger, *Der junge Kokoschka. Leben und Werk, 1904–1914*, Christian Brandstätter, Viena eta Munich, 1983, 63. or.

8. "Gaizkile bat bezala tratatua sentitzen nintzenez, larru-arras moztu nuen ilea, eta ahal nuen guztia egin nuen baztertu baten itxura emateko". O. Kokoschka, *Mein Leben* (1971). Gazt. ed.: *Mi vida*, *op. cit.*, 47. or.

9. Vienan 1909an hartutako zenbait argazkitan, bera bakarrik edo Max Oppenheimer eta Ernst Reinholdekin batera agertzen da. Ikus *Kokoschka. Das Ich im Brennpunkt*, erak. kat., Leopold Museum, Viena, 2013; Bernadette Reinhold eta Patrick Werkner (ed.), *Oskar Kokoschka. Ein Künstlerleben in Lichtbildern/An Artist's Life in Photographs*, Ambra, Viena, 2013.

10. "Kartel horretan, buruko ilea larru-arras moztuta agertzen naiz, preso bat bezala, eta hatz batekin bularrean irekitako zauri bat seinalatzen; Vienarren kontrako mezu bat zen; baina kontua da, urte batzuk geroago, soldadu errusiar batek bular pare horretan bertan zulatu zidala

birika baionetarekin", O. Kokoschka, *Mein Leben* (1971). Gazt. ed.: *Mi vida*, *op. cit.*, 99. or.

11. Ikus, adibidez, Olda Kokoschka eta Heinz Spielmann (ed.), *Oskar Kokoschka, Briefe I: 1905–1919*, Claassen, Düsseldorf, 1984, 6. or.; bertan, 1906an bere banakotasuna berresteari ematen zion garrantzia azaltzen zion bere irakasle Leon Kellner jaunari.

12. Gaztetan Berlinen emandako urteez, honela dio: "Ez nengoen prest nire independentzia, hainbeste kostata irabazitakoa, inork murriztu zezan", O. Kokoschka, *Mein Leben* (1971). Gazt. ed.: *Mi vida*, *op. cit.*, 105. or. Halaber, *Der Sturm* aldizkarirako egin zituen marrazkiak "guztiz berritzaileak" zirela esan zuen hemen: O. Kokoschka, *Mein Leben* (1971). Gazt. ed.: *Mi vida*, *op. cit.*, 44. or. Eta gaineratu zuen: "Nahiago nuen besteak izatea programen eta teorien eragina jasotzen zutenak. Zalantzarik gabe, fenomeno artistiko berriek interes handia pizten zuten, aitzindari gisa zuten funtzioagatik, baina nik ez nuen nahi nirekin konta zezaten beren zeregin plastikoa definitzeko eta une historikoak, guztioi bezala, planteatzen zizkien arazoak konpontzeko", O. Kokoschka, *Mein Leben* (1971). Gazt. ed.: *Mi vida*, *op. cit.*, 185–86. or.

13. 1911n, Herwarth Waldeni idatzitako gutun batean, Vienako kritikak "Jainkoaren zigorra" *(Gottesgeissel)* eta "gizartearen gorotza" *(Räudiger der Gesellschaft)* deitu ziola aipatzen du, hemen: O. Kokoschka eta H. Spielmann (ed.), *Oskar Kokoschka, Briefe I: 1905 – 1919, op. cit.*, 19. or.

14. "Bi urte geroago, 1919an, *Sasia sutan (Der brennende Dornbusch)* eta Job *(Hiob)* taularatu nituen, Berlinen, Max Reinhardten ganbera-antzokian, eta horrek bere garaian Vienan lehertu zenaren pareko eskandalua sortu zuen. [...] Antzezpenaren amaieran, iskanbila hasi zenean, agertokira irten eta erreberentzia bat egin nuen, eta, Joben burezur hutsa jendaurrean erakutsiz, hatz-koskorrez jo eta oihu egin nuen, burlaizez: 'Hau bezain hutsa duzue zuek burua'", O Kokoschka, *Mein Leben* (1971). Gazt. ed.: *Mi vida*, *op. cit.*, 158. or.

15. Ikus O. Kokoschka, *Mein Leben* (1971). Gazt. ed.: *Mi vida*, *op. cit.*, 47. or. Burgesen gaitzespenari buruz (Kokoschkak txotxongilotzat zeuzkan), ikus halaber O. Kokoschka eta H. Spielmann (ed.), *Oskar Kokoschka, Briefe I: 1905–1919, op. cit.*, 7. or.

16. "*Die Fackel* (Zuzia) aldizkariko editore Karl Krausen erretratua (aldizkariaren beldur izaten zen Viena osoa) ez zen izan hura agerian uzteko saiakera bat, kritikak esan zuen bezala, Vienako gizarte osoa agerian uztekoa baizik", O. Kokoschka, *Mein Leben* (1971). Gazt. ed.: *Mi vida*, *op. cit.*, 55. or.

17. Max Oppenheimerren jeloskor, bere lana plagiatzea leporatu zion, era horretan bere burua aitzindari eztabaidaezin gisa agertzeko borondatea erakutsiz. Ikus O. Kokoschka eta H. Spielmann (ed.), *Oskar Kokoschka, Briefe I, op. cit.*, 19–20. or.

18. Patrick Werkner-ek aipatua, "Zwischen Dokumentation und Medienprodukt. Bemerkungen zu den biografischen

Fotos von Oskar Kokoschka und zur Rolle seiner Frau Olda", hemen: B. Reinhold eta P. Werkner (ed.), *Oskar Kokoschka. Ein Künstlerleben in Lichtbildern…, op. cit.,* 58. or.

19. Ikus Regine Bonnefoit, "Kunsthistoriker vom Künstler zensiert – am Beispiel der Kokoschka-Monography von Edith Hoffmann (1947)", hemen: Beate Böckem, Olaf Peters eta Barbara Schellewald (ed.), *Die Biography – Mode oder Universalie? Zu Geschichte und Konzept einer Gattung in der Kunstgeschichte,* De Gruyter, Berlin eta Boston, 2016, 177 eta 179. or.

20. Ikus O. Kokoschka eta H. Spielmann (ed.), *Oskar Kokoschka, Briefe II: 1919–1934,* Düsseldorf, Claassen, 1985, 53. or.

21. O. Kokoschka eta H. Spielmann (ed.), *Oskar Kokoschka, Briefe III: 1934–1953,* Düsseldorf, Claassen, 1986, 108. or.

22. Ikus *ibid.,* 130. or.

23. *Ibid.,* 182. or.

24. *Ibid.,* 183. or.

25. *Ibid.,* 108. or.

26. Ikus O. Kokoschka eta H. Spielmann (ed.), *Oskar Kokoschka, Briefe IV: 1953–1976,* Claassen, Düsseldorf, 1988, 30. or.

27. "[…] eta hori dela eta, Walter Neurath editore vienarra ikustera bidali ninduten, gerora Thames and Hudson argitaletxe garrantzitsuaren sortzaileetako bat izan zena bisitatzera. Iritsi ginela eta gelaurrean zain geundela jakin zuenean egin zigun harreraren ideia bat izateko, balio bezate Oldaren ohar hauek: 'Bat-batean, Walter Neurath presaka agertu zen gelan, esanez: "Zer da hau, baina? Kokoschka ni ikustera etorri, ni haren bila joan beharrean?". Lehen aldia zen Kokoschkak lehen bezalako arreta jasotzen zuela berriro. Izan ere, Walter Neurathentzat, gizon hura ez zen beste edozein eskatzaile haietako bat bezalakoa, Kokoschka ospetsua baizik'", O. Kokoschka, *Mein Leben* (1971). Gazt. ed.: *Mi vida, op. cit.,* 245. or.

28. "Dresdengo Arte Plastikoen Akademiako ikasle-batzordeak institutu horretan sartzeko eskatu zidan, ordena pixka bat jartzeko. […] eta berehala agertu nintzen haien eskaria betetzeko prest", O. Kokoschka, *Mein Leben* (1971). Gazt. ed.: *Mi vida, op. cit.,* 167. or.

29. Ikus O. Kokoschka eta H. Spielmann (ed.), *Oskar Kokoschka, Briefe II: 1919–1934, op. cit.,* 9. or.

30. *Ibid.,* 12. or.

31. "Kontua ez zen hainbeste bala galdu batek Rubensen koadro bat —ez oso garrantzitsua, bestalde— kalteru zuelako suminduta nengoela adieraztea; gorrotoari sarkasmoz aurre egitea baizik", O. Kokoschka, *Mein Leben* (1971). Gazt. ed.: *Mi vida, op. cit.,* 169–70. or.

32. Ikus, adibidez, O. Kokoschka eta H. Spielmann (ed.), *Oskar Kokoschka, Briefe III: 1934–1953, op. cit.,* 115. or., edo O. Kokoschka, *Mein Leben* (1971). Gazt. ed.: *Mi vida, op. cit.,* 217. or. Kokoschkak zioenez, baita ere, berarentzat oso

garrantzitsua zen bertan, New Yorken, artikuluak luzeak izatea, haiei pisu handiagoa ematearren. [O. Kokoschka eta H. Spielmann (ed.), *Oskar Kokoschka, Briefe III, op. cit.,* 230. or.)]. Ikus H. Spielmann (ed.), *Oskar Kokoschka. Erzählungen. Das schriftliche Werk,* IV. libk.: *Politische Äusserungen,* Hans Christians, Hanburgo, 1976.

33. Hiru bat mila korrespontsal zenbatu dituzte! Koschkaren korrespondentziari buruz, ikus Marlis Stähli, "Der schriftliche Nachlass Oskar Kokoschkas in der Zentralbibliothek Zürich", hemen: *Oskar Kokoschka – aktuelle Perspektiven,* Hochschule für angewandte Kunst, Viena, 1998; Régine Bonnefoit eta Ruth Häusler (ed.), *"Spur im Treibsand". Oskar Kokoschka neu gesehen. Briefe und Bilder,* Michael Imhof Verlag, Petersberg, 2010.

34. Ikus, adibidez, O. Kokoschka eta H. Spielmann (ed.), *Oskar Kokoschka, Briefe III: 1934–1953, op. cit.,* 139. or.

35. Ikus O. Kokoschka, *Mein Leben* (1971). Gazt. ed.: *Mi vida, op. cit.,* 259. or., eta O. Kokoschka eta H. Spielmann (ed.), *Oskar Kokoschka, Briefe III, op. cit.,* 217–62. or.

36. Ikus, adibidez, O. Kokoschka eta H. Spielmann (ed.), *Oskar Kokoschka, Briefe III: 1934–1953, op. cit.,* 137. or., eta *Oskar Kokoschka, Briefe IV: 1953–1976, op. cit.,* 28. or.

37. Ikus O. Kokoschka eta H. Spielmann (ed.), *Oskar Kokoschka, Briefe II: 1919–1934, op. cit.,* 39. or.

38. *Ibid.,* 44. or.

39. *Idem.*

40. Ikus Katharina Erling eta Walter Feilchenfeldt, online katalogoa (www.oskar-kokoschka.ch), CR1916/9, CR1917/1, CR1917/6, CR1918/3, CR1918/4, CR1922/3, CR1922/4, CR1922/7, CR1922/8, CR1922/11, CR1922/13, CR1923/1, CR1923/9.

41. "[…] Baina nire litografia-sailak, *jugendstil* mugimenduaren, inpresionismoaren eta ekoizpen garaikide osoaren artearekin kontrastean beti, mito bat izaten jarraitzen du niretzat, sinbolo baten konfigurazioa, topaketaz, sorkuntzaz eta banaketaz ernaldua", O. Kokoschka, *Mein Leben* (1971). Gazt. ed.: *Mi vida, op. cit.,* 123. or. Ikus serie hauek: *Die träumenden Knaben* (1906–08), *Die chinesische Mauer* (1913, 1914an argitaratua), *Der gefesselte Columbus* (1913, 1916an argitaratua), *O Ewigkeit, du Donnerwort* (1914, 1916an argitaratua), *Allos makar* (1914, 1915ean argitaratua) eta *Die Passion* (1916).

42. Gai erlijiosoak ondorengo autorretratuetan ere landu zituen, hauetan batez ere: CR1922/8 (*Kokoschka, Lot gisa*), CR1922/12 (*Kokoschka, Jacob gisa*), CR1966/1 (*Kokoschka, Saul gisa*), CR1972/2 (*Kokoschka, Kristo gurutziltzatu gisa*). Margolariak irudimenezko pertsonaia enblematiko batzuekin ere lotu zuen bere izaera: Henrik Ibsenen Peer Gynt eta Knut Hamsun-en *Pan* eleberriko Glahn teniente antiheroiekin, adibidez.

43. CR1913/6, CR1914/11, CR1918/3, CR1922/3, CR1922/4, CR1922/11, CR1923/9, CR1937/8, CR1948/7, CR1951/3.

44. CR1912/12, CR1913/2, CR1913/10, CR1914/5, CR1915/2.

45. Hauek bereziki, CR1916/9 eta CR1917/6.

46. Bakardadea eta etsipena behin baino gehiagotan agertzen dira haren erretratuetan. Ikus, adibidez, O. Kokoschka, *Mein Leben* (1971). Gazt. ed.: *Mi vida, op. cit.,* 167–89. or.

47. Pentsa dezagun, halaber, eskuek presentzia handia dutela zenbait obratan, zerbait seinalatuz edo adieraziz, mezu bat bidaltzeko prest agertuz.

48. O. Kokoschka, *Mein Leben* (1971). Gazt. ed.: *Mi vida, op. cit.,* 52. or.

49. CR 1909/2.

50. Ikus O. Kokoschka, *Mein Leben* (1971). Gazt. ed.: *Mi vida, op. cit.,* 109. or.

51. Ikus, adibidez, Frauke Kreutler, "Vom Bürgerschreck zum Königsmaler. Die Inszenierung des Künstlers Kokoschka in Fotografien", hemen: B. Reinhold eta P. Werkner (ed.), *Oskar Kokoschka. Ein Künstlerleben in Lichtbildern…, op. cit.,* 75. or. Bertan deskribatzen da nola posatzen zuen artistak bere biblioteka oparoan eta bere objektu-bildumarekin —antigoaleko gauzak batez ere—, bere irudia —pertsonaia intelektual zein artistiko garrantzitsuaren irudi hori— zabaltzeko.

52. Ikus O. Kokoschka eta H. Spielmann (ed.), *Oskar Kokoschka, Briefe III: 1934–1953, op. cit.,* 268. or.

53. *Ibid.,* 167. or.

54. "Asaldatzaile komunistengandik bereizten ninduena zera zen, ez nintzaiela masei zuzentzen ideologia baten bidez, baizik eta giza kontzientziara jo nahi nuela soil-soilik. Ni *one man underground movement* moduko bat nintzen", O. Kokoschka, *Mein Leben* (1971). Gazt. ed.: *Mi vida, op. cit.,* 252. or. Ikus, halaber, *Helft den baskischen Kindern!* (1937) kartela, hemen aipatua: O. Kokoschka, *Mein Leben* (1971). Gazt. ed.: *Mi vida, op. cit.,* 226. or.

55. CR1939/6, CR1940/2, CR1941/1, CR1942/1, CR1942/2, CR1942/3, CR1943/3.

56. O. Kokoschka, *Mein Leben* (1971). Gazt. ed.: *Mi vida, op. cit.,* 245. or.

57. CR1936/2 (Tomáš Garrigue Masaryk), CR1943/2 (Ivan Maiski), CR1949/3 (Theodor Körner), CR1950/6 (Theodor Heuss), CR1951/2 (Max Brauer), CR1959/2 (Ludwig Erhard), CR1960/5 (Israel Sieff), CR1966/2 (Konrad Adenauer). Beste erretratu batzuk, hala nola Leninena edo Gandhirena [ikus O. Kokoschka eta H. Spielmann (ed.), *Oskar Kokoschka, Briefe III: 1934–1953, op. cit.,* 192], asmo hutsean geratu ziren.

58. P. Werkner, "Zwischen Dokumentation und Medienprodukt…", hemen: B. Reinhold eta P. Werkner (ed.), *Oskar Kokoschka. Ein Künstlerleben in Lichtbildern…, op. cit.,* 48–69. or.

59. 1951an Will Grohmann arte-historialari idatzitako gutun batean,

hemen: O. Kokoschka eta H. Spielmann (ed.), *Oskar Kokoschka, Briefe III: 1934–1953, op. cit.,* 258. or.

60. *Quick,* 1966ko maiaitzak 1, 8 eta 15.

61. F. Kreutler, "Vom Bürgerschreck zum Königsmaler…", hemen: B. Reinhold eta P. Werkner (ed.), *Oskar Kokoschka. Ein Künstlerleben in Lichtbildern…, op. cit.,* 76. or.

62. P. Werkner, "Zwischen Dokumentation und Medienprodukt…", hemen: *Ibid.,* 56. or.

63. Ikus O. Kokoschka, *Mein Leben* (1971). Gazt. ed.: *Mi vida, op. cit.,* 281. or.

64. O. Kokoschka eta H. Spielmann (ed.), *Oskar Kokoschka, Briefe IV: 1953–1976, op. cit.,* 101. or.

65. Edith Hoffmann, *Kokoschka – Life and Work,* Faber and Faber, Londres, 1947.

66. R. Bonnefoit, "Kunsthistoriker vom Künstler zensiert […]", hemen: B. Böckem, O. Peters eta B. Schellewald (ed.), *Die Biographie […], op. cit.,* 169–82. or.

67. O. Kokoschka eta H. Spielmann (ed.), *Oskar Kokoschka, Briefe III: 1934–1953, op. cit.,* 126. or.

68. *Ibid.,* 140. or.

69. B. Reinhold eta P. Werkner (ed.), *Oskar Kokoschka. Ein Künstlerleben in Lichtbildern…, op. cit.*

70. Ikus *Mein Leben, op. cit.,* 313. eta 318. or.

71. *Mein Leben, op. cit.,* 125. or.

72. *Oskar Kokoschka, Briefe III, op. cit.,* 205. or.

IRUDIAK

221. or.:

1. irud. Oskar Kokoschka, *San Sebastian aingeru batekin* (*Heiliger Sebastian mit Engel*), 1911. Olio-pintura mihise gainean, 70,5 × 51,5 cm. Landessammlungen Niederösterreich, St. Pölten.

2. irud. Sven Simon, *Oskar Kokoschka su-emailea* (*Brandstifter Oskar Kokoschka*), 1967, *Eltern* aldizkarian argitaratutako argazkia, 1. zk., 1968.

223. or.:

3. irud. Sven Simon, *Margolaria eta modeloa. Konrad Adenauer eta Oskar Kokoschka, Quick* aldizkarian argitaratutako argazkia, maiatzak 1, 1966, Universität für angewandte Kunst, Oskar Kokoschka Zentrum, Viena.

4. irud. Oskar Kokoschka aztiz mozorrotuta, 1967. Argazkilaria: Sven Simon.

5. irud. Oskar Kokoschka, *Mein Leben,* Bruckmann, Munich, 1971. Argazkilaria: Sven Simon.

Kronologia

"Enfant terrible" bat Vienan, 1904–1916

Margolari, baina baita poeta, idazle, saiakeragile eta antzerkigile ere, Oskar Kokoschka (1886–1980) Vienako XX. mendearen hasierako mugimendu artistiko eta intelektualekin lotuta dago, baita garaikide zituen Gustav Klimt (1862–1918) eta Egon Schiele (1890–1918) margolarien obrarekin ere. Haren lehen lanak eskandalagarritzat jo zituzten ikusleek zein kritikariek, eta *Oberwildling* ezizena jarri zioten artistari: basatietan basatiena.

Arteen batasuna aldarri zutela, Vienako Sezesioari eta Wiener Werkstätte ekoizpen-tailerrari (1903–32) atxikitako sortzaileek, aukeran eta nahiago zituzten forma leun eta begetalak —oso ugariak garai hartan, bai pinturan, bai altzarigintzan eta bai arkitekturan—. Kokoschkak eszena artistikoan egin zuen sarraldia erloju-bonba baten eztanda bezalakoa izan zen, espresionismoak jada iragarria zuen gordinkeria bera erakutsi baitzuen bere marrazki eta idatzietan.

1886

Oskar Kokoschka martxoaren 1ean jaio zen, Pöchlarn-en (Austria). Lau anaitan gazteena zen. Haren aita, Gustav Josef Kokoschka, urregilea zen formazioz, eta bitxi-saltzailea ogibidez. Ama, Maria Romana Loidl, basozain baten alaba, familia ugari batean hazitakoa zen. Oskar jaio eta urtebetera, familia Vienara lekualdatu zen. Handik gutxira, seme zaharrena hil egin zen. Oskarrek sei urte zituela, *Orbis Sensualium Pictus* liburua jaso zuen opari, haurrentzako lehen eskuliburu irudidunetako bat, Jan Amos Komenský (Comenius) hezitzaile txekiarrak 1658an idatzia. Artistak oso presente izan zuen liburu hura bere bizitza osoan.

1904

Maturität edo batxilergoa egin ondoren, kimika-ikasketak egin nahi izan zituzten, baina marrazketarako zuen berezko talentuari esker, beka publikoa lortu ahal izan zuen Kunstgewerbeschule edo Arte Aplikatuen Eskolan sartzeko. Ikastegia Vienako Museum für Kunst und Industrie, hau da, Arte eta Industria Museoarekin lotuta zegoen.

1906–07

Senideak marraztu eta margotu zituen, erretratuarekiko zaletasun goiztiarra erakutsiz. Eskolako Fachschule für Malerei-n (Pintura Departamentua) sartu zen, eta Berthold Löffler zuzendari berria bitarteko zela, bat egin zuen Wiener Werkstätte tailerrarekin. *Arrautza pikardatua* (*Das Getupfte Ei*) itzal-antzerkia aurkeztu zuen Cabaret Fledermaus aretoan. Wiener Werksttättek enkargu ugari egin zizkion (postalak, ilustrazioak, abanikoak).

1908–09

Zortzi litografiekin ilustratutako poema bat sortu zuen Wiener Werkstätte tailerrarentzat, Lilith Lang eskola-lagunari zion maitasunean inspiratuta: *Mutiko ameslariak* (*Die träumenden Knaben*) lehen obra espresionistetako battzat hartzen da. Gustav Klimtek eta Josef Hoffmannek Vienan antolatutako lehen bi Kunstschau erakusketetan parte hartu zuen, eta haren lanak iritzi desberdinak sortu zituen artisten eta kritikarien artean. Han, Adolf Loos arkitektoa ezagutu zuen. Hari esker, Wiener Werkstätte tailerretik ekonomikoki emantzipatzeko behar adina erretratu-enkargu jaso zituen. Garai hartan, halaber, Peter Altenberg poeta eta Karl Kraus idazlea ezagutu zituen, eta sarri jotzen zuen Vienako Akademischer Verband für Literatur Und Musik-era, Eugenie Schwarzwald pedagogoak eta haren senar Hermannek zuzentzen zuten Literatura eta Musikako Elkarte Akademikora, alegia. 1909ko uztailaren 4an, bi antzerki-lan aurkeztu zituen bigarren Kunstschau erakusketan: *Esfingea eta txorimaloa* (lehendabizi, *Grotesque* izan zuen izenburu, eta ondoren, *Sphinx und Strohmann*) eta *Hiltzailea, emakumeen itxaropena* (*Mörder, Hoffnung Frauen*). Bigarren horrek izugarrizko eskandalua sortu zuen.

1910

Urte hasieran, Suitzara joan zen Adolf Loosekin batera. Han, bi lagunek arnasbideetako gaitzetarako sendategi bat bisitatu zuten: Mont-Blanc. Sendategian, arkitektoaren neska-laguna ezagutu zuen, Bessie Bruce, eta haren eta beste egoiliar batzuen erretratuak egin zituen. Vienara itzultzean, Herwarth Walden editore berlindarra ezagutu zuen Loosen bitartez. Waldenek

aldizkari baterako proiektu bat zuen eskuartean, *Der Sturm*, Karl Krausi aurkeztu berri ziona. Kokoschka aldizkariko ohiko kolaboratzaile bihurtu zen. Marrazki asko argitaratu zituen han, hala nola *Hiltzailea, emakumeen itxaropena* antzezlanerako ilustrazioak. Marrazki horiek ospe handia eman zioten Alemanian. Berlinen, Waldenen etxean hartu zuen ostatu.

1911

Vienara itzulita, Albert Ehrenstein poetaren lagun egin zen, eta haren liburu bat ilustratu zuen: *Tubutsch*. Udazkenean, marrazketa-irakasle hasi zen Privat-Mädchenlyzeum emakume-eskola pribatuan. Eskola Eugenie Schwarzwald pedagogo ospetsuak sortua zen. Urtebete geroago kaleratu zuten, ordea, agintari publikoen presioaren ondorioz. Kokoschkak, itxaropena egiteaz gain, gai erlijiosoak esploratu zituen, eta marrazkiak egiten jarraitu zuen *Der Sturm* aldizkarirako.

1912

Carl Moll margolariaren bitartez, haren alabaordea ezagutu zuen, Alma Mahler musikari eta konpositorea, Gustav Mahlerren alarguna zena. Harekin maitemindurik, maitasun-istorio sutsu eta zurrunbilotsu batean murgildu zen. Alma Mahlerrek pintura ugari eta zenbait litografia-serie inspiratu zizkion. Udan, bikotea Bernako Oberland eskualdera (Suitza) joan zen bidaian. Han, *Alpeetako paisaia, Mürren* (*Alpendlandschaft bei Mürren*) margotu zuen. Irailean, Koloniara joan ziren biak, Kokoschka partaide zuen *Sonderbund* erakusketaren kariaz.

1913

Hainbat bidaia egin zituen Alma Mahlerrekin: Napoli, Ponpeia, Venezia. Garai horretan, *Haizearen andregaia* (*Die Windsbraut*) koadroan hasi zen lanean; dirudienez, Napolin harrapatu zuen ekaitz batean inspiratuta dago margolana. Vienara itzulita, estudio propio batean kokatu zen lehen aldiz. Karl Krausen *Die chinesische Mauer* (Txinako harresia) saiakera ilustratu zuen, baita bere poema bat ere, *Kolon kateatua* (*Der gefesselte Columbus*), Alma Mahlerrekiko harremanean sortutako lehen tirabirak islatzen dituen litografia-ziklo bat. Abuztuaren amaieran, bikotea Dolomitetara joan zen

bidaian. Han, Passo Tre Croci mendatearen ikuspegi bat margotu zuen, hoteletik bertatik.

1914

Alma Mahlerrek, haurdun, abortatzea erabaki zuen. Horrek sufrimendu sakona eragin zion Kokoschkari, eta zenbait litografia-ziklo inspiratu, hala nola *Allos makar* —Alma eta Oskar izenen anagrama—, eta *O betierekotasun, hitz sorgarri hori* (*O Ewigkeit, du Donnerwort*), Johann Sebastian Bachen kantatan oinarritua. Gerra hastean, soldadu joatea erabaki zuen.

1915

Loosen gomendioz, 15. dragoi-erregimentuan sartu zen, eta zaldiz ibiltzen ikasi behar izan zuen. Pixkanaka, Alma Mahlerrengandik aldentzen hasi zen, harik eta, azkenean, behin betiko bereizi ziren arte. Almak, bere aldetik, beste harreman bat hasi zuen, Walter Gropius arkitektoarekin. Errusiako frontean, Kokoschkak zauri larriak izan zituen: bala-zauria buruan eta baioneta-zauria birikan. Brnoko ospitale militarrera bidali zuten. Han, ospitaleko egonaldian, *Orfeo eta Euridize* (*Orpheus und Eurydike*) antzerki-lana idazten hasi zen; 1918. urtera arte ez zuen amaitu.

1916

Udan, Isonzoko haranera joan zen, gerrako pintore-talde batekin, lotura-ofizial gisa. Han, gudu-zelaiaren koloretako marrazkiak egin zituen. Granada baten leherketak entzumen-galera larria eragin zion. Hasieran, Vienako ospitale militarrera eraman zuten, baina Berlinen igaro zuen eriondoa.

Dresdeneko urteak, 1916–1923

Errusiako frontean jasotako zaurien ondorioz borrokarako ezgai deklaratu zuten, eta 1916. urtearen amaieran Berlinen kokatu zen. Han, kontratu bat sinatu zuen Paul Cassirer (1871–1926) galeria-jabearekin. Gerrak eragindako depresio-aldi batean sartu zen, eta tratamendua jaso behar izan zuen Dresdeneko eriondo-etxe batean. Hiriko eszena artistikora hurbildu zen, antzerkira batez ere, eta horrek indarra eman zion bere lan dramatikoekin aurrera jarraitzeko. Kokoschka oso kezkatuta zegoen egoera politikoaren ezegonkortasunarekin, leherketa iraultzaileekin eta kontrako errepresio odoltsuarekin, eta hori dela eta, bakartzea erabaki zuen, artearen independentzia-beharra aitzakiatuz. Dresdenera, maiz joaten zen museoak bisitatzera: Rubens, Tiziano eta Rafaelen maisulanak ikustera. Aldi horretan ondu zituen margolanek ezaugarri komun batzuk dituzte: koloreak, biziak eta argitsuak, bata bestearen ondoan aplikatuta daude, eta formak, askotarikoak, askatasun osoz banatuta agertzen dira oihalean.

1916

Urrian, gutxieneko diru-sarrerak bermatzen zizkion kontratu bat sinatu zuen Berlinen, Paul Cassirer galeristarekin. Frontera joan beharra saihesteko, Dresdeneko kanpoaldean (Weißer Hirsch) zegoen erietxe batean har zezaten lortu zuen, Albert Ehrenstein lagunaren bitartekaritzari esker. Gerrara joan nahi ez zuten artistak eta idazleak hartzen zituen zentro hori elkargune garrantzitsua izan zen abangoardiako artistentzat. Han, Fritz Neuberger doktorea, Walter Hasenclever idazle espresionista, Ivar von Lücken poeta eta Ernst Deutsch eta Käthe Richter antzezleak ezagutu zituen, besteak beste. Adiskidantza berri horiek eraginda, zenbait talde-erretratu margotu zituen hurrengo bi urteetan, *Lagunak (Die Freunde)* izenekoa, besteak beste.

1917

Gerrako zaurietatik erabat sendatu gabe artean, Kokoschkak *Esfingea eta txorimaloa* antzerki-lanaren beste bertsio bat egin zuen, *Job* deitu zuena. Apirilean estreinatu zuen, Zuricheko Dada galerian, paper nagusietan Hugo Ball eta Tristan Tzara poetak zirela. Aldi berean, hainbat margolan erakutsi zituen Cabaret Voltaire kluban, Max Ernst, Paul Klee eta Vasily Kandinskyrekin batera. Dresdeneko Albert-Theater antzokian, berak zuzendu zituen bere antzezlanak: *Sasia sutan (Der brennende Dornbusch)* eta *Hiltzailea, emakumeen itxaropena*, Ernst Deutsch eta Käthe Richter antzezleek interpretatuak. Uda horretan, Austriako Kanpo Arazoetarako Ministerioaren babespean, zenbait pieza aurkeztu zituen Stockholmen, eta Bakearen aldeko Nazioarteko Biltzarreko hitzaldietan izan zen.

1918

Berlingo Paul Cassirer galeriak Kokoschkaren lehen banakako erakusketa antolatu zuen, eta Paul Westheimek haren lanari buruzko lehen monografia argitaratu zuen. Garai horretan, sarri egoten zen Hans Posserekin, Dresdeneko Gemäldegalerie Alte Meister edo Maisu Zaharren Pintura Galeriako zuzendariarekin, alegia. Udan, Hermine Moos artista eta jantzi-diseinatzailea ezagutu zuen, eta Alma Mahlerren itxurako panpina bat egiteko enkargatu zion. Hamabi gutun bidali zizkion Moosi, *fetitxea* egiteko jarraibide zehatzak emanez. Bestalde, erregimen inperialaren eroraldia ekarri zuen Alemaniako azaroko iraultzaren lekuko izan zen, eta harremanak izan zituen Novembergruppe-ko (Azaroko Taldea) artistekin, baina, azkenean, ez zuen haien bileretan parte hartu nahi izan. *Printzipioa (Das Prinzip)* izeneko litografian —"Askatasuna, Berdintasuna, Fratrizidioa" du legenda—, gertakari haietako indarkeria salatu zuen, Marianneren bustoa eta Frantziako Errepublikaren goiburua zinikoki erabiliz.

1919

Apiril hasierarako panpina amaituta zegoen. Kokoschka ez zen batere pozik geratu emaitzarekin, baina ez zion uko egin, hala ere, haren bitartez bere sorkuntzaren alderdi berriak aztertzeari: eta harekin batera agertzen zen jendaurrean eta haren konpainian margotzen hasi zen. Hiru urte geroago, festa batean, burua moztuta eta ardotan itota bukatu zuen panpinak. Abuztuan, Dresdeneko Kunstakademie-ko (Arte Ederren Akademia) irakasle izendatu zuten. Zazpi urtez jardun zuen han lanean. Elba ibaiaren aurrean zuen estudioa, eta ibaiaren eta hiriaren ikuspegiak margotzen hasi zen han handik.

1920

Erregimen-aldaketak eragindako bortizkeriarekin zeharo izututa, kezkaz egiaztatu zuen kale-istiluak areagotuz zihoazela Alemanian. Kappek Weimarko Errepublikaren aurka zuzendu zuen estatu-kolpean, bala galdu batek Peter Paul Rubensen obra bat kaltetu zuen, Dresdeneko Gemäldegalerie Alte Meister-en. Kokoschkak protesta egin zuen ondare artistikoaren suntsiketa horren

kontra; Dresdeneko biztanleei gutun ireki bat idatzi eta hiriko kaleetan zintzilikatu zuen. Berlinen, George Grosz eta John Heartfield artistek "Der Kunstlump" (Artearen jendaila) izeneko iritzi-artikulu batekin erantzun zuten. Bertan, gogor kritikatzen zuten Kokoschka, garrantzi gehiago emateagatik artelanei erreboltetan hildakoei baino.

1921

Orfeo eta Euridize antzezlana aurkeztu zuen Frankfurteko Schauspiel-en. Dresdenen, Anna Kallin kantari errusiarra ezagutu zuen, eta maitasun- eta adiskidetasun-harreman luze eta izan zuen berarekin. Handik aurrera, haren koadroetan gehien agertu zen modeloetako bat izan zen Kallin.

1922

Urtarrilean, Gustav aita gaixotu zitzaion. Vienara joan zen hura ikustera, eta bi hilabetez geratu zen hirian. Apirilean, Veneziako Bienalera joan zen. Han, Alemaniako pabiloiaren komisarioak, Hans Posse-k, areto bat eskaini zion oso-osorik. Handik Florentziara joan zen gero, eta Michelangeloren lana ezagutu zuen. Liluratuta geldutu zen hura ikusita. Dresdenera itzulita, bere lehen dekoratuak eta opera-jantziak sortu zituen, Paul Hindemith-ek *Hiltzailea, emakumeen itxaropena* obraz egin zuen moldaketarako.

1923

Abuztuan, Suitzara joan zen bidaian, Anna Kallinekin batera, eta Zurich, Luzerna, Les Avants, Montreux eta Blonay bisitatu zituen. Handik bueltan, irailean, bi urteko eszedentzia eskatu zuen, Europan eta Afrikan zehar bidaiatzeko asmoz. Urrian, Gustav Kokoschka hil egin zen. Oskar Vienara itzuli zen, eta urte amaiera arte gelditu zen han.

Bidaiak eta Parisko egonaldia, 1923–1934

Paul Cassirer galeristaren babes ekonomikoarekin, Kokoschka bidaian ibili zen Europa osoan, Afrikako iparraldean eta Ekialde Hurbilean barna. Bidaia horietan, paisaiak, hiri-ikuspegiak eta pertsonen eta

animalien erretratuak margotu zituen, Dresdenen landua zuen estiloarekin kontraste nabarmenean (Dresdenen Elbaren hainbat ikuspegi margotu zituen, estudiotik bertatik ikusita). Margolan berri horietan, materia isurkorrago bihurtu zen, koloreen paleta zabaldu, konbinazio kromatiko berriak hartzeko, eta trazuak arindu, bidaiaren azkartasunaren adierazgarri balira bezala. Askotan, margotzeko leku ikusgarriak bilatzeko joan-etorri horiek abentura moduko bat bihurtu ziren berarentzat, pertsona bitxiak eta ezohikoak ezagutzeko aukera ematen ziotenak. Denboraldi zoriontsu horretan, Kokoschka bere burua hobeto ezagutarazten saiatu zen, Parisen eta Londresen. Horretarako, egonaldi luzeak egin zituen bi hiriburu horietan.

1924

Urriaren 13an, Kokoschkaren lanen erakusketa monografiko bat inauguratu zen Vienako Neue Galerie-n, Otto Nirensteinen zuzendaritzapean. Erakusketa bi aste geroago itxi zuten, bisitari batek *Haurrak jolasean (Spielende Kinder)* margolanari eraso ziolako. Kokoschkak iritzi-artikulu bat idatzi zuen erasoa salatuz, eta hainbat egunkaritan argitaratu. Ondoren, Parisa jo zuen, Adolf Loos lagunarekin eta Sebastian Isepp margolariarekin batera. Han, Garnier Operaren bi koadro margotu zituen, ondoko hotel batetik ikusita. Hanburgoko Kunsthalle-k *Haizearen andregaia (Die Windsbraut)* erosi zion.

1925

Berlinera itzulita, Kokoschka akordio batera iritsi zen Paul Cassirer galeristarekin. Akordio horren arabera, galeristak bidaiak finantzatu eta 30.000 marko gehiago emango zizkion urtero, haren margolanak saltzeko eskubide esklusiboaren truke. Otsailean, beste bidaia bat hasi zuten, Europan zehar, Frantziako hegoaldetik hasita. Monte-Carlo, Niza, Marseilla, Avignon eta Aigues-Morteseko paisaiak eta hiri-ikuspegiak margotu zituen. Lisboa, Madril, Sevilla eta Toledo ere bisitatu zituen, besteak beste. Ondoren, Amsterdamera joan zen, eta, handik, Londresera. Haren bi margolan ikusgai jarri zituzten Pittsburgh-eko Carnegie Institut-ek antolatutako *24th International Exhibition of Paintings* erakusketan.

1926

Paul Cassirer galeristak bere buruaz beste egin zuen bere dibortzio-prozesuan, eta, hori dela eta, Kokoschka Berlinera itzuli zen. Udaberrian, artistak sei hilabete eman zituen Londresen. Han, paisaiak margotu zituen, eta animalien erretratuak egiten hasi zen berriro. Regent's Parkeko zoologikora maiz egiten zituen bisitek inspiratuta, *Tigoia* (*Tigerlöwe*) eta *Mandrila* (*Mandrill*) margotu zituen. Bestalde, Kokoschkak Hermine Moosi panpina egiteko jarraibideekin idatzitako gutunak argitaratu ziren, Paul Westheimen arte-kritikari eta editorearen ekimenez. Azaroan, Kassel-en, *Orfeo eta Euridize* opera estreinatu zuten Ernst Křenek-en musikarekin. Křenek Alma Mahlerren alaba Annarekin ezkonduta zegoen orduan.

1927

Ekainean, Zuricheko Kunsthausek Kokoschkaren lanaren atzerabegirako garrantzitsu bat aurkeztu zuen, ehun eta bat margolanez osatutako bilduma handi bat erakusgai jarrita. Garai horretan, Alemaniako museoek haren koadro asko erosi zituzten. Kokoschkak denbora zeraman Dresdeneko Kunstakademie-tik agertu gabe, eta Otto Dix margolariak ordezkatu zuen karguan, zuzendaritzaren erabakiz. Kokoschka bidaian joan zen Veneziara, Paduara eta Turinera, Cassirer galeriaren kolaboratzaile Helmuth Lütjens-ekin batera.

1928

Afrikako iparraldera abiatu zen bidaian, Lütjens bidelagun hartuta denborarik gehienean. Lehendabizi, Tunisian barna ibili ziren, eta gero Tozeur aldera jo zuten, Atlasen eta Saharaaren artean. Tribu beduinoak ezagutu zituen eta zenbait erretratu egin, Aljeriarantz abiatu aurretik. Biskra-n, El Kantarako oasia margotu zuen. Sahara iparraldeko Tuggurt herrian, Tamacine-ko (Argelia) Sidi Ahmet Ben Tidjani marabutaren erretratu bat egin zuen. Ondoren, Marokon, Sevillan eta Madrilen ibili zen, eta geroago Londresen, Irlandara abiatu aurretik.

1929

Udaberrian, kanpora jo zuen berriro, Albert Ehrenstein lagunarekin batera, oraingo honetan Egipto ezagutzeko asmoz. Hilabete eman zuen han, eta, segidan, Palestina, Jerusalem, Jeriko eta Tel Aviv bisitatu zituen. Handik aurrera, bakarrik jarraitu zuen bidaia, Grezian eta Turkian barna. Abuztuan, Eskoziaraino iritsi zen, Cassirer galeriako Walter Feilchenfeldt-ekin. Parisen amaitu zuen urtea, Rue Boissy-d'Anglas-eko Vouillemont hotelean.

1930

Urtarrilean, Berlingo Preußische Akademie der Künste-ko (Arteen Akademia Prusiarra) kide hautatu zuten. Ondoren, Tunisiara bueltatu zen, Jerbara, zehazki. Udazkenean, Alderdi Nazionalsozialistaren goraldia ondorioak izaten hasi zen Alemanian, eta Weimarko agintariek margolariaren lan bat konfiskatu zuten. Paul Schultze-Naumburg-ek *Kunst und Rasse* (Artea eta arraza) liburua argitaratu zuen, Kokoschkaren pintura gaixo mental batek egin lezakeen lanarekin parekatuz. Irailean, Parisa jo zuen. Ia urtebete eman zuen han. Delambre kaleko 9. zenbakian hartu zuen estudioa.

1931

Urtarrilean, Mannheimen-eko Kunsthallen egindako atzerabegirako batean, artista germaniar handienetakotzat jo zuten. Handik hilabetera, Parisko Jacques Bonjean galerian, arte alemanari buruzko erakusketa batean, haren sei lan jarri zituzten ikusgai. Martxoaren 18an, erakusketa monografikoa eskaini zioten Parisen, Georges Petit galerian, berrogeita lau margolan ikusgai jarrita. Nolanahi ere, Kokoschkaren egoera ekonomikoa gero eta okerragoa zen. Cassirer galeria bere ordainsariak murrizten saiatu zen, eta Kokoschkak, azkenik, kontratua deuseztatu zuen.

Ekainean, Parisko Villa des Camélias-en jarri zen bizitzen, Jules Pascin-en estudioa izandako etxean. Han, *Iturburua* (*Die Quelle*) koadroan jardun zuen lanean; 1922an hasia zen hura margotzen, Dresdenen. Irailean, Vienara itzuli zen, bere diru-sarrerak handitzeko asmoz, eta udal sozialistak oturuntza-areto bat dekoratzeko enkargua eman zion. Han margotu zuen *Wilhelminenberg jauregia Vienako ikuspegiarekin* (*Schloss Wilhelminenberg mit Blick auf Wien*) obra.

1932

Udan, Veneziako Bienaleko Austriako pabilioian erakutsi zituen bere lanak, eta Max Liebermann margolari eta Preußische Akademie der Künsteko zuzendariaren zorionak jaso zituen. Kokoschka, bere aldetik, maisu aleman handiari buruzko atzera begirako erakusketa bat antolatzen saiatu zen Parisen.

1933

Adolf Hitler boterera igo ondoren, Akademietik dimisioa ematera behartu zuten Max Liebermann, eta Kokoschkak, erreakzio gisa, haren aldeko artikulu bat argitaratu zuen *Frankfurter Zeitung* egunkarian. Alemaniako prentsak estu hartu zuen Kokoschka, eta Dresdeneko bilduma publikoetako bost lan konfiskatu zizkioten. Abuztuaren 23an, Adolf Loos laguna hil zitzaion, eta haren hiletan izan zen, Vienan. Garai hartan idatzi zuen *Totema eta tabua, ziniko baten ariketa intelektualak* (*Totem und Tabou, Denkübungen einez Zynikers*) saiakera, nazismoak asmatutako mito kulturalen kontra.

Pragako erresistentzia, 1934–1938

Kokoschkak egoera ekonomiko zaila zuen. 1932an, Vienara itzuli zen, eta faxismoaren goraldiak eragindako krisi politiko larrian sartuta aurkitu zuen hiria. 1934an, faxisten eta sozialisten arteko gerra zibila piztu zen. Margolariaren amaren osasun-egoerak okerrera egin zuen. Aste batzuk geroago hil zen. Kinka horretan, Pragara jo behar izan zuen, aitaren jaioterri eta Berta arrebaren bizileku zen hirira, alegia.

Txekoslovakian zegoela, nazismoaren itzal iluna Europan barrena zabaltzen ikusi zuen. Horren aurrean, artikulu ugari idatzi eta hitzaldiak antolatu zituen, zetorren arriskuaz ohartarazteko. Alemaniako agintariek 1937an antolatutako "arte degeneratua" delakoari buruzko erakusketa ibiltariak haren bederatzi margolan erakutsi zituen Europako abangoardiako beste maisulan askorekin batera. Kokoschkaren erantzuna beste maisulan bat izan zen: *"Artista degeneratu" baten autorretratua* (*Selbstbildnis eines "entarteten Künstlers"*). Egoera horri nolabait aurre egin nahiz, margolan distiratsuagoak eta bukolikoagoak egin zituen. Mihisea inbaditzen eta eszena enigmatikoak eratzen zituen natura joria deskribatzen zuten, xehe-xehe, haren pintzelkadek.

1934

Kokoschka Vienara itzuli eta gutxira, Dollfuss kantzilerraren gobernuaren ezarpenak gatazka zibila piztu zuen herrialdean, eta demokraziaren amaiera ekarri. Maria Romana, Kokoschkaren ama, guztiz ahuldua, uztailaren 4an hil zen. Irailean, Kokoschka Pragara joan zen. Aste bat edo bi igaro nahi zituen han, bere ametsa betez Errusiara bidaiatzeko behar beste diru bildu bitarte, baina, azkenean, zenbait urtez gelditu zen. Han ezagutu zuen gerora emazte izango zuena, Oldriska-Aloisie Palkovskà, ezizenez Olda, bildumagile txekiar baten alaba, eta zuzenbide ikaslea orduan.

1935

Alemanian erregimen nazia ezarrita, Europako egoera politikoak okerrera egin zuen. Kokoschka erregimenaren aurka eta askatasunaren alde agertu zen zenbait saiakera eta hitzalditan. Otsailean, Max Liebermann hil zen, eta Kokoschkak haren omenezko artikulu bat idatzi zuen, "Arte bizia eta arte hila. Max Liebermanni buruzko solasak", *Pravda* egunkari txekiarrean argitaratu zena. Apirilean, bere bidaia-koadroak erakutsi zituen, Zuricheko Kunsthaus-ek antolatutako erakusketa batean. Udan, Txekoslovakiako Errepublikaren lehen presidente Tomáš Masaryk-en erretratua egin zuen. Haren bitartekaritzari esker, txekiar herritartasuna lortu zuen, herrialdean atzerritarren aurkako legeak aldarrikatu zirelarik. Udazkenean, Pragan bertan, Justiziaren eta Askatasunaren aldeko Batasuna sortzen lagundu zuen, kultura suntsiketaren aurka eta giza eskubideen alde elkartutako intelektualen erakunde bat.

1936

Bere konpromiso politikoari leial, Bakearen Kongresu Unibertsalean parte hartu zuen, Bruselan, Txekiako ordezkaritzako kide gisa, eta hitzaldi bat eman zuen, martxoan Pragan argitaratu zena. Alemaniak eta Austriak uztailaren 11n sinatutako akordioak Alemaniaren posizioa eta nagusitasuna indartu zituen. Kokoschkak erregimen naziaren ankerkeriak salatu zituen *Pravda* egunkarian argitaratu zen "Domine,

Quo Vadis?" artikuluan. Bestalde, *Comenius* antzerki-lana idazten hasi zen.

1937

Maiatzean, Vienako Museum für Kunst und Industrie-k Kokoschkaren obraren atzerabegirako bat antolatu zuen, Austriako artearen balioa goratzeko ahalegin politiko batean. Erakusketaren burua Carl Moll izan zen, Ferdinand Bloch-Bauer bildumagile vienar garrantzitsuaren babesarekin. Hala ere, erakusketa Austriako gobernu faxistaren kontrolpean geratu zen, eta, ondorioz, Kokoschkak ez zuen zerikusirik izan nahi izan antolakuntzarekin, eta uko egin zion inauguraziora joateari. Alemanian, bilduma publikoetan zeuden Kokoschkaren lanak konfiskatu zituzten. Uztailean, naziek "arte degeneratuari" buruzko erakusketa bat antolatu zuten Munichen, geroago Alemaniako hainbat hiritan eta Vienan ere aurkeztu zutena. Erakusketan, Kokoschkaren bederatzi margolan —*Haizearen andregaia*, besteak beste— eta zenbait marrazki zeuden. Egoera horren aurrean, Pragan bizi ziren zenbait artista —John Heartfield, Theo Balden— margolariari laguntzea erabaki zuten, Oskar-Kokoschka-Bund artista erbesteratuen kolektiboa sortuta. Gernikako bonbardaketaren ondoren, Kokoschkak *Lagundu euskal haurrak!* (*Pomozte baskickým dětem!*) kartela sortu zuen, eta Pragako kaleetako hormetan itsatsi, Bizkaiko herri horretako herritar zibilen sufrimendua agerian jartzeko eta salatzeko. Udazkenean, Oldaren aitona-amonen etxean zegoela, Ostravako hirian, *"Artista degeneratu" baten autorretratua* lana margotzen hasi zen.

1938

Alemaniako armadak Austria inbaditu zuen martxoaren erdialdean. Reicheko Hezkuntza eta Propaganda Ministerioak Kokoschkaren hogeita lau lan eman zizkien opari Alemaniako eta atzerriko arte-merkatariei, gerra-gastuetan laguntzeko sal zitzaten. Horietako bat da *Trantzelaria (Ernst Reinhold)* [*Der Trancespieler (Ernst Reinhold)*]. Kokoschka Preußische Akademie der Künste-tik bota zuten. Gestapok Vienan egindako sarekada batean, hark margotutako erretratu bat (*Robert Freund I*) zatikatu zuten, eta koadroaren zati elkar itsatsiak nazien kultura-basakeriaren irudi bortitzenetako bat

bihurtu ziren. Uztailean, New Burlington Galleries-ek *Twentieth Century German Art* erakusketa antolatu zuen, estatu naziak degeneratutzat jotzen zituen artistei laguntzeko. Kokoschka bere *"Artista degeneratu" baten autorretratua* koadroaren bidez ordezkatuta egon zen. Parisen, Paul Westheimek bigarren kontra-erakusketa bat antolatu zuen, Maison de la Culture-n, *L'Art allemand libre* izenekoa, eta Kokoschkaren zenbait lan erakutsi ziren han, Freund-en erretratua, besteak beste. Municheko Itunak, irailean sinatuak, bide librea utzi zien naziei Txekoslovakia inbaditzeko. Oldaren ekimenari esker, bikoteak naziengandik ozta-ozta ihes egitea lortu zuen, eta Ingalaterrara jo zuen babes bila. Ekipajean, Kokoschkak amaitu gabeko koadro bat eraman zuen, Pragako hiriaren ikuspegi bat, eta Londresen amaitu zuen.

Ingalaterrako erbestealdia, 1938–1946

Kokoschka 1938an iritsi zen Ingalaterrara, baina han ere, erbestealdian, ez zen geldi egotekoa izan. Lehenik eta behin, bizimodua berregin behar izan zuen, bere arteak oraindik osperik ez zuen herrialde batean. Olda emaztea eta biak baliabide gutxirekin bizi ziren, Londres eta Polperro (Kornualles) artean. Kornuallesko herri horretan, Europa gerran sartzeari buruzko lan alegoriko batzuk egiten hasi zen margolaria: formatu txikiko lanak ziren (ezinbestean, hornidura-arazoak zirela eta), garai dramatiko haren testigantza paregabeak. Kokoschkak hainbat arte-erregistro baliatu zituen haietan, mitologikotik hasi eta satiriko edo herrikoiraino. Lan horietan, kanon tradizionalak deseginda geratu ziren, eta pintura historikoaren nobletasunari etsipenezko umore-ukituekin ondutako irudikapen arruntak gailendu zitzaizkion. Kokoschkak, orduko egoera salatzeaz gain, kartelak diseinatu zituen kaleetan itsasteko, eta hainbat artikulu argitaratu zituen bere bakezaletasuna berresteko eta adiskidetasun beharra aldarrikatzeko.

1938–39

Behin Londresen finkatuta, Kokoschka berehala jarri zen harremanetan beste artista errefuxiatu batzuekin. 1939ko martxoaren 1ean, Freier Deutscher Kulturbund in Großbritannien (FDKB, Alemaniako

Kultur Elkarte Librea Britainia Handian) sortu zuen. Erakundeak mila kide baino gehiago bereganatu zituen denbora gutxian, besteak beste John Heartfield artista, Alfred Kerr kritikaria eta Stefan Zweig idazlea. Zuzendaritza Batzordeko kide gisa, Kokoschkak taldeko jarduera guztietan parte hartu zuen, hala nola aldizkaria argitaratzen eta erakusketak eta bestelako ekitaldiak antolatzen. Halaber, Austrian Center–Association of Austrians (Austriar Zentroa–Austriarren Elkartea) erakundean sartu zen. Ekainean, Luzernako Theodor Fischer galeriak enkantera atera zituen haren lan asko, Alemaniako bilduma publikoetan konfiskatuak. Abuztuan, Olda eta biak Polperron finkatu ziren, Kornuallesko herri batean. Kokoschka han hasi zen *Karramarroa* (*Die Krabbe*) margotzen, Europako egoera politikoa kritikatzen zuten mihise alegorikoen sorta bat. Irailaren 3an, Erresuma Batua gerran sartu zen Alemaniaren aurka.

1940

Txekoslovakiar herritartasuna zuenez, Kokoschka ez zuten inon barneratu, gainerako errefuxiatu alemaniarrak eta austriarrak ez bezala, Erresuma Batuaren etsaitzat hartuak izan baitziren automatikoki. Uztailean, Londresera itzuli zen, eta FDKBk eta Austriar Zentroak barneratze-eremuetako presoak askatzearen alde egindako ekintzak babestu zituen. Urtearen amaieran, *Arrautza gorria* (*Das rote Ei*) koadro politikoa margotzen hasi zen, Municheko Ituna eta Txekoslovakiaren desegitea (1938) salatzeko.

1941

Maiatzaren 15ean, Oskar eta Olda ezkondu egin ziren une hartan administrazio-zerbitzuetara bideratuta zegoen babesleku antiaereo batean. Kokoschka FDKBren presidente izendatu zuten, eta 1946. urtera arte aritu zen karguan. FDKBren *Children's Art from All Countries* (Herrialde orotako haur-artea) erakusketa inauguratu zuen, non hamabost herrialdetako haurrek —horietako asko errefuxiatuak— egindako laurehun obra baino gehiago aurkeztu ziren. Irekiera-hitzaldian, Comeniusen humanismoa hartu zuen ahotan, eta hezkuntzarako eskubidea herrien askatasunerako bide gisa defendatu zuen. Era berean, bat egin zuen Free Austrian Movement (Austriar Mugimendu Librea) delakoarekin, Austria libre eta independente bat berrezartzeko helburuz. Bestalde,

Loreley obra margotu zuen, Britainia Handiaren estrategia militarra, bere ontzidian oinarritua, barregarri uzten zuena. Udazkenean, Eskoziako hego-mendebaldera jo zuen, Oldarekin batera, eta inguruko paisaien koloretako marrazki asko egin zituen.

1942

Urtarrilean, artikulu bat argitaratu zuen FDKBren aldizkarian, "Die Wahrheit ist unteilbar" (Egia zatiezina da), errefuxiatu alemaniarrak faxismoaren aurka eta demokrazia berri baten alde borrokatzera deitzen zituena. Garai hori, gainera, Kokoschkak sobietar boterera egin zuen hurbilketak markatuta ageri da, baina aurrerago, gerraostean, artistak garrantzia kendu zion jarrera-hartze horri. Ivan Maïski Londresko enbaxadore sobietarraren erretratua margotu zuen, eta Stalingradeko frontean zaurituakoei laguntzeko eman zuen eskuratutako ordainsaria. Urrian, SESB sortu zeneko hogeigarren urteurrenaren kariaz, sobietar gizarte-sistema berriari buruzko panegiriko bat egin zuen, Conway Hall-en eman zuen hitzaldi polemiko batean. Pintura politikoen zikloak aurrera jarraitu zuen: *Marianne – Makiak – "Bigarren frontea"* (*Marianne – Maquis – "Die zweite Front"*) eta *Anschluss – Alizia Lurralde Miresgarrian* (*Anschluss – Alice im Wunderland*).

1943–44

Bakearen aldeko bere ahalegin horretan, Kokoschkak ongintzako ekimen ugari sustatu zituen. FDKBn, *The War as Seen by Children* (Gerra, haurren begietan) erakusketaren antolaketan parte hartu zuen. Obren salmentarekin lortutako diru-sarrerak hainbat elkarteren artean banatu ziren gero. Gerrako umezurtz txekoslovakiarrentzako funts bat ere sortu zuen, Tomáš Masaryk Txekoslovakiako Errepublikaren presidente ohiaren erretratuaren salmentarekin New Yorken irabazitako diruarekin. *Honexen alde ari gara borrokan* (*What We Are Fighting For*) obra alegorikoa margotu zuen, Artists' International Association-ek (Artisten Nazioarteko Elkartea) orube bonbardatu batean antolatu zuen *Pour la liberté* erakusketarako.

1945

Maiatzaren 7an, Alemania naziak baldintzarik gabeko kapitulazioa onartu zuen. Gabonak baino hilabete lehenago, Kokoschkak *Eguberriotan gosez eta hotzez hilko diren Europako haurren omenez* (In Memory of the Children of Europe who Have to Die of Cold and Hunger this Xmas) kartela diseinatu zuen. Bost mila kopia itsatsi zituzten Londresko metroan. Hitzaurre bat idatzi zuen Edith Hoffmann arte-historialaria haren lanari buruz prestatzen ari zen libururako, aurrerapen teknologikoen mendeko mundu batean balio kulturalak eta moralak galtzearen edota bonba atomikoak berekin zituen arriskuez ohartaraziz.

1946

Kokoschka garai hartako azken koadro alegorikoa pintatzen hasi zen, *Energia atomikoaren askapena* (Entfesselung der Atom-Energie), gerra nuklearraren mehatxua salatzen zuena. Artistak hirurogei urte bete zituela eta, Theodor Körner Austriako presidente izango zenak telegrama luze bat bidali zion, Vienara itzultzeko eta Kunstgewerbeschule (Arte Aplikatuen Eskola) berrantolatzen laguntzeko eskatuz. Azaroan, haren lau obra erakutsi ziren Unescok Parisko Musée d'Art Modernen antolatutako nazioarteko erakusketan.

Artista europar bat Suitzan, 1946–1980

Kokoschkari eskainitako atzera begirako erakusketek haren lanaren nazioarteko izaera berretsi zuten, baina hori ez zen eragozpena izan hark beste proiektu askotan parte hartzen jarraitzeko eta bere buruari erronka berriak jartzeko. Arte abstraktuaren aurkari sutsua izanik, 1953an Begiradaren Eskola ireki zuen Salzburgon, irudiaren eta behaketaren bidezko irakaskuntza bultzatzeko, Comenius hezitzailearen (1592–1670) idazkiak oinarri hartuta. Friedrich Welz austriar galeristak (1903–1980) finantzatu zuen eskola. Welz nazien erregimenaren hurbilekoa zen, baina Kokoschkak bere espiritu humanista eta bakegileak bultzatuta onartu zuen harekin lan egitea.

Azken urteetako obrek, irudikapenen gordintasunagatik eta trazuaren presagatik, lehen garaiko lanak gogorarazten zituen erradikalismo piktoriko bat zuten, margolari-belaunaldi berriei bidea ireki ziena. Kokoschkak pinturaren ahalmen iraultzailean zuen fedea bere hartan mantendu zen beti, 1980an hil zen arte.

1947

Kokoschkak nazionalitate britainiarra bereganatu zuen, Europan zehar errazago bidaiatzeko. Martxoan, haren atzera begirako erakusketa bat inauguratu zuten Basileako Kunsthallen. Beldurrak beldur, haren obra gehienak nazien suntsipenetik salbu geratu zirela ikusi ahal izan zen. Urrian, anaia ikustera joan zen, eta familia-etxea berreskuratzeko izapideak egiten hasi zen, gerra garaian jabetza kendu baitzieten. Londresen, Edith Hoffmannen *Kokoschka. Life and Work* monografia argitaratu zuten.

1948

Veneziako Bienalerako erakusketa bat tarteko, Italian igaro zuen urtearen zati handi bat. Lehen atzerabegirako handia eskaini zioten AEBn, Bostongo Institute of Contemporary Art erakundean. Ondoren, Washingtonen, San Luisen, San Frantziskon, Wilmingtonen eta New Yorken egon zen ikusgai erakusketa.

1949

Apirilean, Vienan, Austriako presidente izango zen Theodor Körner alkatearen erretratua margotu zuen. Erroman egonaldi bat egin ondoren, Tanglewood Summer School udako eskolaren zuzendari izan zen Bostonen. Ondoren, Minneapolisera eta New Yorkera joan zen, eta New Yorkeko Museum of Modern Art-en eskaini zioten erakusketa bisitatu zuen.

1950

Urtarriletik uztailera, Antoine Seilern kondeak Londresko etxeko sabairako enkargatu zizkion pinturetan egin zuen lan: *Prometeo* (Prometheus) izeneko triptikoa margotu zuen. Salzburgoko egonaldi batean, nazioarteko udako pintura akademia bat sortzeko asmoa ibili zuen buruan, Friedrich Welz galeristaren laguntza izango zuena. Bestalde, Theodor Heuss Alemaniako Errepublika Federaleko presidentearen (1949–59) erretratua ere margotu zuen.

1951–52

Lursail bat erosi zuen Suitzako Villeneuve udalerrian, Leman aintziraren ertzean, eta etxe bat eraikiarazi zuen bertan, *Dauphin*. 1953an, hara joan zen bizitzera

Oldarekin batera. Emil Bührle industria-gizon eta arma-saltzailearen erretratua egin zuen. 1952ko azaroan, AEBra joan zen, Minneapolis School of Art-en irakasle bisitari gisa lan egitera.

1953

Begiradaren Eskola izeneko nazioarteko arte-eskola sortu zuen Salzburgon. Hamar urtez, udako ikastaroak eman zituen bertan.

1954–55

Abuztuan, *Termopilak* (Thermopylae) triptikoa amaitu zuen, Hanburgoko Unibertsitaterako. Begiradaren Eskolak hirurogei ikasle zituen ordurako. 1955ean, Mozarten *Txirula magikoa* obraren eszenografia sortu zuen, Salzburgoko Zinemaldirako. Udazkenean, beste Begiradaren Eskola bat inauguratu zen, Sion-en (Suitza).

1956–57

Greziara joan zen bidaian. Zenbait obra margotu zituen Korinton, Atenasen eta Delfosen aurkitutako hondakinak gaitzat hartuta. *Spur im Treibsand* (Arrastoa harea mugikorretan) izeneko kontakizun-bilduma argitaratu zuen.

1958–59

Municheko Haus der Kunst-ek eskaini zion atzera begirakoa bisitatu zuen. Axel Springer kazetari eta enpresariak Hanburgo hiriaren ikuspegi bat enkargatu zion, hark sortutako talde mediatikoaren egoitzatik ikusten zen ikuspegia, hain zuzen. 1959ko udazkenean, Londresera joan zen berriro, Britaniar Inperioko komandante titulua jasotzera.

1960–63

Antzerkirako eszenografiak eta litografia-zikloak sortu zituen. 1960ko azaroaren 8an, Berta arreba hil zitzaion. 1961eko udazkenean, bidaia luze bat egin zuen Grezian barna, *Heleniar lurrei omenaldia* litografia-sorta egiteko baliatu zuena. 1962an, haren obraren atzera begirako erakusketa bat antolatu zuten Londresko Tate Galleryn. 1963an, Florentzian, Giuseppe Verdiren *Mozorro-dantza* (Un ballo in maschera) operarako jantzi eta dekoratuetan lan egin zuen. Uda horretan eman zituen azken eskolak Begiradaren Eskolan.

1966

Apirilean, Axel Springerren enkarguz, Konrad Adenauer Alemaniako kantziler ohiaren erretratua egin zuen Italiako Cadenabbia herrian. Abuztuan, ostera ere Springerren enkarguz, Berlin erdigunea —artean hesiak banatuta eta oraindik ere erdi suntsituta zegoela— margotu zuen haren prentsa-taldeko etxe orratz baten goikaldetik.

1970–74

Bere autobiografia idatzi zuen, *Mein Leben* (Nire bizitza), 1971ko uztailean argitaratua. Negu horretan, 86 urterekin, *Time, Gentlemen Please* egin zuen, bere azken autorretratua, alegia. Hurrengo urtean, Municheko Olinpiar Jokoak zirela eta, kartel ofizialeko bat diseinatu zuen, eta *kouros* bat irudikatu, kirol-ekitaldiaren greziar jatorriaren omenez. 1973an, Jerusalemera joan zen, eta pertsonaia politiko eta erlijioso garrantzitsu askoren erretratuak egin zituen. 1974an, Austriako ohorezko herritar izendatu zuten. Haren *Comenius* antzezlana telebistarako egokitu eta 1975ean emititu zuten, ZDF eta ORF kanalen bidez.

1975–76

1975eko urtarrilean, katarata-ebakuntza egin zioten Lausanako erietxe batean. Horrek erabat baldintzatu zuen haren ondoko lan-jarduera. 1976ko urtarrilaren 12an, anaia gazteena hil zitzaion, Bohuslav. Anaiaren galerak sekulako atsekabea eragin zion.

1980

Urtarrilaren 4an, garuneko isuri bat izan zuen. Otsailaren 22an hil zen, Montreux-en. 1988an, Olda Kokoschkak Oskar Kokoschka Fundazioa sortu zuen, Vevey-ko (Suitza) Jenisch Museoan, berak zeuzkan obra guztiak dohaintzan emanda. Halaber, Zuricheko Zentralbibliothek-en esku utzi zituen haren eskuizkribu guztiak, eta Vienako Oskar Kokoschka Zentrum-en esku argazki biografikoak eta biblioteka. Pöchlarn hiriak, berriz, museo bihurtu zuen artistaren jaiotetxea.

Artelanen zerrenda

Argazki-oinen bukaerako zenbakiak Katharina Erling eta Walter Feilchenfeldt-en online katalogo arrazoituan (www.oskar-kokoschka.ch) obra bakoitzak daukan erreferentziari dagozkio. Guggenheim Bilbao Museoan ikusgai ez dauden obrak izartxoz markatuta daude.

MARGOLANAK

Kat. 1, 41. or.
Hungariako paisaia (Ungarische Landschaft), 1908
Olio-pintura mihise gainean, 73 × 100,4 cm
Musée Jenisch Vevey – Fondation Oskar Kokoschka, Inb.: FOK 0400 (K.A.:1908/1)

*Kat. 2, 45. or.
Veronika izerkariarekin (Veronika mit dem Schweißtuch), 1909
Olio-pintura mihise gainean, 120 × 80 cm
Budapesteko Arte Ederren Museoa, inb.: 542.B (K.A.:1909/03)

*Kat. 3, 42. or.
Hirsch aita (Vater Hirsch), 1909
Olio-pintura mihise gainean, 70,5 × 62,5 cm
Lentos Kunstmuseum Linz, inb.: 4 (K.A.:1909/4)

Kat. 4, 44. or.
Haurrak jolasean (Spielende Kinder), 1909
Olio-pintura mihise gainean, 72 × 108 cm
Lehmbruck Museum, Duisburg, inb.: 573/1956 (K.A.:1909/14)

Kat. 5, 46. or.
Bertha Eckstein-Diener, 1910
Olio-pintura mihise gainean, 78 × 88 cm
mumok – Museum moderner Kunst Stiftung Ludwig Wien, Viena, 1962an eskuratua, inb.: B 58/0 (K.A.:1910/2)

Kat. 6, 47. or.
Auguste Forel, 1910
Olio-pintura mihise gainean, 70 × 58 cm
Kunsthalle Mannheim, inb.: M321 (K.A.:1910/3)

*Kat. 7, 43. or.
Kudeatzailea (Der Rentmeister), 1910
Olio-pintura mihise gainean, 74 × 59 cm
Belvedere, Viena, inb.: 2448 (K.A.:1910/9)

Kat. 8, 51. or.
Herwarth Walden, 1910
Olio-pintura mihise gainean, 100 × 69,3 cm
Staatsgalerie Stuttgart, Loteriaren funtsekin eskuratua, 1966, inb.: 2749 (K.A.:1910/11)

Kat. 9, 49. or.
Carl Leo Schmidt, 1911
Olio-pintura mihise gainean, 98 × 68 cm
Bilduma: Carmen Thyssen-Bornemisza, inb.: (CTB.1998.27) (K.A.:1911/3)

*Kat. 10, 54. or.
Alexis af Ennehjelm, 1911
Olio-pintura mihise gainean, 60 × 50 cm
Hamburger Kunsthalle, 1954an eskuratua, inb.: HK-2965 (K.A.:1911/10)

*Kat. 11, 55. or.
Deikundea (Verkündigung), 1911
Olio-pintura mihise gainean, 83 × 122,5 cm
Museum Ostwall im Dortmunder U, Dortmund, inb.: SG92 (K.A.:1911/11)

Kat. 12, 52. or.
Alpeetako paisaia, Mürren (Alpendlandschaft bei Mürren), 1912
Olio-pintura mihise gainean, 70 × 90 cm
Franz Marc Museum, Kochel am See. Bilduma pribatua, inb.: DL-0057 (K.A.:1912/10)

Kat. 13, 53. or.
Dolomitetako paisaia, Tre Croci (Dolomitenlandschaft, Tre Croci), 1913
Olio-pintura mihise gainean, 80 × 120,1 cm
Leopold Museum, Viena, inb.: 624 (K.A.:1913/4)

Kat. 14, 57. or.
Neskatxa baten erretratua (Mädchenbildnis), 1913
Olio-pintura mihise gainean, 67,7 × 54 cm
Bilduma: Museum der Moderne Salzburg, inb.: BU 1307 (K.A.:1913/5)

*Kat. 15, 56. or.
Carl Moll, 1913
Olio-pintura mihise gainean, 128 × 95 cm
Belvedere, Viena, legatua: Carl Moll, 1945, inb.: 4009 (K.A.:1913/7)

Kat. 16, 48. or.
Max Schmidt, 1914
Olio-pintura mihise gainean, 90 × 57,5 cm
Museo Nacional Thyssen-Bornemisza, Madril, inb.: 629 (1982.29) (K.A.:1914/1)

Kat. 17, 50. or.
Presoa (Der Gefangene), 1914
Olio-pintura mihise gainean, 100,1 × 72,5 cm
National Heritage Institute, Txekiar Errepublika (K.A.:1914/4)

Kat. 18, 59. or.
Mechtilde Lichnowsky printzesa (Fürstin Mechtilde Lichnowsky), 1916
Olio-pintura mihise gainean, 110,7 × 85,3 cm
National Heritage Institute, Txekiar Errepublika (K.A.:1916/7)

Kat. 19, 82. or.
Autorretratua (Selbstbildnis), 1917
Olio-pintura mihise gainean, 79 × 63 cm
Von der Heydt-Museum Wuppertal, inb.: G 0682 (K.A.:1917/1)

Kat. 20, 83. or.
Katja, 1918
Olio-pintura mihise gainean, 75,5 × 100,5 cm
Von der Heydt-Museum Wuppertal, inb.: G 1328 (K.A.:1918/3)

Kat. 21, 86–87. or.
Hans Mardersteig eta Carl Georg Heise (Hans Mardersteig und Carl Georg Heise), 1919
Olio-pintura mihise gainean, 100 × 144,6 cm
Bilduma: Museum Boijmans Van Beuningen, Rotterdam. Erosketa: Stichting Fonds Willem van Rede. Kultur Ondarearen Herbehereetako Agentziaren mailegu iraunkorra, inb.: 2419 (MK) (K.A.:1919/4 eta K.A.:1919/5)

Kat. 22, 84–85. or.
Musikaren indarra (Die Macht der Musik), 1918–20
Olio-pintura mihise gainean, 100 × 151,5 cm
Bilduma: Van Abbemuseum, Eindhoven, inb.: 194 (K.A.:1920/1)

Kat. 23, 88. or.
Ama eta haurra (Mutter und Kind), 1921
Olio-pintura mihise gainean, 51 × 60 cm
Musée Jenisch Vevey – Fondation Oskar Kokoschka, inb.: 1988-032 (K.A.:1921/5)

273

*Kat. 24, 89. or.
Gitta Wallerstein, 1921
Olio-pintura mihise gainean,
85 × 60 cm
Albertinum, Dresden | Galerie
Neue Meister, Staatliche
Kunstsammlungen
Dresden. 2014an Willy Hahn
bildumari erosia honakoen
laguntzarekin: Ernst von
Siemens Kunststiftung eta
Kulturstiftung der Länder,
Albertinum Honekin batera
mailguan emana: Ernst von
Siemens Kunststiftung, inb.:
2014/4 (K.A.:1921/6)

Kat. 25, 94–95. or.
Dresden, Neustadt V, 1921
Olio-pintura mihise gainean,
71 × 111 cm
Israel Museum, Jerusalem.
The Sam Spiegel Collection,
honi oinordetzan utzia:
American Friends of the
Israel Museum,
inb.: B97.0068 (K.A.:1921/7)

Kat. 26, 92. or.
Margolaria panpinarekin
(*Maler mit Puppe*), 1922
Olio-pintura mihise gainean,
85 × 120 cm
Staatliche Museen zu Berlin,
Nationalgalerie, Berlin.
Berlingo Estatu Federatuak
eskuratua, 1974, inb.: B 1058
(K.A.:1922/3)

*Kat. 27, 93. or.
Autorretratua asto aurrean
(*Selbstbildnis an der
Staffelei*), 1922
Olio-pintura mihise gainean,
180,5 × 110,3 cm
Bilduma: Leopold II, Viena
(K.A.:1922/4)

Kat. 28, 96–97. or.
*Margolaria II (Margolaria
eta modeloa II) [Der Maler II
(Maler und Modell II)]*, 1923
Olio-pintura mihise gainean,
zur gainean muntatuta,
85,1 × 130,2 cm
Saint Louis Art Museum,
legatua: Morton D. May, 1983,
inb.: 910:1983 (K.A.:1923/9)

Kat. 29, 117. or.
Marseilla, portua I
(*Marseille, Hafen I*), 1925
Olio-pintura mihise gainean,
73 × 100 cm
Musée Cantini, Marseilla,
inb.: C.05.01 (K.A.:1925/4)

Kat. 30, 116. or.
*Marseilla, portua II (Marseille,
Hafen II)*, 1925
Olio-pintura mihise gainean,
73,7 × 100,6 cm
Saint Louis Art Museum,
Museoak 1942an erosia,
inb.: 7:1942 (K.A.:1925/5)

*Kat. 31, 112–13. or.
*Londres, Tamesis ibaiaren
paisaia txikia (London, kleine
Themse-Landschaft)*, 1926
Olio-pintura mihise gainean,
60,5 × 91 cm
Albertina, Viena – Batliner
bilduma, inb.: GE62DL
(K.A.:1926/7)

*Kat. 32, 124–25. or.
Tigoia (Tigerlöwe), 1926
Olio-pintura mihise gainean,
96 × 129 cm
Belvedere, Viena, inb.:
NR.6323 (K.A.:1926/10)

*Kat. 33, 123. or.
Oreinak (Rehe), 1926
Olio-pintura mihise gainean,
130 × 89 cm
Albertinum, Dresden | Galerie
Neue Meister, Staatliche
Kunstsammlungen Dresden.
Bilduma pribatu baten
mailegu iraunkorra, inb.:
L 280 (K.A.:1926/11)

Kat. 34, 120. or.
Leo Kestenberg, 1926–27
Olio-pintura mihise gainean,
127 × 102 cm
Staatliche Museen zu Berlin,
Nationalgalerie. Honakoak
eskuratua: Freunde der
Nationalgalerie, inb.: FNG
129/07 (K.A.:1926/16)

Kat. 35, 126. or.
*Dortoka erraldoiak
(Riesenschildkröten)*, 1927
Olio-pintura mihise gainean,
90,4 × 118,1 cm
Kunstmuseum Den Haag,
Haga, Herbehereak, inb.:
SCH-1953-0010 (K.A.:1927/1)

Kat. 36, 115. or.
*Annecyko aintzira I (Lac
d'Annecy I)*, 1927
Olio-pintura mihise gainean,
70 × 91 cm
Musée Jenisch Vevey –
Fondation Oskar Kokoschka,
inb.: FOK 0054 (K.A.:1927/8)

*Kat. 37, 118–19. or.
*Temacineko marabuta (Sidi
Ahmet Ben Tidjani) [Der
Marabout von Temacine (Sidi
Ahmet Ben Tidjani)]*, 1928
Olio-pintura mihise gainean,
98,5 × 130,5 cm
Musée Jenisch Vevey –
Fondation Oskar Kokoschka,
inb.: FOK 0055 (K.A.:1928/5)

Kat. 38, 127. or.
*Arrainak Jerbako hondartzan
(Fische am Strand von
Djerba)*, 1930
Olio-pintura mihise gainean,
70 × 101 cm
Stedelijk Museum Amsterdam,
Kultur Ondarearen
Herbehereetako Agentziaren
mailegua, inb.: B 401
(K.A.:1930/1)

*Kat. 39, 140–41. or.
Suediarra (Die Schwedin),
1930–31
Olio-pintura mihise gainean,
82 × 117 cm
Bilduma pribatua, eskaintza:
Galerie Osper, Kolonia
(K.A.:1930/31)

Kat. 40, 142–43. or.
*Pan (Trudl ahuntz batekin)
[Pan (Trudl mit Ziege)]*, 1931
Olio-pintura mihise gainean,
87 × 130 cm
Sprengel Museum
Hannover, Kunstbesitz
der Landeshauptstadt
Hannover, inb.: KM 88,1955
(K.A.:1931/12)

Kat. 41, 121. or.
Constantin Brancusi, 1932
Olio-pintura mihise gainean,
100 × 81 cm
Centre Pompidou, Paris.
Musée National d'Art
Moderne/Centre de Création
Industrielle, legatua :
Constantin Brancusi, 1957,
inb.: AM 5025 P (K.A.:1932/2)

*Kat. 42, 144. or.
Bi neskatxa (Zwei Mädchen),
1934
Olio-pintura mihise gainean,
50,6 × 60,5 cm
Bilduma: Österreichische
Nationalbank, inb.:
OeNB220002484
(K.A.:1931/12)

Kat. 43, 147. or.
Lorategian I (Im Garten I),
1934
Olio-pintura mihise gainean,
73,6 × 92,3 cm
Kunsthalle Emden, inb.: 1
(K.A.:1934/4)

*Kat. 44, 145. or.
Lorategian II (Im Garten II),
1934
Olio-pintura mihise gainean,
96,5 × 103,5 cm
Albertina, Viena – Batliner
bilduma, inb.: GE64DL
(K.A.:1934/5)

Kat. 45, 188. or.
*Autorretratua makilarekin
(Selbstbildnis mit Stock)*, 1935
Olio-pintura mihise gainean,
95 × 75 cm
Landessammlungen
Niederösterreich, St. Pölten,
inb.: KS-A 521/90
(K.A.:1935/4)

Kat. 46, 149. or.
Ferdinand Bloch-Bauer, 1936
Olio-pintura mihise gainean,
137,5 × 107 cm
Kunsthaus Zürich, dohaintza:
Ferdinand Bloch-Bauer, 1942,
inb.: 2592 (K.A.:1936/3)

Kat. 47, 151. or.
*"Artista degeneratu" baten
autorretratua (Selbstbildnis
eines "entarteten Künstlers")*,
1937
Olio-pintura mihise gainean,
110 × 85 cm
National Galleries of Scotland,
Edinburgo. Bilduma pribatu
baten mailegua, inb.: GML
285 (K.A.:1937/8)

Kat. 48, 150. or.
Iturburua (Die Quelle),
1922–38
Olio-pintura mihise gainean,
149 × 165 cm
Kunsthaus Zürich, dohaintza:
Olda Kokoschka, 1988, inb.:
1988/0029 (K.A.:1938/2)

Kat. 49, 154. or.
*Praga, nostalgia (Prague,
Nostalgia)*, 1938
Olio-pintura mihise gainean,
56 × 76 cm
National Galleries of Scotland,
Edinburgo. Erreginak
oinordetza-zergaren ordez
onartua eta honakoari
esleitua: Scottish National
Gallery of Modern Art 2000,
inb.: GMA 4322 (K.A.:1938/3)

Kat. 50, 155. or.
*Uda II (Zrání) [Sommer II
(Zrání)]*, 1938–40
Olio-pintura mihise gainean,
68,3 × 89,2 cm
National Galleries of Scotland,
Edinburgo. Txekoslovakiaren
erbesteko Gobernuaren
oparia, 1942, inb.: GMA 21
(K.A.:1940/1)

Kat. 51, 171. or.
Karramarroa (Die Krabbe),
1939–40
Olio-pintura mihise gainean,
63,4 × 76,2 cm
Tate, Londres. 1984an erosia,
inb.: T03834 (K.A.:1940/2)

Kat. 52, 170. or.
Loreley, 1941–42
Olio-pintura mihise gainean,
63,5 × 76,2 cm
Tate, Londres. Artistaren
alargun Olda Kokoschka
andrearen dohaintza Sir
Alan Bowness jaunaren
zuzendaritza-lanaren
omenez, 1988, inb.: T05486
(K.A.:1942/1)

Kat. 53, 173. or.
*Anschluss – Alizia Lurralde
Miresgarrian (Anschluss
– Alice im Wunderland)*, 1942
Olio-pintura mihise gainean,
63,5 × 73,6 cm
Wiener Städtische
Versicherung AG – Vienna
Insurance Group, mailegu
iraunkorrean hemen: Leopold
Museum, Viena,
inb.: WS 02119 (K.A.:1942/2)

Kat. 54, 172. or.
*Marianne – Makiak –
"Bigarren frontea" (Marianne –
Maquis – "Die zweite Front")*,
1942
Olio-pintura mihise gainean,
63,5 × 76,2 cm
Tate, Londres. Artistaren
alargun Olda Kokoschka
andrearen dohaintza, Sir
Alan Bowness jaunaren
zuzendaritza-lanaren
omenez, 1988, inb.: T05485
(K.A.:1942/3)

Kat. 55, 174–75. or.
*Energia atomikoaren
askapena (Entfesselung der
Atom-Energie)*, 1947
Olio-pintura mihise gainean,
61 × 91,5 cm
Israel Museum, Jerusalem.
Artistaren dohaintza, inb.:
B52.11.2090 (K.A.:1947/1)

Kat. 56, 191. or.
*Autorretratua (Fiesole)
[Selbstbildnis (Fiesole)]*, 1948
Olio-pintura mihise gainean,
65,5 × 55 cm
Musée Jenisch Vevey –
Fondation Oskar Kokoschka,
inb.: FOK 0130 (K.A.:1948/7)

Kat. 57, 190. or.
Bassa doktorearen forma magikoa (Dr. Bassa's magische Form), 1951
Olio-pintura mihise gainean, 100 × 75 cm
Belvedere, Viena, inb.: NR.7421 (K.A.:1951/3)

Kat. 58, 203. or.
Pablo Casals II, 1954
Olio-pintura mihise gainean, 92 × 71 cm
Musée Jenisch Vevey – Fondation Oskar Kokoschka, inb.: FOK 0136 (K.A.:1954/4)

Kat. 59, 195. or.
Delfos (Delphi), 1956
Olio-pintura mihise gainean, 81 × 116 cm
Sprengel Museum Hannover, honakoaren mailegua: Niedersächsisches Landesmuseum, Hannover, inb.: PNM 758 (K.A.:1956/2)

Kat. 60, 201. or.
Oskar eta Olda Kokoschkaren erretratu bikoitza (Doppelbildnis Oskar und Olda Kokoschka), 1963
Olio-pintura mihise gainean, 89 × 115,5 cm
Musée Jenisch Vevey – Fondation Oskar Kokoschka, inb.: FOK 2291 (K.A.:1963/1)

Kat. 61, 196–97. or.
Berlin, abuztuak 13, 1966 (Berlin 13. August 1966), 1966
Olio-pintura mihise gainean, 105,5 × 140 cm
Axel Springer SE, Berlin (K.A.:1966/4)

Kat. 62, 198–99. or.
Goiz eta arrats (Musikaren indarra II) [Morgen und Abend (Die Macht der Musik II)], 1966
Olio-pintura mihise gainean, 100 × 130 cm
Kunsthaus Zürich, legatua: Gertrud von Wyss-Ehinger, 1990, inb.: 1990/0008 (K.A.:1966/6)

Kat. 63, 194. or.
Igelak (Die Frösche), 1968
Olio-pintura mihise gainean, 61 × 91,5 cm
Bilduma pribatua (K.A.:1968/2)

Kat. 64, 202. or.
Autorretratua (Selbstbildnis), 1969
Olio-pintura mihise gainean, 90,5 × 70,4 cm
Musée Jenisch Vevey – Fondation Oskar Kokoschka, inb.: FOK 0200 (K.A.:1969/1)

Kat. 65, 200. or.
Carletto Ponti, 1970
Olio-pintura mihise gainean, 113,8 × 81,3 cm
Eskaintza: W&K – Wienerroither & Kohlbacher, Viena (K.A.:1970/3)

Kat. 66, 211. or.
Time, Gentlemen Please, 1971–72
Olio-pintura mihise gainean, 130 × 100 cm
Tate, Londres. 1986an erosia, inb.: T04876 (K.A.:1972/1)

Kat. 67, 205. or.
Peer Gynt, 1973
Olio-pintura mihise gainean, 115 × 89 cm
Musée Jenisch Vevey – Fondation Oskar Kokoschka, inb.: FOK 1464 (K.A.:1973/1)

Kat. 68, 210. or.
Teseo eta Antiope (Antioperen bahiketa) [Theseus und Antiope (Raub der Antiope)], 1958–75
Olio-pintura mihise gainean, 195 × 165 cm
Musée Jenisch Vevey – Fondation Oskar Kokoschka, inb.: FOK 0201 (K.A.:1975/1)

PAPER GAINEKO LANAK

Kat. 69, 36. or.
Autorretratua (Selbstbildnis), 1906
Arkatza paper gainean, 14 × 9 cm
Bilduma: Adriana Cioca

Kat. 70, 34. or.
Artzaina, oreina eta azeria (Hirt, Hirsch und Fuchs), Vienako Cabaret Fledermaus aretoan aurkeztutako *Arrautza pikardatua (Das getupfte Ei)* itzal-antzerkirako ilustrazioa, 1907
Koloretako litografia paper gainean, 24,4 × 23,5 cm
Musée Jenisch Vevey – Fondation Oskar Kokoschka, inb.: FOK 0233

Kat. 71, 32. or.
Zalduna eta belaontzia (Reiter und Segelschiff), Wiener Werkstätte-rako postala, 55. zk., 1907
Koloretako litografia kartoi mehe gainean, 12,3 × 8,1 cm
Musée Jenisch Vevey – Fondation Oskar Kokoschka, inb.: FOK 0218

Kat. 72, 32. or.
Ehiztaria eta animaliak (Jäger und Tiere), Wiener Werkstätte-rako postala, 72. zk., 1907
Koloretako litografia kartoi mehe gainean, 12,4 × 8,4 cm
Musée Jenisch Vevey – Fondation Oskar Kokoschka, inb.: FOK 0220

Kat. 73, 32. or.
Flautista eta saguzarrak (Flötenspieler und Fledermäuse), Wiener Werkstätte-rako postala, 73. zk., 1907
Koloretako litografia kartoi mehe gainean, 13 × 7,8 cm
Musée Jenisch Vevey – Fondation Oskar Kokoschka, inb.: FOK 0221

Kat. 74, 33. or.
Biedermeier estiloan jantzitako emakumea larrean (Biedermeierdame auf Wiese), Wiener Werkstätte-rako postala, 76. zk., 1907
Koloretako litografia kartoi mehe gainean, 12,2 × 8,4 cm
Musée Jenisch Vevey – Fondation Oskar Kokoschka, inb.: FOK 0222

Kat. 75, 32. or.
Neskatxa eta arkumea, lapurren mehatxupean (Mädchen mit Lamm, von Räubern bedroht), Wiener Werkstätte-rako postala, 77. zk., 1907
Koloretako litografia kartoi mehe gainean, 12,9 × 7,9 cm
Musée Jenisch Vevey – Fondation Oskar Kokoschka, inb.: FOK 0223

Kat. 76, 32. or.
Gaueko musikariak (Nachtmusikanten), Wiener Werkstätte-rako postala, 78. zk., 1907
Koloretako litografia kartoi mehe gainean, 13,4 × 8,7 cm
Musée Jenisch Vevey – Fondation Oskar Kokoschka, inb.: FOK 0224

Kat. 77, 33. or.
Neskatxa eta ardia mendiko larredian (Mädchen mit Schaf auf Bergwiese), Wiener Werkstätte-rako postala, 79. zk., 1907
Koloretako litografia kartoi mehe gainean, 13,2 × 8,2 cm
Musée Jenisch Vevey – Fondation Oskar Kokoschka, inb.: FOK 0225

Kat. 78, 33. or.
Esneketaria eta behia (Sennerin und Kuh), Wiener Werkstätte-rako postala, 80. zk., 1907
Koloretako litografia kartoi mehe gainean, 13,2 × 8,5 cm
Musée Jenisch Vevey – Fondation Oskar Kokoschka, inb.: FOK 0226

Kat. 79, 32. or.
Hiru artzain, txakurra eta ardiak (Drei Hirten, Hund und Schafe), Wiener Werkstätte-rako postala, 116. zk., 1907
Koloretako litografia kartoi mehe gainean, 13,4 × 8,5 cm
Musée Jenisch Vevey – Fondation Oskar Kokoschka, inb.: FOK 0227

Kat. 80, 33. or.
Errege Magoak (Die heiligen drei Könige), Wiener Werkstätte-rako postala, 155. zk., 1907
Koloretako litografia kartoi mehe gainean, 13,5 × 8,5 cm
Musée Jenisch Vevey – Fondation Oskar Kokoschka, inb.: FOK 0231

Kat. 81, 35. or.
Zoro hiltzailea (Amokläufer), 1908
Akuarela, tenpera eta zuri opakua paper gainean, 24,9 × 18,2 cm
Museum Ortner, Viena

Kat. 82, 38. or.
Neskatxa biluzia dantzan (Titiriteroaren alaba) [Tanzender Mädchenakt (Tochter des Gauklers)], 1908
Arkatza eta akuarela kraft paper gainean, 42 × 30 cm
Musée Jenisch Vevey – Fondation Oskar Kokoschka, inb.: FOK PP1

Kat. 83, 37. or.
Andre zaharra atzetik ikusita (Alte Frau von hinten gesehen), 1909
Arkatza paper gainean, 45 × 31,5 cm
Eskaintza: W&K – Wienerroither & Kohlbacher, Viena

Kat. 84, 39. or.
Neskatxa biluzia zutik (Stehender Mädchenakt), ca. 1912
Ikatz-ziria paper gainean, 45 × 32 cm
Doris eta Gabor Rose

Kat. 85, 58. or.
Alma Mahler, 1913
Klarion beltza paper gainean, 39,2 × 31,5 cm
National Galleries of Scotland. 1987an erosia, inb.: GMA 3037

Kat. 86, 60–61. or.
Kolon kateatua (Der gefesselte Columbus) litografia-zikloa, 1913 (argitalpena: 1916)
Litografia paper gainean, neurri aldakorrak
Musée Jenisch Vevey – Fondation Oskar Kokoschka, inb.: FOK 0244.01-12
Emakumearen aurpegia (Das Gesicht des Weibes)
Kolon berria eta san Jurgi (Der Neue Kolumbus und der Heilige Georg)
Azken judizioal (Das jüngste Gericht)
Hilobira bidea (Der Weg ins Grab)
Bikotea kandelen argitan (Das Paar im Kerzenlicht)
Ebaren sagarra (Der Apfel der Eva)
Bidegurutzean (Am Scheidewege)
Gizona besoak jasota eta heriotzaren irudia (Der Mann mit erhobenen Armen und die Gestalt des Todes)
Berriz elkartzea (Begegnung)
Emakumea iluntasunaren gainean makurtuta (Weib über Schemen gebeugt)
Emakumea garaile heriotzaren aurrean (Das Weib triumphiert über den Toten)
Aurpegi aratza (Das reine Gesicht)

Kat. 87, 62–63. or.
Johann Sebastian Bachen O, betierekotasun, hitz sorgarri hori (O Ewigkeit, du Donnerwort) kantataren araberako litografia-zikloa, 1914 (argitalpena: 1916)
Litografia paper gainean, neurri aldakorrak
Musée Jenisch Vevey – Fondation Oskar Kokoschka, inb.: FOK 0247.01-11
Autorretratua (Bustoa arkatza eskuan duela) [Selbstbildnis (Brustbild mit Zeichenstift)]
Dragoiak sugar gainean (Drachen über einer Flamme)
Bidaiaria ekaitz betean (Der Wanderer im Gewitter)
Emakumea gizonaren gidari (Das Weib führt den Mann)
Erreguka (Die Flehende)
Azken kanpalekua (Das letzte Lager)

*Beldurra eta itxaropena
(Gizona emakumea
kontsolatzen)* [*Furcht und
Hoffnung (Der Mann tröstet
das Weib)*]
*Gizona eta emakumea
heriotzara bidean* (*Mann und
Weib baud dem Sterbeweg*)
*Arranoa ("Zorionekoak
hildakoak")* [*Der Adler ("Selig
sind die Toten")*]
*Gizonak burua ateratzen du
emakumea eserita dagoen
hilobiaren azpitik* (*Der Mann
erhebt seinen Kopf aus dem
Grabe, auf dem das Weib sitzt*)
Pietà ("Nahikoa da") [*Pieta
("Es ist genug")*]

Kat. 88, 64. or.
*Isonzoko frontea, Baka
lubakietan* (*Isonzo-Front, der
Baka im Laufgraben*), 1916
Pastela, akuarela eta harri
beltza paper gainean,
30,5 × 43 cm
Musée Jenisch Vevey –
Fondation Oskar Kokoschka,
inb.: FOK 0030

Kat. 89, 65. or.
Isonzoko frontea. Seloko eliza
(*Isonzo-Front. Kirche Selo*),
1916
Pastela paper gainean,
30,5 × 43 cm
Musée Jenisch Vevey –
Fondation Oskar Kokoschka,
inb.: FOK 0032

Kat. 90, 67. or.
Isonzoko frontea. Tolmin
(*Isonzo-Front. Tolmino*),
1916
Harri beltza eta pastela paper
gainean, 30 × 43 cm
Musée Jenisch Vevey –
Fondation Oskar Kokoschka,
inb.: FOK 0031

Kat. 91, 66. or.
Gudu-eszena (*Kriegsszene*),
1917
Arkatz laranja paper gainean,
48,5 × 34,2 cm
Musée Jenisch Vevey –
Fondation Oskar Kokoschka,
inb.: FOK 2290

Kat. 92, 66. or.
Soldaduak arpilaketan
(*Plündernde Soldaten*), 1917
Arkatz gorrixkara paper
gainean, 19 × 23 cm
Musée Jenisch Vevey –
Fondation Oskar Kokoschka,
inb.: FOK 0511

Kat. 93, 91. or.
Mantal berdedun neskatxa
(*Mädchen mit grüner
Schürze*), 1921
Akuarela paper gainean,
68,7 × 51,2 cm
Musée Jenisch Vevey –
Fondation Oskar Kokoschka,
inb.: FOK 2286

Kat. 94, 90. or.
Neskatxa kanixe batekin
(*Mädchen mit Pudel*), 1926
Akuarela paper gainean,
68 × 52 cm
Doris eta Gabor Rose

Kat. 95, 153. or.
Lagundu euskal haurrak!
(*Pomozte baskickým dětěm!*),
1937
Litografia paper gainean,
114,3 × 82,5 cm
Bilboko Arte Ederren Museoa

Kat. 96, 168. or.
*INRI. Kristo gose diren
haurrei laguntzen*
(*INRI. Christus hilft den
hungernden Kindern*),
1945–46
Litografia paper gainean,
76 × 50,6 cm
Musée Jenisch Vevey –
Fondation Oskar Kokoschka,
inb.: FOK 0295

Kat. 97, 192. or.
Bottom asto-buruarekin
(*Bottom mit Eselskopf*),
William Shakespeareren
Uda gau bateko ametsa
antzezlaneko jantzietarako
marrazkia, 1956
Koloretako arkatzak eta
akuarela paper gainean,
30,5 × 19,8 cm
Musée Jenisch Vevey –
Fondation Oskar Kokoschka,
inb.: FOK 0145

Kat. 98, 192. or.
Teseoren jauregia (*Palast
des Theseus*), William
Shakespeareren *Uda gau
bateko* ametsa antzezlanaren
eszenografiarako marrazkia,
1956
Koloretako arkatzak, arkatz
grisa eta pastela bitela paper
gainean,
63,5 × 101,5 cm
Musée Jenisch Vevey –
Fondation Oskar Kokoschka,
inb.: FOK 0147

Kat. 99, 193. or.
Orfeoren jauregi hondatua
(*Der verödete Palast
des Orpheus*), Oskar
Kokoschkaren *Orfeo eta
Euridize* (*Orpheus und
Eurydike*) antzezlanaren
eszenografiarako marrazkia,
1960
Pastela paper gainean,
37,5 × 54,5 cm
Musée Jenisch Vevey –
Fondation Oskar Kokoschka,
inb.: FOK 0166

Kat. 100, 193. or.
*Exekuzio-eszena II
(pertsonaiarik gabe)*
[*Hinrichtungsstätte II (ohne
Figuren)*], Giuseppe Verdiren
Mozorro-dantza (*Un ballo
in maschera*) operaren
eszenografiarako marrazkia,
1962
Koloretako arkatzak, arkatz
grisa eta pastela paper
gainean, 51,5 × 69,5 cm
Musée Jenisch Vevey –
Fondation Oskar Kokoschka,
inb.: FOK 0173

Kat. 101, 206–09. or.
Knut Hamsun-en eleberrian
inspiratutako *Pan* litografia-
zikloa, 1975–76
(argitalpena: 1978)
Litografia paper gainean,
neurri aldakorrak
Eskaintza: W&K – Wienerroither
& Kohlbacher, Viena
Pan
Esopo txakurra eta Glahn
(*Der Hund Äsop mit Glahn*)
Glahn afaria prestatzen
(*Glahn bereitet sein
Abendessen*)
*Glahnek Edvardari egindako
azken bisitaldia* (*Glahns
letzter Besuch bei Edvarda*)
Itsasontzi-bidaia (*Die
Bootsfahrt*)
Glahn eta Eva (*Glahn und
Eva*)
*Edvardak Glahn Evarekin
harrapatu du*
(*Edvarda überrascht Glahn
mit Eva*)
Ebak ohartarazpena Glahni
(*Eva warnt Glahn*)
Ebaren heriotza (*Evas Tod*)
*Glahnek bere txakurra hil
du* (*Glahn tötet seinen Hund*)
*Glahnek Edvardaren gutuna
jaso du* (*Glahn erhält
Edvardas Brief*)
Glahnen heriotza (*Glahns
Tod*)

OBJEKTUAK

Kat. 102
Atenearen buru kaskoduna,
K.a. V. mendeko jatorrizko
pieza greko baten kopia
erromatarra, Oskar
Kokoschkaren bilduma
pertsonalekoa
Marmola
Burua: 37,5 × 25 × 29 cm,
oinarria: 18,5 × 20 cm
Musée Jenisch Vevey –
Fondation Oskar Kokoschka,
inb.: CCOK 126

Agradecimientos

El Museo Guggenheim Bilbao desea expresar
su agradecimiento a todos los prestadores,
instituciones y coleccionistas particulares
por su generosidad a la hora de organizar
la presente exposición:

Fondation Oskar Kokoschka, Vevey:
    Lukas Gloor, Aglaja Kempf
Musée Jenisch Vevey: Nathalie Chaix,
    Julie Manau
Oskar Kokoschka Zentrum, Universität
    für angewandte Kunst, Viena:
    Bernadette Reinhold

Stedelijk Museum, Ámsterdam:
    Rein Wolfs
Neue Nationalgalerie, Berlin:
    Klaus Biesenbach
Szépművészeti Múzeum, Budapest:
    László Baán
Lehmbruck Museum, Duisburgo: Söke
    Dinkla
National Galleries of Scotland,
    Edimburgo: John Leighton
Scottish National Gallery of Modern Art,
    Edimburgo: Simon Groom
Stedelijk Van Abbemuseum, Eindhoven:
    Charles Esche
Kunsthalle in Emden: Lisa Felicitas
    Mattheis
Sprengel Museum, Hannover: Reinhard
    Spieler
Israel Museum, Jerusalén: Denis Weil
Franz Marc Museum, Kochel am See:
    Cathrin Klingsöhr-Leroy
Gemeentemuseum, La Haya: Benno
    Tempel
Tate, Londres: Maria Balshaw
Museo Nacional Thyssen-Bornemisza,
    Madrid: Guillermo Solana
Kunsthalle Mannheim: Johan Holten
Musée Cantini, Marsella: Nicolas Misery
Museo de Bellas Artes de Bilbao: Miguel
    Zugaza
Instituto Nacional del Patrimonio de la
    Región de Ostrava: Petr Šubík,
    Naděžda Goryczková
Centre Pompidou, Musée National d'Art
    Moderne/Centre de Création
    Industrielle, París: Xavier Rey
Museum Boijmans van Beuningen,
    Róterdam: Sjarel Ex
Saint Louis Art Museum, Saint-Louis:
    Min Jung Kim
Museum der Moderne, Salzburgo:
    Thorsten Sadowsky
Landessammlungen Niederösterreich,
    St. Pölten: Armin Laussegger
Staatsgalerie Stuttgart:
    Christiane Lange
Belvedere, Viena: Stella Rollig
Leopold Museum, Viena: Hans-Peter
    Wipplinger
mumok – Museum moderner Kunst
    Stiftung Ludwig Wien, Viena:
    Karola Kraus
Wiener Städtische Versicherung AG –
    Vienna Insurance Group, Viena:
    Christine Dornaus, Philippe Batka
Von der Heydt-Museum, Wuppertal:
    Roland Möning
Kunsthaus Zürich, Zúrich:
    Christoph Becker

Colecciones particulares
Axel Springer SE, Berlín
Doris y Gabor Rose, Viena
Colección Carmen Thyssen-Bornemisza,
    Madrid
W&K – Wienerroither & Kohlbacher, y
    Lui Wienerroither y
    Ebi Kohlbacher, Viena
Museum Ortner, Viena
Adriana Cioca

Además de aquellos que han preferido
permanecer en el anonimato

Deseamos dar las gracias a todas
aquellas personas e instituciones que,
en distinto grado, nos han apoyado de
manera determinante en este proyecto:

Selini Andres,
Jette Hoog Antink,
Marian Aparicio,
Émilie Augier,
Sophie Baillat,
Brent R. Benjamin,
Christiane Berndes,
Raphaele Bianchi,
Annette Blattmacher,
Dinah Bird,
Sarah Breuer,
Laure de Broglie,
Maria Brosch-Barfuß,
Ido Bruno,
Thomas Buchardt,
Bettina Buchendorfer,
Stephanie Buck,
Judith Burger,
Odile Burluraux,
Philippe Büttner,
Carla Caputo,
Laura Cartolaro,
Jessica Castex,
Delphine Charpentier,
Céline Chicha-Castex,
Michaela Christmann,
Nathalie Cissé,
Anne-Françoise Cochet,
Nathalie Coilly,
Agnès Colas des Francs,
Birgit Dalbajewa,
Kim Dang,
Anne Delmotte,
Virginie Desrante,
François-Marie Deyrolle,
Catrin Dietrich,
Chiara Di Stefano,
Françoise Docquiert,
Anne Dressen,
Heike Eipeldauer,
Patrick Elliott,
Katharina Erling,
Guillaume Fau,
Walter y Christina Feilchenfeldt,
Nathalie Frieden,
Ingrid Friz-Frizberg,
Julia Garimorth,
Olivia Gaultier-Jeanroy,
Marlies Genssler,
Stéphane Ghez,
Herbert Giese
Marie Gispert,
Andrea Glanninger-Leitner,
Lily Goldberg,
Annabelle Görgen-Lammers,
Susanne Greimel,
Sophie Großheider,
Barbara Grötschnig,
Sophie Haaser,
Stefanie Heckmann,

Lindy de Heij,
Inge Herold,
Mona Hesse,
Christopher Higgins,
Cathérine Hug,
Joachim Jäger,
Lars-Broder Keil,
Jessica Keilholz,
Caitlyn Kennedy,
Bettina Klecha,
Alexander Klee,
Efrat Klein,
Sophie Krebs,
Angela Lampe,
Alexandra Leitzinger,
Hélène Leroy,
Annette Lill-Rastern,
Nicolas Liucci-Goutnikov,
Blandine Longre,
Sandrine Maillet,
Mailena Mallach,
Tami Manor-Friedman,
Karin Marti,
Frédéric Mauget,
Nicola Mayr,
Delphine Minotti,
Marie Minssieux,
Hanneke Modderkolk,
Dana Mokaddem,
Frances Morris,
Jeanne Mougel,
Jacqueline Munck,
Kerstin Mürer,
Susanne Neuburger,
Lena Nievers,
Corinna Nisse,
Daniel Olesch,
Felix Ostertag,
Dominik Papst,
Frans Peterse,
Carina Plath,
Nelly Pontier,
Radomír Přibyla,
Veronika Puchner,
Régis Quatresous,
Rozia Rafowicz-Nadelman,
Cosima Rainer,
Lisa Ribar,
Jacqueline Ridge,
Purificación Ripio,
Isabelle Rivoire,
Astrid Robin,
Luba Ruda,
Denis Savary,
Didier Schulmann,
Christine Schwab-Ghribi,
Luise Seppeler,
Birgit Siemmens,
Kim Sluijter,
Franz Smola,

Élisabeth Sourdillat,
Heinz Spielmann,
Francesco Stocchi,
Monica Strinu,
Jude Talbot,
Guillaume Theulière,
Veronika Vališová,
Lenka Vaňková,
Gisèle Vienne,
Margreet Wafelbakker,
Florian Wiesinger,
Sascha Worrich,
Kathrin Wrona,
Shani Zahavi,
Jolanda Zonderop.

Un agradecimiento especial
queda reservado para los autores
y colaboradores de este catálogo:

Régine Bonnefoit
Aglaja Kempf
Jacques Le Rider
Bernadette Reinhold
Ines Rotermund-Reynard

Y a los equipos del Museo
Guggenheim Bilbao, del Musée d'Art
Moderne de Paris y de Paris Musées

Autores

Régine Bonnefoit es profesora de Historia del Arte Contemporáneo y de Museología en la Universidad de Neuchâtel (Suiza). Especialista en arte alemán y austriaco del siglo XX, ha publicado numerosas obras y textos sobre Paul Klee, Oskar Kokoschka y Ernst Ludwig Kirchner. Entre 2006 y 2016 ha sido conservadora de la Fondation Oskar Kokoschka— Musée Jenisch en Vevey (Suiza).

Dieter Buchhart es comisario de exposiciones y teórico del arte. Doctor en Historia del Arte y en Ciencias de la Restauración, ha organizado multitud de exposiciones internacionales. Entre 2007 y 2009, dirigió la Kunstahalle Krems, cercana a Viena. Es especialista en arte de principios del siglo XX, Expresionismo, arte de la década de 1980 y arte contemporáneo.

Anna Karina Hofbauer es doctora en Historia del Arte. Formada en las universidades de Copenhague, Viena y Linz, trabaja como comisaria de exposiciones y es, asimismo, crítica de arte independiente. Su ámbito de investigación abarca desde la Modernidad hasta el arte contemporáneo, con especial hincapié en el arte participativo y la estética relacional. Se ha hecho cargo de numerosos comisariados tanto en exposiciones de arte moderno como contemporáneo.

Aglaja Kempf es desde 2016 conservadora de la Fondation Oskar Kokoschka, que acoge el Musée Jenisch de Vevey, Suiza. Es la responsable de gestionar la colección del artista y de organizar todas las exposiciones del Espacio Oskar Kokoschka. Desde 2018, es asimismo miembro de la Comisión Cultural del cantón de Vaud impulsada por la Fondation d'Aide Sociale et Culturelle (Loterie Romande).

Jacques le Rider, germanista y director de la École Pratique des Hautes Études, cuenta en su haber con un considerable número de publicaciones sobre la cultura vienesa. La más reciente es *Karl Kraus. Phare et brûlot de la modernité viennoise* (Seuil, 2018). Destacan asimismo sus traducciones e introducciones a los textos de Stephan Zweig, como *L'Esprit européen en exil. Essais, discours, entretiens, 1933-1942* (Bartillat, 2020, en colaboración con Klemens Renoldner), y de Sigmund Freud (Les Belles Lettres, 2022). También ha traducido y prologado *Le Lieutenant Burda,* de Ferdinand von Saar (Bartillat, 2022). Otra de sus líneas de investigación es la relación entre escritura literaria y pintura, reflejada en su obra *Les Couleurs et les mots,* publicada por PUF en 1997 y reeditada en 1999.

Bernadette Reinhold es historiadora del arte y la arquitectura. Desde 2008 es directora del Oskar Kokoschka Zentrum, en Viena, así como responsable científica de la colección de arte y archivos en la Universität für angewandte Kunst de esta misma ciudad. En esta institución, se encarga de supervisar los proyectos de investigación dedicados al artista, así como las ediciones y las exposiciones sobre Kokoschka.

Ines Rotermund-Reynard es profesora en la Universidad de París 1 Panthéon-Sorbonne, en la Universidad de Colonia y en la Universidad de Ginebra. Ha participado en varios proyectos de investigación relacionados con el exilio y con el análisis de la procedencia de las obras de arte. Desde 2018 es supervisora del proyecto "Repertorio de agentes participantes en el mercado del arte en Francia durante la ocupación", desarrollado por el Institut National de l'Histoire de l'Art.

Fanny Schulmann es conservadora jefe del Musée d'Art Moderne de Paris desde 2019, donde ha comisariado exposiciones como *Sarah Moon. PasséPrésent* [Sarah Moon, PasadoPresente, 2020] y *Joseph Beuys. Ligne à ligne, feuille à feuille* [Joseph Beuys. Línea a línea, hoja a hoja, 2021]. Anteriormente trabajó en el Museo de Arte y de Historia del Judaísmo, donde fue comisaria de las exposiciones *Arnold Schönberg. Peindre l'âme* [Arnold Schönberg. Pintar el alma, 2016], *Charlemagne Palestine* (2017) y *David Perlov, cinéaste, photographe, dessinateur* [David Perlov, cineasta, fotógrafo, dibujante, 2018].

Bilbao, 2023